U0732192

教育与科技管理研究

Study on Education and Science Management

刘人怀　著

科学出版社

北京

内 容 简 介

本书由著者在教育和科技管理领域 30 多年中所发表的文章以及研究报告汇编而成,内容涉及高等教育管理、基础教育管理、科学技术管理和科学普及管理等方面,既有新的思想理念,又有实际问题的分析和解决方法。

本书适合政府、高等学校、中等学校、科研院所、科技社团等领域的领导、管理人员和科研人员参考阅读。

图书在版编目(CIP)数据

教育与科技管理研究/刘人怀著 . —北京:科学出版社,2016
ISBN 978-7-03-049092-6

Ⅰ.①教⋯ Ⅱ.①刘⋯ Ⅲ.①管理学-文集 Ⅳ.①C93-53

中国版本图书馆 CIP 数据核字(2016)第 142079 号

责任编辑:马 跃 / 责任校对:李 影
责任印制:霍 兵 / 封面设计:无极书装

科学出版社 出版
北京东黄城根北街 16 号
邮政编码:100717
http://www.sciencep.com

北京通州皇家印刷厂 印刷
科学出版社发行 各地新华书店经销
*
2016 年 6 月第 一 版 开本:720×1000 1/16
2016 年 6 月第一次印刷 印张:24
字数:480 000
定价:132.00 元
(如有印装质量问题,我社负责调换)

前　言

1978 年 3 月 18 日的全国科学大会是我国教育和科学技术发展的重要转折点。在这次会上，邓小平同志提出"知识分子是工人阶级的一部分"和"科学技术是生产力"的著名论断，满腔热情地主动提出要做教育与科技的后勤部长。1988年，他又提出"科学技术是第一生产力"的新论点。在这些思想的指引下，党和国家把科教兴国战略作为一项基本国策。从此，我国走上了高速发展的强国富民之路。

既然科教兴国战略如此重要，教育管理和科学技术管理的研究就显得格外引人注目，笔者有幸成为这一领域的成员，进行了一些科教管理研究工作。

笔者出生在一个教师世家，从曾祖父任教师开始，到我的儿子已有五代。直系亲属任教师的有数十人之多，从幼儿园老师、园长开始，直至小学老师、校长，中学老师、校长，大学老师、校长，每种岗位均有人任职，既感到从教光荣，又深知教育和科学技术管理对国家至关重要。笔者从事大学教育工作已有53 年之久，先在兰州大学任力学教师，1978 年全国科学大会召开之时，正好调到中国科技大学任教，亲身感受到邓小平同志著名论断的震撼！我们从"臭老九"上升为工人阶级的一员，当时感到十二万分的高兴。当年，笔者又走上了教研室副主任的管理岗位，开始从事教育和科技的管理工作。从任这一职务开始，先后任系副主任、院长、副校长，最后任校长、党委书记，而且在校领导岗位上工作长达 22 年之久。不仅如此，在中国科技大学任教之后，又开始从事管理科学的科研和教学工作。值得一提的还有，本人任教的五所大学体制完全不同：兰州大学是国家教育部直属高校，中国科技大学是中国科学院直属高校，上海工业大学是上海市属高校，暨南大学是国务院侨务办公室直属高校，澳门科技大学是澳门特别行政区"一国两制"下的民营高校。加之，自己又有留学国外感受国外大学管理的经历，先是中国第一批经由联邦德国直接挑选的洪堡学者在德国鲁尔大学留学，后又到加拿大卡尔加里大学任高级访问学者。此后，又访问过世界数十所著名大学，交流教育和科技管理经验。特别是，笔者曾先后任中国工程院机械与运载工程学部常委，中国工程院工程管理学部副主任、首席咨询专家，广东院士联谊会执行会长，中国工程院院士广州咨询活动中心主任，国家教育部力学教学指导委员会主任委员，国家教育部科技委员会委员、战略指导委员会委员、学风建设委员会委员、管理学部主任，中国振动工程学会理事长，中国力学学会副理事长，中国复合材料学会副理事长，中国仪器仪表学会常务理事和仪表元件学会理事长，全国高校教学研究会副理事长，广东省科协副主席等职务。所以，我一生在这一领域，阅历较丰富。30 多年来，在高等教育管理、基础教育管理、科技管理和科普管理等领域完成了一些科研项目，发表了一些文章，现将它们汇编成书出版，以供大家借鉴。借此机会，要特别感谢在这些工作中与我合作的同事、朋友、助手和学生。

　　书中不足在所难免，恳请专家和读者指正。

刘人怀

2015 年 8 月 23 日于暨南大学明湖苑

目　　录

第1章 高等教育办学理念与发展战略

1.1 浅谈高等学校科学管理"三字经"*

如何做一个管理者，如何把一所大学的管理工作做好，笔者想从个人的经历谈谈这个问题，而不是谈书本上那些理论。大学管理有它的特殊性。大学还多种多样，有研究型大学、教学型大学、本科大学、职业学院，每个学校的定位不一样，管理也不一样。但是，没有一本专门的书讲这些问题。特别是在中国，管理更是很长时期没能得到重视。在 20 世纪 80 年代以前，中国就不强调这个问题，大学不培养管理人才，学管理的地方都没有。任何人，比如管理岗位让你做，你就上来做领导，马上就处理事情，那时的管理基本上是凭脑袋凭经验。

实际上，真正好的管理者是需要理论指导的。管理科学本身又随不同民族、不同国家、不同时代、不同体制而有所不同。管理是科学。但是管理在某种程度上又是艺术，七分科学，三分艺术。每个人的管理方法都不一样。比如说今天是刘书记执政，学校可能是这样管理，明天换了一个书记，可能又是另外一种管理，人世间找不到完全同类型的管理。怎么能把事做好，这要看管理方面的本事。管理科学理论用得好，这所学校必定发展得快，品牌好、知名度高，培养的学生质量高，受社会欢迎。

笔者年轻时候喜欢读书，古今中外，都有涉猎，以后又读了一些管理方面的书。实践经验是从学生时代开始得到的。当老师后，又先后担任室、系、院和校各级领导职务，并在国内外 6 所大学工作过。

担任这些职务并有这些经历，便知道怎样能把高校搞好。当然这些想法也不是一开始就形成的，形成最后的理念时，已到了 50 多岁。因为我们这代人，比较简单，就是唯上，领导讲的就绝对是正确的，从来没去怀疑过哪一点不对。过去是唯上，现在是既要唯上，同时又要唯真理。归纳起来，笔者拙见，作为一个高校的管理人员，要把学校办好，就必须具备以下四方面条件。

1.1.1 学校管理人员必须具有三个"心"

1. 要有爱心

一个人当领导，无论是当学校里哪级领导，首先要有爱心，这是必须具备

＊ 本节内容原载《科技创新与品牌》，2008，(10)：14-17；(11)：10-13。

的，没有这个爱心就做不好工作。什么叫爱心？这很简单，也就是说要爱祖国，最起码对自己的祖国要热爱，对自己的民族要热爱，爱中华民族，爱学生。你不爱学生，不爱祖国，不爱民族，在这个岗位就待不下去。具备了这个条件，才具备了上岗的基本品质条件。我们想想，一个不爱国的人，他怎么能够培养无产阶级事业的接班人，怎么能够培养我们国家优秀的人才，让我们国家能够得以传承，这是不可能的。当领导就一定要有一个广阔的胸怀，要爱自己的祖国，要爱自己的民族，要爱学生，要忠诚于我们国家的教育事业。

2. 要有责任心

要有责任心，这一点是非常重要的。不管在什么岗位，都要把这个岗位的事情做好。不要今天刚做这个岗位，马上就想要升官，要调岗。既然到了这个岗位，就要把工作做好，千万不要见异思迁。这件事其实很简单，但是要做到却是非常难的事情。我们观察周围的人，很多人是不负责任的。到他手上的事情，他不负责，他不种自己的地，却常常要去耕别人的田。不管什么岗位，哪怕不喜欢的岗位，都要认真，要尽力把它做好。责任心非常重要。今天高校内非常浮躁，浮躁的原因就是一些人责任心不够，成天想着要升职、要升教授等。其实只要认真工作自然有机会升职。如果不好好做事，老出纰漏，当然就升不了职，升了职也得下来。责任心对每一个领导干部都非常重要。必须把岗位工作真正当成自己的事情干，把它干好。

3. 要有耐心

做领导干部更要有耐心，为什么呢？因为做很多事情，可能别人非常急，国家也非常急，环境要求你很快要做决定，要把它做完做成。但是实际上，有些事情急于求成是做不成、做不好的。比如说学校要变成一所名校，这不是三五天的事，是要慢慢做的，这是急不得的事情。很多事情都急不得。即使别人很急，火烧眉毛，也要非常沉着，必须有耐心。很多困难的事情，半途而废，不行！必须要忍耐才能过这个关。要有耐心，这个耐心还包括忍，否则很多事情做不成。回想起来，笔者这一生很多事情都是靠忍耐过了关。

首先举个学术例子，笔者成名作的题目是"波纹圆板的研究"。1963 年大学毕业以后，笔者很想在科研方面为国家作贡献，所以就去兰州市的一些工厂搞调查研究，寻找科研课题。后来找到一家航空仪表厂有一个仿制美国飞机高度表的任务，其核心问题是要研制高度表的核心元件，即一个锯齿形波纹圆板，属于板壳非线性力学研究领域。可是，该厂找不到人研究这个元件。笔者是初生牛犊不怕虎，勇敢地答应试试，他们很高兴。

笔者非常高兴地拿着这个科研课题回到学校，立即向教研室支部书记请示汇报。不料被支部书记批评了一顿，不准去做这一研究课题，还给笔者戴了一顶"不务正业"的帽子。但是笔者觉得这个课题太好了，对我们国家太重要了，所以便不顾领导意见，在业余时间偷偷地做。从 1964 年做到 1965 年的夏天，差不多快做好了，突然接到上级通知参加"农村社教运动"，不到一年，开始了"文化大革命"。笔者受迫害当了"牛鬼蛇神"，课题一直做不成，直到 1966 年 8 月。当时，笔者除参加学校活动以外，就冒着风险悄悄做这个课题。这就是忍耐。组织不让做，做了也没什么好处，而且做这个课题所用的经费还是自己掏钱。同时，做课题计算所用的电动和手摇计算机也无法从大学里借出来，只好借助算盘和对数表，用手算完成巨大的计算任务，草稿用了几麻袋。"文革"期间，笔者受爱人保护，偷偷在家里做业务。外文也是不能学的，后来就买了《毛泽东语录》英文版、俄文版，巩固自己的外语。那个时期没有做业务的条件，所有国家的学术刊物全部停止出版。做业务是没有好处的，也没有想到要升职称，什么荣誉，什么奖，都没有想过，只是觉得，这些研究未来对国家、对民族有用，完全是靠忍耐才能做下去。这个研究课题完成于 1968 年，直到 1978 年才在学术刊物上发表，立即引起学术界轰动。这一课题从开始到完成到公开整整经历了 14 年。

再比如，笔者到暨南大学（简称暨大）工作后，也是很需要有耐心的。1991 年 11 月 27 日，上级调笔者到暨南大学任副校长。20 世纪 90 年代初，在改革开放前沿的广东，老百姓认为暨南大学和其他广东高校都办得差，并取了难听的绰号。为此我十分伤心，真是不高兴，一百个不高兴！但是要服从组织安排，只得继续待下去。于是暗暗下决心要把这个学校办好。因为笔者排在领导班子第五位，笔者就从第五位的工作做起。

1993 年秋天开始分管教学，第一天管教学就到教学大楼检查上课情况。8 点钟上课，7 点 50 分就在大楼门口站着，到了 8 点开始数有多少迟到的学生。那个时候全校有 3000 多个本科生和 2000 多个专科生，居然有 1500 多个学生迟到，最严重的到 8 点 40 分才来。随后又检查了第四节课的下课情况，本来是 12 点结束，可一位教师在 11 点 15 分就下课了。同时，笔者还随机去教室听老师讲课。一个老师到了教室，上了讲台就问："同学们，你们是本科生还是大专生？"他走上讲台还不知道听课对象。有一个老师还问："你们上节课上到哪儿了？"他连上一节课上到哪儿了都不知道，他是如何备课的，真是天知道。教学的管理非常混乱。要转变这种现象，阻力不小，这可急不得，得一件一件地做，很需要耐心。差不多花了 10 年的工夫，才把暨南大学办学名声不好的帽子摘掉了。

从 1993 年开始，笔者搞了一系列改革，通过改革找出路。一个改革，两个改革，三个改革——逐步改革。因为担任管教学的副校长，开始时便做学分制的改革[1-3]。做自己权力范围内的事，改革成功率高些。做事情要非常有耐心，才能够真正把事情做好，做每一件事情，做大事小事都要有耐心。

1.1.2　学校管理人员必须树立三个"第一"的观念

1. 学生第一的观念

做学校领导一定要树立学生第一的观念，没有学生就没有学校，学校是学生成长的摇篮。现在我们中国的很多学校还不是很明白这个道理。一些学校好像是以教师为主，或者领导为主，我是领导，我是校长，我是书记，应该以我为主，其实学校里面是学生为主。校长、院长、领导班子，处长、老师们，都是为学生服务的。没有学生就没有学校，因学生存在才有老师。假如说全是我们老师在一块儿，那是研究院，不是学校。学生是学校的主体部分，我们是围绕着学生服务的。所以在心目中应该是学生第一，要牢固地树立这个观念。

要围绕学生开展工作，首先就要变我们中国传统的保姆式教育为自主式的教育。以学生为第一，就是学生在学校里面要受到充分的尊重，要让学生自己决定学什么专业，需要学些什么东西，要怎么成才，要快还是慢，怎么选择老师等。就是说，要让学生来选，有挑选的余地。按照学生的愿望、学生的兴趣、学生自己的目标来确定他的发展，不要由我们老师、领导强迫他去做。我们中国传统是强迫的，是一种家长管理式的教育。这种办法培养不出创新人才。我们现在提倡创新，提得很好，但是我们的方法不对，我们学校的管理体制不对，是保姆式教育，保姆式教育是容不下这种创新的，因为创新的人才往往是要异想天开。聪明的孩子他要作贡献，他要想一些人家都不敢想的事情，这才能创新。

其次，就要为学生创造成才的氛围和最好的条件。以暨南大学为例，笔者根据学校的办学任务和实际情况。提出了"侨校＋名校"的发展战略[4,5]。笔者的本意是用最少量的字告诉全校师生，暨南大学是侨校，这是我们的生命，这是我们的性质，同时我们学校的目标是成为名校，只有成为名校，侨校的任务才能完成得更好。这便决定了我们应该招什么样的学生，应该培养什么水平的学生，应该怎样培养学生，应该为学生提供什么学习环境和条件。华侨华人对我们国家帮助很大，从辛亥革命开始到现在，几乎每一个中国前进的跨越，华侨华人都作出过巨大贡献。没有孙中山先生领导的华侨华人的支持，辛亥革命难以成功。今年是改革开放 30 年，这 30 年来中国引进的外资，70％来自华侨华人。华侨华人为中国的发展做了重大贡献，暨南大学要为他们服务好，满足他们的愿望，多培养他们的子弟，并使之成才。

为此，笔者一再在学校强调要多招境外生。可是一些老师、一些领导不喜欢，跟笔者诉苦。在暨南大学当老师、当干部确实辛苦，苦在哪里？大家都知道中国内地的高中和我们国家的香港、澳门、台湾的高中不一样，跟欧洲、美国的不一样，跟发展中国家的也不一样，由此造成我们学校的新生程度相差甚大，习惯也不同，面对这种复杂的教学对象，教书相当难。所以老师只愿意教国内的学生，不愿意教境外的。笔者觉得暨南大学既然是侨校，就应该累一点，人家华侨华人给我们做了这么大的贡献，当然应该多招境外生。为了有利于华侨华人和港澳台学生成长，经再三研究，我们将境内外学生比例定为 1∶1，50% 境外生，50% 境内生。刚当校长时全校只有来自 10 多个国家和地区的 1000 多名境外生，现在已发展到 1 万多名，在国内高校中位列第一，来自世界五大洲 80 多个国家和地区。全世界主要国家和地区都有学生来了。学校牌子太差，校园环境太差，办学质量太差，谁愿意来读这个学校？学生家长和学生本人都希望是好学校，要好文凭。几万里远的人要知道这个学校，要知道学校的牌子好，这谈何容易！令人欣慰的是，经过艰苦的努力，校园焕然一新，办学质量大大提升，暨南大学开始名扬四海，成了学子们向往的大学。达到了 1∶1 的数量目标，而且在全国 2000 多所高校里，暨南大学从一般学校一跃而成为国内排名前 50 位的一所名校。

没有名气，不是名牌，一个学校便招不到好学生。如果办得差，每年招生的时候就十分辛苦，没人来读。一个学校要办成名校很不容易，在一般的意义上，名校是指世界的一流学校，或者全国的一流学校。实际上，每个领域、每个层次学校中的好学校也是名校。人们接受的教育是不同层次的教育，社会需要不同层次的人才。每个学校都要找好自己的位置，做好定位。有了定位，才能做好围绕"学生第一"的有关工作。

2. 质量第一的观念

质量是生命。任何单位、产品都要讲质量，办学中要抓的问题有很多，但首先要讲质量第一[6]。可是质量第一的观念却很难树立起来。在每个人的工作里面，在每个部门的工作里面，质量的含义都是不一样的。学校整体工作的质量，很难做好。我们现在有一种很不好的社会风气，那就是做事不认真，往往差不多就行了。"差不多"先生太多。处事呢，马马虎虎。"好像""几乎""大约""大概"这种词汇很多，工作里面全是这种处理方法，包括数字也如此，所以无法保证工作任务高质量地完成。

中国在质量方面不注意的问题太多了，我们工程上的问题很多，而且有时候还掺杂着腐败在里面。我们学校发生一件案子，教训很深刻。有一年，学校修建家属住房，负责建造的工程队不顾工程质量，偷工减料。有三栋房子的基础地桩按设计要 22 米，有人举报这个桩弄短了，我便要主管副校长调查。基建处一些负责人，不仅对抗、抵制调查，而且威胁我们。笔者坚持要现场调查，马上那几个负责人的脸色都发白了。挖了几个小时后，发现 22 米的桩只有 14 米。既腐败，又没有质量概念。特别是发现那根 1 米皮尺，人为地给缩短了，实际只有 80 厘米多。

每一件事，包括考试，质量的管理问题都很多。当时学校的学风不好，考试都无所谓，学生中百分之四五十都有不及格课程，那就补考，过了 30%，再补考，一补、二补、三补、四补，老师出题都出烦了，给你 60 分算了。管理人员也不注意，无所谓，报表一看过关就行了。学生成长过程的每一个关口，很多时候对质量的监控都是不到位的，产生这个问题的原因是多方面的。

要有好的质量，就要遵守质量管理的四个原则。

第一个原则，就是质量要符合要求。应该让全校的老师、干部明白要求是什么。不只是院长、书记、处长知道是什么原则，所有工作人员都要知道是什么要求，什么是优秀，什么是良好。要大家都明白这个才能保证质量。从前，我们的质量标准，领导知道应该怎么做，下面的干部不知道，老师不知道，那你就做不好。保证质量，就是要让管理人员知道是什么要求，什么叫符合要求，这是第一原则。

第二个原则，质量系统的关键在于预防。不是等事后来检验来评估，靠检验和评估来保证质量是保证不了质量的。首先应该预防，根据这个事情的程序，找出哪些东西可以预防，事先采取措施。

第三个原则，工作的标准必须是零缺陷。零缺陷就是没有缺陷，而且是第一次就把事情做好，不是要第二次、第三次来做。一次就把事情做对做好，要提倡零缺陷，这是我们质量管理的核心。

第四个原则，质量是用不符合要求的代价来衡量的。在工作里面，不符合要求的那部分工作量的花费，就是你的代价。

如果我们在全体教职员工中都树立质量第一的概念，那我们的教学工作、科研工作和行政管理工作就一定做得很好。

3. 管理第一的观念

一个国家、一个省、一个城市、一个单位，甚至一个家庭，怎么算是做好？笔者认为做到四个字就行了。对国家来说，强国富民。国家强大，老百姓富裕那就很好。强国是我们宏观条件好，富民是老百姓生活好，包括住房、收入、环境、精神上都很好。对学校来说，是强校富民。学校很强，学校品牌好，大家生活幸福。于是，师生们才会爱这个学校，愿意为这个学校奋斗，愿意为学校工作，愿意为学校作奉献。怎么做到这四个字呢？核心的问题是领导者要树立管理第一的观念，懂管理，会管理。管理实在太重要了，过去我们不太强调管理。

管理的核心是什么？是发展战略。发展方向决定好以后，如果因为环境和人的关系，今后发展慢了也没有太大关系，慢了但也没有走错。把发展战略搞错了，不符合环境，不符合时代，不符合国家要求，越努力，学校就办得越不好。一定要首先确定好发展战略，然后再做科学的决策，第一件做什么，第二件做什么，第三件做什么。还有用人，要用优秀的老师、优秀的干部，等等。

改革开放以来的 30 年，是我们中国几百年来第一次出现的盛世！按照邓小平理论，国家高度重视管理，才有了今天这么现代化的环境，国家强大，老百姓也生活得很好。回想 20 世纪的"大跃进""三年困难时期"以及后来的"文革"，都是管理出了问题，弄得几乎经济崩溃，教训深刻。

管理十分重要，管理不能随心所欲，一定是要科学管理。管理中间的内容很多，包括发展战略、科学决策、科学用人、科学机制等，还有很多，这里面的内容非常丰富。对于学校领导，要管好学校，就一定要科学管理，就一定要首先树立三个"第一"的观念：学生第一的观念、质量第一的观念和管理第一的观念。

1.1.3　管理学校的三条原则

1. 因材施教的原则

在学校里一定要因材施教。这里包括两个方面，一方面是要根据学生个体的差异因材施教；另一方面，每个学校由于性质不一样，层次不一样，专业不一样，所以要按照学校自己的定位去培养人才。例如，对于一流大学而言，要培养的是精英人才，那就要按照精英人才的要求安排教学和实验。对于职业学院，定位是培养应用型的科技人才，毕业的学生不是去从事基础理论创新，那就要按着应用型人才的要求去培养。这样一来，教学的安排，教材的安排，课时的安排，实习实验的安排，德育的安排等，都要根据学校的性质来决定。不要都用一流大学的方式，而是要根据学生的情况用自己的方式，这才是因材施教。

2. 有教无类的原则

有教无类，这是孔夫子的思想，就是学生即使差一点，甚至有一些瑕疵，老师仍然要教育他。不要歧视学生，不歧视落后的学生，不歧视失败的学生，不歧视有瑕疵的学生，要宽厚。这一点，一些老师，一些干部没有做到。要考虑学校不是惩罚人的地方，是培养人才的地方，应把不同的人都能够培养成人才。不要去埋怨学生，有差错的时候也不要歧视，一定要关爱他们。

3. 奖惩分明的原则

奖惩分明，就是要以奖为主、惩罚为辅。一定要搞清楚奖惩的关系，不要以惩为第一，应该以奖为第一。例如，处长对科室里面做得好的要及时奖励、激励。做得不好的，首先要扶一扶。对事要严肃处理，对人的处理要宽厚一点。在惩罚的时候，还希望他改正错误，给他关爱，留有余地，可重可轻的时候要从轻处理。应该实行疑罪从无的方法。事情未搞清楚的时候千万不要去处理人家。前些年，只要认为犯了错误或犯了罪，就一定是犯了错或犯了罪，所以在政治运动中搞了很多的冤假错案。这些冤假错案产生的原因都是把怀疑变成了人家的罪行、人家的错误。要激励同志们做好事，奖励优秀的同志。激励为主，表扬为主。

1.1.4　管理学校的三个方法

1. 从严治校的方法

在家里培养孩子，需要严格才能使子女成才。在系统比较乱的情况下就要用严格的办法。在暨南大学，为使校风、教风、学风好转，笔者[7]提出了"三从严"的原则：从严治校，从严治教，从严治学。坚持了多年，取得了成功。

大学里面，核心是两件事：老师是教课，学生是听课。老师的教学工作是用上课质量来检查的，学生的学习质量是靠考试来检查的。所以领导要抓两个重要方面：教和学。学生方面把考试抓住，当然平常也抓，平常有很多程序，核心是抓考试。中国在作弊方面自古以来管得很严格，我从小学到大学就没见过作弊，哪怕两个人考试时座位很近，都不敢去看人家的考卷。西方也是这样，一个大学生作弊后，一辈子都找不到好工作，所以在西方诚信很重要。我们为什么现在有考试作弊多这个毛病呢？很大的问题就是诚信差了，就是不严格造成的。一个社会失去了诚信，在管理上的代价就太大，当领导就很苦，说一不是一，说二不是二，很麻烦。

为了根除考试作弊，笔者就想出大考场的办法，这在中国是第一次。大考场，全校学生在一个考场里。我们学校最大的房间是体育馆，在体育馆里考试，这件事《人民日报》都报道了。在大考场中，每一个行列不是一个专业，排梅花形的座位，每位考生见不着周围同卷子的人。考试桌子设计得很特别，私存夹带完全没有可能。进考场的时候，学生无关考试的东西要存放。进到大考场以后，学生要靠自己的智商和能力来完成考试，在那种情况下作不了弊。自从设立大考场以来，便没有学生作弊。学生无法作弊，考试质量就很好。学生要考试好就得平时学习好，所以整个学习过程都要管住。

另外还有考题问题，学生巴结老师送礼，有的老师就会漏题，为此，就搞试题库。全校每门课程都搞试题库。一个试题库不是一个老师做，是几个老师分开做，而且一套题是几个老师的试题混在一起的，最后收集起来一门课程起码有十几套考题。主管教学的副校长到考前两天才选考题。我们把试卷编成号码1、2、3、4……他随机抽号码，但不知考题的内容。每个专业都抽好后，由另外的人去印刷，参与印刷的只有几个人，这几个人不带手机，跟外界不联系，就在学校里面或者郊区去做这个事情。在两天之内把考卷全部都印好封存。包括硕士生、博士生的考试全部都这样做，所以暨大考试非常严格、公平。题目漏出去，作弊，这是最大的对人才选拔的不公正，选不出优秀人才。

关于阅卷工作，我们也想了办法。教师集体阅卷，阅卷后试卷不能由老师带出阅卷室。阅卷要管好，整个流程都注意，每一步都科学管理。

考试严格以后，省里对我们比较信任，就把几次干部考试放在我们学校举行。有两位副厅长作弊，当场被我们抓住了，副厅长的官都丢了。不诚信的人就绝对不能做领导，作假的人肯定做不了好领导。今天我们社会有很多贪污腐败，产品质量很差，很多原因都是因为不严格、不注重质量，祸害太大了。

在学校这样一个培养人才的地方一定要严格，大家首先就要不作弊，要讲诚信。在学校的时候，如果允许学生作弊及格，那么他到社会上就更作弊了。所以我希望我们的领导，在管理学校的时候一定要严格，不要怕得罪人。我觉得人活一辈子一定要注重人格。一辈子多做善事，多做好事，一定不要做坏事。全中国高校都应该严格管理，严格以后，我们培养的人才质量就高了。这些学生到社会后就会体会到严格带来的的价值，严格带来质量，严格带着他们最后走向成功，严格带来的是民族的诚信和兴旺。

2. 依法治校的方法

我们国家最近一直在强调法治，因为中国过去是人治的国家，现在是由人治走向法治。这一点说起来容易，其实是很难很难的事情。20 世纪 80 年代初，我在德国呆了两年多，发现德国管得比较好，社会治安比较好，经济搞得也比较好。经济上通货膨胀率低，基本是在 1％左右，物价稳定。每年每个人的工资增长是超过通货膨胀率的。人们很热爱自己的工作，都愿意好好地干活，找到工作就很好。他们说的好日子就是可以旅游，可以去玩。穷人也有自己的车，虽然是差一点的车。有钱人是开奔驰，开好车，这是差别。社会管理得比较好，很大的原因是法治，多数人都循规守法，不偷税漏税，该交多少税就交多少税，而且办事不求人，每一个人都做好自己的工作。我要办什么事情都按照制度，找张三办、李四办都一样。不像我们学校的一些部门，要先研究研究，得求人，得巴结人，得送礼，才能办事。人家的高校使用法治这样的方法，我们差得比较远。现在老百姓办个事很困难，该办的事情，一些部门常常都不给办。所以我们应大力提倡，老百姓要办的事情，只要是制度上允许办的事情，人家来找你办，你就要立即去办，不能有拖拉，不要刁难人家，哪怕这个人平常跟你关系不好。因此，学校方面面都应首先建立健全制度，包括学校整体的管理制度，教学的管理制度，科研的管理制度，后勤的管理制度，住房制度，教师管理的制度，卫生、保卫制度，等等。

笔者在学校一任职，就开始搞制度建设。每个部门都建制度，甚至每个小方面都有制度。最后搞了 300 多个制度，编成两本文件集：《行政管理卷》[8]和《教学科研卷》[9]，还有党务方面的制度。然后发到学校各个单位，每一个科室都有，任何人办事都看这个制度，照着程序做。就不要临时考虑是找张三还是找李四。属于哪个部门负责，都要告诉老百姓。电话要公开，大家好办事。中国传统求人的制度要改变，传统的拉关系习惯要改变，绝不能谁有权力，就拿在手里面，就得求他。所以一定要改变我们的管理制度。要真正为老百姓服务，要按制度来办事。

制度不要经常变，尽量少修改，一次就搞好一点。制定制度首先是科室先搞个草案，然后征求多方面意见，最后领导班子集体讨论定稿。制度要符合国家大法，符合宪法，然后符合我们的教育法。一个学校搞个几百项制度，包括干部的选拔等都搞成制度的话，我想教学活动就不会因为领导的改变而改变。过去，老百姓希望有优秀的校长、优秀的书记来领导，学校才有好日子过。现在，张三校长换了没关系，李四来当还是按照这个制度，这个学校就会健康发展。我们国家如果制度化、法制化了，就会科学地向前发展。

从中国传统的人治走向法治，希望我们的制度建设加快一点。希望每个高校建立制度，每方面都搞制度，包括干部选拔。比如说，选举制的干部怎么选，任命制的干部怎么任命，考评怎么考？选举制的干部考评和任命制的干部的考评，应该是不同的，过去，都是一锅煮。任命制的干部要对上负责。校长任命处长，处长自然要对校长负责，考评处长的分数应该以直接领导他的分管副校长和校长的评分为主。而现在往往就是任命制的干部是让群众来投票决定他的去留，那么这个干部就不敢管群众了。他如果管严了一点，许多人投他的反对票。优秀的干部往往很严格，下面有的人就给他打不及格。我们应以任务完成的好坏来评价一个人。选举制的干部应该以群众的分数为基准，因为你是选的，你要对群众负责，这个不能由学校领导来决定，应该以群众的分数来决定。现在的情况是考评干部都一样，任命制干部、选举制干部、业务干部、党的干部还有教师都一样的考核，这是不合理的考核等，要有不同的办法，不要一个办法对付所有的教职员工。

制度设计非常重要。去暨南大学的时候，笔者希望把它办成名校！因为这个学校有百年历史，今年是建校102年，是中国最早的七个大学之一，肩负重要的办学任务，理所当然办成名校。但是，笔者去的时候，这所学校办得比较差，4000位教职员工中，连笔者在内仅有8位博士生导师，老师里面只有8个人有博士学位，被三大索引 SCI、EI、ISTP 收录的学术论文一年仅有几篇，1992年只有4篇文章，北京大学当时是好几百篇。这4篇中，我一个人要占3篇。

为了提升学校学术水平，笔者想了三个主意。第一，让原有教师人人都搞科研，提出"不搞科研的教师是残疾的老师"这个口号，施加压力，逼迫老师们都要搞科研。第二，大力引进人才，招名牌学校的教授以及博士进来。第三，制定制度，制定了学校的分配制度，以激励老师们搞科研。

当时的暨大很穷，校机关到了1995年的时候连一个季度50元奖金都发不出来，所以笔者就想办法挣钱。首先，亲自负责全校财务工作，宣布院系部处不搞创收，挣钱是校长的事，校长有责任搞来钱。院长应该做院长的工作，处长应该做处长的工作，系主任应该做系主任的工作，每个人做好自己的本职工作。第二个改变就是分配改变，原来是各系发奖金，现在学校统一发奖金。搞了个新的分配制度——暨南大学量化考核制度[10]。

改革以后，在暨南大学，每人的收入由两部分组成：国家工资和校内工资。国家部分我们改不了，教授拿多少钱，处长拿多少钱，那是固定的。学校部分在改革后是这样分配的，比如说老师，你给学校做多少贡献，学校就给你多少奖金。我们不能说你多少就多少，而是把工作进行量化。比如说科研有多少论文、多少科研项目以及成果的推广等，我们就把每件事情都量化。国家的项目、地方的项目，不同的项目分级；还有就是你拿100万元的项目，还是10万元的项目，当然不一样；而且学科也不一样，搞理工的项目经费要多一些，搞文科的搞个大钱不容易，文科的分数跟理科有区别，项目也有区别。发表论文，在世界、在中国不同的杂志发表，哪些是著名杂志，那一类杂志多少分，把这个划分好，不同专业都不同，划得很细。教学，上本科生、硕士生、博士生、成人教育的课都有不同分数，甚至没有学历、学位证书的学生的课，上短期培训班的课，都有分数。学生数多了也有加分，重读班也有分数。你教不同的课程，有不同的分数；礼拜天上课比平时上课加一点分，在外地上课要加一点分，晚上上课要加一点分，中午上课也加一点分，分得很清、很细。教学实验、作业都有分数。还有当班主任、做学生工作的都有分数。还有社会任职的分数，你给学校带来了名气，在外面任个什么职务，对学校知名度有提高，也给你分数。

把这些方方面面的分数加到一块儿，一年里，你做了些什么事情，填个表格，就是你的校内工资。我们开始设1分1元钱，大家很高兴，以后又提升分值，最后升到1分1.6元。大家看到好处，有的人一年可以拿到几十万元。笔者任校长十年来，全校教职员工人均年收入由1995年的8000元上升到2005年的88 900元，收入增长了10倍。总之是鼓励大家多做事。这下子，我校的科研论文大大增加，特别是三大索引SCI、EI、ISTP的论文逐年增加，现在已经达到四五百篇，在全国名校里面排得上号了。

学校要鼓励大家改革制度，就要制定激励的制度、严格管理的制度、出成果的制度。所以笔者就先抓住这个关键的分配制度。以前人人都不愿意多上课，特别难的课都不愿意上，愿意上简单课。现在是人人都在抢着上课。过去系主任求张三上什么课，还要拜托拜托才能上课。现在没这个现象了，大家愿意上课，而且都愿意做科研。现在暨大大部分老师都搞科研，做不了科研的老师则赶紧读书，读硕士、读博士。经过训练他就能做科研，能够既有科研本事又有教学本事，那名牌学校就办出来了。

大学是个学术机构，有三个功能：培养人才，出科学成果，为社会服务。你的制度方方面面都可以搞，每件小事都可以搞，但是要抓关键，对学生就抓考试，对于老师就是抓教学。前面我已讲过老师原来上课的时候不认真备课。笔者想办法对此情况进行改变。考虑到老教授的示范性功能，所以我在1993年就制定制度，要求教授上本科基础课。学生进校以后，一年级是培养他品质最好的时间，学风最好是要在一年级培养。那时，他爱学习，他要上进，他要打好基础，为此安排教授级老师上课最好。好几年后，我才看到教育部在全国要求执行这样的制度。

然后，要防止老师上课不认真备课。上课跟演戏一样，剧本有了，就是表演，是在课堂上的表演。老师在课堂上表演的时候，只有学生能监督他。但是，学生因为老师要考试，要管着他，因而监督作用也有限。所以笔者就提出三重评估制度便把教师教学管住了。西方的学校是每一学期期末都要学生给老师评分。暨大 20 世纪 90 年代初就搞了，结果老师不服，说因为教学生很严，学生便给打低分。对此，笔者提出再请专家评估。全校请了 40 位专家，大多是教课教得好的退休老师，返聘回来，每周规定他们每人听课 8 小时。他们在全校任何时候随机听课，不通知任何人，就变成一个随机的抽样检查，这里用了数学中的运筹学方法。全部听完所有的课程是不可能的，那样量太大。40 位专家对老师给一个评价，主要针对这个老师的备课情况、教材情况、讲课情况、跟学生的互动情况等。这个专家不一定是本行专家，也不可能做到。因为我们学校现在是 60 多个专业，而且一个专业的课程那么多，应该说每个人不可能懂很多课程，但是基本道理懂得，所以这 40 个专家不要求他听本专业的课，就是全校广泛地听，听了以后给一个评分。结果老师还是不服，说专家不懂他的课，给的评分不正确。笔者后来想了想，再搞公平一点，让领导听课，从教研室主任、系主任、院长，至校长、书记，每人都规定听课任务。比如说校长、书记，一学期很忙，听四节课；副校长听 8 节课，系主任再多听一点，教研室主任多听一点，这些人听过的课程，都打分。他们也是随机的，不通知任何人，这样会发现很多问题。

笔者听课的时候，一般是 8 点的课程，到 7 点 59 分才悄悄进入教室，而且坐在最后一排。很多时候上课老师就没发现笔者，听完课以后老师才发现。这个办法很灵，见到了很多真实情况。校长去听课，不干扰老师，老师未发现也不会紧张，他很紧张反倒不好。

这样一来，我们就设立了三重评估制度：领导的评估、专家的评估和学生的评估。开始时大家还是不服，我们便连续做了两年统计，结果是三个评估分数近 80% 是一致的，还不错。教师所得评估的分数如果不及格，我们就亮黄牌，告诉他上课太差了，请他赶快改进。如果连续两年亮黄牌，就不能授课，下岗了，到人才交流中心去等着，或者调走，或者去进修，或者改做其他工作。另外，每年在全校隆重表彰 10 位优秀授课教师，既给荣誉又给奖金。于是，学校的授课质量大大提高，教风迅速好转。

做事就要找到每一样事情的关键，对于教师来说上课就是关键，对于学生来说考试就是关键。在学校里面，不应该有作假作弊的事情发生，应该形成一个讲诚信的校园风气。但这些管理光靠人是做不好的，你几个人忙不过来，所以制度是关键。这些制度不是针对老王的，也不是针对老张的，是针对所有人的。这个制度管着质量，要订得细一点，不要订得太粗，每个部门都根据自己的情况认真做。每所高校应根据自己办学多年存在的教学问题、后勤问题和干部问题等，认真治理，要讨论好，要依法治校，笔者觉得这个太重要了。中国的落后，落后在法治上。绝对不能搞成今天张三当校长，张三一套；明天李四当校长，李四一套。形成了一个好的制度以后，这个学校就能够健康地往前发展。

3. 实事求是的方法[11]

我们在工作中要讲究真实，千万不要搞假的东西。一个学校如果不实事求是、搞假的东西，工作是做不好的，出发点就不对。所以，笔者在暨大期间，一直强调干部、教师给我的报告、汇报工作要说真话，要说真的数字，不能搞虚的假的。

如果你的工作中得到的数据是假的，你做的决定就不可能正确。如果不是真的财务情况，你管财也管不好。在财务方面，笔者主张开源节流。开源为主，节流为辅。千万不要以节流为主，应该是开源为主，创造财富为主，节约为辅，不要浪费，这是第一个原则。第二个原则就是不能做假账。绝对不能做假账，不能去骗领导骗群众，去逃税。只搞一本账，不搞小金库。实际上，现在很多单位都搞了一些假的东西，对上面一套，对下面一套。应该要求所有的干部，特别是领导干部实事求是，再不要去吃这个假的亏了，不要去吹牛。我们是什么水平就是什么水平，我们是什么状况就是什么状况。

可是，在今天仍然看到有些地方还有这种作假现象，并且是个严重的现象。有些人看到领导需要什么数字就给什么数字，领导喜欢什么就说什么；领导希望说大，他就说大，领导希望说小，他就说小。这样子会害党、害国家、害民族、害学校、害自己。笔者18岁入党，已有50年的党龄了，50年来，看到很多人就是喜欢作假，所以便悟出了这个道理，一定要实事求是，要以真实的事情为基准，才能有科学的管理。

但是，真正做到实事求是是很难的。因为有时候领导不喜欢你说真话，有时你周围的人不喜欢你说真话，但是你应该坚持，这是十分重要的。这是基础，这是原则，这是方法，这至关重要。不实事求是，既造成人们不团结，又造成社会落后、经济落后。传统的"逢人只说三分话"，就是我们中国人不喜欢讲真话的写照。要建成和谐社会，关键是要每个人真心待人，真实地把你的思想表露给别人。这样的话，关系也好处，工作也好做，管理也好做。实事求是，对我们做学问的人尤其重要，尤其是在培养人才方面，来不得半点虚假。

1.1.5　发挥优势　迎难而上

上述四个方面，高校领导如果做到，就一定能团结全校教职员工，把学校工作搞好。

一个国家需要不同层次的人才，需要办多样的高校。中国的方方面面的事业，不仅仅需要最优的人才，还需要各种岗位、各种类型的人才。为了完成这一培养人才的任务，还需要注意以下几点：

首先需要发挥每所学校原有的优势，避开自身的劣势。再者，就是要有重点思想，要保证重点。学校不可能方方面面平均花钱，要重点突出，要把你的财力用在重点上。最后，要改善条件。办学条件要改善，老师和学生的生活条件要改善。当学校管理者，就是要强校富民，这样才能够激励老师都爱学校，都愿意为学校付出，都愿意为学校变得更加美好作出自己的贡献。

做管理是个很辛苦的事情，而且是个非常难的事情，要做到前面几点不容易。高校是基层单位，做负责人是很苦的工作，但又是非常光荣值得自豪的工作。中华民族要成为世界伟大的民族，中国要成为现代化的国家，首先就是要办好教育。先是基础教育，后是高等教育。高等教育的工作里包括了德育、智育和体育。如果我们培养出的都是道德很好、业务很好的人才，那我们国家方方面面的重要岗位都是这样的人在工作，我们社会的很多弊端就会去掉，我们的社会就一定会健康地向前发展。

1.2　试答"钱学森之问"*

所谓"钱学森之问"，就是著名科学家钱学森院士晚年在各种场合不止一次提出的问题：为什么我们的学校总是培养不出杰出人才？

这个问题，钱老自己其实是有答案的。2005 年 7 月 30 日，钱学森曾向温家宝总理进言："现在中国没有完全发展起来，一个重要原因是没有一所大学能够按照培养科学技术发明创造人才的模式去办学，没有自己独特的创新的东西，老是'冒'不出杰出人才。这是很大的问题。"

钱学森之问和钱老自己的回答，振聋发聩，实际上指出了中国的教育所存在的问题。本节试图通过对目前教育界的一些不良现象进行分析，深入探究其产生的背景和原因，并进而提出若干化解之策和可操作的计划。

1.2.1　教育问题的现状

新中国成立 60 多年来，国家进入了盛世时代，教育事业也取得了辉煌的成

＊　本节内容是国家教育部科学技术委员会管理学部专家报告，原载《中国高校科技》，2011，（10）：4-7，14，合作者：郭广生，徐明稚，陈劲，陈德敏。

就。特别是改革开放 32 年来，教育事业更是突飞猛进，中国正处于由教育大国向教育强国的发展进程之中。但是，我国教育仍存在许多问题。

1. 教育体制和管理有待改善

在高等教育方面，目前的病态表现为：从新中国成立初期至今，教育革命和教育改革始终不断，但一直未形成科学的、稳定的人才培养体系，难以拥有杰出人才成长环境；学术浮躁；学校缺乏办学自主权，办学千篇一律，许多大学无特色；上级管理名目繁多，对学校、教学和科研的评估、考核、检查太过频繁，基层穷于应付，甚至弄虚作假；学校管理过分行政化，行政干涉学术过多；学校产业化问题，错误强调学校科研要产业化，使基础科学研究萎缩；学校关系化问题，社会和学校人治大于法治，师生办事常常要找关系才能办成，使杰出人才成长受限；"官员"型校长多，优秀校长少；教师学术不端行为和学术腐败现象愈演愈烈，甚至涉及部分党委书记和校长以及"知名"学者，但处理惩治既慢又不严；学生考试作弊现象未得到有效管治；教学和科研奖励以及科研项目申请中，拉关系现象时有发生，造成公正性缺失，制约了杰出人才出现；学校从上到下搞创收，教师无法专心致志做学问；许多教授喜欢做官，不喜欢做学问，不喜欢承担教课任务……以上这些问题都亟待教育体制和管理的尽快改善。

2. 教育经费投入不足

中国的教育投入水平不但与发达国家有着较大的差距，也低于印度、印度尼西亚等国家。例如，中国教育经费投入占 GDP 百分比，1999～2008 年度的多年平均数字为 2.91，相当于沙特的 44%、美国的 52%、印度的 78%、日本的 81%、俄罗斯的 82%，这个比例与我国多年 GDP 高速增长的状况不相适应。

在联合国教科文组织统计网站所列的 216 个国家或地区中（其中 37 个无数据），1999～2008 年度的多年平均数字为 4.71，中国在其中名列第 143 位，相当于世界平均数字的 61.78%。即使在 2012 年年底如期完成 4% 的目标，仍低于平均数字，与中国的综合国力很不相称，与中国 GDP 总量居世界第二的位置何啻天壤之别。

3. 整个社会崇尚教育的氛围有待提高

现在，国家和老百姓都比 30 多年前富裕得多了，但是青少年的人生价值取向也改变了许多，许多人只追求享乐、时髦，不大讲高尚的道德、理想、情操。目前社会上普遍存在着"向钱看、向官看"的不良倾向，整个社会对教育的态度都存在着很大的功利性。

例如，学生进入大学读书，愿意学软科学专业，不愿意学硬科学专业；学生大学毕业后，以做大官、挣大钱为奋斗目标，不愿从事学术研究工作；大学生厌学的多了，刻苦读书的少了。

大学生是全社会最敏感的群体。社会上有多少病态现象，大学生中就有多少病态表现。

教育问题不光是大学的问题，也是中小学乃至幼儿园的问题，同时也是学生家长和社会的问题。尽管推行了多年的素质教育，但目前从小学到大学的整个教育体系仍摆脱不了应试教育的尴尬。中小学生过于沉重的学业负担和教育功利化倾向引起全社会的担忧。许多学校只把高考升学率、优秀率高低作为衡量学校整体教育质量的标准。道德教育跟不上，年轻人缺乏热爱生活、热爱祖国、热爱民族的激情，不愿意做学问，不愿搞学术。例如，学校和家长"唯升学率马首是瞻"，有的学校为激励高中学生，甚至提"三年地狱，一生天堂"的荒谬口号；幼儿教育小学化，甚至发展到"胎儿教育"。

1.2.2　若干化解之策

1. 建立可持续发展的教育体系

要建立可持续发展的教育体系，需要从社会、家庭、学校等多个方面进行。

应该提高各级领导的整体素质。领导的思想品德和素质将会影响教育和科技的发展。应该加大打击贪官污吏的力度，保障社会公平与正义。这将净化社会环境，对青少年树立正确的人生目标和远大理想起到积极的作用。

家庭教育是建立可持续发展的教育体系的重要环节，应鼓励父母对孩子进行正确的引导，注重家庭对孩子的影响，不要让孩子负担太重，上各种各样的"课外班"，让孩子为自己"圆梦"。同时，社会要营造鼓励、支持优秀青少年成长的环境。

基础教育要鼓励青少年"好好学习，天天向上"，树立热爱祖国、服务人民、献身科学的理想。幼儿教育小学化、中小学生负担太重的现象要尽快克服，让中小学生在快乐中成长。基础教育要鼓励青少年德智体美劳全面发展，不要盲目追求考试分数和升学率。

社会应强调公平竞争，减少人为因素在选拔人才过程中的比重。完善奖学金、助学金及勤工助学制度，让不富裕家庭的孩子也有深造的机会，使全民族的素质得以提高。

2. 教育去行政化，摆脱行政体制对教育的束缚

《国家中长期教育改革和发展规划纲要（2010—2020 年）》提出"推进政校分开管办分离"，逐步取消高校行政级别，确定了教育去行政化的目标。教育去行政化有两方面含义，一是减少行政对教育的干预，二是降低"官本位"对教育的误导。高等教育应充分体现"百花齐放、百家争鸣"的原则，创造自由、开放的学术氛围，让优秀人才脱颖而出。

减少行政对教育的干预，不要让行政事务干扰做学问，不要让功利性诱惑干

扰做学问。要建立与完善中国特色的大学制度，必须造就一大批杰出的教育家，应适时引入校长职业化制度，让校长尽心尽力管理好学校，一心一意搞好教育。

孔夫子说"仕而优则学，学而优则仕"，两句话构成一个良性循环，是具有正面意义的。但是，现在只突出前一句话而忽视后一句话，就变成负面意义了，以至于"官本位"气息弥漫教育界和学术界。很多教授热衷于当官，十几个、几十个教授"竞聘"一个处长岗位。因为当了官可以搞"权钱交易"，可以获得不当官的教授难以获得的"红利"，如利用职权获得项目和经费。官本位现象加剧了浮躁。

应该在全社会提高教授的地位，全社会尊重知识，尊重人才。教授们也要自重、自爱、自律，不要趋炎附势、随波逐流。鼓励教授们"慎独"，"威武不能屈，富贵不能淫，贫贱不能移"。鼓励教授们移风易俗，做精神文明建设的带头人。

在全社会提高教授的地位，首先要在高校提高教授的地位。机关人员一定要树立服务意识，要有谦逊精神，尊重知识，尊重人才，不要把教授们吆喝过来、吆喝过去，弄得他们团团转，消磨他们的时间和精力。

3. 教育去产业化，摆脱市场化对教育的干扰

现代社会是专业化分工的时代，一个组织应注重加强核心竞争力，尽量少从事或不从事自己不擅长的业务。企业如此，大学更是如此。教书育人、选拔人才是学校的首要和根本任务。即使在发达国家，科研成果的转化工作也是由企业的研究机构而不是直接由大学来完成的。大学就是教育与科研中心，不应该成为资本运作中心和利润中心。

应该说，中国的大学教师尤其是教授们，现在的收入不低了，生活比较安定和舒适，超过了小康，不少人达到了富裕，比"文革"期间陈景润躲在小房间里搞"1+2"研究的条件好了不知多少倍，比马克思写《资本论》、曹雪芹写《红楼梦》的条件好了不知多少倍，但是现在的教授们出了多少优秀成果呢？近几十年来，出了几位大师呢？现在，有些教授的钱袋子鼓鼓的，但是他们还是不满足，除了挣钱还是挣钱，跑来跑去挣钱，飞来飞去挣钱；哗众取宠的"大报告"多得很，"出场费"高得很；写论文、写书也成了市场炒作，粗制滥造很多，精品很少。

现在的教育界和学术界的最大弊端可以归结为两个字：浮躁！除了浮躁还是浮躁。今天的中国，还有没有陈景润式的人物？还有没有曹雪芹式的人物？关键是有没有他们耐得清贫，甘于寂寞，潜心做学问的精神。如同"劣币驱逐良币"，"铜臭气"驱逐了书香气，铜臭气弥漫于教育界和学术界。

古人云：淡泊以明志，宁静以致远。做学问不能急功近利，不能到处凑热闹、赶时髦。为了把学问做好，不妨鼓励教授和博士们"好高骛远"，鼓励他们

"两耳不闻窗外事"，鼓励他们"不食人间烟火"，远离名利场，远离市井尘嚣，洗净市侩习气。

鼓励学习陈景润，当"书呆子"；鼓励学习马克思、曹雪芹，耐得清贫，甘于寂寞，潜心做学问；鼓励学习陈寅恪，特立独行，把学问做深做大。

建议不要过分炒作"大学生创业"。大学生首先是学习，不是创业。能够创业的大学生，少而又少。不能因为一个比尔·盖茨获得了成功，就认为千千万万大学生都能成功创业，都能成为比尔·盖茨。比尔·盖茨只是凤毛麟角，是可遇不可求的稀有人物。如果大学生能够普遍创业，还要研究生干什么？工程师、博士和教授们也都要下岗才是。大学生的第一要务是静下心来好好完成学业，为以后创业打下基础，而不是马上创业，立竿见影！

"教育产业化"的提法混淆了是非，偷换了概念。教育本来就是产业——第三产业，还需要什么"产业化"？"教育产业化"的一些做法其实是错误地在搞"教育市场化"和"教育商品化"，这就改变教育是基础产业和公益事业的基本属性了。

4. 教育去关系化，让创新人才脱颖而出

大学应创造宽松的学术氛围。鼓励学术探索和学术争论。在爱国家、爱中华民族的前提下，追求不同的治学模式。大师之所以成为大师，其重要因素就是在成长为大师的过程中，比其他人花更多的时间潜心做学问，而不是熟谙人情世故处理复杂的人际关系；这也就是人们往往认为大师不善交往、"脾气古怪"，甚至难于接近的原因。应该创造宽松、公正的氛围，避免学者们为上下左右的关系所困，不仅要尊重每一个学者的研究成果，还要善待每一个处于研究过程中的人。

大学应创造浓郁的文化氛围，让学生受到优秀文化的熏陶。不仅学习理工，还应学习人文；不仅了解现代，还应了解古代；不仅知道外国，更应知道中国。避免大学生和研究生成为"有知识，没文化"的人。

大学应该宽容对待失败。科学探索与创新的过程中成功与失败并存，不能以成败论英雄。对于前沿性的探索，应该允许出现差错、允许失败。失败的教训也是有益的，可以避免在同一个地方重复跌倒。

5. 建立科学的、公正的、多样化的考评机制，确立长远的学术目标

一所大学之所以能够或为名校，是与它长期的文化沉淀、学术积累和人才济济分不开的。大学的水平是不可能通过短期、片面的指标考核就能够提升的。现在的一些考核指标只重数量、不重质量，发表论文只讲篇数、不讲水平。不要以数量代替质量，搞片面性的"数量化考核"，让填写各种各样的考核表格消耗教师的时间和精力。

要重视基础科学的研究工作，不要仅以研究成果的使用价值和经济效益作为考评的主要依据。不能过分强调科研成果的转化尤其是快速转化。一方面，要重

视科研成果转化，促进产业提升和行业进步；另一方面，如果在研究过程中过分强调成果转化，研究的深入性和探索性就无法得到保证，必然导致短期行为和急功近利。陈景润的研究成果"1＋2"至今还没有看到什么转化的迹象，但是，这项研究成果受到了全世界数学界的重视，为中国赢得了声誉。如果中国多一些陈景润式的学者，多一些"1＋2"的研究成果，无疑是一件大好事。

当务之急，对评奖和科研项目申请，要建立严格的评审制度和程序，保证公平，决不能让搞关系者得利，才有可能为杰出人才涌现创造条件。

1.2.3　让一部分人先静下心来做学问

"让一部分人先静下心来做学问！"这是仿照 30 年前邓小平同志提出的"让一部分人先富起来"的口号。

回答钱学森之问，出杰出人才、出大师，必须有一批人认真搞研究，做学问；这就必须戒除浮躁、静下心来。中国的学术界、教育界现在太浮躁了，从南到北，从东到西，从一般高校到"211 工程""985 工程"高校，鲜有不浮躁的；从助教到教授，鲜有不浮躁的。心态浮躁就坐不下来，就不能认真做学问，就不能出大成果、成大器。一部分人先静下心来做学问，将会带动越来越多的人静下心来做学问。戒除浮躁，静心做学问，潜心做学问，必须屏蔽市场化、商品化的诱惑，要挡住"挡不住的诱惑"。

要努力将教师从"以利驱动"的思维模式中解脱出来。大环境"静"不下来，学校的小环境一定要设法"静"下来，如果小环境也"静"不下来，教师个体是很难"静"下来的。

建议实施两个计划：宁静致远计划、老骥伏枥计划。

1. 宁静致远计划

"宁静致远计划"就是让一批人宁静以致远：在若干年后成为杰出人才和学术大师。宁静致远计划也可以称为"答问计划"即回答钱学森之问。如果实行该计划，相信少则 3 年，多则 5 年，全国可以出现一批高水平的研究成果。如果全国有 1 万名学者纳入宁静致远计划，设想 3 年之后有 10％的学者出了水平较高的成果，那就是 1000 项；5 年之后如果有 30％的学者出了水平较高的成果，那就是 3000 项。

2. 老骥伏枥计划

"老骥伏枥，志在千里"，这是赞扬和勉励老年人的美好的语言。老骥伏枥计划的对象是 55～70 岁的老教师，他们有的已经退休，有的即将退休。他们在教学和研究的岗位上工作了几十年，积累了丰富的经验和学识。他们是学校的宝贵财富而不是可以甩掉的"包袱"。他们多数希望"老有所为"，愿意"发挥余热"，继续服务于学生、服务于学校和社会。

他们可以再工作 3～5 年或者更长一段时间，主要做以下工作：指导青年教师，包括指导教学、指导科研；为学科建设、学校发展献计献策；编写教材。

老骥伏枥计划的老教授，要给以工作津贴，而且适当从优，使得其"工作津贴＋退休工资"高于退休之前的收入。这样容易调动积极性，而且，学校实际增加的开支并不多。

1.2.4　大学管理模式优化，试办教育特区

1. 探索大学管理模式优化

（1）全国高等学校，无论公立与民办，一律改由省市管理，其中一流大学的经费继续由中央财政支持，以利于教育部腾出手来，从宏观来改善教育环境，同时又有利于竞争，利于杰出人才涌现。

（2）建立学费分类制度，按不同学校档次及专业类型区别收费，提高重点学校的收费，降低普通学校及基础学科的收费。对师范、农业、矿业、国防等专业全部免除学费，并适当补贴在学期间的生活费用，以利于来自经济困难家庭的学生上学。

（3）建立更好的奖学金制度，对有志于学的优秀学生加大资助力度；完善社会诚信体系，加强在校学生的诚信教育，建立有效的勤工助学和助学贷款制度以利于家庭贫困学生上学。

2. 试办教育特区

（1）建立政府评议与社会第三方评议相结合的民办高校评级制度，对高质量的民办高校给予招收本科层次学生，条件特别好时，也应允许招收硕士、博士研究生。这些学校将与公办学校竞争，使我国高等教育事业更易向高水平发展，更利于涌现杰出的创新人才。

（2）在经济发达地区的部分高校中试行校长负责制，如在环渤海、长三角和珠三角这三个经济最发达的地区分别从在"985工程"、"211工程"、教学型以及职业教育高校中，各选择 3～5 所试行校长负责制。为确保贯彻党的方针政策，学校设党组，校长兼任党组书记。学校领导班子要少而精，只设副校长 1～3 人即可。

大学校长应该是教育家（起码应该是想要成为教育家的热心人士），且职业化，全心全意办大学。如果要求大学校长"既是教育家，又是政治家和企业家"，恐怕是要求过高，求全责备。试想，可否要求企业家同时也是教育家和政治家？可否要求政治家同时也是企业家和教育家？恐怕不能，所以，对于大学校长也不能要求过高。

大学校长如果不成其为教育家（或者不想成为教育家），恐怕其他方面再好也不能算称职。现在的大学校长之中，教育家不多，"官员型"的校长、"商人

型"的校长较多，他们能够办好大学吗？

校长负责制应该与教授治校相结合。教授治校是西方国家成功的办学模式，对于我国高校建设具有重要的借鉴意义。在我国实行教授治校大概需要有个过程，建议先实行教授治学。

教授治学，可以成立"教授治学委员会"，其职责如下：凡是学术问题均须经过教授委员会讨论；教授治学委员会成员可以列席校长办公会议或校务委员会会议，参与决定学校发展和管理中的重大事宜；监督教风学风，防止学术不端行为，对于学术造假行为给予鉴别和提出处罚意见，提交学校领导执行。

教授治学不但在教育特区的高校实行，也可以在党委领导下的校长负责制的高校中实行，就是说，普遍实行，无一例外。一所高校，如果不是教授治学，还有谁能治学呢？现在许多高校是机关人员"治学"，教授的地位并不高，机关人员常常把教授们吆喝来、吆喝去，把学术研究变成行政事务，这是违背学术研究规律的。

1.2.5　让中国的伯乐更多一点

大学乃至整个教育体制既要建立良好的人才培养机制，也要建立有效的人才选拔机制。教育界不仅应该是人才济济，同时也应该是伯乐济济。只有伯乐济济的环境，才易使优秀人才脱颖而出；最后，才会有大师型人才出现。

1. 选拔伯乐型官员

政府的各级教育及科研主管部门，学校的行政及教学单位，都应注重选拔伯乐型的人才担任领导职务。他们敢于选拔任用优秀人才，让其担当重要的学术研究和科研攻关任务。

各级领导、各级教学与科研管理人员应该甘当绿叶、扶持红花，以选拔、推动人才的成长为己任。

2. 注重学术团队、学术梯队的建设

在当今的信息时代，科学研究不是个人单枪匹马可以完成的。个人的知识面和眼界毕竟有限，没有团队的集体探讨、"协奏"和交流，很难把握最新的研究动向和研究趋势。因而，大学应鼓励和积极倡导、大力支持学术团队的建设。学术团队可以是自组织的，依据共同的兴趣爱好和相同的或互补的学术背景而自发形成，学校对于此种情况应该鼓励，创造与之相适应的氛围和物质条件；如果需要，人才可以在校内自由流动。

在优势学科，应重视由不同职称和不同年龄层次组成的学术梯队建设。学术带头人应该有博大的胸怀和敏锐的洞察力，善于听取不同意见，允许学术争论，宽容年轻学者的失败和错误，不以自己的喜好和取向限制其他人的具体研究方向。

大学应注重培养专才（包括"偏才"与"怪才"）。要培养专才，提拔优才，就要拓展吸纳人才的途径，让有特殊才能、有志于学的学子顺利进入大学的殿堂。

要不拘一格，让优秀人才脱颖而出。要通过非常规途径选拔人才，同时，要有相应的措施防止可能产生的腐败。

"百年大计，教育为本"。现今，中国的很多高校已经是"百年老校"，更多的高校已经办学一个花甲子（60年左右），时间不短了。我们应该清醒地认识到，中国高等教育百年之路并不是平坦的，其中经历了长期战乱，政权变革；新中国成立以后政治运动频繁，包括全国院系大调整、1957年"反右"、十年"文革"，以及改革开放以来的市场化冲击等，都给中国的高等教育带来了严重的干扰或破坏。目前，中国的教育同时受到两方面的批评：一是"太保守了"，求稳怕乱，是"计划经济体制最后的顽固堡垒"，希望把高等教育放开；二是搞得太乱了，面对诸多的"乱办学""乱收费"现象，希望"管一管"。

现在，认识到大学存在问题、认识到创新人才重要性的有识之士越来越多，钱学森之问引起大家思索，这正是中国高等教育转型的征兆，是高等教育振兴的希望。与世界名校相比，中国高校的差距是很大的，需要奋起直追。希望尽快缩小差距，提高办学水平，培养出杰出的创新人才，不辜负党和国家的期望，不辜负时代赋予的使命。

1.3　加快我国高等教育进入世界先进行列[*]

1.3.1　形势

1. 我国高等教育的形势分析

改革开放以来，我国高等教育事业发展很快，初步形成了适应国民经济建设和社会发展需要的多种层次、多种形式、学科门类基本齐全的社会主义高等教育体系，为社会主义现代化建设培养了大批高级专门人才，在国家经济建设、科技进步和社会发展中发挥了重要作用。

1）我国高等教育所取得的成就

a. 高校招生规模与在校生规模大幅度增加

改革开放以来，我国高等教育事业规模有了很大的发展，如表1.1所示（港、澳、台数据尚未计入，下同）。尤其是从1999年开始，普通高等学校扩大招生规模，其增长幅度之大，是前所未有、世所罕见的。1999年，普通高校扩招52万人，相当于当年新办了50多所万人大学。1998年招生108.4万人，2004年招生420万

---

　* 本节内容是全国教育事业"十一五"规划研究课题报告，2005，合作者：纪宗安，方丽，孙东川，贾益民，熊卫华，孙红萍，温碧燕，王雄志，李朝晖，宗世海，廖仕湖，钟国胜，李东生。

人，六年几乎翻两番。2003 年，普通高等学校在校大学生 1108.6 万人，加上成人高等学校在校生，两者之和超过 1900 万人，毛入学率为 17%；2004 年，普通高等学校与成人高等学校在校生之和超过 2000 万人，毛入学率为 19%[12,13]。已有资料报道，2005 年，普通高等学校将招生 475 万人，比上一年增加 55 万人，增长率为 13.1%；加上成人高等学校招生数，两者之和超过 510 万人[14]。每万人口中普通高等学校在校生数 2003 年为 86.3 人，是 1998 年 27.3 人的 3.16 倍，是 1978 年 8.9 人的 9.7 倍，如果加上成人高等学校人数，增长倍数则更为可观。一些专家认为，我国的高等教育正在由精英教育向大众化教育过渡[15]。

表 1.1　我国高等教育事业基本情况

指标	1978 年	1980 年	1985 年	1990 年	1995 年	1998 年	1999 年
学校数/所	598	675	1 016	1 075	1 054	1 022	1 071
专任教师/万人	20.6	24.7	34.4	39.5	40.1	40.7	42.6
招生数/万人	40.2	28.1	61.9	60.9	92.6	108.4	159.7
在校生数/万人	85.6	114.4	170.3	206.3	290.6	340.9	413.4
毛入学率/%							
毕业生数/万人	16.5	14.7	31.6	61.4	80.5	83.0	84.8
每万人口中在校大学生数/人	8.9	11.6	16.1	18.0	24.0	27.3	32.8

指标	2000 年	2001 年	2002 年	2003 年	2004 年	2005 年	
学校数/所	1041 *1813	1225	1396	1552 *2110			
专任教师/万人	46.3	53.2	61.8	72.5			
招生数/万人	220.6	268.3	320.5	382.2	420	475 *510+	
在校生数/万人	556.1	719.1	903.4	1108.6 *1900+	*2000+		
毛入学率/%				*17	*19		
毕业生数/万人	95.0	103.6	133.7	187.7			
每万人口中在校大学生数/人	43.9	56.3	70.3	86.3			

　　注：1. 表中 2004 年、2005 年数据，是根据本月份教育部网页上的材料，其余数据均来自文献[12].

　　2. 表中打星号 * 的粗体字数据包含成人高等教育，其余数据均为普通高等教育；上标+表示"超过"，例如 *2000+ 表示 2004 年普通高等教育与成人高等教育的在校学生数之和超过 2000 万人

　　但是，全国各地区高等教育办学规模有明显的差异，东部和华北等地的办学规模要强于西北、西南地区。表 1.2 列出了 2003 年普通高等学校在校学生数按地区排序前 12 名，同时列出了它们的招生数和毕业生数。它们的三项指标分别

都占全国的 63% 以上；实际上，前 9 名所占比例都在 50% 以上，而前 4 名所占比例在 25% 左右。可见，全国高等教育的分布情况是很不均衡的。

表 1.2　2003 年普通高等学校学生情况　　　　　　（单位：人）

地区	在校学生数	比例/%	招生数	比例/%	毕业生数	比例/%
全国	**11 085 642**	**100.00**	**3 821 701**	**100.00**	**1 877 492**	**100.00**
江苏	(1) 859 674	7.75	256 595	6.71	137 048	7.30
山东	(2) 761 417	6.87	273 894	7.17	117 253	6.25
湖北	(3) 721 513	6.51	250 198	6.55	119 118	6.34
广东	(4) 587 779	5.30	225 837	5.91	105 533	5.62
河北	(5) 575 542	5.19	203 826	5.33	113 442	6.04
河南	(6) 557 240	5.03	190 214	4.98	108 975	5.80
湖南	(7) 537 220	4.85	193 830	5.07	90 035	4.80
辽宁	(8) 514 191	4.64	163 802	4.29	98 908	5.27
四川	(9) 512 663	4.62	180 308	4.72	74 307	3.96
陕西	(10) 499 017	4.50	168 127	4.40	79 785	4.25
浙江	(11) 484 135	4.37	168 167	4.40	78 685	4.19
北京	(12) 454 480	4.10	141 790	3.71	82 828	4.41
12 省份合计	**7 064 871**	**63.73**	**2 416 588**	**63.23**	**1 205 917**	**64.23**

目前，我国高等教育在校生数量居世界第一，教育质量在世界上也是比较先进的，人民群众接受高等教育的机会在短短 6 年内翻了两番。2004 年，我国高等教育毛入学率达到了 19%，2005 年的毛入学率还会有所提高。即便若干年之后毛入学率达到 40%，我国的高等教育还有很大的发展空间。中国内地与港、澳、台地区相比，也有不小的差距。台湾 2003 年高等教育（18～21 岁）的"粗入学率"为 90.2%，每千人口中高等教育学生数为 58.3，而中国内地同年每万人中在校大学生数仅为 86.3[12]。

b. 高等教育体制改革和结构调整紧密结合，层次结构和科类结构逐步趋向合理

高等教育的层次结构和科类结构逐渐趋于合理，才能与产业结构调整和经济社会发展相适应。在高等教育的三大层次中，研究生教育经过两次专业调整与合并，逐渐趋向合理。本科专业则在 1993 年的调整中，由总数 813 种减少为 504 种，1998 年又调整为 249 种，这就拓宽了专业面，增强了社会适应性，更好地满足产业结构对人力资源的要求。专科教育作为高等教育的开端和重要组成部分，在提高国民素质和适应产业结构调整而进行转业、转岗和再就业培训方面发挥了重要作用。尤其是成人高等教育，则逐渐向高层次岗位培训、大学后继续教育方面发展。国家采取了多方面的措施，如大力推进成人高等教育管理体制的改

革，强化成人高等学历教育质量控制机制，合理调整成人高等学校的设置和布局，鼓励、支持社会力量办学等。尽管学历教育在目前来说是成人高等教育的重要组成部分，但未来的成人高等教育的重点将更多是进行大学后教育。

c. 高等教育的对外开放与国际交流合作逐渐扩大

1978 年以来，我国向 100 多个国家和地区派出各类留学人员 27 万人，已有 9 万人学成回国；接收各国来华留学生 21 万人；高等学校积极聘请外籍教师，吸收和借鉴国外的有益经验，促进了教学质量和科研水平的提高。

1996~2004 年 9 月底，国家留学基金委共派出了留学人员 18 167 人，到期应回国 15 610 人，实际回国 15 092 人，按期回国者占应回国人员的 96％以上。教育部发起的"公派出国留学效益评估"课题研究报告表明，公派留学不仅带来巨大社会效益，且经费投入与直接经济收益比为 1∶18 左右，经济效益显著。

表 1.3 为 1978 年以来我国留学生情况（以及研究生培养情况）[12]。其中"出国留学人员（数）"包括公派和自费出国留学。

2004 年，国家留学基金委共录取各类留学人员 3987 人，涉及 48 个国家，派出人员总体水平高于前两年，在录取的高级研究学者、访问学者、进修人员中具有硕士以上学历的占 80.04％，具有副高级以上专业技术职称的人员占 70.73％。2005 年，国家留学基金委将进一步扩大选派规模，公派留学生人数将比 2004 年增加近 1 倍，以多种资助方式在全国选拔各类出国留学人员 7245 人，提高层次成为 2005 年的主要努力方向；2005 年公派留学将重点资助七大学科领域：通信与信息技术、农业高新技术、生命科学与人口健康、材料科学与新材料、能源与环境、工程科学、应用社会科学与 WTO 相关学科。七大领域占公派留学经费的 70％左右。七大领域下设 137 个专业方向，都是我国亟待发展的学科。2005 年公派留学人员层次也将提高，高级研究学者以及博士后、博士生比重进一步加大[10]。

表 1.3　我国研究生培养和留学生情况　　　　　（单位：人）

| 年份 | 研究生数 | | | 出国 | 学成回国 |
	在学人数	招生数	毕业生数	留学人员	留学人员
1978	10 934	10 708	9	860	248
1980	21 604	3 616	476	2 124	162
1985	87 331	46 871	17 004	4 888	1 424
1986	110 371	41 310	16 950	4 676	1 388
1987	120 191	39 017	27 603	4 703	1 605
1988	112 776	35 645	40 838	3 786	3 000
1989	101 339	28 569	37 232	3 329	1 753

续表

年份	研究生数			出国	学成回国
	在学人数	招生数	毕业生数	留学人员	留学人员
1990	**93 018**	**29 649**	**35 440**	**2 950**	**1 593**
1991	88 128	29 679	32 537	2 900	2 069
1992	94 164	33 439	25 692	6 540	3 611
1993	106 771	42 145	28 214	10 742	5 128
1994	127 935	50 864	28 047	19 071	4 230
1995	**145 443**	**51 053**	**31 877**	**20 381**	**5 750**
1996	163 322	59 398	39 652	20 905	6 570
1997	176 353	63 749	46 539	22 410	7 130
1998	198 885	72 508	47 077	17 622	7 379
1999	233 513	92 225	54 670	23 749	7 748
2000	**301 239**	**128 484**	**58 767**	**38 989**	**9 121**
2001	**393 256**	**165 197**	**67 809**	**83 973**	**12 243**
2002	**500 980**	**202 611**	**80 841**	**125 179**	**17 945**
2003	**651 260**	**268 925**	**111 091**	**117 307**	**20 152**
总计	—	1 495 662	828 365	537 084	120 249

d. 民办高等教育开始崛起

我国民办高等教育起步于 20 世纪 70 年代末 80 年代初，1992 年邓小平同志南方谈话发表之后，民办高等教育进入了一个崭新的发展时期，迅速形成燎原之势。据不完全统计，各地民办高校从 1991 年的 450 所增至 1995 年的 1209 所，其中新增民办高校 800 余所（由于有的学校合并或撤销，所以总数不等于简单求和）。民办学校办学条件逐渐改善，办学规模不断扩大。进入 90 年代后，我国民办学校开始把举办重点转向中、高等职业教育和职业培训。我国的办学体制改革迈开了较大的步伐，取得了突破性的进展，民办教育从为公办教育"拾遗补缺"发展成为社会主义教育事业不可缺少的组成部分。2001 年年底，民办高等教育机构为1202 所，注册学生 113 万人，其中具有颁发学历文凭资格的民办高校 105 所，在校学生 15 万人。据报道，到 2004 年 6 月，全国共有 214 所具有颁发本专科文凭资格的民办普通高校[17]。

e. 国家对高等教育的投入有所增加

1992～2001 年，全国普通高等学校生均预算内事业费支出从 4091.9 元上升到 6816.2 元，增加了 2724.3 元，如图 1.1 所示。2001 年为 6 816.2 元，比上年减少 6.75%，主要原因在于吉林、河北、河南、甘肃、贵州等中西部地区有所减少（北京、浙江、广东等地有不同程度的增加）。

	1992	1993	1994	1995	1996	1997	1998	1999	2000	2001
生均事业费/元	4092	4102	5048	5442	5957	6523	6775	7201	7310	6816
增长率/%		2.53	23.04	7.82	9.46	9.51	3.87	6.29	1.5	-6.75

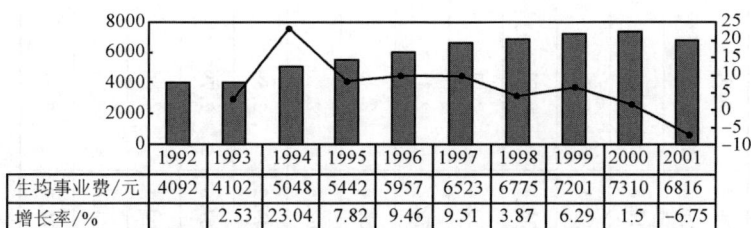

图 1.1　1992～2001 年普通高校生均预算内事业费及增长率

表 1.4 反映了 1991～2002 年各年度我国教育经费情况[12]，并且计算了两个百分比。各项经费都是逐年增长的；"国家财政性教育经费"占 GDP 的百分比在 1991～1995 年是逐年下降的，1995～2002 年逐年上升，2002 年为 3.32%。

2）存在的主要问题

尽管我国高等教育经过多年的发展已取得了不少的成绩，但从目前来说，仍然存在着不少问题。例如，高等教育经费仍然不足，没有确保"三个增长"；高等教育体系有待于进一步完善，职业技术教育仍然未能真正在"职业教育"上下功夫；高等教育的专业结构不尽合理，仍未能满足社会主义市场经济建设的需求；地区发展不平衡，东西部差异大；民办高等教育发展仍然困难重重。

这里对于经费问题着重予以说明。

表 1.5 列出了 2002 年高等教育经费情况[12]。可以看到：在"国家财政性教育经费"中，绝大部分是"地方"投入的，"中央"："地方"＝1：8.9，就是说，"中央"的投入约占 1/10。我们还计算了"普通高等学校经费/成人高等学校经费"，如表 1.5 的最下面一行所示，看来，成人高等学校经费太少了。

根据表 1.5 分析的情况，这里先提两点建议：

（1）建议中央财政加大对于高等教育的投入；

（2）在确保普通高等学校经费继续较快增长的同时，成人高等学校经费应该有更大幅度的增长。

总而言之，我们的教育经费投入还是不足，还要继续有较快较多的增长。台湾地区"公共教育经费占本地居民生产总值"的百分比在 1991 年以来，有 9 年在 6.1% 及以上，最高年份 1993 年为 7.0%，最低年份 2000 年为 5.5%，2003 年为 5.9%[12]。

表 1.6 再次列出表 1.4 中的数据，并且作了一些计算。由表 1.6 可知：

（1）各年度的教育经费"合计（A）"1991 年以来是逐年增长的，增长幅度不一。

（2）其中"国家财政性教育经费（B）"占 A 的百分比逐年下降，2002 年比 1991 年下降了 20 个百分点强。

表 1.4　各年度全国教育经费情况

（单位：万元）

年份	合计	国家财政性教育经费（A）	预算内教育经费	社会团体和公民个人办学经费	社会捐资和集资办学经费	学费和杂费	其他教育经费	A占合计的比例/%	GDP/亿元	A占GDP的比例/%
1991	7 315 028	6 178 286	4 597 508		628 210	323 476	185 057	84.46	21 617.8	2.86
1992	8 670 491	7 287 506	5 387 382		696 285	439 319	247 380	84.05	26 638.1	2.74
1993	10 599 374	8 677 618	6 443 914	33 323	701 856	871 477	315 100	81.87	34 634.4	2.51
1994	14 887 813	11 747 396	8 839 795	107 795	974 487	1 469 228	588 907	78.91	46 759.4	2.51
1995	18 779 501	14 115 233	10 283 630	203 672	1 628 414	2 012 423	819 760	75.16	58 478.1	2.41
1996	22 623 394	16 717 046	12 119 134	261 999	1 884 190	2 610 391	1 149 798	73.89	67 884.6	2.46
1997	25 317 326	18 625 416	13 577 262	301 746	1 706 588	3 260 792	1 422 783	73.57	74 462.6	2.50
1998	29 490 592	20 324 526	15 655 917	480 314	1 418 537	3 697 474	3 569 741	68.92	78 345.2	2.59
1999	33 490 416	22 871 756	18 157 597	628 957	1 258 694	4 636 108	4 094 901	68.29	82 067.5	2.79
2000	38 490 806	25 626 056	20 856 792	858 537	1 139 557	5 948 304	4 918 352	66.58	89 468.1	2.86
2001	46 376 626	30 570 100	25 823 762	1 280 895	1 128 852	7 456 014	5 940 766	65.92	97 314.8	3.14
2002	54 800 278	34 914 048	31 142 383	1 725 549	1 272 791	9 227 792	7 660 099	63.71	105 172.3	3.32

（单位：万元）

表 1.5　2002 年全国高等教育经费情况

类别	合计	国家财政性教育经费（A）	预算内教育经费	社会团体和公民个人办学经费	社会捐资和集资办学经费	学费和杂费	其他教育经费	A 占合计的比例/%	A 占 GDP 的比例/%
总计	54 800 278	34 914 048	31 142 383	1 725 549	1 272 791	9 227 792	7 660 099	63.71	3.32
中央	6 581 621	3 531 595	3 042 307		206 891	872 793	1 970 341	53.66	0.34
地方	48 218 657	31 382 452	28 100 077	1 725 549	1 065 900	8 354 998	5 689 758	65.06	2.98
高等学校	15 832 129	7 875 176	7 548 856	417 624	279 514	4 264 517	2 995 298	49.74	0.75
普通高等学校	14 878 590	7 521 463	7 243 459	331 363	278 253	3 906 526	2 840 985	50.55	0.72
成人高等学校	953 539	353 713	305 398	86 261	1 261	357 991	154 314	37.09	0.03
普通/成人	15.60	21.26	23.72	3.84	220.66	10.91	18.41		

表 1.6　各年度全国教育经费情况　　　　（单位：万元）

年份	合计（A）	国家财政性教育经费（B）	B占A的比例/%	预算内教育经费（C）	C占A的比例/%	学费和杂费（D）	D占A的比例/%	B占GDP的比例/%
1991	**7 315 028**	**6 178 286**	**84.46**	**4 597 308**	**62.85**	**323 476**	**4.42**	**2.86**
1992	8 670 491	7 287 506	84.05	5 387 382	62.15	439 319	5.07	2.74
1993	10 599 374	8 677 618	81.87	6 443 914	60.80	871 477	8.22	2.51
1994	14 887 813	11 747 396	78.91	8 839 795	59.38	1 469 228	9.87	2.51
1995	18 779 501	14 115 233	75.16	10 283 930	54.76	2 012 423	10.72	2.41
1996	22 623 394	16 717 046	73.89	12 119 134	53.57	2 610 391	11.54	2.46
1997	25 317 326	18 625 416	73.57	13 577 262	53.63	3 260 792	12.88	2.50
1998	29 490 592	20 324 526	68.92	15 655 917	53.08	3 697 474	12.54	2.59
1999	33 490 416	22 871 756	68.29	18 157 597	54.28	4 636 108	13.84	2.79
2000	38 490 806	25 626 056	66.58	20 856 792	54.17	5 948 304	15.45	2.86
2001	46 376 626	30 570 100	65.92	25 823 762	55.58	7 456 014	16.08	3.14
2002	54 800 278	34 914 048	63.71	31 142 383	56.83	9 227 792	16.84	3.32

再作两项计算：

2002 年合计/1991 年合计＝7.49（倍）

2002 年学费和杂费/1991 年学费和杂费＝28.53（倍）

　　显而易见，第二个倍数比第一个大得多。可能有人认为，2002 年和 1991 年都是当年价格，不可比，但是，这一问题在两个倍数的计算中是同样的，所以，两个倍数还是具有一定的可比性的，那么，是否说明学生及其家庭的负担加重了呢？

　　下面，我们作一些国际对比。表 1.7 列出了我国和全世界各国或地区"大学生粗入学率"2000 年在 40％以上者，中国只有台湾和澳门的粗入学率能够超过 40％。实际上，中国台湾 2003 年的粗入学率为 90.2％。

　　表 1.8 列出了"公共教育经费支出占国内生产总值比重"2000 年在 4.0％及以上者。

　　中国只有台湾的"公共教育经费占本地居民生产总值％"在 4.0％以上（5.5％），台湾这一指标在 1993 年为 7.0％。

　　由表 1.7、表 1.8 可知：我国内地的"大学生毛入学率"和"公共教育经费占 GDP 的比例"还是太低了，而且，两项指标都比印度低。

　　种种问题都有待于在改革与发展中继续下功夫去解决。加强教育的对外开放与合作交流是其中的一个重要方面，本节旨在对此进行分析，提出若干对策建议。

表 1.7　各国或地区"大学生粗入学率"2000 年在 40% 以上者

国家或地区	1990 年	2000 年	2000 年排名	国家或地区	1990 年	2000 年	2000 年排名
中国内地	**3.0**①	**7.5**①②		波兰	21.7	55.5	11
中国香港	**19.1**	**27.4**③		荷兰	39.8	55.0	12
中国澳门	**25.4**	**52.1**	**15**	法国	39.6	53.6	13
中国台湾*	**37.9****	**68.4**	**4**	以色列	33.5	52.7	14
				意大利	32.1	49.9	16
韩国	38.6	77.6	1	阿根廷	38.8	48.0②	17
美国	75.2	72.6	2	日本	29.6	47.7	18
新西兰	39.7	69.2	3	德国	33.9	46.3⑧	19
俄罗斯联邦	52.1	64.1	5	新加坡	18.6	43.8	20
澳大利亚	35.5	63.3	6	乌克兰	46.6	43.3⑧	21
加拿大	94.7	60.0②	7	保加利亚	31.1	40.8	22
英国	30.2	59.5	8				
西班牙	36.7	59.4	9	印度	**6.1**	**10.5**②	
白俄罗斯	47.6	56.0	10				

注：①中国内地数据来源于世界银行，②1999 年数据，③1997 年数据，④1995 年数据，⑤1991 年数据，⑥1996 年数据，⑦1994 年数据，⑧1998 年数据，⑨1993 年数据，⑩1992 年数据，这些数据均来自文献 [17]，中国台湾的数据来源于文献 [12]，为 1991 年数据

表 1.8　各国或地区"公共教育经费支出占国内生产总值比重"2000 年在 4.0% 及以上者

国家或地区	1990 年	1995 年	2000 年	2000 年排名	国家或地区	1990 年	1995 年	2000 年	2000 年排名
中国内地	**2.3**①	**2.5**①	**2.9**①		美国	5.1		4.8	9
中国香港	**2.8**	**2.9**			荷兰	5.7	5.0	4.8④	9
中国澳门	**1.7**		**3.6**		澳大利亚	4.9	5.2	4.7	10
中国台湾*	**6.5****	**6.6**	**5.5**	**6**	巴西		5.0	4.7	10
					德国		4.7	4.6④	11
以色列	6.3		1.3	1	西班牙	4.2	4.7	4.5④	12
马来西亚	5.1	4.4	6.2	2	英国	4.8	5.2	4.5④	12
新西兰	6.1	7.0	6.1	3	意大利	3.1	4.6	4.5④	12
白俄罗斯	4.8	5.5	6.0④	4	伊朗	4.1	4.1	4.4	13
法国	5.3	6.0	5.8	5	捷克		5.2	4.4	13
南非	5.9	5.9	5.5	6	俄罗斯联邦	3.0	3.6	4.4④	13
加拿大	6.5		5.5④	6	墨西哥	3.6		4.4④	13
泰国	3.6	4.1	5.4	7	印度	3.7	3.1	4.1④	14
波兰		4.9	5.0④	8	阿根廷	10.0	3.6	4.0	15

注：①中国内地数据来源于世界银行，②1994 年数据，③1998 年数据，④1999 年数据，⑤1991 年数据，⑥1996 年数据，⑦1992 年数据，⑧1993 年数据，这些数据均来自文献 [17]。中国台湾的数据来源于文献 [12]，其指标名称为"公共教育经费占本地居民生产总值的比例"，为 1991 年数据

2. 高等教育国际化与 WTO 对我国高等教育的影响

1）经济全球化与高等教育国际化

经济全球化已成为当今世界经济发展不可逆转的客观趋势，其主要特点是生产的全球化。经济全球化不仅为发达国家所积极倡导，而且也增加了发展中国家外资进入的自由度。科学技术进步是经济全球化的客观依据。改革开放 20 多年来，我国经济有了很大发展，经济全球化离不开我国的发展，同时，经济全球化必然给我国的政治、文化等领域带来重大影响。在经济全球化时代，高等教育国际化趋势明显加快。考察教育活动，不难发现，一方面，各国按照自己的需要和利益，建立了富有本国文化传统和特色的教育制度，形成了多样化的教育体制和教育目标，另一方面也形成了一个越来越强劲的大趋势，出现了教育国际合作与交流越来越频繁的普遍现象。进入 21 世纪以来，高等教育国际化的势头更为迅猛，受到各国政府和教育机构的高度重视，留学生人数快速增长，国际教育大市场开始形成。

目前发达国家高等教育大众化历程已基本完成，在商业利润的驱动下，世界一流大学正在通过其优质的教学资源、卓越的全球声誉，吸引着来自全球的优质生源；一般院校因国内生源不足，为缓和财政紧张的状况，也力图抢占全球生源市场，尤其是通过各种手段招收我国优秀学生，从而使我国生源不断外流。这样使得我国高等教育在国际化过程中面临着更大的挑战。

2）加入 WTO 对我国教育的影响

a. 我国加入 WTO 的教育服务承诺[17]

WTO 将服务贸易分为 12 大类，教育服务是其中一类。据《服务贸易总协定》的有关规定，除由各国政府彻底资助的教育活动以外，凡收取学费、带有商业性的教育活动，均属教育服务贸易范畴。

教育服务贸易有四种方式：①跨境交付，指一个成员方在其境内向任何其他成员方境内的消费者提供的服务，如通过网络教育、函授教育等形式提供教育服务；②境外消费，指服务的提供者在一成员方境内向来自另一成员方的消费者提供的服务，如出国留学和培训；③商业存在，指一成员方的服务提供者在另一成员方境内设立商业机构或专业机构，如在其他成员方境内设立办学机构或合作办学；④自然人流动，指一成员方的服务提供者以自然人身份进入另一成员方的境内提供服务，如外籍教师来华任教、我国教师到国外任教。

我国加入 WTO 的教育服务承诺主要包括以下四个方面：①对于小学、初中教育以及军事、警察、政治和党校教育，我国没有作出开放市场的承诺。②对于出国留学和培训，接受其他成员国来华留学生没有限制。③对于高等教育、成人教育、高中阶段教育、学前教育和其他教育我国作出了有限开放市场的承诺。允许其他成员国来华开办合作办学性质的教育机构或进行其他形式的合作办学，并允许外方在合作办学机构中控股；其他成员国在我国要以商业存在方式开展教育服务，只能以合作办学方式进行，不能独立在我国境内向我国公民提供教育服务；在我国境内的中外合作办学必须遵守《中外合作办学条例》的规定。④外籍个人教育服务提供者受到我国学校和教育机构的聘用或邀请，可以到我国提供教育服务，但外籍个人教育服务提供者必须具备学士或学士以上的学历，从事本专业工作两年以上，具有相应的资格证书或专业职称。

b. 加入 WTO 提供的机遇

加入 WTO 以后是一个统一与多样、合作与冲突的发展过程。以市场经济为基础、以自由贸易和公平竞争为核心的 WTO，对我国高等教育的发展提供了良好机遇。概括而言，这种机遇主要表现为：提高了我国高等教育的国际化程度，扩大我国教育市场；加快和促进教育体制改革步伐，推进我国现代教育管理制度的建立；增大教育投资力度，拓宽教育投资渠道，社会向教育事业投入的渠道将更加多元化，投资数量会持续增长；加快教育结构的调整和升级，引发人才培养模式的改革；加强产学研贸合作，进一步强化高校的社会服务功能；给我国高等教育提供了强大的机制效能，如为机制转换、结构调整、政策改革和宏观控制等深层矛盾提供了强大的冲击动力。

c. 加入 WTO 对我国高等教育的挑战

以市场经济为基础，以自由贸易和公平竞争为核心的 WTO，对我国高等教育发展也提出了严峻的挑战。

教育市场的竞争将日趋激烈。入世，就意味着认同国际规则和开放市场。虽然我国教育事业没有列入先期开放的承诺表中，但这种保护性的封闭只是短暂和有限的。随着我国经济逐步融入世界经济体系之中，我国教育市场的开放将是必然的，而且由于其巨大的市场潜力，早就为发达国家所觊觎。近年来，许多国外跨国公司和教育机构凭借其经济实力和教育与科技的优势更是"抢滩登陆"。看好我国教育市场的不仅是西方发达国家，就连东南亚地区的部分国家也争先恐后，纷纷进军我国"摆摊设点"。例如，近年来西方发达国家在我各大城市中举办的教育巡回展惊人火爆。美、英、德、澳大利亚等国家纷纷出台境外办学或招聘国外人才的新政策，吸引了世界不少优质教育资源。

2000 年 7 月 5 日，《中华读书报》刊载了一篇题为"'托福'——美国人设置的中国教育成果收割器"的文章。该文认为，美国教育最成功的一项措施、最得意的一笔交易就是在中国设置了一个中国教育成果收割器——托福。美国人不必对中国教育付出什么代价，中国人已经把尖子人才培养好了，并且通过层层考试筛选已经集中到大学、特别是重点大学里来了；美国人只需在中国设置一个"中国教育成果收割器"，就轻轻松松地把中国教育培养出来的尖子收割走了。据报道，目前我国通过各种渠道移居美国的本科以上的各类专业人才已达 45 万人。

由此可见，我国的教育，特别是高等教育在国内教育市场上的竞争将是空前激烈的，竞争的结果将取决于自身的竞争实力和对入世后教育市场的清醒认识和正确反应。

我国高等教育体制将面临调整和创新。"入世"后我国的高等教育市场将逐步对外开放，按照服务总协定第三款第 76 条"高等教育服务"、第 77 条"成人教育服务"规定，只要两国间订有这方面的协议，国外办学主体将以各种形式参与我国的办学，使办学主体更加多元化，高等教育市场竞争更加激烈，现有的高等教育体制将面临调整和创新。

对高等教育人才培养质量要求将更高。"入世"后，教育国际化日趋明显，我国高等教育能否在国际人才市场找到自己的立足点，关系到我国科技水平、综合国力以及在世界的总体水平地位。国际高校间如何相互承认学历、承认学分，各种形式的转学教育、升学教育、终身教育、远程教育如何与国际接轨，这些直接影响人才质量的评价与提高。适应 WTO 的公平、公开、公正三大原则，在多元化的教育质量观指导下，培养国际型人才刻不容缓。因此，我国高等教育在发展已有专业的同时，需要考虑市场的需求，调整专业结构，创新培养模式，提高人才培养质量，以培养出能被国际国内市场接受的人才。

对高等教育教学内容和方法提出了更高的标准。"入世"以后，市场经济活动要遵循 WTO 的基本原则，如市场开放原则、公平贸易原则、透明度原则和非歧视原则等，对于这些原则，我们并不熟悉，更缺乏从事这类全球化经济活动的国际型人才。所以我国高等教育要及时更新教学内容，设置相关课程，加快课程改革和教材建设，改革教育方法和手段。

总之，我国高等教育在国际教育市场上的竞争将是空前激烈的，竞争的结果将取决于自身的竞争实力和对入世后教育市场的清醒认识和正确反应。

1.3.2　我国出国留学教育的对策

留学教育是国际教育服务贸易的主要形式之一，也是我国教育，特别是高等教育的重要组成部分。我国多年的留学工作成绩表明，派遣优秀人才赴国外留学是我国高等院校进行国际交流和培养创新人才的重要途径。随着经济全球化进程的加快和我国加入 WTO，我国的高等院校将日益向国际化方向发展。留学工作也将面临着新的机遇和挑战。本节旨在通过分析我国出国留学教育的现状和发展趋势，总结改革开放以来我国留学工作取得的成绩，揭示目前我国出国留学教育存在的问题，为我国出国留学工作提出一些政策性的建议，从而推动我国出国留学教育的发展。

1. 我国出国留学教育的现状和发展趋势

我国政府一直十分重视出国留学工作。重用留学生的传统可以追溯到晚清时期的洋务运动。民国时期，孙中山先生也是十分重视留学生的。在他组建的南京临时政府里，部长和次长当中 80% 是留学生。新中国成立之初，我国曾大量派遣留学生到苏联和东欧国家留学。

党的十一届三中全会以来，我国进入改革开放和社会主义现代化建设的新的历史时期。我国出国留学和留学回国工作也进入了一个新的发展阶段。1978 年 6 月，在党的十一届三中全会召开之前，邓小平同志就发表了关于扩大向外派遣留学生的重要讲话，明确提出留学生的数量要增大，他说"要成千成万地派"，"要千方百计地加大步伐"。1992 年，国家以中央名义确定了"支持留学，鼓励回国，来去自由"的工作方针。党的十六大又提出了"尊重劳动，尊重知识，尊重人才，尊重创造"的重大方针。

近年来，随着自费留学热潮的兴起，我国出国留学人员数量迅速增加，留学回国的比例有所提高，留学专业分布更为广泛，留学目的地集中在发达国家。在各类留学人员中，国家公派出国留学人员的层次一直保持比较高的水平，自费出国留学人员出国前受教育程度有所下降。与公派留学相比较，自费留学回归率较低。我国出国留学教育表现出"留学教育自费化、专业选择多元化、自费留学低龄化"的特点。

1）出国留学人员总量

据统计，自 1978～2002 年年底，我国内地出国留学人员达 58.3 万人，遍及世界 100 多个国家和地区[18]。1996 年，我国全面实施国家公派留学改革。表 1.9 和图 1.2 列出了 1996～2002 年，我国出国留学人员数量及其增长变化情况。由图表所示，20 世纪 90 年代末期以来，我国出国留学人员数量迅速增加。

表 1.9　1996～2002 年我国各类出国留学人员数量及增长变化情况[18]（单位：人）

年份	出国留学总人数		国家公派出国留学		单位公派出国留学		自费出国留学	
	人数	增长率/%	人数	增长率/%	人数	增长率/%	人数	增长率/%
1996	20 905	—	1 905	—	5 400	—	13 600	—
1997	22 410	7.19	2 110	10.76	5 580	3.33	14 720	8.24
1998	17 622	−21.37	2 639	25.07	3 540	−36.56	11 443	−22.26
1999	23 749	34.77	2 661	0.83	3 204	−9.49	17 884	56.29
2000	38 989	64.17	2 808	5.52	3 888	21.35	32 293	80.57
2001	83 973	115.38	3 495	24.47	4 426	13.84	76 052	135.51
2002	125 000	48.86	3 500	0.14	4 500	1.67	117 000	53.84

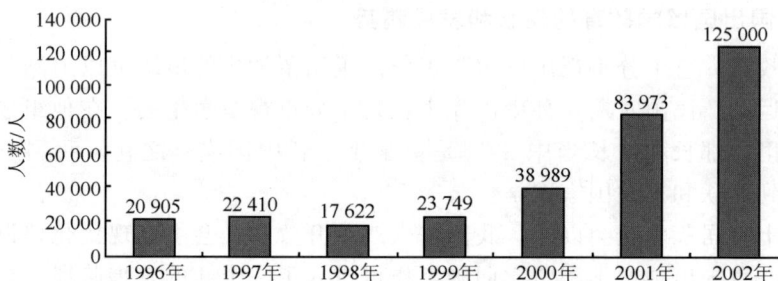

图 1.2　1996～2002 年我国出国留学人员总数

2）各类出国留学人员的构成

　　根据出国留学的经费来源，出国留学分为公派出国和自费出国两类，公派出国又分为国家公派和单位公派。20 世纪 90 年代下半期以来，自费出国留学人数在出国留学总人数中所占比例均超过 50%（表 1.10），从 1999 年起，我国自费出国留学比例逐年上升（表 1.10），自费留学人员数量以年增长率超过 50% 的速度迅猛增长，2001 年自费出国留学人数的增长率更高达 135.51%（表 1.9）。

表 1.10　1996～2002 年各类出国留学人员比例构成

年份	出国留学总人数/人	派出比例/%		
		国家公派	单位公派	自费留学
1996	20 905	9.11	25.83	65.06
1997	22 410	9.42	24.90	65.68
1998	17 622	14.98	20.09	64.94
1999	23 749	11.20	13.49	75.30
2000	38 989	7.20	9.97	82.83
2001	83 973	4.16	5.27	90.57
2002	125 000	2.8	3.6	93.60

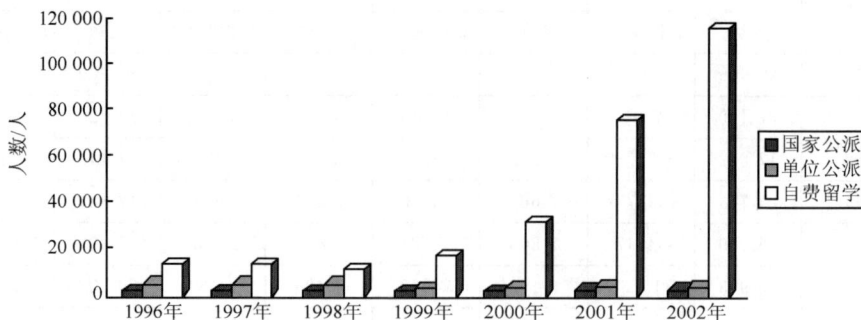

图 1.3　1996～2002 年各类出国留学人员数量

从图 1.3 和图 1.4 可以看出，与自费出国留学相比较，公派出国留学（包括国家公派和单位公派）人员数量变化相对比较稳定。1996～2002 年国家公派和单位公派出国留学人员数量一直在 2000～6000 人的范围内浮动。而每年自费出国留学人数都超过 1 万人。可见，自费出国留学已经成为我国公民出国留学的主要途径。近年来我国出国留学人数迅速增长的主要原因是自费出国留学人员大幅增加。20 世纪 90 年代末期起，我国又兴起了新的一轮自费出国留学热潮。

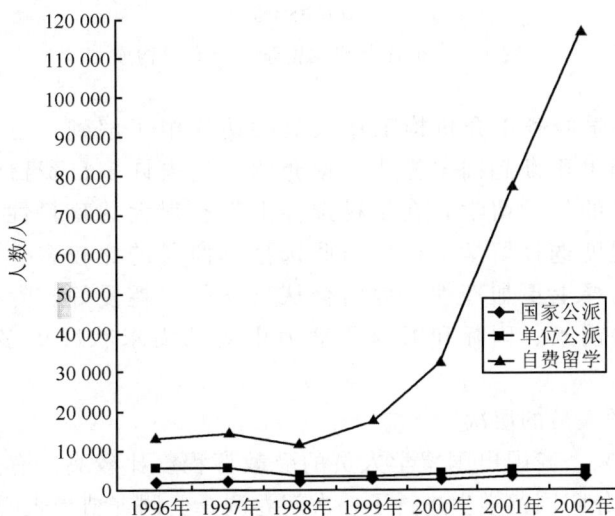

图 1.4　1996～2002 年我国各类出国留学人员数量变化情况

3）出国留学人员的学科构成

改革开放之初，我国公派出国留学生以学习理工科为主。在 1978～1981 年国家公派出国的 7456 名留学生中，赴海外学习理工科的有 6039 人，占 78.8%；学习语言和其他学科的有 1150 人，占 15.4%；学习人文科学和社会科学的只有 267 人，只占 3.6%[19]。

20 世纪 90 年代下半期以来，这种局面有所改变。我国留学人员出国留学专业向多元化方向发展。近几年，我国留学基金委员会适当调整了国家公派留学录取人员学科构成，相应提高了人文、社会科学的选派比例。2001 年，国家留学基金委员会录取人员按学科统计的情况是：理科 267 人，占 12.9%；工科 596 人，占 28.8%；医科 319 人，占 15.4%；农科 199 人，占 9.6%；经济、管理 205 人，占 9.9%；文科 379 人，占 18.3%；非通用语种 105 人，占 5.1%（图 1.5）[20]。

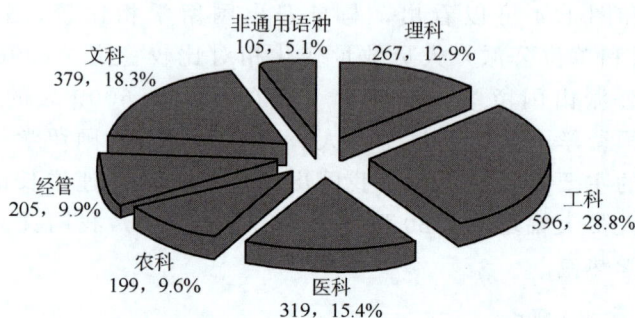

文科
379，18.3%

非通用语种
105，5.1%

理科
267，12.9%

经管
205，9.9%

农科
199，9.6%

医科
319，15.4%

工科
596，28.8%

图 1.5　2001 年出国留学人员专业构成

　　笔者在与留学服务中介机构工作人员的访谈中了解到，近年来，自费留学生的学科选择也逐渐趋向多样化。据介绍，过去许多自费留学生都是抱着出国镀金或移民的目的留学，在学科选择上带有很大的盲目性。他们往往根据学科的难易程度选择留学专业，因此选择读商科的比较多。近几年，自费留学生在学科选择上更加理性。他们会从自身的兴趣爱好、专业背景、所学专业今后的发展前景、国际和国内劳动力市场的需求状况等多个方面考虑，选择留学专业。

　　4）出国留学人员的层次

　　改革开放以来，我国出国留学人员的受教育程度比较高。有关学者在 1998 年 9～10 月对部分归国留学生进行了一次问卷调查。调查结果表明，调查对象出国前受教育程度的比例分别是高中 8％、大中专 7％、学士 38％、硕士 32％、博士 15％[19]。

　　在各类出国留学人员中，国家公派留学人员的层次一直保持在比较高的水平。我国全面实施国家公派留学改革以来，在历年国家公派留学人员中，大部分都具有硕士以上学历或副高职以上职称，见表 1.11。

　　此外，近年来，我国自费留学人员受教育程度有所下降。以北京市为例，2001 年北京市申请自费留学人员 5919 人，比 2000 年增加 104 人。具有研究生以上学历 2411 人，占 40.7％，比 2000 年减少 267 人。其中，博士毕业生 738 人，占 12.5％，比 2000 年减少 42 人；硕士毕业生 1621 人，占 27.4％，比 2000 年减少 195 人。具有本专科学历人数 3508 人，比 2000 年增加 371 人。其中，本科毕业生 2281 人，占 38.5％；专科毕业生 728 人，占 12.3％，比 2000 年增加 130 人[21]。

表 1.11　1997～2000 年国家留学基金委员会选派留学人员学历构成（％）

年份	具有硕士以上学历者所占比例	具有副高职以上职称者所占比例
1997	72.4	59.1
1998	67.1	66.5
1999	71.0	66.0
2000	73.6	66.2

资料来源：中国教育年鉴编辑部. 中国教育年鉴 1998～2001 年. 北京：人民教育出版社

　　中小学生逐渐成为我国自费留学潮中的重要角色。北京市教育部门于 2003 年年初对北京市部分中学进行了一次调查。调查结果表明，在被调查的五所中学中，30％以上学生希望出国留学。1996 年，上海办理出国留学的中小学生为 30 多人，1997 年为 60 多人，1998 年为 100 多人，1999 年和 2000 年增至 1000 多人，2001 年之后每年竟以 1500 多人的速度快速增长。以上数据在一定程度上表明，我国自费留学教育有低龄化的趋势。

　　5）出国留学人员留学目的地分布

　　图 1.6 所列是 1978～1995 年我国留学生在国外的分布[22]。如图所示，我国留学人员留学目的地集中在发达国家。

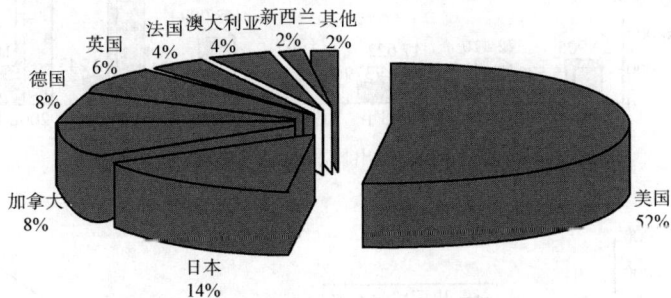

图 1.6　1978～1995 年我国留学生在国外分布

　　6）留学人员回国比例

　　自 1978～2002 年年底，我国出国留学人员总数为 58.3 万人，回国 15.3 万人。仍在国外留学的 43 万人中，有 27 万人尚在国外高等教育机构学习。出国留学人员学成者中，有近一半人员回国工作，有超过一半人员留在国外。表 1.12 列出了 1995～2002 年，我国留学回国人员数量及其构成。如表所示，20 世纪 90 年代中期以来，我国留学回国人员数量逐年增长。

表 1.12　1995～2002 年我国留学回国人员数量及其构成

年份	留学回国人员总数/人	增长率/%
1995	5 000	—
1996	6 570	31.40
1997	7 130	8.52
1998	7 379	3.49
1999	7 448	0.94
2000	9 121	22.46
2001	12 243	34.23
2002	18 000	47.02

资料来源：中国教育年鉴编辑部．中国教育年鉴，1997～2003 年．北京：人民教育出版社

尽管近年来我国留学回国人员数量有所增长，但与出国留学人数的大幅增长相比较，回国人数的增长显得非常缓慢，见图 1.7 和图 1.8。

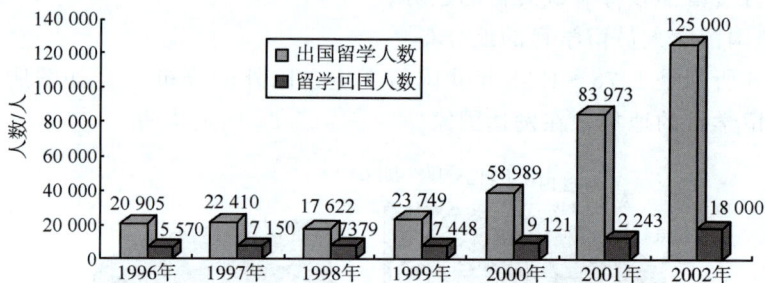

图 1.7　1996～2002 年出国留学人员和留学回国人员

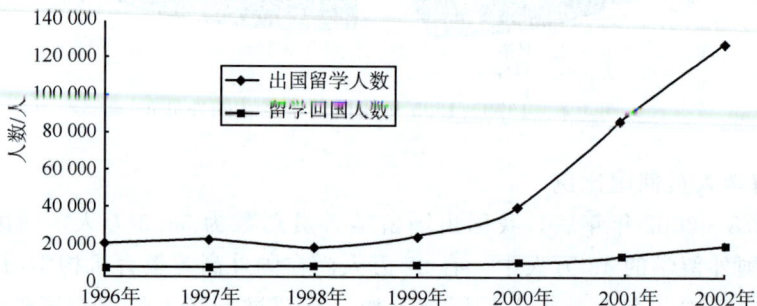

图 1.8　我国出国留学人数和留学回国人数变化趋势

在公派和自费两类留学人员中，公派留学人员的回归率比较高。国家公派留学人员的回归率在 1996 年以前达 70％以上，1996 年国家实施公派留学改革以后，国家公派留学人员按期回归率占应回国人员的 90％以上[23]，说明这次改革

在提高留学人员回归率方面是卓有成效的，见表 1.13。

表 1.13　1998～2001 年国家留学基金会资助公派留学人员回归率

截止日期	应到期回国人数/人	已回国人数/人	按期回归率/%
1998 年 10 月	1178	1089	92.4
1999 年 11 月	3657	3300	90.2
2000 年 10 月	1999	1855	92.8
2001 年 12 月	2514	2427	96.54

资料来源：中国教育年鉴编辑部. 中国教育年鉴，1999～2002 年. 北京：人民教育出版社

自费留学回国人员近年来虽然明显增加，但其比例依然很低。如图 1.9 所示，1998～2001 年，我国自费出国留学人数以每年 50％以上的幅度快速增长，2001 年自费出国留学人数达到 7.6 万人。但这几年自费留学回国人员数量增长相对比较平缓，每年回国人数不超过 7000 人。

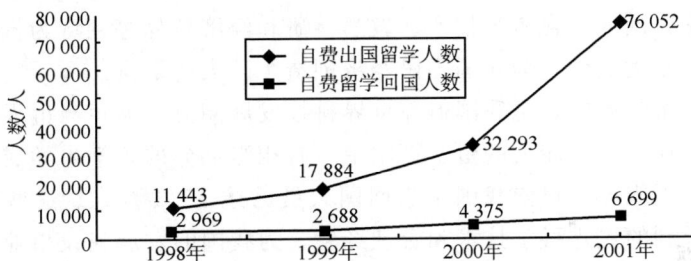

图 1.9　自费出国留学和留学回国人数变化趋势

资料来源：中国教育年鉴编辑部. 中国教育年鉴，1999～2002 年. 北京：人民教育出版社

以上数据表明，自从我国全面实施公派留学改革以来，绝大部分公派留学人员都能按期回国。国家公派留学改革大大地提高了我国公派留学人员回归率。自费留学回归率过低是导致我国留学人员回国率较低的主要原因。

2. 留学教育的积极作用和存在问题

1）留学教育的积极作用

（1）留学教育为我国公民就学提供了更多的选择，在一定程度上缓解了我国基础教育和高等教育供给不足的问题。

目前，我国基础教育和高等教育的整体规模均不能满足社会发展和公民个人的需要，与发达国家还有很大一段差距。下面我们将我国的高等教育状况与美国作一个简单的比较。我国国土面积与美国相近，但我国人口却是美国人口的五倍。1999 年，我国共有高等院校 1942 所，本专科在校生 718.91 万人，毛入学率约为 10.5％[24]。而 1997～1998 年度美国共有高等院校 4064 所，在校生约 1450 万人，18～19 岁年龄段的入学率约为 62.2％。根据我国第五次全国人口普查提

供的数据，我国目前受过高等教育的人口仅占我国适龄劳动人口的 5.2%。而 1995～1997 年，美国的这一比例是 46.5%[25]。

近几年，我国大大加快了教育改革和高等教育大众化的进程。但当前我国教育体制还存在许多问题，教育改革遇到了许多困难：教育投入严重不足、国内高中和大学数量太少，学校教学和科研设备落后；教育发展不平衡，教育资源分配不均，优质教育资源奇缺；应试教育盛行，升学竞争激烈，相当数量法律规定具有受教育权利的受教育者未能得到应有的受教育机会和公平的教育待遇，等等。据统计，我国每年有将近 10% 的小学毕业生、50% 的初中毕业生、75% 的高中毕业生不能升入高一级的学校学习；而 90% 的家长却迫切期望自己的孩子能够接受高等教育。

在国内教育服务严重供不应求的情况下，一些人选择出国留学，到教育资源相对优厚的发达国家学习。出国留学教育为我国公民的就学提供了更多选择，在一定程度上缓解了我国基础教育和高等教育供给的不足。

（2）留学归国人员在科学技术、教学科研和经济贸易等领域为推动我国现代化建设作出了重大贡献，为我国国民经济创造了巨大的财富。

我国学子留学海外，是我国追踪世界科技发展潮流，缩短与世界发达国家差距的一个有效途径。在庞大的留学军团中，有相当部分的留学生学成以后选择归国创业，为祖国服务。目前我国留学回国人员已达 15.3 万人。这些归国留学生利用从国外学到的先进科学技术和管理经验，为我国的发展建设事业服务，成为国家建设和科技发展的中流砥柱。

目前，留学归国人员在教学、科研等领域的重要岗位上占有很大的比例，他们已成长为这些领域的骨干力量或尖端科技的带头人。据统计，党中央、国务院和中央军委表彰的"两弹一星" 23 个功臣中，有 21 个是留学人员；1999 年中科院院士中留学人员占 81%，工程院院士中留学人员占 54%。国家重大科技攻关项目、"863" 科技攻关计划、人事部等七部委组织实施的"百千万人才工程"、中科院的"知识创新工程"等，入选的人才一半以上都有留学经历。

此外，越来越多的留学人员选择回国创办企业，为国作贡献。目前，全国有 70 多家留学人员创业园，入园的留学人员企业 4000 多家，入园留学人员 15 000 多人，这些创业园的年产值逾 100 亿元。以上这些事实和数据都说明，留学人员在高素质人才队伍中占有重要的分量，他们直接或间接为我国国民经济创造了巨大的财富。

2001 年，北京大学教育学院与中山大学高等教育研究所合作承担了由教育部国际合作与交流司和财务司共同发起并资助的"改革开放以来我国公派留学效益评估"课题的研究。该课题的研究结果表明，出国留学的收益包括个人收益和社会收益、经济收益和非经济收益、显性收益和隐性收益。而且，公派留学的社会收益远高于个人收益，非经济收益远高于经济收益，长远的隐性收益远高于眼前的显性收益。根据该课题组的研究结果，公派留学归国者带来的收益主要体现在以下几个方面：一是为我国教育科技领域培养了能够与国际学术界进行对话的新一代学术领导群体；二是培养了一批具有国际管理经验的高等院校和科研机构的领导骨干；三是使我国几乎所有学科的知识，包括学术思想、理论和研究方法在很大程度上都得到了更新，创设了一大批国内曾经空白的学科，陆续引进了大批新教材及新的教学方法，极大地提高了我国学科建设和高等教育的水平，对高等院校人才培养的质量产生了重大影响；四是我国的科研水平有了显著的提高，大大缩短了我国与国际水平的差距，一些学科已经达到国际领先水平；五是留学归国人员通过承担国际合作和委托项目，通过科研成果转化以及通过决策支持研究为国家创造了巨大的直接经济效益；六是留学归国人员建立了广泛的国际学术交流网络，促进了中外学者的交流与国际合作[23]。

（3）海外优秀留学人员作为外国了解我国的一个窗口，起到了弘扬中国优秀文化，宣传我国经济建设和发展良好局面的作用。

文化方面的差异是造成人类分歧和冲突的主导因素之一。目前，在西方国家，许多人不了解中国，只知道中国是一个古老而神秘的东方国家。有些人对中国有一定的了解，但由于中西方文化的差异，或受到西方一些媒体对我国的一些负面报道的影响，对中国内地存在一些偏见，形成了不良的印象。理解是正视并尊重的前提。交流是理解的一个直接途径。留学人员在海外有机会与外国人直接接触和交流。他们可以用自己的言行，向外国人展示中国的优秀文化传统。他们可以向外国人介绍我国对外开放的政策，宣传我国经济建设的良好发展势头和人们安居乐业、国泰民安的良好社会局面，提高我国的声望，树立我国在外国人心目中的良好形象。

事实上，我国的大部分出国留学人员在国内都是优秀学生或各行各业的优秀人才。他们在海外留学期间都表现不俗。据统计，2002 年，中国留学生获得英美博士学位的数量居世界之首。在英国获得博士学位的外国留学生中，中国有208 人，名列第一，比第二位的德国（146 人）和第三位的马来西亚（141 人）高出许多。在美国，获得博士学位的外国留学生中人数最多的还是中国，总数有2187 人，是第二位的印度（888 人）和第三位的韩国（738 人）的两到三倍。国外著名高校对中国留学生的评价都是比较高的。外国人对中国留学生的评价肯定在一定程度上会影响他们对中国的评价。

2）出国留学的消极影响及我国留学工作存在的问题

对于发展中国家来说，留学教育是一把双刃剑，既有积极有利的一面，同时又有消极不利的一面。当前，我国留学工作仍存在一些问题。

（1）目前我国出国留学人员回国率还比较低。

国际研究数据表明，发展中国家在经济起飞阶段，2/3 的留学生归国效力，1/3 留在国外工作学习、沟通信息[19]。使留学人员回归率保持在 2/3 这个比例是比较合理和有利的。我们来看看我国的情况。如前所述，我国有 58.3 万留学人员，目前有 27 万人还在国外学校读书，58.3 万人减去 27 万人是 31.3 万人。在这 31.3 万人中，回国的是 15.3 万人，也就是说只有一半不到的人回国了，离 2/3 的理想比例还有一段差距。

有学者认为，出国留学人员学成不归会导致人才和资金的外流，引发两个恶性循环：一是人才流失的恶性循环，二是教育投资匮乏的恶性循环[26]。首先，学成后留居国外的留学生人数大于回国留学生人数是人才外流的表现。决定世界各国未来发展的是一个国家的人才储备。人才外流就可能会导致国家经济发展中的智力支持不足；智力支持不足，就意味着经济增长速度缓慢；而经济增长缓慢会导致国家和社会为各类人才提供的薪酬待遇和工作条件不足，最终必然引发人才的继续外流。这种恶性循环必将对整个国民经济发展带来巨大的负面影响。其次，出国留学往往需要投入大笔资金。据留学中介服务机构有关人员的介绍，各个留学目的国的自费留学费用不尽相同，一般不少于 8 万～10 万元，有些国家留学费用高达 20 万元以上。如果以一个自费留学生留学费用 10 万元计算，2002 年自费出国的 11.7 万留学生共花费 117 亿元。这笔庞大的资金如果投入到国内的教育领域，无疑将对我国教育事业产生巨大的推动作用。但这笔资金却完全投入到了国外的教育部门，造成国内教育资金投入不足的恶性循环。教育资金投入不足，则教育水平难以快速提高，教育质量难以满足求学者的需要，进而使更多的求学者选择国外教育部门，导致更多的教育资金外流，阻碍国内教育事业的良性发展。可见，留学回国工作的成败对我国经济和教育的发展都有重大影响。

事实上，我国历来都非常重视留学人员回国工作。近年来，党和国家制定了一系列方针政策，采取了许多措施，吸引、鼓励留学人员回国。国家分别就公派和自费出国留学、加强对留学人员的管理、鼓励海外留学人才回国工作、以多种形式为国服务等问题制定和颁布了一系列政策，推出和实施了"新世纪百千万人才工程""百人计划""长江学者奖励计划"等与留学回国工作密切相关的项目和政策措施；中央和地方各部门为了进一步改善留学回国人员的工作、生活条件，投入了大量资金，设立专项基金，创办"留学人员创业园"，出台了一些针对留学人员回国创业的优惠政策，切实帮助留学回国人员解决家属就业、子女就学等问题。此外，各地还先后多次组织招聘团到海外招聘优秀留学人员，与留学人员座谈，向他们介绍国内相关政策，吸引、鼓励他们回国或在海外为国服务。应该说，党和国家采取的这一系列措施都取得了一定的成效。近年来，我国留学人员回国率有所上升。自 1996 年以来，我国留学回国人员数量逐年增长。

　　但是，我们必须看到，目前我国留学回国工作还存在一些没有解决的问题。近年来，各地吸引留学人才的政策大多重技术引进，重开办科技企业，对带高新技术回国的留学人员奉为上宾，对回国留学人员创办的企业实行税收优惠。这些措施一方面会让那些从事科研、教育工作，或在各种大型企业和外资企业任职的留学回国人员产生不公平感，另一方面各地竞相出台各种优惠政策，也是地区间恶性竞争的表现。此外，各地的优惠政策在执行过程中也存在许多问题。例如，某些地区制定的优惠政策相当吸引人，但在实际执行过程中却由于有关部门协调不够而无法落实，使留学回国人员对政府的诚信产生怀疑。以上这些问题值得国家有关部门重视，进一步制定和完善与留学回国工作有关的政策和法规，并采取有效措施，使政策得以切实执行。

　　（2）随着我国自费出国留学人数的急剧增加，留学中介服务行业的管理成为我国留学工作的一个新的重点，也是一个难点。

　　过去，出国留学主要指公派出国留学。改革开放的政策改变了我国只有公费留学的历史。20 世纪 80 年代末，90 年代初，随着我国留学政策的放开和"支持留学，鼓励回国，来去自由"留学工作方针的确定，越来越多人有了自费出国留学的愿望。但由于信息不通，申请手续繁杂、经验不足等问题，很多个人自费留学申请者很难达到目的。他们希望有专门的中介机构为他们提供服务。就是在这种情况下，留学中介服务机构应运而生。开始的时候，这个行业相当混乱。据统计，1994 年上半年到 1997 年上半年，仅北京就有上千家所谓的"留学中介"。有些所谓的中介机构其实只有一部电话，一张办公桌，一把椅子。

　　1997 年下半年，国家开始整顿留学中介行业。1999 年，教育部联合公安部、国家工商管理总局制定和颁布了《自费出国留学中介服务管理规定》及其实施细则，并且先后两次对全国 270 家留学中介机构进行了资格认定。此外，教育部还对留学中介的市场准入、与境外机构的合作、广告宣传等方面作了明确的规定。

　　近年来，自费出国留学中介机构通过与国外高等院校、教育机构开展合作，帮助众多的学子实现了出国留学的梦想，使许多人通过接受国外教育，成为社会发展所需要的人才。以 2002 年为例，全国有 12.5 万人出国留学，其中自费留学生有 11.7 万人，占当年出国留学总人数的 94%，这其中 80% 的人是通过留学中介办理出国的。应该说，出国留学中介机构较好地满足了人们出国自费留学的需要，在中外学生交流方面起到了举足轻重的作用。

　　但另一方面，近年来留学中介机构违规操作，欺骗、坑害消费者的情况也时有发生。一些中介机构模糊国外学校的性质和资质：把国外的专科学校说成是综合性大学，或某大学下属的学院；把与世界名牌大学没有任何关系的语言学校说成是正规预科学校，是进入这些大学的必由之路和捷径。还有一些中介机构巧立名目，多收中介费：通过中介办理出国留学的，出国前一般需交两笔费用，一是中介服务费，二是境外服务费。前者一般是明码标价，而后者"学问"就大了。一些中介事前不说明这些费用作何用途，就算说了，当事人也无法搞清楚自己交的费用是不是真正用到这些方面了。而且，一些当事人缺乏自我保护意识，没有向中介机构索要正式发票，一旦出了问题要打官司也拿不出有效凭据，无法通过法律途径挽回损失。还有一些中介机构用虚假宣传误导当事人。比如说，一些国家（如南非）法律明确规定不允许留学生打工，但不法中介却谎称当地政府允许留学生边打工边学习，以吸引那些家境不太富裕，想走勤工俭学途径的留学当事人。最后，还有一些没有取得资格的中介机构仍在从事留学中介活动，给消费者造成巨大损失。因此，国家教育部门和其他有关部门应进一步制定相关政策，采取有效措施，治理和整顿留学中介服务市场，促进我国自费留学的有序性和有效性。

（3）一般层次的留学回国人员回国后将面临巨大的就业竞争压力。

尽管许多留学人员出于专业发展和个人生活方面的考虑选择了留在国外，但近几年，由于美国、日本等国家经济发展水平的滑坡，加上一些西方国家受恐怖主义的威胁，社会出现不稳定，以及我国国内经济的持续发展，越来越多的留学人员学成以后选择回国。近几年留学人员回国比例逐年递增，就是一个证据。据全国青联海外学人工作部与《青年参考》报最近联合主办的"海归搜索行动——海外留学与归国人员现状大调查"的结果显示，近九成（87.7%）留学人员有回国的意愿。

对海外归来的留学人员民间有种称呼，把他们称为"海归"。"海归"派的加入，令我国本来就竞争激烈的就业市场面临更大的压力。过去，"海归"是各个用人单位抢着要的"宝贝"。"海归"常常与优厚的待遇、可观的收入联系在一起。然而，最近一两年，从一些沿海发达城市的人才市场传出的信息表明，"海归"的吸引力开始减弱，许多"海归"回国以后难以找到理想的工作，有的"海归"甚至在求职中故意隐瞒自己的海外求学经历。"海归"似乎不再像从前那么吃香了。这种现象的出现是由多种原因引起的。首先，大批"海归"回国，人们对"海归"的认识逐渐平淡化。所谓物以稀为贵，"海归"人数的逐渐增多，这种资源的供给增加，资源的价格就会下降。其次，并不是所有的"海归"都能满足用人单位的要求。有些人仅仅是为了获得留学经历而留学，以为出去镀镀金，回来以后就会身价百倍。这部分人往往是自费出国，在国外读的是一般的学校，专业选择上也比较随便，哪个要求低，比较好读就读哪个。他们希望凭着手里的镀金文凭，在国内谋得理想的工作。殊不知国内许多用人单位经过前几年聘用留学人员的经验，对留学人员的聘用已经有了比较理性的认识，已经从原来的盲目引进变成慎重选择。一些没有真才实学的"海归"往往很难进入重要岗位或者通过试用期。再次，随着我国高等教育质量的提高和中外合作办学的逐渐兴起，本土人才的国际化水平大大提高，竞争力大大增强，"海归"派不再是一枝独秀。在以上几点原因的作用下，我们就不难理解为什么最近一些回国留学人员在求职过程中会受到挫折。

目前，我国留学回国工作重点还是在如何吸引留学人员回国上，对回国人员的就业和安置方面的措施也是主要针对那些高层次的回国人员。广大的一般层次的留学回国人员在就业和安置方面将面临较大的竞争压力。尽管这个问题才刚刚出现，尚不严重，但如果我们不能正视，找出应对策略，就可能会挫伤海外留学人员的回国积极性，最终造成人才和资金的外流。

3. 关于对策措施的建议

1）进一步扩大公派留学人员规模，适当调整公派留学人员类别

a. 增加国家公派留学人员数量

从 1978 年至今，我国国家公派出国留学人员约 7 万人，每年平均数只有约 2600 人。这与邓小平同志当初在关于扩大向外派遣留学生的重要讲话中提出的"要千方百计地加大步伐""要成千上万地派"的设想还有相当大的差距。近几年，国家有意识加大了公派留学人员规模，但由于基数较小，所以总量还是不大。随着自费留学热潮的兴起，自费留学人员的数量迅猛增加，国家公派留学人员在每年出国留学人员总数中所占的比例迅速缩小（表 1.10），国家公派出国留学在我国出国留学教育中逐渐沦为配角。

而另一方面，从留学人员回归率来看，国家公派留学人员回归率远远高于自费留学人员回归率。1996 年全面实施国家公派留学改革后，国家公派留学人员回归率一直保持在 90% 以上。在自费留学人员回归率仍然偏低的情况下，公派出国留学是我国培养具有国际知识和经验的高级人才的重要途径。笔者认为，有关部门应当采取措施，进一步扩大公派留学人员的规模，以缓解国家对高级人才的迫切需要。

b. 增大高学历人才派出比例，延长派出时间

改革开放以来，我国公派留学生类别经历了"主要派遣本科生""逐渐减少以致基本上停派本科生""逐渐增派研究生和进修人员""减少派遣研究生""主要派遣进修人员和访问学者"的几个阶段。国家主要是从回归率、派出效益等方面考虑，实行这种变化和调整的。而事实证明，公派进修人员和访问学者的回归率确实很高。相比之下，改革开放初期派出的本科生回归率较低。但是，我们还应看到事情的另一面。进修人员和访问学者的留学时间一般比较短，大多在一年左右，有的甚至只有半年或几个月。而且许多人是初次出国，到了国外还需要一些时间来熟悉环境，克服语言困难，有时候还需要转换导师、调整课程等，等到他们基本上适应了当地的环境，真正进入角色，准备静下心来学习和研究时，离回国的时间已经不远了。因此，许多短期出国进修的回国人员私下里与别人谈起

自己的留学经历时都表示，出国一趟，主要的收获是开了眼界，长了见识，至于学术水平和科研能力的提高则是次要的。因此，笔者认为有关部门应适当调整公派留学人员类别，提高本科生和研究生，特别是研究生的派出比例，延长派出人员的留学时间，以便留学人员在国外有足够的时间学习进修和参与科研。

2）鼓励自费出国留学，创造良好的法制和社会环境

a. 对自费出国留学的专业进行适当引导

对于公派留学生的学科比例，国家有关部门是可以根据国家需要进行直接控制和调整的。对于自费留学生出国留学的专业选择，国家则无法进行直接干预。近年来，自费留学生在学科选择上逐渐变得理性起来。他们中的许多人（如到非移民国家留学的留学生）是打算学成以后回国工作的，所学专业今后在国内的发展前景、国家今后对各种专业人才的需求状况都是他们在选择留学专业时考虑的重要方面。笔者认为，国家应该采取措施，对自费留学生的学科选择进行适当的引导。有关部门可以通过媒体、各中学和高等院校、留学服务中介机构，向自费留学人员宣传国家的长远发展规划和未来几年各种专业人才的供需变动情况，让留学人员有计划地选择留学专业、安排学习内容，形成一支适应国家未来发展需要的、专业结构合理的留学人才队伍，为我国今后的发展储备大量人才。

b. 建立公平竞争、高效有序的留学人才市场

近年来，自费留学回国人员数量逐年增加。尽管目前这个数字还很小，每年只有几千人（图 1.9）。但笔者估计，随着我国国内经济的迅速发展和我国留学回国政策的进一步完善和深化，在若干年以后，自费留学回国人员数量一定会大幅增加，留学生回流潮也会逐渐形成。到那时，广大的留学回国人员，特别是一般层次的自费留学人员将面临巨大的竞争压力。如前所述，这种现象近两年在部分沿海发达城市已经初见端倪。笔者认为，国家应当未雨绸缪，采取有效措施，努力建立一个公平竞争、高效有序的留学人才市场。可以采取的措施包括：建立留学归国人才库；对归国留学生进行资格认证；在自愿参加的原则上，举办一些考试，测试留学生的专业和外语水平。这些措施一方面可以为用人单位挑选聘用优秀留学人才提供参考，促进留学归国人员公平竞争，实现优胜劣汰。另一方面，这些措施还可以让那些希望通过留学出国镀金的留学生和那些因望子成龙、望女成凤而打算把年幼子女早早送到国外的留学生父母认识到，国家需要的是有真才实学、内功扎实的国际型人才，促使他们更加理性地看待自费出国留学，降低自费出国留学的盲目性，减少教育投资的外流。

c. 加强对自费留学中介市场的宏观调控力度，建立留学中介行业协会

如前所述，目前某些留学中介服务机构片面追求经济利益，采取提供虚假信息、发布虚假广告、多收中介费等方式，侵害留学当事人的合法权益。针对这些

现象，国家有关部门做了大量的工作：教育部于 2002 年年底成立了涉外监管处，专门对我国各类教育涉外活动实施监管；对境外教育机构进行资质认证，公开发布外国教育主管部门认可的国外学校名单，并定期对所公布的名单进行修改和更新；建立教育涉外监管信息网，将自费留学中介相关政策、国外政府和权威机构认证的高等学校、合法中介机构与国外合作项目名单、合法中介机构名单及其业绩、受表彰或受处罚情况等上网公布，等等。

　　笔者认为，在市场经济条件下，留学中介服务机构作为自主经营的企业实体，政府主管部门对中介机构的业务经营活动不宜太多地进行直接干预。政府应在加大宏观调控力度的基础上，鼓励留学中介服务机构建立行业协会，推行行业自律。据笔者了解，某些地区（如北京）的留学中介服务机构已经成立了行业协会，另一些地区却因种种原因而未建立协会。如在广东，有关法律规定 30 个企业以上才能建立类似协会的组织，而广东目前通过资格认证的留学中介机构只有 13 家，还没达到建立合法协会的标准。笔者建议，在全国范围内建立留学中介行业协会，并在各地建立分会。通过行业协会制定出国留学中介机构工作流程的规范版本及服务标准，使中介在咨询服务、申请入学服务、境外服务和签证服务等方面都有章可循，服务收费明码标价。以行业协会的名义组织培训，提高留学中介服务从业人员的专业素质和业务水平。此外，行业协会还可以在处理投诉、打击非法经营和违规操作、评估服务质量等方面开展工作，促进留学中介服务行业的优胜劣汰。

　　3）采取行之有效的措施，吸引优秀留学人才回国

　　a. 深化国家公派留学制度改革

　　留学人员回归率是测量一国留学教育工作成败的关键指标。吸引和鼓励留学人员回国工作一直是我国留学工作的重点。二十多年来，我国采取了大量措施，吸引海外优秀留学人员回国。至今，我国留学学成人员中，有将近一半回国。近年来，留学回国人员数量逐年增加。我国留学回国工作取得了喜人的成绩。

　　我国留学回国工作成绩最突出的是在公派留学上。1995 年，国家对公派留学制度进行改革，按"个人申请，专家评议，平等竞争，择优录取"的办法选拔留学人员，并实行"签约派出，违约赔偿"，促使留学人员学成回国。所谓"签约派出，违约赔偿"，是要求出国留学人员在出国前必须与"国家留学基金委员会"签订出国留学协议书。协议书的内容包括：出国留学人员出国前必须按规定向"留学基金会"交付押金；留学期满按期回国者，押金全部退还本人；留学期满不能回国服务者，按规定赔偿其出国留学期间国家为其支付的全部经费。事实表明，这一办法确实行之有效。1996~2002 年，公派留学人员的回国率都达到 90% 以上。可以说，这个办法基本上解决了公派出国留学人员按期回国服务的问题。今后应继续执行和进一步深化公派留学改革。

b. 想方设法提高自费留学人员回国率

近年来，我国自费留学人员迅速增加，但自费留学回国人员数量却未见同步增长。据调查，目前尚在美国和日本的我国留学人员在 20 万人以上，至少 2/3 的人已经完成学业，有将近 7 万人已申请了美国的绿卡或在日本长期居留。在拿到美国绿卡和在日本长期居留的人员中，自费留学人员占 90% 以上[23]。笔者认为，留学回国工作的下一个重点应该是如何提高自费留学人员回国率。

国家应该继续坚持"支持出国，鼓励回国，来去自由"的 12 字方针，对公派留学和自费留学一视同仁。国家可以通过向优秀自费留学生发放奖学金或提供贷款等方式，帮助他们解决留学资金上的困难，让他们感受到国家对自费留学人员的深切关怀和信任。今年，我国向首批 95 名优秀自费留学生颁发了"国家优秀自费留学生奖学金"。奖学金的数额并不是很大，但它的意义和作用确是巨大的。许多获奖人员都表示，要把获奖作为一个新的起点，不负祖国和亲人的众望，刻苦攻读，完成学业后报效祖国。国家今后应继续推行自费留学生奖学金制度，并不断扩大奖学金的影响力。此外，国家还可以参考公派留学的办法，以协议的方式为自费留学生提供抵押贷款，学成以后不能按期回国的按协议赔偿。贷款的对象不限于申请自费留学的学生，还包括那些在国外留学过程中遇到经济困难的留学生。

4）继续鼓励海外留学人员以多种形式为国服务

目前，我国还有大量的留学人员在海外学习或工作。他们当中已有 1/3 的人获得了在当地国的永久居留权。这些人大多是具有较高学历的优秀人才。他们虽然因为各种复杂的历史和现实原因而没有回国，但他们当中的绝大多数人都有相当强烈的爱国之情和报国之志。许多留学人员都在想方设法，采取各种可能的方式为祖国作贡献。

2001 年 5 月 14 日，国家人事部、教育部、科技部、公安部、财务部联合公布了《关于鼓励海外留学人员以多种形式为国服务的若干意见》后，海外留学人员掀起了一股为国服务的热潮。有的留学人员带着项目和资金回国创小高新科技产业，为祖国引进外资和人才；有的留学人员开办国际贸易公司，开展跨国贸易，帮助国内提高创汇和增加就业机会；有的留学人员采用"两个基地"模式，每年定期做回国讲学、短期访问、合作研究等，提高国内研究和科技水平；还有一些留学人员在海外主动承担起文化使者的工作，开展中外文化交流，进行民间外交，组织民间国际交流，为祖国带来巨大的非经济收益。

事实表明，鼓励海外留学人员以多种形式为国服务的政策是有效的。国家有关部门今后应继续坚持并进一步加大力度贯彻和执行这一政策。当务之急是要建立一个面向全体海外留学人员的、具有权威性的网站，在网站上公开我国政府的有关方针政策，展示我国改革开放进展实况，发布国内外人才供求信息，作为海外留学人员与国内有关政府部门和企事业单位之间、回国留学人员和海外留学人员之间、海外留学人员之间相互沟通、传递信息的桥梁。

5）加快我国基础教育和高等教育的改革和发展，积极推进多种形式、不同层次的中外合作办学

当前，我国基础教育和高等教育整体规模还不能满足社会发展和公民个人的需要。国家应采取有力的改革措施，加大对教育的投入，提高我国教育服务的供给能力。

推行中外合作办学是我国引进国外优质教育资源，缓解国内教育经费不足的一个有效方法。一方面，多种形式、不同层次的中外合作办学将为广大求学者提供更多选择的机会，满足他们对教育服务的需求；另一方面，我国通过引进先进的教学设施、教学手段、教育的方式方法和组织形式，学习外国先进的办学理念、管理体制，改善办学条件、提高教学水平、优化办学模式，促进教育改革的进程。笔者相信，这种成本低、收效大的"不出国门的留学"教育方式，将会受到越来越多学生和家长的青睐。

1.3.3　发展来华留学教育的对策

来华留学教育是我国高等教育的一个重要组成部分，也是我国政府的一项重要工作，是实现国家外交政策的重要部分和应尽的国际主义义务，同时也是促进我国改革开放，增进与各国教育、文化交流合作，利于吸收和利用国外智力为我国现代化建设服务，利于促进国际间理解并维护国际和平环境的具有战略意义的工作。

1. 发展来华留学教育的意义

到了 20 世纪 90 年代，面对近 20 年国际教育风起云涌的发展态势，中国高校经过深思对发展来华留学教育的意义有了更为理性和深刻的认识。笔者以为，主要有以下四个方面。

1）发展来华留学教育符合国家利益，是国家利益的要求，具有战略意义

接受和培养外国留学生是国家利益的需要。不少国家从全球战略或地区战略的高度将其作为本国对外文化政策的一个重要组成部分。其着眼的长远打算是把外国留学生作为今后长期促进东道国发展的有利的人员基础和人力资源储备。正如教育部副部长韦钰同志在 1994 年全国来华留学生工作会议上指出："进一步提高对来华留学工作战略意义的认识是做好今后一个时期工作的重要前提。"我国作为世界政治舞台一支重要的和平力量，长期以来为建立公正合理的国际政治经济新秩序而努力。来华留学生工作历来是我国外交工作的一个组成部分，与我国外交工作密切相关。通过大力发展来华留学教育工作，培养一支了解、热爱、支持中国的友好力量，有利于加强中国与世界各国的联系和交往，更利于保障和平

的国际环境。在以经济建设为中心的新时期，我们应当将吸引来华留学生作为中国对外科学与经济合作的"面向未来"的投资，当来华留学生学成归国承担起领导职务后，我们这些现时的"投资"无疑会产生巨大的作用，某种程度上来说，不啻找到了开辟中国与来华留学生祖国的政治、经济、文化全面合作的钥匙。

2）发展来华留学教育是高等教育国际化的内在要求和高等教育新生职能的体现

所谓高等教育国际化，就是加强国际高等教育的交流合作，向各国开放国内教育市场，并充分利用国际教育市场，培养有国际意识、国际交往能力、国际竞争能力的人才，在教育内容和教育方法上不断适应国际交往和发展的需要。当中国高校的校园中出现越来越多的来自世界不同国家和地区的来华留学生，无疑对促进中国大学在培养国际性人才中实现东西方跨文化交流、碰撞，加深中国学生对异域文化的理解和包容，开阔双方的思维视野有着毋庸置疑的积极作用。通过彼此的取长补短，达成不同国家、地区、民族的文化精华的融合和共存，并最终形成我国高等院校发展来华留学教育，推进国际化进程的内生原动力。

3）发展来华留学教育是办学层次提高的体现和中国大学进入世界一流大学的关键

世界一流大学必然是拥有较大比例"国际学生"和"国际师资"的开放型、研究型、国际型大学。按目前国际通行的标准是，世界一流大学外国留学生人数至少应占在校学生总数的 15％以上。目前，国际化程度较高的世界知名大学，如美国哈佛、英国剑桥、日本东京大学，其外国留学生占本国学生比例均达15％以上。

在高等教育国际化趋势影响下，在我国，接受来华留学生人数已成为衡量一所大学或学院国际化程度的重要因素。例如，"211 工程"建设评估的评价体系中已将接受和培养外国留学生数量列入为条件之一，规定进入国家"211 工程"建设立项的高等院校，其外国留学生数应占学生总数的 5％～10％。而来华留学生学科分布和层次结构，还标志着这所高校学科水平高低和其在国际上的地位，标志着学科对外开放程度的高低。

随着我国扩大开放和综合国力逐步增强，高校对外交流的广度和深度日益扩大，高等院校通过实施跟进国际留学生教育发展战略，促进教学质量、科研水平逐年提升，实现高层次研究型大学的办学水平、办学层次快速提升，中国大学成为世界一流大学的日子指日可待。

4）发展来华留学教育是高校增加办学资金来源的渠道和赢得国际人才竞争的途径

在我国，高等教育的政府投入少于年教育经费占当年 GDP 总量 4％的世界平均值。高等教育规模快速扩张和办学经费普遍短缺的矛盾十分突出。为了解决政府投入较少而带来的困难，各高校不得不积极拓展经费筹集的渠道，而发展留学生教育，通过接收自费来华留学生，获得学费和部分生活费的收益，至少可以部分缓和对外交流方面的资金缺口。这部分收益可以用来邀请海外知名学者来华短期讲学和研究，推进大学自身的国际学术交流。据中央电视台报道，来华留学生的增加给中国教育市场带来一定的经济收入，仅北京市 2001 年一年此项收入就有 9 亿元，折合美元 1.088 亿元。

另外，大批外国留学生来到中国的大学和学院学习，不仅给高等教育发展急需的资金增加了重要的补充渠道，而且会吸引并可能使更多有国际教育经验的专家留在中国。美国每年获得博士学位的外国留学生中约有 60％留在美国工作，而从事研究和发展（R&D）的科学家和工程师中，外国出生的人所占的比率高达 20％。从 1949～1969 年，美国共引进 40 多万名高级科技人员，其中 37.5 万名来自发展中国家，占 3/4，主要办法就是"引进留学生，深加工'半成品'战略"。

2. 来华留学教育的现状与特点

1）来华留学教育的现状

我国培养外国留学生的历史悠久，早在春秋战国时期就有留学生教育。到盛唐时期，由于我国有注重研究社会伦理的历史传统，形成了优秀的传统文化，对世界特别是对亚洲产生了极大的吸引力，因而成为当时的留学大国。当时在长安学习的外国留学生就达 1000 多名，这些留学生主要来自日本、朝鲜和西域各国，受当时大唐高度发达的文化所吸引，主要进入国子监学习。到明朝万历年间来华留学的人数达到 3000 人，除了日本和朝鲜学生外，还有来自欧洲诸国的学生，来华留学的热潮一直持续到清末。

随着新中国的成立，来华留学教育作为我国高等教育的一个重要组成部分掀开了新的篇章，但走过了一段不平凡的历程。

1950 年，我国尚处于经济恢复时期，百废待兴。面对当时东西方两大阵营严重对峙的局面，为加强与社会主义国家之间的交流与合作，我国政府同意与波兰、捷克斯洛伐克、罗马尼亚、匈牙利、保加利亚 5 国互派留学生。这批留学生1950 年年底和 1951 年年初来华，共 33 人，入清华大学中国语文专修班学习，开始了我国接受和培养外国留学生工作。随着我国与周边国家关系的发展，以及亚洲、非洲、拉丁美洲国家民族独立运动的兴起，越南、朝鲜以及其他亚非拉新独立国家的留学生相继来华，苏联、日本、美国、英国、法国等国也派出留学生来华学习。据 1950～1966 年的统计，我国共接受和培养了 68 个国家的 7239 名留学生。这些留学生主要来自社会主义国家，占 90.8％；日本、欧美等发达国家留学生人数很少，仅占 1.9％。

从 1966 年开始，由于"文化大革命"的原因，我国接受和培养外国留学生的工作一度中断。到 70 年代初，随着世界政治形势的变化和我国国际地位的提高，经国务院批准，我国于 1973 年恢复了接受和培养外国留学生工作。当时来华留学生仍以阿尔巴尼亚、越南、朝鲜、罗马尼亚等社会主义国家的学生为主，也接受了亚非拉国家的部分学生，由我国政府提供奖学金。当年共接收 44 个国家的 383 名来华留学生进入我国高校学习。

从 20 世纪 70 年代开始，世界政治格局发生了巨大变化，东西方两大阵营对峙的格局为三个世界的格局所代替，因而来华留学生的国别构成发生了很大变化。虽然在 70 年代仍以亚非国家的留学生为主，但到 80 年代，第一、第二世界国家的来华留学生人数也迅速增长；同时，我国开始接受自费来华留学生，其人数也在逐年增加。据 1973～1989 年的统计，我国共接受 129 个国家享受奖学金的留学生 15 978 人；此外，这一时期来华自费留学生（包括长期生和短期生）人数迅速增长，达 2 万余人，超过了享受奖学金的留学生人数。

进入 20 世纪 90 年代，随着苏联的解体，世界政治格局由美苏争霸的局面向多极化方向发展，冷战时代结束。我国与世界各国在各个领域的交往大大增加，为发展来华留学生教育创造了良好的外部环境。同时，我国改革开放的深入，也给来华留学生教育带来勃勃生机。例如，政府转变职能，扩大了高校办学自主权，激发了高校搞好留学生教育的主动性；社会主义法制建设的加强，使对外国留学生的管理逐步走上法治轨道；来华留学生教育管理体制也日趋完善合理。这些都有力地促进了来华留学生教育的发展。据 1990～2003 年的统计，1990 年，我国接收留学生 0.85 万人，1991 年接收 130 个国家（地区）1.3 万人，1995 年接收 150 个国（地区）3.7 万人，1999 年已达到 164 个国家 4.4 万人，2002 年达到 175 个国家的 85 829 人（表 1.14）。其中，亚洲国家由于日本、韩国及其他周边国家来华学生人数发展较快，占总数的 66.8%，非洲国家来华学生由于我国政策调整而人数急剧下降，仅占 2.4%；自费来华留学生人数迅速增长，已占留学生总数的 88.2%。2003 年的来华留学生是 1980 年的 30 多倍，是 1990 年的 10 多倍。近 20 年来，我国来华留学教育人数和规模及生源国都有极大发展。

表 1.14　来华留学教育情况（1980～2002 年）

项目	1980	1985	1986	1987	1988	1989	1990	1991	1992
人数/人	1 381	3 250	4 343	4 408	6 400	4 993	8 495	12 557	13 993
项目	1994	1995	1996	1997	1998	1999	2000	2001	2002
人数/人	26 000	37 205	41 211	43 712	43 084	44 000	52 150	61 869	85 829

2）当前来华留学教育的特点

a. 留学教育形成市场化运作状态

目前，来华留学生主要以自费生为主，政府派遣生数量很少。面对日益扩大的自费留学群体，产品供需关系在逐渐形成，大学拓展市场的积极性在逐渐增强。

b. 来华留学教育层次不平衡

来华留学教育需求层次和教育产品输出层次偏低，留学教育主要局限在低水平的汉语言教育和普通进修生为主，其中约 30% 为语言进修生和普通进修生，博士生、研究生和本科生之和仅占全部留学生数量的 20% 多一点。

c. 来华留学的发展潜力大

虽然来华留学生的数量落后于发达国家的留学生教育水平，但中国的增长速度在国家留学市场中是最快的，近年来的平均增长率约为 30%。目前在全球留学生数量排名中处于前十位，学生生源已扩展到 170 多个国家，而且需求市场从过去以落后国家的学生为主向较发达国家学生为主转变。

d. 具有一定的优势教育产品

来华留学教育的优势主要集中在传统学科领域，分别为历史、中文、考古等社科类学科和中医学专业，其中发达国家和周边国家的学生来我国学习传统优势学科的人数增长最快。

e. 与发达国家留学教育相比，来华留学教育的学科类别失衡

重点在文科和医学类，理工科需求量相对少。见表 1.15 的对比数据。

表 1.15　中日两国 1998 年留学学科人数及比例分布

项目		文科	医科	理科
中国	人数/人	36 550	4730	1724
	比例/%	85	11	4%
日本	人数/人	16 869	10 533	10 564
	比例/%	31.3	19.6	19.6

f. 来华留学教育地区分布不均

接受来华留学生的院校从开始时的单一情况，发展到现在的地区分散化，分布在全国 31 个省、自治区、直辖市的 353 所高等院校和其他教学机构。但来华留学生主要集中在北京、上海等经济发达地区。

3. 来华留学教育的优势分析

回顾 50 年来我国接受和培养外国留学生的历史，成绩是显著的。我们探索出了一条有中国特色的、比较系统的来华留学生教育模式，一方面为许多国家，尤其是发展中国家培养了大批科技、教育、外交、商贸和管理人才，另一方面为

我国在世界各国发展外交和经贸关系，开展文化教育与科学技术交流作出了重要的贡献。其具有的潜在发展优势有以下几点。

1) 传统学科的优势

在当前的留学教育中，争取留学生主要靠大学学科优势。我国高等教育有悠久的发展历史，一些具有中国特色的学科，如中文、历史、哲学、建筑、中医等学科力量雄厚，具备一定的教育实力，可以吸引相当数量的学生来华留学。而且受临近和同属东亚文化圈的影响，周边国家的学生都愿意来我国留学。从学科分布看，该类留学生中 90% 是自费，主要集中在中文、中医等传统学科。可以预料，东南亚国家将成为我国今后来华留学的重要组成部分。另外，由于一些落后国家与发达国家在科技水平上有差距，这类国家学生根据自己国家实际需要，可能只需要学习针对解决现实问题的实用技术，我国的重点大学某些学科比发达国家的同类学科更具有针对解决现实问题的实用性，因而对落后国家的留学颇具吸引力。例如，很多中国的农业类学科发展就更适应第三世界国家的需求。

2) 高等教育规模和体系的优势

改革开放以后，我国高等教育质量方面有很大的提高，整个高等教育中有一批重点大学和特色学院具备吸引留学生的规模和体系优势。普遍认为，留学生在本国高校本科生中所占比例能达到 10%，效果较好，而且在研究生的留学生中需要比例更高。而我国目前的状况离这个数据相差较远。总体来看，我国留学教育生产能力不差，产出却相对较低，留学生教育生产潜力尚待进一步开发。在发达国家，理工科的留学生比例比文科高，但中国恰恰相反，说明我国重点大学还有扩大留学生规模的空间。

3) 费用方面的优势

与西方高成本留学教育相比，我国的留学费用包括学费、生活费比西方国家便宜很多。对于经济落后国家的学生来说，来我国进行工程学科方面的留学不仅实用性相对较强，而且费用相对很低。由于我国的整体消费水平较低，教师劳动力报酬也相对便宜，工程类学科的留学学费标准也比英法国家普遍要低，因而在我国留学，总体费用比发达国家便宜得多，我国高等教育在费用方面具有明显的竞争优势。

4. 来华留学教育发展的问题或制约因素

来华留学人数增长速度很快，潜在需求较大。但我国才刚进入留学教育市场发展阶段，来华留学需求市场中的学生数量、学历层次以及学科类别结构上还远未达到市场化发展所要求的稳定的需求规模。而国内高等教育整体质量又相对偏低，大学的学科优势也不明显，这都导致来华留学教育缺乏强大而持续的竞争力。剔除国家经济和政治等大环境因素，从大学角度来看，制约来华留学教育发展的因素有以下几个方面。

1）缺乏政府指导、政策扶持和更为明确法律法规的保障

由于我国来华留学生事业一直以来与国家对外政策的关系十分紧密，因此，政府及时、周到的政府指导而非行政命令更符合教育体制的发展方向和来华留学教育的发展需要；另外，来华留学生事业的美好发展前景和现实弱小态势，还需要政府的政策扶持和鼓励，需要更为完善的法律法规的保护。

2）高等教育总体学科水平还不高，制约了来华留学教育发展中高层次学生数量发展

理工类学科水平总体发展不平衡，英语授课和英语教科书运用太少；文科类学科缺少国际性课程；农业和生物类学科除水稻、淡水养殖等少量学科外缺乏领先方向；医药类学科除中医中药外，较少世界领先的技术和学科发展方向。

3）教育开放程度与接收留学生数量居国际前列的国家相比还较低

笔者认为，对教育开放程度的把握必须坚持辩证唯物论，注意开放性的“双刃剑”效应。世界各国对高等教育的开放都持较为谨慎的态度。既要防止没有梯次的“彻底开放观”，又要防止“既放又收”“突放突收”的不当方式。

4）接受来华留学生大专院校的硬件整体水平还有待提高

许多高校的留学生宿舍、教室老旧、短缺，活动场所少，远远低于国际标准水平线。应该学习日本为发展留学生教育将留学生宿舍写入行动纲要的态度，认真对待来华留学生的生活条件、生活设施。

5）对外汉语教育的教学水平和覆盖范围、布局水平还亟待提高

尽管全世界说汉语的人口最多，平均每 5 个人中就有一个会说中文，但考虑到发展来华留学生教育的主要对象是西方发达国家的青年，因而在对外汉语教育的全球化布局中必须分清主次、重点；此外，对外汉语教育教师还应尽量多进行双语教学实践和自身的海外教学实践。

6）来华留学教育的宣传途径单一，招生方式不够灵活

目前，我国大多数院校主要通过少数境外代理和留学中介介绍，以及留学生上门咨询等被动方式来招生，机会损失较多，招生宣传方式也有同样的弊端。

7）放弃了对毕业回国留学生的跟踪回访和感情投入

没有发挥出来华留学生对我国各项事业发展的可能贡献能力，同时也就放弃了进一步发展来华留学生规模的可能。

5. 关于来华留学的对策措施建议

针对上述七个方面的制约来华留学教育发展的因素，笔者提出如下的对策措施建议：

（1）不断完善对教育国际化的有关立法，加强政府对教育的国际化。

特别是来华留学教育的宏观指导和政策调控，及时发布相关的动态信息。条件成熟时可制定《来华留学教育管理条例》以规范和保障全国来华留学教育工作

可持续发展。

（2）加快我国高校迈向世界一流水平的步伐，促使我国整体学科水平上一个新台阶。

少数国际先进学科专业实施赶超战略，实现国际领先。加强各学科英语教材建设和英语授课师资的培养，培养一大批可以按照国际通用教材开展教学活动的教师，推行"双语教学"。

（3）按照 WTO 规则，逐步开放教育服务市场。

处理好按计划实行教育开放和国家行使教育方针权、教育行政管理权和教育教学实施权之间的关系，加强教育活动中采用国际通用的德育教育原则，坚持民族特色和文化背景的教育内容，加强国际性能力培养的课程建设。

（4）重视对来华留学生生活条件的硬件建设。

采取国际惯例进行分流安排，学制在 1～2 年的留学生集中住宿、集中管理、统一安排住宿和大型业余活动，学制在两年以上的留学生由他们自己选择可以在公安部门的指导下分散住宿，以此缓解住房矛盾；同时辅之以经济手段鼓励和约束住宿的选择。在新建留学生住宿楼时注意合理设计，如突出教室的小班化、宿舍和卫生的单人化，以及食堂餐厅的便利、廉价等特色，以此吸引留学生来校学习。留学生的设施既不必奢侈也不要太小气，应当以经济、实用、方便、周到为配置留学生生活设施、生活用品的标准和原则。

（5）发展政府主导力量，借助社会力量，扩大对外汉语教学的覆盖面，途径多样化。

由国家组织对外汉语教师的培养和有计划的国际交流；强化对外汉语教师对外国人学习和掌握汉语的教学研究，培植对外汉语的交流基础；多与各国的华人学校、双语学校建立长期的交流计划，开设中国文化和语言课程；进行长期或短期的汉语培训、文化交流等活动；建设对外汉语的基地和设施，有计划地支持、指导、交流双语教学的经验；通过华人团体、国际交流与合作的外方学校帮助在境外设教学点；自主投资或合作办学到境外开展汉语教学学校，甚至可以实行免费授课。这一方面法国政府的做法值得借鉴，法国政府曾派出 3 万多名法语教师到世界各地教授法语，以使学生学会法语后有兴趣到法国留学。宣传和招生的突破在于运用先进的信息通信技术和委托代理的商业运作模式，广泛推介和争取一切可能的渠道。如通过地方政府外经委、外商投资企业协会来招收外商及家属子女学习汉语；设立网站和网上报名；通过国际教育协作组织发布招生信息；广泛调动各教师和基层单位的积极性开发招生；或借助我国驻外使馆的窗口。

（6）加强与来华外国留学生回国后的联络和交流。

来华留学生这座沟通中国与留学生派遣国的桥梁，应该变成中国与世界各国人民在政治、经济、文化各方面开展广泛的国际交流与合作越走越宽的通途。

(7) 丰富留学生课余生活，让留学生真正融入中国的日常生活。

在提高我国高校的学术、课堂教学水平同时，广泛开展进入中国家庭的教学实践环节十分必要。这对加深来华留学生对中国更为全面的了解和加强民间联系十分重要。也可以与旅行社共同合作，使留学生业余生活内容更丰富多彩。这也会给相关部门或单位带来一定的经济效益。

(8) 设立奖学金，吸引更多留学生，特别是中等发达国家的留学生。

(9) 保持较低的学习费用，开放对留学生从事劳务的限制，吸引更多的来华留学生。

随着中国加入 WTO，教育部门应该对来华留学政策作出新的调整，比如允许来华留学生在一定限制范围内开展合法的勤工助学。合理的勤工助学范围界定，既可以避免对中国劳动力市场的冲击，又可以丰富留学生交流的深度和广度，并减少他们的经济负担。

总之，世界各国教育愈加趋向国际化，各国的人才市场愈加开放。只要我国把自己的教育窗口打开，宣传工作做好，创造好留学生的生活条件，中国的来华留学生教育也会具有更大的吸引力。

1.3.4　中外合作办学的对策

随着信息技术与大众传媒的迅猛发展，世界各国之间的经济、政治合作领域日益扩大，不同文化间的交流也日益增多，世界正迈入一个"全球化"的时代。而所谓"全球化"，实质上是一个"现代性从西方发达社会向世界扩展的过程"，主要表现为西方发达国家试图以其自身的文化以及价值观念为标准和范型，去同化其他一切"异质的"、非西方的文化，从而寻求一种文化上的普遍与同一趋势。然而，进入新千年以来，震惊世界的"9·11"事件及其以后的发展已经充分显示了世界不同文化之间存在的深刻的矛盾与差异。将西方文化凌驾于一切其他文化之上并对其加以齐一化，已经被历史的发展证明是不可行的。从 20 世纪 50 年代以来后现代主义文化思潮的兴起表明人们已经在思考不同文化之间的差异性问题，并力图通过对西方"现代性"的文化霸权的深刻思考与批判来维护与拯救物种、价值观念以及文化类型的多样性，以此保持世界的无限丰富的可能性与整合性。意大利著名哲学家恩贝托·埃柯（Umberto Eco）在波洛那大学成立 900 周年的纪念大会上曾说："后现代主义的一个显著特征就是，不在于减少差别而是更多地发现差别。人们发现的差别越多，能够承认和尊重的差别越多，就能生活得更好，就能更好地相聚在一种相互理解的氛围之中。"

在这种背景下，教育作为文化选择、传承、交流的一种重要手段，也不可避免地走向国际的联网合作；而在这种合作中，我们追求的不是全盘的西化，不是以西方的标准为唯一标准，而是在保持自身民族性与独立性基础上的一种"国际的品质"。20 世纪 80 年代中期，日本临时教育审议会首先提出了高等教育国际化的概念，提出"要培养世界通用的日本人"。在欧洲，欧洲一体化进程极大地推动了欧洲高等教育的国际化发展，1992 年便开始实施《欧洲共同体促进大学生流动计划》，并拨出专款，鼓励本国师生在会员国之间留学，相互承认学历、文凭、学位等，以此推动区域内的人才流动。美国在第二次世界大战后就通过《国际教育法》，致力于促进高等教育的国际化；近年来随着经济一体化、环境生态问题的全球化和多元文化的交融与冲突，其国际化步伐大大加快，在《美国2000 年教育目标法》中明确提出了"要通过国际交流，努力提高学生的全球意识、国际化观念"的战略目标。在我国，在改革开放尤其是加入 WTO 以来，人们习惯已久的生活方式受到了异质文化的强烈影响与冲击，各类高层次人才，尤其是通晓国际"游戏"规则人才的缺乏，对高等教育提出了严峻的挑战，人们越来越意识到，国际的交流与合作将成为新时期高等教育发展的一种新的思路与方向。而在教育对外交流合作的过程中，如何促进不同文化之间的交流而又保持自身文化的民族性与独立性，如何在引进国外优质教育资源的同时又加强对于教育质量的监控，便成为亟待我们思考的问题。

1. 中外合作办学及相关法规的基本情况

所谓"中外合作办学"，按照《中华人民共和国中外合作办学条例》的界定，即指"外国教育机构同中国教育机构在中国境内合作举办以中国公民为主要招生对象的教育机构的活动"，是指外国法人组织、个人以及有关国际组织同中国具有法人资格的教育机构及其他社会组织，在中国境内合作举办以招收中国公民为主要对象的教育机构，实施教育、教学的活动。

在改革开放之初，我国便已经开始探索与举办各种形式的中外合作办学活动。20 世纪 80 年代中期，中国人民大学、复旦大学等高等院校相继举办了中美经济学、法学培训班。随后，天津财经学院与美国俄克拉何马市大学合作举办MBA 班，南京大学与美国霍普金斯大学合作创建中美文化研究中心等。80 年代末 90 年代初，我国境内中外合作办学机构逐渐增多。与此同时，国家教委有关部门就中外合作办学问题进行了大量的调查研究，并在此基础上起草并于 1993年 6 月 30 日下发了《关于境外机构的个人来华合作办学问题的通知》。通知明确指出，多种形式的教育对外交流和国际合作是我国改革开放政策的一个重要组成部分；要有条件、有选择地引进和利用境外于我有益的管理经验、教育内容和资金，有利于我国教育事业的发展；开展中外合作办学应坚持"积极慎重、以我为主、加强管理、依法办学"的原则，遵守我国的法律，贯彻我国的教育方针，经过教育主管部门批准并接受其监督和管理。文件还对合作办学的范围、类别、主体等作出了相应的规定。

1993 年下半年国家教委开始着手拟订《中外合作办学条例》，最后形成了《中外合作办学暂行规定》并于 1995 年 1 月 26 日正式颁布实施。该《暂行规定》就中外合作办学的意义和必要性、应遵循的原则、合作办学的范围、主体及审批权限和审批程序、办学机构的领导体制、发放证书及外国文凭、学位授予等问题都作出了明确的规定。中外合作办学进入了一个新的时期。据不完全统计，1998 年前后，全国各类中外合作办学机构已达 300 多个，仅上海市就有 60 个，北京市、江苏省和山东省也各有 40 个左右。与我国合作办学的有 20 多个国家和地区，列前几位的有美国、澳大利亚、日本、加拿大和我国的香港、台湾。截至 2000 年年底，我国共有中外合作办学机构 562 家，其中与美国合作的有 115 家，与澳大利亚合作的有 105 家。学历教育机构占有较大比例，有 316 家，工商管理、会计等类占有较大比重，为 38%；语言类占 38%；两类合计 60%。我国加入世界贸易组织后，中外合作办学呈现加速发展的势头，沿海地区申报的数量大大增加，中西部地区的中外合作办学项目开始起步。总体上讲，办学层次有所提高，合作形式也日益多样化。截至 2002 年年底，全国共有中外合作办学机构和项目 712 个，与 1995 年年初相比，增加了 9 倍多，覆盖了 28 个省、自治区、直辖市。到 2003 年 12 月底，授予国外学位与香港特别行政区学位的高等学校合作办学在办项目达 137 个。新的发展催生了新的问题，也促使了新的法律法规的出台。2003 年 3 月 1 日中华人民共和国国务院令第 372 号发布了《中华人民共和国中外合作办学条例》并于 2003 年 9 月 1 日起施行。2004 年教育部讨论通过《中华人民共和国中外合作办学条例实施办法》自 2004 年 7 月 1 日起施行。

简要回顾历史，我们可以看到，中外合作办学经历了一系列的发展与变化过程，并且呈现以下特点。

(1) 办学主体多元化。改革开放之初，投资主体与办学主体是有限的几个经济发达国家；现在，参与中外合作办学的主体有来自世界各大洲的教育机构或非教育机构、政府或个人、跨国集团或政治经济合作组织。

(2) 办学形式多样化。从单一的培训班形式发展为各种形式并举的格局。第一类，中外有关院校之间的合作。在教育主管部门的批准下，境外大学在境内高校上课，大学生毕业可获得本校文凭和境外大学文凭，这是最主要的形式。第二类，境内高校与境外教育或非教育机构之间的合作办学，由境内高校具体安排课程设置，教材、教师等，外方提供资金，学生就读与读一般本地课程无异，这主要是引进国外财力办学。第三类，由中外政府之间进行教育合作项目，主要是开展两国在外交、文化、经济、贸易政策等之间的交流。

(3) 办学层次多样化。从办学层次分布看，学历教育机构占多数。截至 2002 年年底，中外合作办学机构中，学历教育机构共有 372 个，其中，初中 2 个、高中 40 个、职业学校 69 个、中等专业学校 36 个、大学专科层次 82 个、大学本科层次 69 个、研究生层次 74 个。

（4）办学模式多样化。从合作办学的具体模式来看，目前主要存在三种办学模式，即融合型、嫁接型和松散型模式。

融合型模式就是在人才培养过程中把境内高校的教学模式和国外合作学校的教学模式完全地融合在一起。首先，引进对方的教学计划、教学大纲、教材和相关教学手段；其次，聘请对方教师来境内高校讲课，派遣境内高校教师去对方进修；再次，引入对方的教学方法，如课堂讨论、实践环节、案例教学等；最后，以双语授课。通过全面引进国外的教学模式，做到在国内培养出适应国际市场需要的合格人才，同时也进一步推动境内高校教学内容、教学方法的改革。融合型模式受到了普遍欢迎，首先，满足了人们渴望接受国外高水平教育的需求；其次，避免了在国外学习的巨大经济压力；最后，在知识传授过程中，克服了与国外教育的巨大梯度，能逐步适应国外的教学方法，进而达到国际认可的教学质量。

与融合型模式相比，嫁接型模式具有自身的特点。嫁接型模式主要是充分保留各自的教学模式，通过双方各自对对方学校开设课程的评估，互认对方学校的学分，学生获得双方学校规定的学分，即可获得双方学校颁发的毕业证书和学士学位证书。嫁接型模式主要有 2-2 模式、1-2-1 模式和 3-2 模式。从嫁接型模式看，由于该模式结合了中西方的教育优势，能直接出国接受国外的教育，对国外的人文背景、生活方式有较深层次的了解，除专业知识外，还能在很大程度上提高学生的外语水平，同时相对高中毕业直接去国外学习而言，可节省很多费用，且能较好地开展思想政治教育和我国优秀民族文化传统教育，帮助学生确立正确的世界观、人生观、价值观。

松散型模式就是通过聘请国外教师来境内高校讲学，境内高校教师去国外学习、借鉴国外的教学经验，学生去国外短期学习、实习等手段，实现教学与国际接轨的方法。这是一种渐进的模式，也是目前我国大部分高校所推行的教育国际化的尝试。在某种意义上说，这种模式对我国高等教育的教学改革更具有普遍意义和可操作性，我们可以以这种模式通过不同渠道吸取国外办学的先进经验，利用国际教育资源，提高我们的办学水平和办学质量，培养适应国内外市场需要的复合型人才。

2. 目前中外合作办学过程中存在的问题

1）教育主权与西方发达国家的文化渗透以及不同文化之间的冲突问题

"教育主权是指一国固有的处理其国内教育事务和在国际上保持教育独立自主的最高权力。"在对外体现我国教育主权时，我国《教育法》第 67 条规定："教育对外交流与合作坚持独立自主、平等互利、相互尊重的原则，不得违反中国法律，不得损害国家主权、安全和社会公共利益。"然而，合作办学在为发展中国家缩小与发达国家的差距提供了机遇的同时，也对发展中国家的主权和民族传统文化造成不容忽视的冲击。在中外合作办学过程中，也不可避免地会有一些国家或政府借合作办学之名，对学生施加文化政治影响，进行文化渗透，而教育行为往往也在一定程度上成为国家（政府）的一种政治策略与行为。同时，如亨廷顿所言，不同的价值文化已经成为民族与民族、国家与国家之间冲突的根本或主要来源。在中外合作办学过程中，不同的文化传统、价值理念必然导致合作各方在教学资源、教育理念，甚至教育策略、教学方法等各个方面的选择上存在着极大的差异。如何弥合不同文化之间的隔阂，切实在引进国外优质教育资源、促进我国教育改革创新的同时又保持自身文化的民族性与独立性，便成为我们不得不面对的问题。

2）有关法规条例的滞后性与办学主体的利益驱动以及利益实现之间的问题

中外合作办学除受到上述法规条例的规范与限制以外，按照 WTO《服务贸易总协定》的精神，其作为一项涉外服务贸易活动，还受到《宪法》、《外贸法》和《教育法》的制约。《宪法》第十九条规定，国家鼓励集体经济组织、国家企业事业组织和其他社会力量依照法律规定举办各种教育事业。《外贸法》第十条规定，"国际服务贸易企业和组织的设立及其经营活动，应当遵守本法和其他有关法律、行政法规的规定"。《教育法》除了重申宪法第九条的规定外还具体涉及了"中外合作"的概念。《教育法》第二十五条规定，国家鼓励企业事业组织、社会团体、其他社会组织及公民个人依法举办学校及其他教育机构，任何组织和个人不得以营利为目的举办学校及其他教育机构。而在这里，有关法律对教育的举办的若干限制明显与目前的实际发展状况不相符合。

首先，中外合作办学不得以营利为目的的规定与教育作为服务贸易的性质相左。《教育法》第二十五条规定，任何组织和个人不得以营利为目的举办学校及其他教育机构。《中外合作办学条例》第三条"中外合作办学属于公益性事业"重申了这一原则。这一限制既同教育服务的实际不符，也同作为国际贸易的教育服务的性质相悖。而《民办教育促进法》则明确规定，民办学校在扣除办学成本、预留发展基金以及按照国家有关规定提取其他的必需的费用后，出资人可以从办学结余中取得合理回报。显然，各种法律法规之间对同一问题的处理存在着不一致甚至相悖谬的地方，在实际操作过程中就不可避免地使人产生政出多门、无所适从的感觉。

从法律的意义来说，"营利"是指为取得超出资本的收益进行经营，并将收益分配给投资人的行为。营利性是区别企业与其他社会组织的重要标志。根据法律规定，学校和其他教育机构作为非营利性组织，不能把教育教学作为可以取得超出资本的收益并将其分配给投资人的业务来经营，也就是说不能把获取经济利益作为追求的首要目标，但并不限制、更没有禁止其通过各种途径或形式获取经济收益。然而在实践中，我国对非学历教育的合作办学机构是要征收营业税的。如果所有的教育机构都不营利，那么也就不应该要求其纳税。而对于合作办学机构来说，在国家不能提供资金、不承认学历的情况下，如果不能获得一定的经济收益，就会丧失竞争力和吸引力，进而面临生存危机。而这，在实践中显然是不利于人们投资教育的积极性的。因此，应将合作办学机构与国民教育序列（或公立学校）区别对待，根据合作办学机构类型上的差异（法人型、非法人型、项目型；学历型、非学历型等），允许合作办学机构把办学目的定位于：在追求社会效益的同时，可以获取一定的经济利益。即以追求社会效益为主，取得经济效益为辅。也就是说，对于在办学过程中取得的经济收益，除绝大部分必须用于对教育教学的再投入外，还应当给予合作者（特别是外方以资金投入为主时）适当的回报或返还。这在性质上不属于营利性行为。反之，如果要求合作办学机构只能把社会效益作为唯一追求的目标，对投资者没有适当的回报或返还，就会在一定程度上影响合作办学各方的利益和积极性。因此，要尽快修改和完善中外合作办学的法规体系，如对"不得以营利为目的"的限制要改为允许取得合法回报，限制牟取暴利，为中外合作办学扫清障碍。

其次，在有关中外合作办学主体的规定方面，下位法与上位法不一致。《教育法》第二十五条和《高等教育法》第六条均承认公民作为办学的主体。《中外合作办学条例》对此却并未涉及，而只是指出"申请设立中外合作办学机构的教育机构应当具有法人资格"。根据法的效力层次的一般原则，等级高的主体制定的法，效力高于等级低的主体制定的法。作为全国人大制定的《教育法》和全国人大常委会制定的《高等教育法》在效力上自然高于国务院各部门制定的规章。因此，《中外合作办学条例》理应明文承认中国公民以及外国公民参与合作办学的主体地位。

最后，《教育法》关于"汉语言文字为学校及其他教育机构的基本教学语言文字"的规定不利于国外教育资源的引进；《中外合作办学条例》将中外合作办学定义为以招收中国公民为主在中国境内实施的教育教学活动，缺乏概括性，从而使得新出现的办学形式无规章调整。例如，按现有定义，目前合作办学活动中较为流行的"2＋2"模式，就不完全属于"中外合作办学"的范畴。这些，都应该进行进一步的调整和规范。

3）合作对象的资质评估与办学质量的监管问题

中外合作办学作为我国政府大力提倡和支持的教育活动，也是社会广泛欢迎的一种教育服务。我们应该积极总结经验，根据未来的发展需求，制定出一套严格而合理的游戏规则，以保证参与者的公正和公平；在此前提下，以制度监管和考核为基础，以市场选择为尺度，促使中外合作办学能够在中国健康地发展壮大。然而，现实情况是，一方面合作办学的审批时间太长、手续繁琐，不利于合作办学的正常开展；而另一方面，对非法合作办学的整治、打击力度不够，影响了合法的中外合作办学的发展。虽然中外合作办学机构已经有了近二十年的发展历史，大部分已经步入规范化办学轨道，但是，以"合作办学"为幌子，行"圈钱"之实的种种违法的、不规范的行为依然存在。而我国现在在这一方面尚缺乏明确的准入标准与质量控制标准，缺乏必要的质量监控体系与透明有效的社会评价体系，同时，对合作办学教师资格与水平也无法进行有效的认证与评定，致使合作办学机构的设立缺乏可靠的质量标准。因此，对合作对象的资质评估与办学质量的监管，如对中外合作办学过程中出现的违规、违法行为的监管；对中外合作办学机构财务运作情况的监控；对中外合作办学质量的监督，等等，就成为我们需要重点关注的问题。

4）在学校（办学机构）的具体运作的微观层面，教育观、人才观的变化以及相应带来的课程、教学、管理与评估的改革也是我们需要关注的问题

（1）教学计划与课程的衔接。目前我国的教学体制和国外高校有很大的不同，在人才培养方式、规格方面存在较大差异，在课程设置、课程内容、教学方式等方面也不尽相同。因此，在合作过程中，我们必须对目前相关的教学计划进行修订，进行较大程度的教学改革，以适应国际化的要求。同时要重视和保证马克思主义理论教育和我国民族传统文化教育，并坚持在吸取国外高校成熟经验的同时，努力形成自身的特色。

（2）学制改革与学籍管理。我国高等学校目前普遍实行学年学分制度，而国外多为弹性学分制，在与国际教育接轨时有一些困难。教育部已提出在国内尝试推行弹性学分制，即学生可在八年内修完学士要求的学分，获得学士学位。这样，就为国际接轨创造了条件，也为高校的国际合作办学创造了条件，学生可在更长的时间内选择在国内或国外学习，有较长的时间适应东西方文化的差异，提高外语水平。

（3）师资队伍建设。拥有与国际化高等教育接轨的教师队伍，才能培养适应国际市场需要的优秀人才。目前，大多数高校教师仍然缺乏国际化教育的理念和专门的知识，同时外语水平较低，不能适应外语授课的要求，不能完全达到培养国际化人才的要求，从而使教学质量受到不同程度的影响。

（4）学生管理工作。在国际合作办学过程中，学生管理非常重要。学生是教育质量的集中体现，无论学生在本国抑或是去国外学习，我们都要加强对学生的思想政治教育，特别是爱国主义、人生观、价值观和法律、法规的教育，使学生能在学习科学文化知识的同时，具备良好的品行。

3. 关于对策措施的建议

为了促进中外合作办学良性发展，下面提出 7 条关于对策措施的建议：

（1）加强民族传统文化教育，坚持"以我为主，加强管理，依法办学"的

原则。

（2）尊重教育主体多元化，充分融入国际教育市场，打破公立教育垄断局面，给予合作办学以国民待遇。

（3）建立教育试点单位或地区，以点带面，促进中外合作办学的健康与良性发展。

中外合作办学是我们面临的一个新的课题，由于各国国情与发展状况的不一致，我们无法简单地套用其他国家与地区的经验和做法。因而，我们有必要仿照我国经济改革的一些举措，建立一些"教育特区"，将其作为教育改革的"试验田"。可以为这些"特区"赋予更大的权限，鼓励其进行教育体制的改革与创新，摸索中外合作办学的新的途径与路子；并在合适的时期将其经验向外推广。

（4）建立科学、合理而透明的质量监控标准体系以及社会评价机制。

教育拨款依据有关高校的质量评估与社会评价，而不仅仅是教育行政部门的单一的官方行为。同时，要规范许可证制度，办学审批权适当下放，简化审批程序。只要有合法的办学宗旨、健全的组织机构、合格的师资、必要的场所、设备等条件、必需的资金保障，都应鼓励合作办学。建立中国自己的教育认证机构，使中国的高等教育在学历、学分等方面与国际接轨。而对那些非法的合作办学要坚决予以整顿，取消其合作办学资格。可以考虑对合作办学设置独立的教育评估体系，并建立常规性的教学质量检查制度。

（5）推动中外合作，深化教育改革。

中外合作办学不仅仅是引进国外的资金、技术与人才，更重要的是要通过中外合作办学引入先进的教育理念和办法，推动中国教育改革有实质性的突破，把过于强调社会价值的教育价值观转变为适应社会价值与尊重人的主体价值相结合的教育价值观，使我们的教育为整个经济、社会的发展服务，为提高全民族的素质服务，为每个受教育者的成长与发展服务。同时，这种改革不仅是高等教育体制本身的改革，也要带动与引导基础教育领域内的改革。如对高考制度的改革，等等。

（6）推动教育管理改革，给予高校更大的自主空间。

在管理体制方面，要逐步建立与完善中央与地方两级管理、以省级政府统筹管理为主的管理体制。从政府管理的角度来看，重点则要转变职能，扩大高校办学自主权。淡化政府与高校的行政附属或纽带关系，变办学行为的政府集中决策为各高校的分散决策，激发高校个体的创造性。政府重在制定中长期高等教育发展规划，搞好依法治校等宏观调控；高校则成为面向国内外自主办学的独立法人，享有各种依法自主办学的权利。

（7）加强教育输出，繁荣中华文化。

目前，我们所讲的"合作办学"指的仅仅是国外教育资源的输入，而一种真正的合作必然在"输入"的同时进行"输出"。因而，有条件的机构或高校应该积极寻求赴境外办学的途径，以海外课程、专门机构或海外分校甚至网络教育等各种形式出口教育，通过教育"输出"来提高本国教育的竞争力，显示本国高等教育在国际上的潜力和优势，抢占国际市场的份额。在教育"输出"中，不仅输出自己的优势学科与特色项目，同时也通过不同形式的交流活动，宣扬中华文化，在中国了解世界的同时，也让世界更真实地了解中国，了解中国的历史与现状，了解中国的发展理念与愿景。

1.3.5　赴境外办学的对策

教育全球化是现代性的根本后果之一。像现代性的其他后果一样，教育全球化既是一种激励人建构的想象，又是一个充满矛盾和对抗的过程，它在赋予人们改变全球教育市场的同时也改变着人自身。在教育全球化过程中，中国教育市场日渐成为"香饽饽"，成为各国教育向外拓展的"必争之地"。在应对这种局面的时候，中国也充满了突出重围、从"边缘"走向"中心"的热情和冲动，其中就包括赴境外办学。

当赴境外办学问题受到理性关注的时候，有两点应当强调：一方面应保持清醒的中国教育现代性的问题意识，另一方面必须确立一个广阔的跨文化视界。这两点构成了我们分析中国赴境外办学困境与出路的基点。

我们将从以下几个基本问题出发，分析中国赴境外办学的意义、面临的问题和应采取的策略。

1. 中国必须赴境外办学

在分析中国赴境外办学问题时，我们首先面临着一个前提性问题，即中国必须赴境外办学吗？它涉及我们讨论的"中国赴境外办学"是不是一个真问题，而其本质在于中国赴境外办学究竟有什么意义。我们将从四个方面回答这一问题。

（1）赴境外办学是中国由大国走向强国的必然路径。

自清末以来，由大国走向强国就一直是国人的梦想，时至今日，我们已经取得了举世瞩目的成就，但离世界强国依然有一定的差距。建立强国的目的并不是为了恃强凌弱，而是为了摆脱被欺凌的命运。

从世界发展史看，强国之所以成为强国的途径基本有三种，即依托军事的"力"、依托经济的"利"以及依托文化的"理"，现在，依托文化的"理"成为最强势、最有效的途径。

中国在军事、经济方面取得了巨大的成就（虽然并不是足以称"强"），但文化，尤其是作为文化核心的教育发展明显滞后于经济和军事建设，仍然与发达国家之间存在相当大的差距。因此，在很大程度上讲，中国依然行进在从世界的"边缘"走向世界的"中心"的路上，中国教育市场在繁荣的背后潜藏着被分割、包围的危险。强势的经济贸易并不能直接获得国际"教育市场"，民族文化的昌盛和复兴也不能没有国际教育市场。

作为开拓国际教育市场的最直接途径，赴境外办学不仅是经济发展到一定状态下的必然选择，是在全球化与本土化互动脉络中稳固本土化的必要条件，也是中国由大国走向强国的必然选择。

（2）赴境外办学是中国教育实现第二次跨越的必然选择。

1999年以来，中国教育，尤其是高等教育，实现了历史性的跨越式发展，创造了中国高等教育蓬勃发展、充满生机和活力的大好局面。中国教育如何进一步发展，以取得"第二次"跨越是摆在国人面前的一个现实问题。综观关于谋划改革的新突破，实现发展的新跨越的思路时，我们发现，频率最高的两个词是"质量"和"国际化"。事实上，在众多的思路中，这两个词具有密切的联系，即教育质量应是"具有国际（化）水准的质量"，"走向国际化必须依靠质量"。

从发达国家占有国际教育市场的途径看，无论是吸引留学生，还是赴境外办学，依靠的主要是具有国际水准的质量。赴境外办学，在一定程度上讲，比吸引留学生具有更大的难度，因为它依托的不仅仅是教学质量，还包括学习环境建设的质量和管理的质量。赴境外办学本身，就显示出对高质量办学水平的自信。在中国狂热的出国留学潮中，以及带有"迷信"色彩的国际合作中，中国教育事实上处于明显的弱势，而强化这种弱势的主要因素是缺乏对中国教育质量（包括管理质量）的自信。如何建立对中国教育的自信，最直接的莫过于赴境外办学。因此，赴境外办学的最重要的意义，不是占有国际教育市场份额本身，它的意义更多的是在文化心理上建立对中国教育的自信心，而这种自信本身必然激发中国教育进一步提升质量的热情，它无疑是中国教育改革的"助推器"。中国教育的第二次跨越离不开这种自信，因此，赴境外办学将是实现中国教育"第二次跨越"的必然选择。

（3）缺乏赴境外办学的教育国际化体系是不完整的体系。

从教育国际化的发展脉络看，体系完整的教育国际化包括两个层面，即"教育的国际化"和"国际化的教育"，前者指依托国际优质教育资源提升自身水平以达到国际水准，后者指优质的教育资源为国际共享以提高全球教育水平。这即是一些学者所说教育国际化的"现场卷入"和"跨距离互动"两个维度，体现了教育国际化"全球地方化或地方全球化"以及"多边互动性"的特点。

一个国家的教育国际化大体可以分成三个阶段，第一阶段是倡导和鼓励出国留学，第二阶段是在引进国际优秀资源在国内合作办学，第三阶段是本国优质资源直接进入其他国家和地区。虽然这三个阶段并不总是存在先后顺序，但都包括本国优质资源进入其他国家，这样教育国际化才可能在"全球—人类"的单位模式上展开，实现教育输出国和教育输入国的"双赢"，从而塑造出"全球共同认可的教育价值观"。

在当前中国教育国际化的体系中，教育资源输出绝大多数是输出留学生和教师输出，因而整个体系不完整，也很难说是"双赢"，因此，需要赴境外办学，将优质资源输出，促进"全球共同认可的教育价值观"的形成。

（4）延误赴境外办学的时机将失去更多的国际市场份额。

自中国改革开放以来，中国参与国际教育合作的机会越来越多，取得了巨大的成就，但同时，输出留学生和进入中国的国外教育机构也越来越多。尤其是加入 WTO 以来，输出留学生和进入我国的外国教育机构数量迅猛增长，与我国吸引的外国留学生和进入外国的教育机构相比，明显不对等，中国的教育市场面临着极大的冲击，中国占有的国际市场份额也没有达到预期的目标。

在这种形势下，我们不能只将视野局限于国内而过分乐观地看待中国教育改革的成就。教育国际化的本质就是要用全球和全人类的眼光看待本国的教育改革和发展。因此，我们应采用包括赴境外办学在内的多种形式开拓国际教育市场，争取更多的国际教育市场份额。

基于上述分析，我们认为，中国必须赴境外办学。

2. 中国赴境外办学存在的障碍

根据教育部的不完全统计数据，截至 2002 年年底，中国共有中外合作办学机构和项目 712 个，与 1995 年年初相比，增加了 9 倍多，覆盖了 28 个省、自治区、直辖市。中外合作办学呈现加速发展的势头，沿海地区申报的数量大大增加，中西部地区的中外合作办学项目开始起步。总体上讲，办学层次有所提高，合作形式也日益多样化。但到目前为止，中国赴境外办学的机构数量增加相当缓慢，就笔者目力所及的资料看，只有上海交通大学、暨南大学、中国国家对外汉语教学领导小组办公室等不足 10 家，并且不是实体性办学，总体规模很小，尚不足 500 人，这与我国的地位、办学水平等很不相称。因此，我们必须回答一个基本问题：中国赴境外办学的障碍在哪里？或者说，中国赴境外办学缺少哪些必要条件？

事实上，这个问题牵涉面非常广泛，几乎涉及宏观和微观的各个层面。在此，我们从以下 5 个方面试图回答。

（1）总体上看，在社会文化心理上，缺乏赴境外办学的心理准备。

对于中国而言，国际教育合作是新鲜事物，目前形成的"集体意识"主要集中在引进国际优质教育资源提高国内教育水平和输送留学生的层面，即定位在"请进来"，而对赴境外办学缺乏必要的自信和心理准备。如作为国际教育合作的核心法律《中外合作办学条例》，最重要的原则和出发点是"扩大开放，引进优质教育资源"，有利于"引进"外国优质教育资源，提高办学质量，从而全面提高我国教育的国际竞争力。

　　这与客观条件不够成熟有关，也与对完整的国际教育合作体系的理解不够有关，同时也与缺乏用全球、全人类的眼光看待中国教育有关。在处理"民族—国家""国际化—本土化"等矛盾时，更多地从"地域"意义上的国家角度思考和看待国际教育市场，缺乏"国际意识"，因而不能很好地在"全球—人类"的单位模式下构建中国教育体系。

　　（2）在宏观政策安排上，缺乏必要的制度规范。

　　到目前为止，关于国际教育合作的制度、规范主要有：中华人民共和国国务院令第372号《中华人民共和国中外合作办学条例》、中华人民共和国教育部令第20号《中华人民共和国中外合作办学条例实施办法》、《中外合作举办教育考试暂行管理办法》、教育部第5号令《自费出国留学中介服务管理规定》、中华人民共和国教育部第6号令《自费出国留学中介服务管理规定实施细则（试行）》、中华人民共和国教育部第15号令《高等学校境外办学暂行管理办法》、《教育部关于设立和举办实施本科以上高等学历教育的中外合作办学机构和项目申请受理工作有关规定的通知》、《教育部关于做好中外合作办学机构和项目复核工作的通知》以及《教育部关于启用（中外合作办学机构申请表）和（中外合作办学项目申请表）等事项的通知》。而其中的三个通知及《中外合作举办教育考试暂行管理办法》事实上不过是执行政策的相关规范。因此，从总体上看，关于赴境外办学的"绝对"制度规定缺乏。

　　另一方面，关于国际教育合作的相关制度，采用的是《民办教育促进法》的思路，在很大程度上能够起到扩大对外开放、引进优质教育资源的作用，但它们对赴境外办学的相关制度，如对赴境外办学机构的产权问题，是否可营利以及盈利的处置问题，准入、运行、退出、激励、抗风险等机制缺乏必要的规范和安排，因此，关于赴境外办学的"相对"制度也缺乏。在这种情形下，赴境外办学事实上具有很大的风险。

　　（3）我国总体办学思想、办学水平、管理体制、办学模式、人才培养模式等与发达国家之间存在较大差别和差距。

　　在一些学者看来，中国教育管理体制和人才培养模式是苏联体制和模式的移植。但我们认为，主导中国教育管理体制和人才培养模式的更多的是在解放区创立、在新中国成立后得到强化的体制和模式，其中比较多地借鉴或移植了苏联的一些相关做法，而且自改革开放以来，大量借鉴和吸收了美国的相关措施，如贯穿高等教育教学管理制度改革全过程的学分制。因此，其内核是"中国的"而不是国际的，这在客观上与发达国家之间存在很大的差别。其根本差别在于：虽然历经了艰难的改革，但中国教育思想、管理体制和人才培养模式仍然烙着"计划"的印迹，"计划"模式仍然在主导着教育管理体制和人才培养模式；而发达国家则是以市场为主导的管理体制和人才培养模式，虽然任何国家都不完全排斥计划。

毋庸讳言，在借鉴和吸收发达国家的相关做法改进我国教育管理体制和人才培养模式时，我国教育也相应地具有了更多的"后发"和"外铄"性质。因此，当以发达国家的标准衡量时，中国教育管理体制、办学模式、人才培养模式和总体办学水平都存在相当大的差距。尤其是中国很难进入国际主流的质量认证体系，因此，学分、学位都难以得到国际承认，在直观上造成中国教育质量差的印象，中国失掉了本来存在的比较优势。

（4）在"民族—国家意识"得到强化的"后现代"时期，各国都存在有意识的教育市场保护体系。

"教育是改变人的最有力的武器"，仅仅从市场的角度理解教育国际化是片面的。在"民族—国家意识"得到强化的"后现代"时期，在教育市场开放的背后都隐含着民族和国家利益。虽然，我们并不完全承认和接受有些学者提出的受民族文化、宗教、种族文化主导的民族矛盾是国家与国家之间的根本矛盾，但我们认为，这些观点部分本真地反映了客观事实，在霸权和反霸权并存的世界中，对外来文化尤其是外来教育机构的抵制、排斥心理和或明或暗的制度安排几乎在任何国家都存在。因此，在中国国力还不足以在世界称强、在汉语还不是强势语言的背景下，赴境外办学存在很大的难度。

（5）赴境外办学难以解决师资、场地、设备、生源等问题。

师资、场地、设备、生源等"硬件"是制约赴境外办学的"瓶颈"问题，多数试图赴境外办学的机构因为在这类问题上难以解决而导致赴境外办学的计划搁浅。

3. 加速赴境外办学进程的对策措施建议

通过上述分析，我们不难发现，当前中国赴境外办学的现状是：规模小、进程慢、难度大。然而，赴境外办学如在弦之箭不得不发，否则将贻误机遇。因此，我们面临的问题是：为加速赴境外办学的进程，中国应当采取什么措施？我们将试图从以下八个方面提出对策措施建议：

（1）激发民族自信心，充分展现民族文化的比较优势。

诚如上文分析，自信心不够是制约我国赴境外办学的重要原因，因此，激发民族自信心是加速我国赴境外办学的首要问题。而自信心来源于"比较优势"，因此，充分展现比较优势，是提升民族自信心、更多地占有国际教育市场份额的关键。

我们认为，在当前形势下，中国教育的比较优势集中在民族文化传统上。因此，在参与国际教育合作过程中，我们不应过多地强调"与国际接轨"，因为，越强调"接轨"，中国教育就越具有"外铄"性质，越失去自身的特色和比较优势。在加速赴境外办学方面，我们应强化"越是民族的就越是世界的"观念。

（2）政府应将国际教育合作作为新的经济增长点，切实加强制度建设，建立以高水平学校为主体的多样化的赴境外办学体系。

政府应以"全球—人类"的视野，谋划中国教育改革。在加速赴境外办学的过程中，政府的主要职责是建立制度规范、营造氛围和维护赴境外办学机构的利益。在当前，政府应切实树立"教育是投资而不是消费"的观念，将国际教育合作作为新的经济增长点，加强与其他国家和地区的高层接触，切实推进中国教育加入国际教育质量认证体系的进程，进一步促进中国与其他国家、地区学分互认、学历互认的进程；应进一步完善关于国际教育合作的制度，尤其应建立赴境外办学的激励措施，应明晰赴境外办学机构的产权，明确规定是否可营利以及盈利的处置规则，明确规定赴境外办学机构的准入、运行、退出等规范，建立切实可行的抗风险机制。

在加速赴境外办学的进程中，政府应赋予教育机构应有的自主权，激发教育机构的参与意识，建立以高水平学校为主体，各级各类公立、民办教育机构广泛参与的赴境外办学体系。

（3）各级各类教育机构应努力建立具有特色和先进性的办学模式与教育模式。

在当前的研究材料和政策文本中，特色受到了应有的重视，但在同时，先进性遭到了忽视。事实上，特色和先进性犹如一枚硬币的两面，相辅相成。我们博大精深的民族文化本身既具有特色也具有先进性，但在挖掘时，我们常常侧重于宣扬特色，而忽视了先进性。

在教育领域，民族文化的特色和先进性应体现在办学模式、教育模式、课程内容、师生关系等各个方面，因此，需要我们通过教学各个环节体现出来，从而构建具有特色和先进性的办学模式、教育模式等，否则我们的比较优势仅仅是一个抽象概念。

已经与其他国家、地区建立教育合作关系的教育结构，应充分利用现有平台，吸收先进经验，寻找赴境外办学的契机，积极向外拓展。在办学模式上不应固守"校校合作模式"，在人才培养模式上，也不应固守为适应国内市场的模式，而应探求更多、更可行的模式。

（4）深入研究包括 WTO 相关条款在内的国际教育市场规则，广泛借鉴发达国家赴境外办学的经验。

综观国际领域的经济合作，失败的常常是对国际规则不熟悉、不能熟练运用的机构，这一点应充分引进参与教育合作的机构的重视。无论是政府，还是教育机构，都应深入研究包括 WTO 相关条款在内的国际教育市场规则，并深入研究准备赴办教育机构的国家的文化传统、产业结构及其对人才的需求、教育制度、生源情况等；应当广泛借鉴发达国家赴境外办学的经验，其中尤其应当借鉴英国、美国等国家实行的参与国际教育竞争的制度安排，借鉴斯坦福大学（该校已经在国外办有8 所分校）等学校赴境外办学的招生、专业设置、课程体系构建等具体措施。

（5）加强中介机构建设，充分利用媒体宣传。

从我国参与国际教育合作的经验看，中介机构和媒体宣传功不可没。因此，应充分发挥中介机构和媒体宣传的功能，积极寻找赴境外办学的机会。但到目前为止，中介机构和媒体宣传的功能主要集中在拓展出国留学的市场上，已经举办的教育论坛、教育巡回展等也都集中在"请进来"的层面。为加速我国赴境外办学的进程，政府应有意识地转变媒体宣传和各项活动的重心，将其重点转变到"走出去"的宣传和努力上来。

（6）充分利用网络，积极抢占教育信息化高地。

从国外发达国家进入中国市场的经验看，远程教育是吸引中国生源的一柄"杀手锏"，有些国家和学校甚至不惜代价地在网络上展出其优秀课程内容以激发学生的兴趣。建议有关教育机构，尤其是高水平大学利用网络，充分展示其教育实力，通过先发展远程教育的途径，做大做强自己的声誉，进而寻找机会赴境外办学。

（7）树立成功典范，避免贪大求全。

上海交通大学、暨南大学、中国国家对外汉语教学领导小组办公室等机构已经开了走出国门，赴境外办学的先河。政府应当采取优惠措施，积极扶持这些在境外办学的机构及其境外教育机构，使其成为赴境外办学的成功典范，而不应过多地追求规模效应，贪大求全。

（8）赴境外办学的进程和重点。

在当前形势下，赴境外办学应选择合适的进程和重点。从教育层次看，应优先发展高等教育和幼儿教育；从教育类型看，应侧重发展非学历教育；从学校类别看，应优先发展"侨校"和其他有鲜明特色的学校；从教育内容上看，应优先发展华文教育和汉语教学；从地域上看，应侧重于华侨华人密集或汉语占有重要地位的地区；从合作机构看，应侧重于与企业或培训机构合作，参与职业培训。

1.3.6　发展华文教育的对策

1. 华文教育的含义和意义

华文教育指对华侨或华人子弟的中国语言文化教育。广义的华文教育可以包括国内的对外汉语教学，请看表 1.16。

表 1.16　华文教育与相关概念

项目	1. 华裔		2. 非华裔	
	（1）非学历	（2）学历	（1）非学历	（2）学历
Ⅰ. 国外	华文教育（一般为儿童）	汉语教学	华文教育（一般为儿童）	汉语教学
Ⅱ. 国内	语文教学（国民）华文教育	语文教学（国民）华文教育/所有专业	汉语教学（国民）对外汉语	汉语教学/所有专业（国民）对外汉语/所有专业

　　国内学界对华文教育与非华文教育（对外汉语教学等）并没有很清楚的界定和统一的认识，但大体上大家同意把国外对华裔儿童甚至非华裔儿童（也在华文周末班、华校读书的）的中国语言文化教学称为华文教育；同时把国内针对华裔子弟（一般是青年、成人）的中国语言文化教育（包括仅学汉语言文化的和其他专业的）称为华文教育。华文教育与国内的对外汉语教学有差异，因为它不一定是第二语言的教学，有的属于第一语言教学，有的是双语教学的性质；华文教育中中国文化的教育是重要的组成部分；华文教育的对象主要是儿童。本节一般不区分华文教育和对外汉语教学，但以狭义的华文教育为核心。

　　华文教育是海外华侨和华人传承和弘扬中华文化、保持民族性的有效手段，是凝聚侨心，促进华族良性发展的内在动力；华文教育也是使世界各国人民了解中国的重要途径；华文教育还是促进祖国统一、推进祖国建设的重要手段。总之，华文教育事业是一项有利于华侨华人社会存续和发展，有利于国际友好和世界和平，有利于中华民族振兴的重要事业，是一项长期的、宏大的工程。

2. 国外国内华文教育的发展现状

1）海外华文教育蓬勃发展

A. 发展近况

　　据报道，目前海外华人有 3000 多万人（2001 年台湾侨委会统计为 3580 万人）。海外华校有 3000 多所（2001 年台湾侨委会统计的是 3032 所）。另有上百个国家的 2300 多所学校开设汉语课。海外学中文的已超过 3000 万人。

　　下面选择美国、加拿大、法国、澳大利亚、印度尼西亚、马来西亚、新加坡几个有代表性的国家作些说明。

a. 美国

　　根据最近在广州召开的第四届国际华文教育研讨会的有关资料[27]，美国社区中文学校超过 1000 所，学习中文的人数有 15 万人；美国有 300 多所中小学设有中文课，开设中文课程的公立、私立大学有 1000 所，占美国高校的 1/3。华文教育在美国有较长的历史，目前专门的华文学校基本上有 3 类：第一类是历史最早的中华学校，学生以广东籍后裔为主；第二类是台湾背景的华校，主要是 20 世纪 60 年代从台湾移民美国的华人的后裔；第三类是 20 世纪 70 年代末以后从中国内地移民美国的新移民办的中文学校。从下面几组数字可以看出美国华文教育的发展势头（表1.17，图 1.10，表 1.18，图 1.11）。

表 1.17　华盛顿希望中文学校[28]

年份	学生/人	教师/人	班次
1993（创办时）	26	6	不详
2003	2000 多	200 多	从学前班到高中

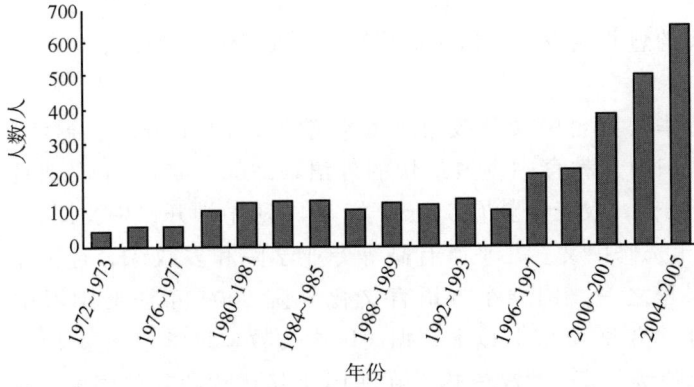

图 1.10　底特律中文学校历年招生发展情况[29]

注：根据李功赋（2004）重新制表，个别数据因为原文看不清楚可能不准确

表 1.18　美国中文学校教学研讨会变化表[28]

年份	学校/所	教师代表/人
1998	10	19
2000	20	35
2002	72	117（含国内去的 20 多人）

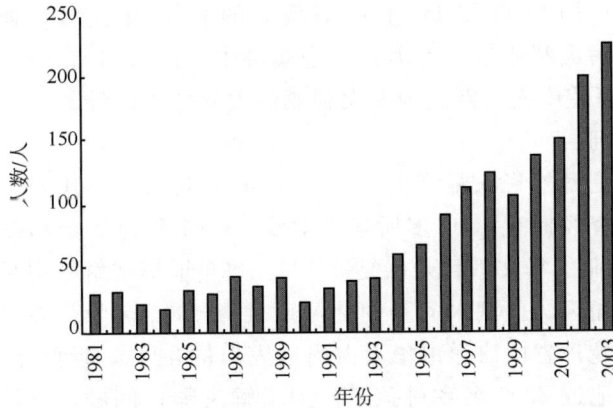

图 1.11　俄克拉何马大学汉语项目学生注册人数增长情况[30]

注：根据桂明超（2003）重新制表

b. 加拿大

据文献报道，加拿大中文学校协会有 35 所中文学校；其不列颠哥伦比亚省有 200 多所私立中文学校，学生约 2 万名，教师 500 多名；多伦多市有 110 所公立学校开设了中文课；仅蒙特利尔的佳华中文学校就有近千名学生，40 多名

教师。

在加拿大的魁北克省，汉语正取代法语，成为第二外语。

c. 法国

法国华侨华人协会中文学校有 696 名学生，19 个班级。据法国媒体报道，中文是目前法国中学教育中发展最快的外语，2000～2002 年全法选中文的学生每年增加 30.28%，仅巴黎就有 6 所小学，141 所中学开设中文课；2004 年开学，有 7600 名学生选修中文。几乎所有高等专业学院和多数综合性大学都把中文列为高等教育课程之一。国立东方语言文化学院 2004 年注册学习中文的学生近 1900 人，比上一年增加 20% 以上。据法国中文教学督学白乐桑讲[31]，有 90% 的汉语学习者母语为法语。"汉语热"在法国比起在欧洲其他国家，更多地被视为普遍趋势的代表。

d. 澳大利亚

1981 年澳大利亚"社区语言教学项目"在澳大利亚新州公立学校启动。目前估计全澳学华文的学生有 5.8 万人，华校 485 所，其中中学 256 所，小学 139 所，其他 90 所，这还未包括其他各类职业培训课程和社区周末华文学校的学生。仅维州就有 25 000 多名中小学生在课堂学习中文；教华文的中小学有 150 多所；另外 50 多所为周末华文学校。悉尼也有周末华文学校 50 多家，为超过 10 万名来自华裔及非华裔社区的学生提供中文教育[32]。中国侨网 2003 年 12 月 12 日报道，澳大利亚统计局 2002 年 11 月 19 日发表的 2001 年人口普查最后一期报告称，中文已成为澳大利亚第二大语言，全澳讲中文的人口有 40 多万人，占总人口的 2.1%。从而使中文一跃成为澳大利亚最大的外语语种。

e. 印度尼西亚

印度尼西亚是海外华人最多的国家。20 世纪五六十年代印度尼西亚的华文教育非常兴盛，曾经拥有 1500 多所华文学校。1967 年以后全部被封闭。20 世纪 90 年代印度尼西亚的华文教育开始复苏[33]。1999 年华文解禁以后各地华文补习班如雨后春笋般涌现。仅泗水的新中补习班就有 1500 名学生在学华文。经济较为落后的西加里曼丹省山口洋市华人占当地人口的 42%，近两年来创建了 22 所华校，吸收了当地近 7000 名乡村孩子。为了解决师资问题，当地的小教师只有 16 岁就走上了讲台！2001～2002 年广东汉语专家团两次巡回印度尼西亚各地培训华文教师，报名人数是 3000 人，参加培训的有 1400 人，其中，最大的 70 多岁。2001 年 10 月印度尼西亚举行首届汉语水平考试，报名人数约 1200 人，其中雅加达 600 名。根据我们的调查[34]，2003 年印度尼西亚共有超过 3000 位华人在做华文教学工作，其中绝大多数为家教，有 100 多家补习班或补习学校（课后加周末教学），有至少 56 所正规中小学、幼儿园开设中文课，有 23 所大学开设中文课。印度尼西亚教育部最近制定了 2004～2007 年四年计划，将逐步在全国各地 80 个城市的 8000 所国民高中设汉语选修课，积极发展以印度尼西亚文、英文和华文为主的三语学校。7 月 24 日中文正式成为印度尼西亚国民高中课程。如果所有高中开设中文，需要 3 万名教师。2004 年雅加达和东爪哇先后有多所三语学校开办。2004 年 8 月我们听说印度尼西亚教育部接到了 103 所大学开设汉语专业的申请，其中绝大多数因为缺乏师资而没有得到批准，他们的标准是每所学校要有自己的华文老师 6 名，其中学士 4 名，硕士 2 名。印度尼西亚是华人大国，也是华文教育需求最大的国家。对印度尼西亚的华文教育应当给予特别的重视。

f. 马来西亚

马来西亚的华文教育有很好的基础。2004 年董教总麾下的华文小学有 1200 多所，华文独立中学 60 所，华文大专学院 3 所，在校生 70 多万人，形成完整的华文教育体系，其中在各华小就读的非华裔儿童接近 7 万人。中国侨网 2004 年 8 月 17 日报道，2000 年全国有 643 所国中（马来文中学）开办华文班，学生 62 680 人；2004 年升为 800 多所，学生猛增至 23 万人。中国侨网 2004 年 10 月 19 日又报道，2004 年 8 月 20 日中国政府准予 60 所独中的毕业生赴中国深造时免汉语水平考试（HSK）。

g. 新加坡

新加坡华人比例很大，占总人口的 76.7%。但由于历史原因，很多华人不会讲汉语。1989~1998 年，新加坡华人家庭讲汉语的比例从 69% 减少到 56%，跌幅大约每年一个百分点。但是新加坡华文教育的命运在 2004 年出现了重大转机，从政府总理李显龙到内阁资政李光耀都发表了大量重新审视华教政策、提升华教地位的讲话。政府成立了华文教育检讨委员会，并在一个月内完成一份华文教育检讨白皮书，提交国会讨论。到目前为止，已经看到的政策是 2005 年 1 月起开办双文化课程，分别在三所高中和一所学院开设双文化课程，旨在培养了解中国历史和文化的华文精英，即中英双语精英。其中华侨中学、南洋女中、德明政府中学中修读双文化课程的中三学生从 2005 年起将有 2~3 个星期的时间到美国、英国、澳大利亚、新西兰的学府进行学习，在中四及中五两年则有 5~6 个月的时间到中国学府学习。这三校的双文化生可直接入读中国知名大学。所有 2004 年的小一和小四生将率先从 2008 年开始接受新的华文课程。一些小学则在 2005 年开始先进行"先认后写"汉字的教学方式。中国侨网 2004 年 10 月 14 日报道，2004 年的 HSK 考试，新加坡考生比往年多出 11 倍，仅次于韩国和日本。其他国家也大同小异，总之都呈现出持续增长的"华文热"[35]。

B. 海外华文教育持续升温的原因及远景预测

一般都认为华文持续升温是中国经济发展的结果。这样说不错，但不尽完善和详细。这里做一些补允，特别重视引述外国人的看法。

a. 海外华裔人口增加

首先是新华人移民的增多。20 世纪 60 年代，中国台湾移民大批移居海外；70 年代末以后中国内地移民大批移居海外。据报道在全球 3000 多万海外华人中新移民占到 1000 万人，与此同时，美国等国家领养中国儿童的比例增加不少，比如美国南加利福尼亚有 2 万多个被领养的中国儿童，这些孩子以及他们的家长都加入了华文学习的群体，出现了"家长班""爸爸班"的现象。

b. 中国综合国力的强盛

移民人口的增长和领养中国儿童的增长并不能解释所有的华文持续升温现象，尤其是不能解释为什么还有越来越多的非华裔开始热衷学习华文的现象。中国政府 1978 年以来实行改革开放政策，国力日渐强盛，创造了和平崛起的辉煌成就，使越来越多的国家、人民重新认识华文的经济价值，重新审视中华文化。

面对不断增加的经济全球化的压力，对美国来说，向外发展已成为其必然的选择。中国这个拥有世界人口 1/4 的发展中国家对许多发达国家来说都是潜力巨大的理想市场，从而，作为与中国经济往来的一个"副产品"的汉语项目，在美国许多高校里被日益看好。以俄克拉何马州为例，俄克拉何马州和中国日益加强的经济交往，提高了对汉语人才的需求。1994 年以来不断有企业和未开设汉语项目的大学向俄克拉何马大学咨询学习汉语的信息[30]。同时，为了增强学生的就业竞争力，商务专业的学生纷纷开始辅修汉语专业，带来了正规大学汉语课程的日益兴旺。美国佛利蒙地区资深中文教师杜丽玉说[30]："中国已经成为新兴的世界强国，中文成为第二外国语也成为一项必然趋势，包括美国在内的许多国家都把汉语列为主要外语，目前全球学中文的人口已经超过 3000 万人。"中国侨网 2004 年 9 月 22 日报道，为了使美国公众了解英语以外的多种语言在经济全球化的进程中的重要地位，使语言学习（英语以外）成为每个美国人生活的一部分，美国国会把 2005 年定为语言年，这一举措反映了美国国家语言政策上的变化和美国公众对于英语以外其他语言和文化在认识上的相应改变。

法国教育部汉语教学总督学白乐桑说："法国学中文的人越来越多，是因为随着全球化的加快，有的小语种在消亡，但汉语的国际化程度却是越来越高，汉语的使用价值也越来越大。当然，中国的全方位开放，使汉语超出了一种语言和一种文化本身的魅力，从此代表了华文世界的经济实力，懂中文成了法国青年就业的一张王牌，也成了法国人眼中'异国性的象征'"。

在德国，多种汉语培训班颇受欢迎。对不少大学生来说，在德国就业市场不景气的情况下，掌握汉语更成为他们未来获得工作的重要砝码。

在新时期，蒙古国和中国两国的经贸合作迅速扩大。中国目前是蒙古国的第一大贸易国。近年来，每年到中国的蒙古国公民有 35 万～40 万人次，正是在这样的背景下，蒙古国的华文教育开始步入"快车道"。

新加坡前总理李光耀在 2004 年 6 月提议新加坡要进入中国这个大市场，必须好好认识中国，了解中国文化和中国语言。（新加坡《联合早报》，转引自中国侨网 2004 年 9 月 7 日）新加坡的张莘[36]指出："中国的崛起是推动新加坡华文发展的最主要外在因素，华文政策以搭中国经济起飞的顺风车为导向可以说是无可避免的。"

C. 华文需求远景预测

马来西亚董总主席郭全强说："不但华人，其他国家也开始一起学习华文，相信在 21 世纪末，华文将成为强势语言，在包括教育经济和政治领域扮演举足轻重的角色。中国的崛起，让东南亚各国的教育、经济领域都有一定的改变，20 世纪以英文为主导，21 世纪已有所改变，即英文和华文并重。"

英国语言学家大卫•葛拉多尔（David Graddo1）则在 2004 年 2 月《科学》杂志上发表文章说：中文正逐渐跃升为全球仅次于英文的新强势语言，未来十年，新的必学语言可能是中文。他表示，到 2050 年，最普遍的语言前 3 位将分别是中文、印度乌尔度语、阿拉伯语，全球以英语为母语的人将由 20 世纪中叶的 9% 降到 5%。

另有网络专家预测[31]，目前约有七至八成的互联网使用英文，一成用中文，至 2050 年，中文应用比率将上升到三至四成。

2）中国的政府、高校、学院所作的努力

A. 中国政府对华文教育非常重视

近年来，国内外华文教育、对外汉语教学工作发展很快，华文教育在世界范围内呈上升趋势。我国政府非常重视华文教育工作。2003 年 9 月 30 日，江泽民主席为华文教育题词："发展海外华文教育，促进中外文化交流。"2004 年 3 月胡锦涛主席在参加全国政协会议联组讨论时对华文教育工作作出重要指示："无论从优秀传统文化的传承角度考虑，还是对骨肉同胞的亲情考虑，都应对海外侨胞开展华文教育给予帮助支持。要加大政府的投入，动员各方面的力量来支持这件事情。"为贯彻落实胡锦涛主席的指示精神，由中央和国务院有关部委、全国人大、全国政协涉侨部门、致公党、中国侨联等组成的"国家海外华文教育工作联席会议"已在北京正式成立，并制定了《2004—2007 年海外华文教育工作规划》，"中国华文教育基金会"也已注册成立并召开了第一届一次理事会议。这充分体现了国家对华文教育的重视和支持。

B. 国务院侨务办公室的工作

国务院侨务办公室是专门从事华侨华人工作的政府机构，华文教育是其工作中一部分重要内容。国务院侨务办公室以 28 个华文教育基地为龙头开展工作；具体工作有立项支持研究、开发；支持国内华文教学；主持召开国际华文教育研讨会；资助开展师资培训、校长培训；开展"寻根之旅"夏令营活动，作文大赛，捐建海外"华星书屋"等。

C. 国家汉语办公室的工作

国家汉语办公室 2004 年启动了"汉语桥"工程。这是一个经国务院批准，由教育部等中央 10 部委联合建设的对外汉语教学大工程。其目标是让汉语走向世界，使汉语在世界主要国家和地区尽可能广泛而深入地传播，特别是在学校语言教学中，更多成为主要外国语言课程之一，成为 21 世纪新的强势语言。"汉语桥"工程包括 9 个重点项目：①在世界各地设立孔子学院；②中美网络语言教学；③教材和音像、多媒体制作；④国内外汉语教师队伍建设；⑤对外汉语教学基地建设；⑥汉语水平考试（HSK）；⑦世界汉语大会和"汉语桥"比赛；⑧"汉语桥"基金和援助国外中文图书馆；⑨组织保障和基本建设。另外设立了 13 个支持周边国家汉语教学重点院校；推行了国际汉语教师志愿者计划等。

D. 国内高校的努力

20 世纪 90 年代初，国内华文教育主要由国侨办领导的暨南大学、华侨大学和北京华文学院（华侨补校）、集美华文学院（华侨补校）、昆明华文学院（华侨补校）等院校在做。从事"对外汉语教学"的有北京语言学院及暨南大学、南开大学、南京大学、上海师范大学等。后来国家放开了政策，所有的高校都可以从事华文教育了。据国家留学基金管理委员会统计，2003 年全国来华留学人员共有 77 715 人，分布在全国 31 个省、自治区、直辖市的 353 所高等学院校和其他教学机构（未包含港澳台的相关数据）。这些留学生分别来自 175 个国家。其中学历生 24 616 人，非学历生 53 099 人，前者从专科到本科、硕士研究生到博士研究生，他们所修的专业不详，应有不少是专修中文的。

国内高校在华文教育方面所做的工作主要有以下几个方面：华文教育学科理论建设，学术交流；留学生教育和对外汉语教学；承办 HSK 考试；华文教材和课件的编写开发及函授远程教学；华文师资的培训、培养和外派；合作办学和海外办学；海外孔子学院的承建。这些工作主要由国务院办的 28 个基地和国家汉办的对外汉语教学基地、支援周边国家重点院校做的，但留学生教育遍布全国 34 个省、直辖市、自治区和特别行政区，有近 400 家教学机构。暨南大学是我国开办的华侨最高学府，已有 99 年校史，从创办以来一直是个外向型、国际型的学校。现在暨南大学是国家"211 工程"重点建设大学，国务院侨办华文教育基地和国家汉办支持周边国家重点院校，其工作具有较高的代表性，加之数据保存完整，所有下文的举例以暨南大学的为主，其他院校的暂时只能就有限的调查举些重要的例子，不能做穷尽性统计。

a. 华文教学科学理论建设和学术研究、交流

学科理论建设和学术研究。2000 年以来，暨南大学华文教育基地[37]（以暨

南大学华文学院、暨南大学华文教育研究所为主体）教学科研人员共承担了国家社科、国务院侨办、国家汉办、教育部等省部级科研项目 47 项，其中多数是华文教育、对外汉语学科领域的重要课题或基础课程。比如"海外汉语教材编写及研究""华文教育学""网上学中文""初级华语网络课程的研制""汉语教学法研修教程""现代远程教育在海外华文教师培训中应用研究""印度尼西亚汉语使用及汉语教学现状调查""印度尼西亚华文教师汉语基础教材项目""面向印度尼西亚的汉语师资培训现状、内容、方式、策略研究"等。4 年来该基地教学科研人员共发表学术论文 368 篇，其中核心期刊以上 134 篇。

在科学研究的基础上，学院还开设了"华文教育概论""华文教材编写研究""华文教育心理学""对外汉语教学法研究"等新课程。

其他华文教育基地、对外汉语教学基地、支持周边国家重点院校也作了大量研究。据了解，国务院侨办从 2000 年以来已下达科研立项 30 余项；国家汉办从 2000 年以来已经下达科研立项及调研立项 75 项。

专门研究机构。目前国内已有至少 4 家对外汉语研究所（中心）、华文教育研究中心，它们是暨南大学华文教育研究所、厦门大学海外华文教育研究所、华侨大学华文教育研究所、北京语言大学对外汉语研究中心。

学术期刊。为了推动华文教育学与对外汉语研究，凝聚科研力量，暨南大学于 2001 年正式创办了华文教学与研究专业期刊《暨南大学华文学院学报》（华文教学与研究），同时将《广州华苑》改版为学术研究与综合并重的刊物。《暨南大学华文学院学报》有国际、国内刊号，创刊以来以鲜明的特色、明确的定位和较高的编审印校质量赢得了国内外同行的认可，并被列为暨南大学"211 工程"首期建设标志性成果。

到目前为止，国内有正规华文教育专业学术期刊 3 种，另两种是世界汉语教学学会主办的《世界汉语教学》和北京语言大学主办的《语言教学与研究》，学汉语读物一种（《学汉语》，北京语言大学）。另有非正式的华文教育刊物两种：《海外华文教育》（厦门大学）、《国外汉语教学动态》（北京外国语大学）。《云南师范大学学报》于 2003 年增加了"对外汉语教学与研究版"（双月刊）；北京大学对外汉语教育学院拟于 2005 年 7 月出版《汉语教学学刊》；上海师范大学拟于 2005 年 3 月创办《对外汉语研究》。

华文教育研讨会。国务院侨办近年来先后主办了 4 届国际华文教育研讨会，第四届于 2004 年 12 月 12～17 日在广州召开，由暨南大学承办。会议以"开拓华文教育新思路，共谋华文教育大发展"为主题，围绕海外华文教育的现状与发展趋势、如何集中海内外力量共谋华文教育大发展、开展海外华裔青少年的工作思路与措施、有效发挥华文教育基地的作用等问题进行专题研讨。

2002 年 11 月召开了首届印度尼西亚华文教育与华文文学国际研讨会。这是国内第一次在中国境内为某一国家的华文教育召开专门研讨会。

为推动华文教育的深入发展，暨南大学与中央民族大学、香港中文大学等合作，于 2005 年 1 月主办了"第四届国际双语学研讨会"，由暨南大学华文学院承办。华文教育与双语教育关系密切，这次会议的召开，标志着华文教育研究的又一次深入。

b. 留学生教育

暨南大学的留学生教育一直走在全国前列。1953 年广州华侨学生补习学校就开始大量招生。1986 年暨南大学对外汉语系就开始了"对外汉语教学"方向硕士研究生教育。暨南大学华文学院现有非学历教育（汉语速成班、商贸汉语班、粤语班等）、专科（下辖对外汉语、海外华文教育两个专业）、本科、硕士等层次，并依托汉语言文字学博士点招收"汉语应用""现代汉语语法"博士生，形成了丰富而比较完整的办学体系。除此以外，还举办了各种短期班和夏令营，满足了各层次人士的学习需要。该学院的本科"对外汉语教学"专业获广东省名牌专业荣誉；"华文教育课程建设"获广东省教学改革成果一等奖。最近本基地正在组织力量申报国务院侨办重点学科"华文教育学"本科专业和"语言学及应用语言学"博士点。

2000～2001 年在华文学院就读的外国留学生人数是 371 人，2001～2002 年577 人，2002～2003 年 661 人，2003～2004 年 708 人（不含来华培训人数和海外函授学历学员及研究生班）。2004 年下半年在校留学生 582 人，来自 40 个不同的国家。

国内很多大学、学院的留学生教育近年蓬勃发展。2002 年我国除台湾、香港、澳门地区外招收各种留学生 85 179 名。2003 年略有下降，为 77 715 人。2004 年尚无统计数字，估计超过历史水平，因为 2003 年中国和亚洲遭受过"非典"的影响。来华留学生多数是学习汉语的，以 2003 年统计为例，非学历生58 000 人，学历生 24 616 人；前者可以肯定是专修汉语的，后者中还包括不少专科、本科生是攻读汉语专业的。对这些留学生我们未做种族分类，但估计华裔为主体。特别是学汉语的学生，例如，2003 年来华留学生中亚洲学生达 42 190（非学历生）＋21 482（学历生）＝63 672 人，占总数的 82％。而亚洲学生中除韩国、日本外，东南亚留学生以华裔为主，这从暨南大学华文学院、华侨大学集美学院、厦门大学海外教育学院的留学生构成中可以清楚地看出。目前在中国国内有 395 所高校招收外国留学生，外国留学生的总人数达到了 8.5 万人，其中约有 6 万人专门学习汉语，占外国留学生总数的 70％以上。来华留学生中有很大一批是华裔，他们中多数人又是专门学习汉语的。对华裔学生的教学具有不同于对非华裔学生教学的规律，上述几所专门大学的学院在这方面作出了持久而深入的探索，摸索出了丰厚的经验。

c. 承办 HSK 考试

国内汉语水平考试在 31 座大中城市设有考点，每年开考 3 次。参加考试的主要是外国留学生，外国在华公司的随从人员（"韩国太太"等）。其中有高级考权的考点有 3 个，分别在北京、上海和广州。暨南大学华文学院是设在广州的全国有高级考权的考点之一。近年考生不断增加，最多一次参加考试的人数是 850 人。

d. 教材、课件的编写开发及函授远程教学

暨南大学长期以来注重海外华文教材和教学课件的编写与开发。面向欧美的基础教材《中文》（1997～1999）和面向柬埔寨的基础教材《华文》（1995）获得成功。《中文》是针对欧美儿童学习汉语的系列教材，主教材共 12 册，加上学生练习册 A、B 各 12 册和教师手册共计 48 本。它是目前海外公认的最好的华文教材，已在世界各国发行达 450 多万套，并在印度尼西亚获准免费复制。为适应海外某些繁体版学校的需求，2004 年教材编写组又完成了《中文》繁体字版的写作。现又完成了国家汉办针对印度尼西亚的特别项目中两个分支项目《攻克汉字难关》《基础华文》的编写任务，已交出版社出版。

适应海外学习者的要求，暨南大学还开发了华文学习多媒体系列课件。包括《中文》多媒体（光盘）版，该课件 2003 年荣获第七届全国多媒体教育软件大奖赛二等奖；《中文》网络版，2003 年 9 月《网上中文》已经全部开通，供世界各地的学习者采用；《汉语》多媒体（光盘）版。2003 年用于成人零起点学习者远程学习的《初级华语》文字教材和网络课程完成，并在美国威斯康星奥克来尔大学试用。该项目是国家教育部"新世纪网络课程建设工程"项目，即将正式出版。

其次，暨南大学华文学院还组织编写了专门用于师资培训的教材。完成了国家汉办项目《汉语教学法研修教程》，已于 2004 年由人民教育出版社出版。2003 年出版了《华文教育心理学》。针对印度尼西亚特别国情策划编写的"印度尼西亚华文教师培训汉语基础教材项目"一套 6 本教材也已编写完毕，正在试用。

第三是编写院内长期班或短期班使用的教材。2004 年，暨南大学华文学院自编的系列教材《快捷汉语》一套 8 本已经完成，正在出版中。国家汉办项目《对外汉语教学语法释疑 201 例》也已于 2004 年由商务印书馆出版。2000 年编写的《最新实用汉语口语》由北京大学出版社出版，现已被韩国再版使用。此外学院还编写了多本用于院内短期班教学的教材，如《游学在中国》等。

2004 年 7 月"海外华文教材建设"项目获得暨南大学校级教学成果一等奖。

在教材编写方面，北京语言大学作出了突出的成绩，其教材不但在国内使用，有的也被国外所采纳；北京大学、复旦大学、华东师范大学都编写了不少教材。被海外采用较多的有《新实用汉语》《汉语会话 301 句》。北京华文学院编写的《汉语》是针对东南亚全日制中文学校的教材，难度大，反映良好。国家汉办

立项之一的"乘风"是针对中学生的中美网络语言教学项目,由北京大学与美国方面合作开发;湖南师范大学与美国中文教师研究会合作编写了拼音教学简明教材《学习中文的钥匙》。

国内北京语言大学、华东师范大学、厦门大学开展了网络远程华文教育。

e. 华文师资的培训、培养与外派

华文师资的培训和培养。2000 年以来暨南大学采取请进来、走出去以及开办学历教育等方式,在海外华文师资培训、培养方面做了很多开拓性工作,取得了显著成绩。2001 年,该校派出 3 位博士、硕士作为广东汉语专家团团长和主要成员赴印度尼西亚雅加达、泗水、棉兰、万隆 4 座大城市进行了近 3 个月的师资培训,接受培训的学员达 1600 名。这是印度尼西亚禁止华文长达 32 年之久后首次公开的师资培训,对于推动印度尼西亚华文教育产生了重大影响。2002 年 1 月、2003 年 7 月又先后派出 3 位讲师从事第二、第三期培训。此外还派出教授赴印度尼西亚、文莱等从事华文师资培训,发挥了重要作用。2000 年以来,来暨南大学接受培训的海外华文师资共有 12 期,331 人,分别来自印度尼西亚、马来西亚、澳大利亚、泰国和老挝。

适应东南亚华文教育的需要,暨南大学还将海外华文师资培训与学历教育结合起来,于 2002 年开办了面向印度尼西亚华人学习者(主要是华文教师)的汉语言专科函授教育,目前已招收两批学员,共计 194 人。该函授班采用自学与派教师前去面授辅导相结合的方式,效果良好。2002 年起又率先与新加坡华夏管理学院合作培养"华文教育"方向硕士研究生班,现有 3 届共 23 名学员在读,第一批学员即将于 2005 年暑假毕业。

国内院校为外国培养学历华文师资多是零星进行的。只有印度尼西亚东爪哇华文教育统筹机构与中国福建省侨办、广东省侨办合作,分别由福建师范大学、广东幼儿师范专科学校代为培养华文本科师资或幼儿师资。其学生来自华族或友族,以合同制管理,学生学成回国后至少在华校或政府学校服务 5 年。他们的经验值得借鉴。与国外合作培养硕士人才的有华东师范大学与美国宾夕法尼亚大学联合举办对外汉语硕士班,招收对象主要是美国的华文教师[38]。厦门大学海外教育学院开办了面向海外的对外汉语教学硕士学位班,已有多名学员就读,自学与回厦门大学接受集中授课相结合。

外派华文师资和自愿者支持海外华文教学。为了解决海外华文师资紧缺困难,暨南大学还向美国、波兰、蒙古、印度尼西亚、巴基斯坦等国派遣汉语教师,帮助当地大学进行汉语教学。2004 年国侨办外派培训团 10 个。

2004 年 7 月 20 日,暨南大学首批 20 名国际汉语教师志愿者前往印度尼西亚,执行中国国家汉办与印度尼西亚教育部中教司签订的合作协议。这 20 名志愿者被安排到印度尼西亚 9 个省 20 所国民中学,在其高一教授汉语课。这标志着印度尼西亚汉语教学正式进入国民教育系统。据调查，我国目前已向印度尼西亚（20 名，暨南大学）、泰国（21 名，云南师范大学）、菲律宾（18 名，福建师范大学）、毛里求斯（5 名，汉办从网上征集）等国派出了 4 批共 64 名志愿者。

f. 合作办学和海外办学

除了暨南大学外，北京师范大学、南京师范大学、北京语言文化大学与美国长堤州立大学合作，内容之一是美国方面派学生到中国留学一两年。云南大学为缅甸举办了华文师资 2 年制大专函授班。南京大学与马来西亚韩江学院合作开办中文硕士课程，2004 年已招生 4 届[35]。九江学院送中文等专业毕业生赴泰国清迈实习。美国俄克拉何马大学曾于 2003 年设立一个"中国之族"项目，以提供奖金的方式派符合条件的汉语学习者到中国北大、复旦、西安外国语学院、云南师大进行为期一个月的语言学习及旅游访问。

中国有两所私立教育机构赴国外独立或合作办学。北京新东方教育科技集团 2004 年在加拿大多伦多市兴建了第一所中文学校，其宗旨是大力促进普通话中文教学，秉承优质、高效及寓教于乐的教学传统，竭诚为华人及其他社区服务。其校长刘濂曾 20 年全职任教于加拿大外交部语言学院和美国国务院外交语言学院，并相继在大学和教育局所属中文学校兼职达 18 年之久。中国侨网 2004 年 9 月 14 日报道，北京新亚研修院与印度尼西亚坤甸市 WIDYA DHARMA 大学合作，派 4 位教师入住执教。坤甸为西加里曼丹省首府，这里与附近的山口洋市华人集中，而且保留潮州话、客家话，学生有良好的学习汉语基础。

g. 海外孔子学院的承建

国家"汉语桥"工程项目之一的孔子学院建设分别由国内大学承建。孔子学院是一个非营利性的社会公益机构。孔子学院总部设在北京，具有法人地位，境外的孔子学院都是其分支机构，目前主要采用中外合作的形式来开办。它以孔子学院总部提供的教学模式、课程产品等作为主要教学资源，主要开展包括多媒体及网络在内的汉语教学，大、中、小学中文教师培训，实施汉语水平考试，与国内院校相衔接的中文学历教育，以及赴华留学咨询等内容。目前已建成美国的"马里兰大学孔子学院""韩国汉城孔子学院"、肯尼亚的"内罗毕孔子学院"、瑞典的"北欧斯德曼尔摩孔子学院"、乌兹别克斯坦的"塔什干孔子学院"。其中拟建于印度尼西亚首都雅加达的孔子学院拟由暨南大学华文学院承建，越南孔子学院拟由云南师范大学承建。时机成熟时中国要在全球开办 100～500 所孔子学院。

3. 当前国外国内华文教育的特点和问题

特点和问题不是一回事，但海外华文教育的特点和问题密切相关，所以本节把两者放在一起讨论，重点是讲问题。我们的基本看法是海外华文教育因国情不同而呈现出明显的复杂多样性，相应地它所存在的问题也不能一概而论。

1) 海外华文教育办学形式不一，学习人员多样化

a. 办学形式不一，有走向正规化的趋势

其办学形式大体上分为两类：

A 类：家教，周末班或周末学校、正规华校或国际学校，双语学校、三语学校。

B 类：即国民学校，包括幼儿园，小学、初中、高中，大学。

大体上来说，A 类形式以华裔子弟为主体[34]，教师也全部是华人。其中家教数量不好统计。在印度尼西亚，华文家教占有很大的比重，有 4000 多人。周末班在东南亚多称补习班，多数在下午和周末进行；在美国却普遍表现为周末中文学校。正规学校有不少是多年延续下来的华文全日制学校，得到了政府认可，专为华人子弟而开，如马来西亚的 1000 余所华文小学和 60 所独立中学。国际学校如德国有完全按照中国九年制教学体系使用中国普通小学教材进行教学的华文学校。三语学校如印度尼西亚 2004 年新成立的几所以印度尼西亚语、英语、华文进行教学的学校。B 类学校中的华文课基本上属于选修外语，大学则还有专门的华文专业、华文系。泰国正在筹建一所华文学院。美国不少正规中学和大学开设了中文课；东南亚有的国民学校华人子弟集中，从幼儿园到高中都开有华文选修课。印度尼西亚最大的一间国民学校棉兰苏东牧中学有学生 17 000 多人，绝大多数为没有华文基础的华人子弟，他们的中文教师大约有 120 名。

可见，不同的教学机构，华文教学的对象、任务悬殊。一般而言，全日制的华文学校教学最为容易，因为这样的学校有充分的母语教学环境，有大量的华文学习、使用的时间；中学、大学自愿选修的学生（比如美国俄克拉何马大学经贸专业学生的辅修汉语生）学习有积极性，但一般课时太少、效果不理想；最令华文教师和华人家长头疼的是那些周末班、课后班的华人孩子，尤其是没有条件在家讲华语的孩子，他们学习既没有动力，又没有足够的时间练习，效果十分差，学生逃课和退学现象严重。

海外华文教育有个重要的问题就是走向正规，与国民教育接轨，以及进入国民教育系统。这方面美国作出了可贵的努力。其方法之一是争取将周末班的中文学习成绩转换为政府认可的学分。二是争取中文进入 SAT Ⅱ，即 Scholastic Assessment Tests，这是美国大学委员会委托教育测试服务社定期举办的世界性检测，作为美国各大学申请入学的参考条件。1994 年起中文能力已列入 SAT Ⅱ 外语考试语种。三是 2003 年 12 月美国"大学汉语和中国文化预修课程及考试项目"（简称 AP 中文）正式启动。这标志着中国语言文化教学开始进入美国国民教育主体学校。根据计划，2006 年开始教授 AP 课程，2007 年正式举办考试[39]。这几项工作使美国华文教育有了更大的发展空间，使学生的学习积极性大为提高，同时也提高了对老师的资质要求和师资数量。前文说过印度尼西亚从 2004

年 7 月开始将华文教育正式列入国民教育系统，拟在 8000 所国民中学开设汉语。仅这一项，就需要 30 000 名华文教师。显而易见，华文教育融入主流社会是一个正确的方向，它非常有利于华文教育的生存和发展，同时也带来了华文教育师资、教材等的更大需求。

　　b. 华文学习者多样，华文基础和学习动力差异大

　　一般而言，华裔学习者多为儿童，非华裔学习者多为成人，前者不少是非自愿的学习，后者则全是自愿学习的。由于历史原因，海外华裔华语基础及其家庭语言背景差异很大。

表 1.19　华文学习者家长和孩子本人的华文基础

项目	家长		孩子	
	普通话	方言	普通话	方言
1	√	—	√	—
2	—	√	—	√
3	√	—		
4	—	√		
5				

　　从表 1.19 可知，第 1 种即家长与孩子都会普通话的情况是最理想的，美国新移民的家庭多有这个优势；第 5 种，家长与孩子都既不会普通话也不会方言，新加坡等东南亚国家多有这种情况，印度尼西亚 1967 年华校关闭后出生的华人和他们的孩子就是这种情况；第 2 种适用于印度尼西亚坤甸、山口羊，马来西亚，缅甸（北部）等。对这类家庭中儿童的华文教育其实仅仅是母语教育或双语教育；第 3、第 4 种情况适用于华人家长没有精力照顾孩了、孩了由原住民保姆带的情况，印度尼西亚部分华人家庭就是如此。明白了这些区别，才能明白海外华文教育的生源差异。

　　据记载，英国举行了一种华文考试，华人子弟普遍觉得太容易，从而更放松了学习；同样是《中文》，美国孩子嫌难，泰国学生觉得太浅，印度尼西亚坤甸、山口羊的孩子肯定也会觉得太浅，原因是学生的华文基础和背景不同。澳大利亚在这一点上做得好，他们针对华裔与非华裔学生分别制定了不同的标准，这才是正确的出路。进一步要做的工作是：把华族孩子也分不同情况区别对待，开不同的课，用不同的教材，按不同的标准考试。

　　2) 海外华文师资、教学管理人员普遍水平较低

　　海外华文师资水平不高、后继无人的报道近十年来屡见报端，根据我们的调查，至今无多大改变。其中欧美的华文教师素质不错，但大多数不是学中文的，更不是学师范的，而是搞理工科的，是家长义务代劳；东南亚的则是因为普遍的

历史原因而造成人才断层，而华裔学生数量庞大。加上华文教育纷纷融入主流社会，进入国民教育系统，友族人士纷纷开始学华文（法国有90％的华文学习者为非华族），华文师资紧缺的问题还会更加突出并持续多年；仅印度尼西亚国民教育系统就需要3万名华文教师。与此同时，懂华校管理的人才更是奇缺。这些都是制约海外华文教育发展的瓶颈，必须予以高度重视。

3）资金缺乏，校舍和教学设施落后

这个问题在东南亚比较普遍和严重。由于国家经济基础薄弱，又没有政府支持，不少华校校舍特别简陋。在欧美，无论是华校还是学生家里，计算机、网络等齐备，而在东南亚，电话都不能普及，不少家庭十分贫穷。与此相应的问题是开不出工资，聘不到老师。在东南亚不少国家，比如泰国、印度尼西亚，学华文的华裔青年不少，但愿意当老师的很少。在泰国，华文人才如果能去公司就职，可以挣到每月约1.5万泰铢，而如果当华文教师才能拿8000多泰铢。在印度尼西亚某些地方，虽然华文教师待遇很低，但华文教师每节课的课酬约等于原住民同节课酬的10倍。

在这样的国家，靠收学费支持华校生存并不能解决问题。而且，资金问题也影响到教材费用和图书资料建设费用。

4）华文教学的协调与管理机构有待加强或新建

目前美国有"全美中文学校协会""全美中文学校联合总会"这样的全国性行业协会，马来西亚有全国性的华文教育领导机构董教总，其他国家多数没有这样的行业协会和管理机构。这不利于当地华文教育行业的内部交流，不利于华校机构与所在国政府的沟通，同时也给中国前去这些国家提供帮助造成不便。

5）国内政府和学校的问题

这些年无论国家还是地方政府、侨办、汉办，侨办基地院校、汉办基地院校或汉办支持周边国家重点院校，都在华文教育方面做了很多工作，并且近两年支持力度明显加大，但我们认为还有诸多不足。

一是对复杂多样、迅猛升温的华文教育和汉语教学调查不够，研究不够。比如对海外华文教学机构、华文教育人物、华文教育资料没有详尽调查。由于没有详尽的调查分析和充分的估计，我们所做的一些工作针对性不强，我们所提供的帮助不够平衡，或者显得杯水车薪（特别是合格教师的支持、教材支持和图书支持方面）。由于资金等条件的限制，学界所做的研究只能局限于来华学生课堂教学的部分探索，对海外华文教育的研究才刚刚开始摸底，对各种各样教学机构、学校群体缺乏深入研究，于是，我们所能提供的学术支持也十分有限。这一点如果与美国的 TESOL 协会所做的工作相比[40]，就会看得更加清楚。他们以专业、务实的精神开展工作，作出了非常大的成绩。具体来看，国家对华文教育科研投入太少。比如，一个跨国的研究项目教育部只资助8000元到两三万元人民币；

一个投入 20 多人费时两年多、得了优秀奖的网络课程，教育部只立项不资助，经费自筹。

二是缺乏比较长远的统一规划和部署。目前国家级的规划只有"孔子学院"比较具体，其他的大多要求比较笼统。

三是国内与国外的信息沟通不畅。由于国外华人分布面十分广，又多数没有统一的组织，所以我们很难把有关信息在短期内传播到海外，加之国内网络化程度不高，很多信息在海外难以得到，比如网上查不到汉办认定的对外汉语教学基地名单。信息不畅是最近的第四届国际华文教育研讨会上呼声较高的一个方面。

四是对华文教育的管理还比较粗放，需要加强协调，增强管理和教学的专业化。表现之一是基本信息的统计整理和共享不够。例如，侨办和汉办推出了那么多师资培训项目，但国家没有完整的（至少没有公布出来）记录，致使有的海外华文教师先后五次来华，参加不同系统的、不同院校的、中央的或地方的培训，还不算去台湾的受训。

表现之二是基地评估等管理比较看重表面指标，忽视了国内华文教育的历史传统和特殊性。有些华文教育开展得很一般的内向型院校也跻身对外汉语基地，甚至人为造成为了争取基地一夜之间冒出多个新的海外教育学院、对外汉语学院的奇怪现象。

表现之三是对国内外华文教育课程设置、教学大纲特别是测试评估的忽视，从而导致了华文教学没有分门别类的质量标准和科学化的考试。要支持和发展华文教育，必须重视语言教学、双语教学、第二语言教学规律。目前所推行的HSK 只是汉语水平测试，而不是学习成绩测试，更不是教学评估测试。对国内外华文机构教学水平的科学评价和效益管理并未提上议事日程。目前新东方和新亚学院都加入了国内或海外华文教育，相信他们的不俗作为会对政府支持和正规高校操作的华文教学形成质量效益挑战。

4. 推进华文教育国际化现代化的对策措施建议

华文教育本身就是国际现象，目前要做的工作是使它进一步国际化；华文教育的现代化主要指管理观念的更新，服务能力的专业化和服务手段的现代化。

根据前文的分析，并借鉴美国 TESOL 协会的经验，我们认为推动华文教育国际化现代化应采取如下九条具体对策措施建议：

1）华文教育国际化现代化的总体目标

更有针对性、更高质量、更高效率地满足海外华文教育和来华留学的要求，并开拓更大的海外市场。

2）海外华文教育的发展及华文师资的培训培养方向

海外华文教育的发展方向应当是正规化及融入所在国教育休系。这是形势发展的客观要求，也是能否保持华文教育生存发展的唯一方向。

海外华文教师培训培养的方向是职业化和本土化。因为不向职业化发展，质量无法保证，也不便于管理，不能保证把享受过国内国外培训机会的人士吸引到大量需要人才的正规教育机构中去，也不利于教师待遇的提高。众所周知，美国正规学校的老师（有执照）比没有进入这个系统的老师待遇和生活保障相差很大。泰国的正规教师享受文官待遇。

3）解决华文教育资金问题的方针

国内要以国家投入，基金会融资，公立、私立学校共同参与等方式推进国内外华文教育工作。我国高等教育不主张向产业化发展，但是华文教育部分可以采取政府投资、融资与产业化发展并举之路。要把钱花在最重要的地方：其一是东南亚、非洲等落后国家、地区，特别是华文教育需求极大而条件非常落后的印度尼西亚等国家。其二是优先投入到华文师资的培训和培养资助上。其三，对于西方发达国家和正规学校的学生教材可以免予赠送或免于人手一套，但对东南亚的孩子则应千方百计满足他们基本的教材需求。

鼓励地方政府、民营教育机构共同为海外华文教育发展出钱出力。云南省2004年计划每年设180万奖学金奖励东南亚华文学习者来云南学习，其做法值得提倡。

华文教育要有成本效益观念，不管是国家、高校还是海外华校，都要核算成本，评估效益。条件较好的地方完全应该收学费，而且优质优价。

4）优先开展的几项具体工作

a. 在深入调查研究的基础上制定中近期规划

包括科研攻关规划，国外华文师资培训、培养和支援规划，教材、教辅材料、教具、多媒体课件开发规划，培养或协助各不同国别、不同地区、不同族群、不同目的学习者的数量与质量规划，管理、服务水平发展规划等。

b. 加大调查研究投入，优先资助对海外华文教育市场需求、发展方向和教学规律的调研

鼓励国内研究者与国外各级各类华文机构、华文教研人员及有关正规中小幼学校、大学人员合作研究，提高研究、开发的针对性和质量。目前国内研究人员普遍侧重于做对外汉语研究、汉语本题研究，而很少作出有价值的华文教育研究，原因之一是研究者缺乏研究海外华文教育的资金条件。一些重要研究项目如：

（1）各国语言政策、文化风俗、跨文化交际问题研究；

（2）华文教育在各国融入主流社会的可能性及方法步骤研究；

（3）各海外华文教育机构、任务和华文教育资料搜集整理和数据库建立（既是管理、服务的需要，也能为更多的研究人员提供资料方便）；

（4）针对各级各类学校的华文教学体系、课程设置、教学目标、教学原则研

究，制定多种有针对性的课程规划和考试大纲（马来西亚、印度尼西亚西加省及缅甸北部的华文教育实为母语教育，但与国内的语文教学应有不同；泰国开设了双语文科班、双语理科班，它们的课程设置、教学原则方法以及考试等都应有不同的方案，法国拟自己编写汉语教学大纲，印度尼西亚华文教学与协调机构指定了自己的教学大纲，我们应主动参与研制和完善）；

（5）海外华文教师培养、培养方案研究（分门别类的培训、培养方案。美国拟参考我国对外汉语教学资格认定办法编制华文教师认证标准，我们都应主动参与）；

（6）针对不同族群、不同年龄、不同学习环境（学校、家庭）下学习者的学习特点、难点研究；

（7）汉字教学及与繁简字有关的教学实践（克服"汉字难学论"，开发汉字学习速成方法和课件；有人说是十个美国汉语学习者六个怕汉字，所以他就不教汉字了；有人主张只认不写，或不写字而打字；菲律宾某华文教育机构负责人考察了上海实验小学集中识字的教学经验，得到了极大鼓舞）；

（8）海外学生汉语学能测定研究（HSK 只在高等部分考学生的口头作文，而没有书面汉语水平测试，留学生能不能跟上全汉语课堂教学？是否具备记笔记能力？马来西亚独中学生入读中国大学免试中文；新加坡双文化生也将如此；其他学校的学生水平会越来越高，如何处理有关水平认定问题？美国 content-based 教学、学习的实验已有多年，华文教育领域如何在学习其他专业课程内容的同时学习外语，应用这种双语教学方法？）

（9）学习、教学和课程、教学机构效率、绩效评估研究及测试软件的开发；

（10）汉语与学生所在国语言（第一语言）对比研究，为教学和教材编写提供了支持；

（11）海外华语研究，包括海外汉语普通话与方言的面貌、使用状况与发展变化，华文媒体语言，为提高华文教学质量、改善华文教学大环境服务。

c. 沟通协作

加强与海外华文教学协会、华文教学协会管理机构的联络，及时沟通信息、研究工作、协同行动

d. 建立大型网站

5）师资的培训培养和支援是重中之重，应当在这方面投入最大的资金，作最持久的努力

原因有二。一，海外华文教师缺口太大。有的出现严重老龄化现象，青黄不接；普遍水准不够，不具备应有的资质，更难以进入正规教育系统；新增长的华文教师需求强劲。二，教师是华文教育存在和发展的关键，也是提高教学质量的关键。具体做法：

（1）现有师资的培训。走出去的培训要依赖所在国家地区协调机构和华侨和华人社会团体，作极有针对性的培训；不要简单重复，变成扰民；重点培养愿意去正规学校服务的人士，而不是只为自己挣钱的家教；重点是学历教育，像暨南大学、厦门大学、华侨大学等所做的专科、本科、硕士学位教育那样。海外来华受训也要优先接受正规学校的华文、汉语教师和愿意去正规学校服务的人士，不管他们是华族还是非华族，因为他们是华文教育的主力，可为所在国培养更多的学生，为进一步兴办本国师范教育打下良好基础。

（2）来华接受学历教育和高校教师来华进修。要从愿意从事华文教育且基础较好的华裔和其他族裔的高中毕业生中挑选较大批量的人士来华读幼儿师范、华文教育或对外汉语中专、大专、本科学校，并以合作管理的方式送他们回国为华文教育服务；学费以中国国家奖学金为主，有能力的海外华侨和华人社会团体也可以支持一部分。同时接受国外高校华文教师（多数是非华裔）来华进修、访学或攻读高一级学位。

（3）赴海外合作办学培养师资。国内华文教育和对外汉语基地单位特别是有华文教育的对外汉语硕士、博士授权点的大学要重点与海外有中文师范专业的大学合作，在当地培养师资，像华东师大与美国宾西法尼亚大学的合作那样。这种努力主要以解决国外大学、中学华文师范教学水平的提升为目的，为华文教育在海外的继续发展打基础。

（4）大力培养储备教师以援外。国外每所有中文专业的大学至少应有一位较高学历职称和经验的人做教学和顾问工作；每所学生集中的正规中学也应有一名中国合格的中国华文教师执教。华文教育需求大的国家（地区）驻外使领馆应当配备至少一位懂华文教育的专职干部。要储备一批（上千名）合格的志愿者以满足各国持续增长的教师需求。

（5）加快推进海外华文教师资格认证。

（6）以项目管理的方式，鼓励国内教研人员与海外同行合作从事华文教材的修订、升级、新编，华文读物、教具和教学课件的编写开发，拓宽华文教育现代化之路。

目前的重点：一是优秀海外华文教材的升级和修改；二是编写更多的本土化华文教材；三是多样化通俗易懂有趣的华文或双语读物的编写出版；四是系列使用华文教具、挂图的开发；五是制作新的教学课件，推动多种华文课程上网，努力探索海内外合作进行网上教学的新路子，提高教学效率。应鼓励国内外华文教育工作者与书商合作，以产业化的手段生产大量适销对路的教材、读物、教具和多媒体产品，加快华文教育产业化步伐。

（7）大力捐赠华文图书。华文图书是教师教学与学生自学之必需，也是华文学习环境建设之重要部分，且费用不是很大，应在华人和华文教学集中的海外各种学校大力捐赠。

(8)"寻根之旅"夏令营活动需要改进。继续坚持"寻根之旅"夏令营活动，但形式可以改进。不一定搞大型的、统一时间的；不一定住宾馆，而可以探索"家住"模式，像美国俄克拉何马大学与清华那样，以及福建省侨办所创办的结对家住方法一样。

(9)加强质量效益监控。在科学研究的基础上对国内各高校的华文教育、汉语教学进行质量效益监控，以便提高质量、提高效益；鼓励先进，鞭策落后。对海外华文教育机构做一定测评，以便分门别类，作不同的支持和指导。

1.3.7　发展海外与港澳成人高等教育的对策

暨南大学是国务院侨务办公室主管的重点综合性大学，是海内外知名的华侨最高学府。发展海外与港澳的成人高等教育，为海外与港澳培养人才，是暨南大学的一项重要任务。此项任务已卓有成效，不仅在办学上具备了相当的规模，而且探索和总结了办学经验，为暨南大学进一步发展海外与港澳成人高等教育创造了条件。

1. 办学概况

暨南大学于 1985 年开始在港澳开办成人高等教育，教学对象是港澳在职人员，为他们提高学历层次，主要是开办高中起点专科和专科起点本科。随着我国改革开放的继续深入，我国经济的腾飞和持续高速发展，世界上不少国家，尤其是东南亚各国正在掀起学习汉语的热潮，出现了"中国经商热"，粤港澳的经济合作和文化交流也不断加强，海外与港澳许多在职人员纷纷要求来暨南大学学习、深造，促进了暨南大学面向海外、面向港澳举办成人高等教育的进一步发展。20 年来，暨南大学在海外与港澳相继开设了中国经济与管理、特区经济、外向型经济、口腔医学、中医骨伤、护理学、对外汉语、社会学、英语、中医学、计算机科学与技术、环境科学、会计学、法学、物流管理、应用心理学（犯罪心理学和社会心理学方向）等专业，共招生 3482 人，已有毕业生 1463 人，其中大专毕业生 1220 人，本科毕业生 243 人。暨南大学根据海外与港澳成人教育的特点开展教学活动，培养的学员们毕业后在工作中更上一层楼，譬如，1996届社会学专业本科毕业生大多成为澳门社团的骨干，有许多毕业生担任澳门重要的社会职务和社团职务。有一部分毕业生已成为港澳社会各界的精英。例如，香港临时立法会议员罗叔清、香港工会联合会会长郑耀棠，还有王如登、李泽添等都是香港特区的第十届全国人大代表。又如，澳门中华教育会理事长李沛霖和澳门街坊联合总会理事长姚洪明等都是澳门特区的第十届全国政协委员，潘玉兰是澳门工会联合总会会长、澳门特区的第十届全国人大代表，梁庆庭是澳门立法会议员、澳门街坊联合总会副会长。

近几年抓住了机遇，在海外与港澳的办学有了长足的进步，在开设专业和制订培养方案时，都会考虑到海外与港澳的社会实际和发展需求，为满足港澳社会工作人员迫切需要开设社会学、中医学、会计学、法学等专业；为填补澳门护理行业高学历层次空白开设护理学专业；针对澳门市场急需人才开办物流管理、应用心理学等专业；为满足海外华侨华人学习中文的迫切需求，从 2002 年开始连续三年在印度尼西亚开办对外汉语专业。

目前，印度尼西亚、港澳办学规模首次突破 1000 人，在印度尼西亚、港澳的协办单位有印度尼西亚万隆福清同乡基金会、香港大学、香港专业进修高等学院、香港工会联合会业余进修中心、澳门业余进修中心、澳门暨育服务中心等；本校教学协办院系有社科部、商学系、环境工程系、法学系、中医系、外语学院和华文学院等；开办对外汉语、社会学、英语、中医学、计算机科学与技术、环境科学、会计、法学、物流管理、应用心理学、行政管理、知识产权等专业；在学学生 1161 人，其中印度尼西亚学生 297 人。

暨南大学在海外与港澳举办成人高等教育，坚持"侨校＋名校"的发展战略，在实践中探索、寻找规律，经过 20 年的努力，已形成一套具有特色、较为完善的办法。

（1）用足国家给予我校单列申报招生计划的优惠政策。

由于面向海外、面向港澳办学的政策性很强，因此，我们要吃透上级有关文件精神，在海外与港澳每办一个班，招生计划都要获得国务院侨办和教育部的批准，根据港澳有关高等教育法例，及时准备大量的办学资料通过协办单位向当地政府职能部门申报，获得批准后才能招生，俗话说，万事开头难，招生计划的落实才是良好的开端。

（2）适应市场需求及时开设专业和调整课程。

按市场机制运行，加强与海外、港澳协办单位沟通，要求他们关注市场热点，把握发展机遇，认真做好市场调查，利用综合性大学学科门类齐全的优势，打破院、系、专业的界限，瞄准市场需求多开专业，开新专业，增强我校在海外与港澳招收在职人员的吸引力，逐步扩大办学规模。要结合港澳、海外的需求调整课程，适当开设一些符合当地实情的课程，删除一些不适宜面对海外与港澳学生开设的课程，力求突出课程的先进性和适用性。例如社会学专业本科班，开设《社会服务行政管理》《社区组织及社会规划》等课程，这样，对提高在职从业人员的业务素质和专业技能起到较大的作用，因此深受学生和用人单位的欢迎。

（3）招生办法灵活多样。

暨南大学在招生录取工作中，根据国务院侨办的指示精神，遵照教育部有关招生科目、招生对象的条件等规定，单独组织考试。做到既遵照有关规定，又符合海外与港澳的实际情况,有的专业,如香港会计学专业、法学专业,参照香港有些院校的做法,中学会考四门课程及格以上成绩的考生可申请免试入学;有的专业,如澳门经济管理专业,采取笔试的办法,考试科目为高中语文、数学和英语;有的专业,如澳门护理学专业,采取面试与笔试相结合的办法。按考试成绩经资格审查后进行筛选,从中择优录取,报广东省考试中心备案。

(4) 在海外与港澳有得力的协办机构。

为了照顾港澳在职人员的特点,我们尽量利用晚上、星期六及星期日安排在港澳集中授课,从组织生源、提供教学场地、教学设施,到安排教师食宿和管理学生等一系列工作都需要海外与港澳协办机构完成。因此,在海外与港澳寻找合作伙伴就显得特别重要。暨南大学与海外、港澳联合办学的方式多样化:①与港澳普通高校联合办学,如与香港大学联合举办社会学专业,招收港澳在职的社工人员,双方都承担教学任务;②与港澳成人教育管理机构联合办学,如与澳门业余进修中心、澳门暨育服务中心联合举办护理学、物流管理等专业,这种方式由暨南大学派教师到办学点授课,对方负责提供教学场地和设施,安排教师食宿;③与港澳成人教育院校合作,如与香港专业进修高等学院联合开办法学、会计学等专业;④接受港澳学术团体委托联合办学,如与香港中医骨伤学会联合举办中医学专业;⑤与海外群众团体,如印度尼西亚万隆福清同乡基金会联合开办对外汉语专业。

(5) 按照“点”“面”结合的办法选派教师。

“点”是指配备一支相对稳定的主干课程教师队伍,这批教师连续多个学期为港澳班上课,熟悉境外的学生特点,了解港澳教学内容和教学方法,建立他们的个人档案,保证他们在港澳授课的连续性,这方面的工作需要办学院系的紧密配合。“面”是指某些课程所选派的教师覆盖面广,让更多的教师,尤其是学术水平高、教学效果佳的年轻教师利用教学空隙进行调研,了解港澳社会现状。由于港澳高校拥有较丰富的教育资源,国际化程度高,有许多东西值得学习和借鉴,从而增长他们的见识。把上述两种情况结合起来,既保证了面向港澳办学的教学质量,又有利于培养、锻炼外向型的教师。

(6) 保证任课教师顺利出境。

近年来,根据广东省政府港澳事务办和广东省公安厅联合下发的文件精神,教师赴港澳授课要办理工作签注,同时由原来的因公审批办理证件调整为因公、因私审批办理证件,这是一项政策性和时效性强且很繁琐的工作,要保证教师顺利出境必须认真对待。

(7) 组织教师编写辅导资料。

根据教育部规定,面授教学时数只占全日制高等学校同层次同专业授课总学时的30%左右,因此,教师必须专门为函授学生编写自学指导书,指出该门课程的重点、难点，补充新知识和新信息，布置思考题等，帮助学生理解和消化教学内容，对港澳学生来说，更是必不可少的，要把自学指导书连同教材及时发放到学生手中。

（8）强化实践性教学环节。

在切实加强基础理论教学的同时，充分重视加强实验、实习、社会调查等实践性教学环节，注重培养理论与实践相统一的人才。安排理工类如环境科学专业学生回校本部上实验课；安排法学专业学生到广东省高级人民法院进行旁听庭审活动；组织会计专业学生到广州会计师事务所实习；组织中医专业学生回内地中医院实习；组织新闻广告专业学生做社会调查等。

（9）与协办单位、班委会齐抓共管。

充分发挥协办单位管理人员的作用，同时发挥班委自我管理作用，检查学生出勤情况，抓好课堂纪律和考试纪律，反馈教师授课情况，不断改进教学工作，积极、主动地为教学为学生服务。

暨南大学在海外与港澳举办成人高等教育的成效和特色为港澳有关领导和人士所瞩目。中央人民政府驻香港、澳门联络办各级领导一贯重视暨南大学在港澳举办成人高等教育的相关事宜，有关领导经常亲自参加暨南大学在港澳举行的各种成人高等教育活动，港澳有关行业和协办机构也给予大力支持和密切配合，港澳新闻单位经常宣传报道暨南大学在港澳办学的状况及毕业生的业绩，从而扩大暨南大学在港澳的影响。

2. 存在问题

暨南大学在海外与港澳举办成人教育，是前人未做过的事业，无前人经验可借鉴，加上目前出国出境仍有诸多不便，使我们无法经常到那里进行调查研究，从而限制了办学针对性，影响了办学规模和速度。目前，在海外与港澳举办成人高等教育遇到的主要问题有：

（1）在海外与港澳开办新专业本科班，上级主管部门审批时间过长并加以限制。

（2）申请学士学位的学生要参加广东省外语统考，而港澳学生不太适应这种外语应试方法，造成生源流失。

（3）在香港举办成人教育的国内外院校很多，竞争激烈，退学人数较多，办学规模难以扩大。

（4）在东南亚国家中只有印度尼西亚开展华文教育，教学函授点较多，每个教学函授点的学生人数偏少，教学成本偏高，向学生收取的学费太低。

3. 关于对策措施的建议

成人高等教育的对象广泛，办学形式多样，而且有针对性，社会需求量大，具有普通高等教育不能替代的作用和功能，因而有广阔的发展前景。海外与港澳成人高等教育也不例外。暨南大学必须面对教育国际化的竞争和挑战，引进境外先进的教育观念、管理经验和办学模式，面向海外、面向港澳培养具有国际竞争意识和竞争能力的专门人才。我们除了必须发挥暨南大学作为侨校的优势，用足一切有利客观条件外，还必须具有开拓创新意识，探索出一条切实可行的办学路子，一步一个脚印地向前走，为海外与港澳成人教育工作迈上新台阶而努力。为此，提出如下建议：

（1）海外与港澳成人高等教育本科学生不再参加广东省学位外语统考。

请求广东省教育厅同意暨南大学根据外招生的特点采用分流方式自行组织海外与港澳学生学位外语考试，其课程学习成绩、学士学位外国语考试成绩和毕业论文均达到普通本科生教学计划及申请学士学位的各项要求，经审核合格者可授予学士学位。

（2）重视拓展海外成人高等教育。

由于我国已加入 WTO，形成了全方位开放的格局，世界上不少国家，尤其是东南亚各国华侨、华人迫切需要学习中国法律、中国对外贸易、中国语言文学、中医学和针灸学等，我国政府可通过外交途径与有关国家尤其是东南亚各国在文化交流方面达成共识，力争从政策上、法律上允许暨南大学与有关国家尤其是东南亚各国高等院校、文化团体联合办学，从而为暨南大学开拓海外成人高等教育提供根本保障。同时，争取尽快在东南亚各国举办成人高等教育。

（3）扩大暨南大学对外办学的权限范围。

暨南大学成人高等教育要办出华侨大学的特色，上级主管部门就要制定配套政策和灵活措施，实行单列的招生计划，允许先招生后备案，允许开设本科新专业。

（4）简化教师出国出境面授的审批手续，保证教师依时出境。

（5）加大开展海外华文教育的力度，以满足有志于学习中国汉语言及文化的海外与港澳人士的要求。

（6）建立并完善海外华文教育基金会，以解决部分教学经费问题。

1.3.8　珠海大学园区的发展及对外合作交流的对策

1. 珠海大学园区发展现状

珠海大学园区创办 5 年来，得到了国家、省、市、有关学校和部门的大力支持，先后引进了 9 所大学（其中 7 所已投入使用）和 5 个产学研基地。珠海普通高校在校生由 1998 年暨南大学一所大学的 100 人变为现在的 4.2 万人，大手笔地改写了珠海高等教育的历史，创造了中国高教发展史上的奇迹。作为一个城市，珠海拥有的大学生和高校数量在广东省位居第二，仅次于广州市。珠海已经成为广东省一个重要的高等教育基地。

1）珠海大学园区的特点

与国内其他大学城（园区）相比，珠海大学园区主要有以下特点：

（1）以省内外优质高等教育资源为主。

目前国内的一些大学城，如南京仙林大学城、上海松江大学城、广州大学城、宁波高教园区等，大多是本地高校或省内高校的延伸，而珠海大学园区的高校来自省内外，既有部属名牌大学，如中山大学、北京师范大学、暨南大学等，也有省属高校，如遵义医学院，并以名牌大学为主。

（2）初步形成了规模适中、结构合理、层次较高的地方高等教育体系。

目前广东省内的大学城（园区）各具特色。如深圳大学城以研究生教育为主，佛山大学园区以高等职业教育为主，东莞大学城以理工教育为主等。比较而言，珠海大学园区具有更强的多元性和综合性，学科覆盖面广，专业设置较为齐全。在类型与层次结构上，普通高等教育与职业高等教育并存；在结构上，重点院校与一般院校同在，以全日制本科教育为主，同时发展研究生教育；在布局结构上，按照珠海城市建设规划和产业发展规划，相对集中分布于金湾区和香洲区，有利于校地联动发展。从园区各高校的质量、办学规模、层次结构、专业覆盖范围来看，珠海大学园区在全国大学城（大学园区）中，具有特殊的代表性。

（3）突出体制创新，积极探索地方高等教育发展新模式。

珠海大学园区从建立伊始，就把体制创新定为自身的鲜明特色，力争把珠海大学园区建设成为广东省重要的高等教育和产学研基地，成为全国引进大学创办大学园区的范例和我国高等教育对外开放和合作交流的窗口，努力探索区域性高等教育发展的新模式，其中包括多渠道、多元化的投资和融资模式，高等学校异地办学的管理模式，普通高校独立学院的发展模式。

珠海大学园区已形成多样化的校区管理格局。其中既有校本部延伸管理的校区型管理模式，如暨南大学珠海学院、中山大学珠海校区、遵义医学院珠海校区；也有主体搬迁到珠海的主体校区模式，如广东科学技术职业学院；也有独立运作、自主办学的独立学院模式，如北京师范大学珠海分校、北京理工大学珠海学院、吉林大学珠海学院；还有以科技开发为主的高校产学研基地，如清华科技园、哈工大新经济资源开发港。珠海大学园区为各高校探索新的办学思想和管理模式提供了极佳的试验场所。

（4）独特的区位优势，成为各高校开展对外合作与交流的窗口。

珠海与香港隔海相望，与澳门陆地相连，影响力辐射东南亚，具有独特的区位优势。许多大学选择珠海，正是看中这一点，希望借助这一优势，积极开展对外高等教育和科技的合作与交流。珠海大学园区日益成为我国高等教育对外合作与交流的一个重要窗口。

2）珠海大学园区在提高城市核心竞争力中的作用

围绕珠海经济结构和产业定位，引进国内著名大学在珠海设立校区（学院、分校）或产学研基地，推动科教事业和社会经济发展，是珠海创办大学园区的基本出发点。其作用主要表现是：

（1）为经济发展提供强有力的智力支持和人才保障。

珠海坚持大力发展高新技术产业，努力做大做强电子信息、电气机械、精密机械制造等现有支柱产业，重视发展石化、能源、装备等重型工业，加快现代服务业的发展。根据珠海社会经济发展的实际要求，每年需要引进各类专业人才 8000～10 000 人。但"十五"期间，实际每年仅引进了 3000 多人，人才的匮乏已成为制约经济发展的瓶颈。大学园区可以为珠海的经济发展提供强有力的智力支持和人才保障。

（2）搭建科技创新平台，推进珠海科技产业发展。

大学与科技紧密相连，一流大学拥有一流的科研队伍和科技成果。珠海大学园区各高校正在发挥桥梁作用，把校本部的科研力量、科研机构、科研项目、科技产业引入珠海，逐步形成产学研一体化，为珠海搭建科技创新平台，推动珠海的科技进步和产业发展。目前，园区各高校结合珠海社会经济发展的需要，积极开办新专业、兴办与珠海产业发展密切相关的研究所，参与本地企业的科技攻关和产品研发。2003 年高校在珠海申报的科研项目达 40 项，2004 年达到 100 多项。珠海的科技创新海岸依托大学园区，聚集了近百家以软件研发为主的高新科技企业，正逐渐发展成为一个有较高成果孵化、转化和较强辐射带动能力的高新技术产业带。

（3）提升珠海城市文化的水准，推动珠海"文化盛市"的建设。

较之于人才、科技、经济方面的贡献，大学园区对城市文化发展的贡献，更是有深远影响和重大意义：一是大学园区各高校的建筑聘请国内外著名的设计师设计，融国内外风格于一体，具有国际化气息，体现了一种城市物态文化；二是大学是优秀文化的传播载体，有大学的地方就容易形成追求真理、创造知识的浓厚风气，形成讲道德、讲文明的良好社会规范，大学引领社会风气，改善市民结构，提高市民素质，赋予城市文化以鲜明的时代特色；三是大学所引导的开放性、多元性、创造性城市文化氛围、文化环境，将会为城市的进步与发展提供最重要的人文条件和永不枯竭的动力；四是校园文化是一个城市文化的重要组成部分，大学园区各高校为珠海提供一批高质量的文化场馆，比如体育场、图书馆等。特别是中央音乐学院落户珠海，将直接推动珠海"文化盛市"的建设。

（4）加快珠海的城市化进程。

大学园区的建设打破了珠海城市原有的格局，使珠海的城市布局更合理，城市功能更完整、更完善，大大延伸了城市的骨架，形成了现代化城市的新格局。大学园区已成为城市建设的一个新亮点，形成一个个新型社区。各高校的校园，过去是大片的荒地、洼地或烂尾楼，现在却是一座座建筑风格各异的花园式校区。珠海大学园区各高校的选址和布点，符合珠海城市建设规划和发展要求，完善了珠海城市功能。校园建设与珠海的城镇建设协调推进，与珠海的产业发展布局互相依托，加快了唐家湾镇和金湾区的城镇化进程和经济发展步伐。

（5）提升珠海的国际化水平。

珠海大学园区各高校注重走国际合作办学的道路，与国外及港澳地区开展多层次、多方位的教育和科技合作，这些交流与合作扩大了珠海的国际影响。

总之，与珠海大办科技工业园，大力发展高新技术产业的战略相比，珠海大办大学园区的战略，更侧重于对珠海可持续性发展的影响和对珠海未来的影响。因此，建设大学园区是一项具有巨大现实作用和长远历史意义的重大举措。

3）珠海大学园区存在的一些问题

（1）大学园区管理体制亟待理顺。

大学园区既有部属高校，也有省属高校，既有延伸管理的校区，也有独立学院。大学园区面临着如何划分和理顺教育部、省教育厅和地方以及校本部对学校的管理责任和范围的问题。

（2）资源共享方面有待于进一步完善。

珠海大学园区在资源共享方面做了一些创新和探索，除了学分互认、教师互聘等资源共享之外，更强调软件的共享，比如设立珠海大学园区资源共享网，在珠海市人力资源中心网站设立大学园区专区等，促进高校与高校之间、高校与社会之间的资源共享。但是由于各高校设立的时间不长，在资源共享方面还有许多工作有待进一步完善。

2. 珠海大学园区对外合作交流情况

1）珠海大学园区具有的独特优势

（1）区位优势。

珠海是我国最早设立的经济特区之一，毗邻港澳，依托珠三角经济发达地区，自然条件优越，环境优美。改革开放以来，珠海建成了较为完善的基础设施、四通八达的海陆空立体交通网络。港珠澳大桥建成后，珠海与香港的交通往来更加便捷。

（2）名牌大学的优势。

珠海大学园区引进的高校以名牌大学为主，依托他们，可以更好地与港澳和国外大学开展合作与交流。

（3）办学机制的优势。

珠海大学园区各高校都是新设立的，既具有校本部传统的优势，更具有办学机制的优势,在教师的聘用、学校的管理、人才的培养、专业的设置等方面具有灵活性,容易跟国际接轨,没有历史包袱。

2)取得的成效

(1)合作办学形式多样。

比如北京师范大学已经与香港浸会大学签订合作协议书,由香港浸会大学投入资金,在北京师范大学珠海分校内设立国际学院,以本科教育为主,开设研究生教育,除了招收内地学生外,还招收港澳学生。清华科技园与加拿大祥达旅游学院开展非学历教育,学习酒店业、旅游服务业技能培训及外语培训等。

(2)留学生人数逐年增加。

目前暨南大学珠海学院和中山大学珠海校区有 2000 多名的港澳台和东南亚学生。

(3)扩大了学生与教师的交流互访。

目前珠海大学园区各高校都聘有国外或港澳的教师,各高校的教师和学生与港澳的教师和学生之间交往频繁。

(4)到国外办学。

北京师范大学珠海分校计划到新加坡办学。

(5)产学研合作。

比如哈尔滨工业大学新经济资源开发港与香港和国外的大学或公司合作,设立科技孵化基地,利用香港和国外在信息方面的优势承接订单,到孵化基地开发软件。

3. 关于对策措施的建议

(1)将珠海大学园区作为"中国高等教育特区",与教育部共建,纳入教育部的管理范围。

从园区各高校的质量、办学规模、层次结构、专业覆盖范围来看,珠海大学园区在全国大学城(园区)中,具有特殊的代表性,兴办最早,适合进行各类高等教育发展的探索,是设立高等教育特区的理想场所。

(2)将珠海大学园区作为我国高等教育对外合作与交流的试验田。

希望赋予珠海大学园区一些政策,大胆进行对外合作与交流的探索。比如香港和澳门作为我国的特别行政区,又纳入泛珠三角的合作范围,港澳的高校与大学园区的高校合作不应适用《中外合作办学管理条例》,希望给予更为宽松的政策,甚至在政策上视同为国内高校之间的合作。

从园区各高校的质量、办学规模、层次结构、专业覆盖范围来看,珠海大学园区在全国大学城(园区)中,具有代表性,适合进行各类高等教育发展的探索,是设立高等教育试验田的理想场所。

1.3.9　关于对策措施的若干建议

下面提出 18 条关于对策措施的建议：

1. 实行大开放、大交流、大合作，加快我国高等教育的大发展、大提高，使之迅速跻身于世界先进行列

把对外开放与合作交流作为今后一个时期我国教育改革与发展的重点，首先是作为"十一五"计划的重点。改革开放以来，我国国民经济建设蒸蒸日上，发展势头继续看好，教育事业也有了很大的发展，特别是 1998 年以来，高等教育可谓是突飞猛进，在规模位居世界第一而且具有较高水平的情况下，现在有条件、有实力走出国门、走向世界。通过高等教育的大开放、大交流、大合作，可以加快我国高等教育的大发展、大提高，迅速跻身于世界先进行列。

加强教育对外开放与合作交流的目的，在于落实科学发展观，加快推进我国教育事业的现代化与国际化，更好地实施"科教兴国"战略。

落实科学发展观，是教育改革与发展一次新的历史机遇。抢抓机遇，乘势而上，这是经济领域各行各业、各地区取得成功的一条重要经验。实现教育现代化的目的，是提高教育水平，使得教育更好地促进与国民经济发展和社会全面进步。教育国际化是促进我国教育现代化的重要手段，是实现我国教育现代化的"催化剂""加速器"。

在推进我国教育事业现代化与国际化的同时，应该注意民族化、多样化、综合化。这里说的"民族化"是指具有中国特色，保存优秀的传统文化，培育与社会主义市场经济相适应的先进文化，体现我国改革开放的辉煌成就，等等。民族的、先进的、有特色的，才是世界的、一流的，否则，可能是随波逐流，跟在别人后边亦步亦趋，人家走弯路我们也走。所说的"多样化"是指教育思想、教学内容要有包容性，"海纳百川，有容乃大"，多多吸取外国的优秀文化，少一些"禁区"和"壁垒"。所说的"综合化"是指科学教育与人文教育并重，理论与实践并重，学生会动脑与会动手并重；单科性大学要向含有人文学科的多科性大学转变（但是，并不一定都要办成综合性大学）；要培养"完整的人"、全面发展的人，而不是有所偏废的"半个人"、畸形发展的人[41]。

2. 我国高等教育进一步发展的关键在于开放与搞活

只有开放，才能加快高等教育的国际化进程；搞活就是要建立适应国际教育市场的运行机制和行之有效的管理体制。

搞活的关键在于政府自身的合理定位与充分放权。应该积极贯彻"宏观调控，微观搞活"的方针，尽量放开，以"学校行为"为主，"政府行为"为辅。作为政府部门，教育部、教育厅的职能应该主要是：制定法规，提出办学的准入条件，提供信息与服务，组织检查与评估，其他的事情应该放权，放给大学校长。教育行政部门应该发挥"穿针引线"的作用，发挥类似于"招商引资"的作用，组织各种各样的"洽谈会""信息发布会""参观考察团"，也可以几所大学采取联合行动，"一致对外"，保障国际交流合作的有序性。

3. 教育的对外开放与合作交流要注意双向性、平等性、互利性

从双向性而言，既要鼓励出国留学，又要积极吸收外国人来华留学；既要重视积极引进优质教育资源，开展中外合作办学，又要重视积极到海外办学。相对而言，在当前，应该把我国公民出国留学和多种形式到海外办学作为重点。

要注意对等原则，坚持平等互利。在引进对方到我国办学的同时，应该向对方提出我方到对方办学的对等要求，促进我国教育走出国门，走向世界。拒绝"单边主义""霸权主义""教育侵略"。

在国际合作的"价值链"中，要注意保护和提升我们自己的价值。要警惕国际"教育贩子"和投机倒把的"奸商"；还要避免我国地区之间、学校之间无序竞争、"削价竞争"、恶性竞争，让外国人坐收渔利。

教育对外开放与合作办学的重要内容之一是"按照国际惯例办事""与国际接轨"。例如，学位的互相承认与对接，包括同等学位的互相承认与对接，以及我国内地目前所没有的"副学士"学位、"副博士"学位，如何恰当定位，给予承认和衔接，以及学分的互相承认、学制差异的弥合、知识产权问题等。

"与国际接轨"也具有双向性。应该积极宣传我国教育的伟大成绩与大好形势，这有两方面的作用：第一，鼓舞士气，提高民族自信心和自豪感，防止一些人有意无意夸大我国教育的落后面；第二，向世界展示我国教育的面貌，宣传中国的和平崛起，吸引更多的外国留学生到中国来。

我们认为："与国际接轨"的双向性，外国人是不难接受的，难的倒是我们的某些同胞瞧不起自己的好东西。试看经济领域，外国人制造产品很注意适合中国人的习惯，外资企业很注重在中国的"本土化"，这值得我们学习。

4. 积极引进外国的优质教育资源，引进优秀的外国教育家来中国办教育，包括任教和当校长

对外合作办学是要引进优质教育资源而不是良莠不分。要注意对方学校的档次，必须有利于提高我方的教育质量和教育水平；应该讲究"门当户对""眼睛向上""攀高亲"，不能"低就""下嫁"、损公肥私。

办好一所大学，关键在于校长与教授。而优秀的校长和教授可以在国内外招聘引进（尤其要重视从国外引进）。这是香港办大学的一条成功的经验，也是国际惯例。英国的著名大学已经引进我国学者担任校长（例如，复旦大学杨福家教授 2004 年 1 月已经赴英国担任诺丁汉大学第五任校长），我们应该有更大的气魄。

　　欧洲和其他西方国家的一些大学把具有国外留学和教学科研经历作为大学教授岗位聘任的重要条件之一。在德国如果一所大学的教授岗位出现空缺，将在全世界范围内公开招聘，实现了大学师资来源国际化。我国的一些大学也开始采用向国外招聘人才的举措，目前招聘到的主要是海归学者，还要下功夫招聘"洋教授"。尤其要积极引进欧洲国家的优质教育资源，促进我国高校与欧洲强校在职业教育、海洋研究等领域的合作与交流。

　　大学校长要努力成为出色的教育家，而不是企业家或者其他勉为其难的角色。

　　中外大学校长论坛应该继续积极举办，可以是全球的、多边的，也可以是双边的。

　　现在，我国很多大学都提出要办成"世界一流大学"，实际上离世界一流大学还差得比较远，甚至连一流大学是什么样子的、自己要办成什么样子的也不甚了了。建议各校（尤其是"211工程"的学校）到外国去"找对象"——选择一所世界一流大学结成"姐妹学校"，多多向对方学习。此事需要各校自己采取主动，也需要教育部允许我国各校办学模式多样化，而不是千校一面。

5. 迅速而有计划地分批分期组织高校领导和骨干教师出国访问和进修，让他们开阔视野、增长才干

　　提这一条建议的理由是显而易见的。如果对外部世界不了解，不具备世界眼光，坐井观天夜郎自大，是很难开展国际化现代化建设的。多年来，教师有计划有步骤地出国访问甚少，而官员却很多，这种现象现在应该迅速扭转了。

6. 积极到海外去办学，开办多种学校，大力推进教育输出

　　我们高兴地看到：在国外开办孔子学院已经取得实质性进展，国务院已经批准"汉语桥工程"，推广"乘风汉语"和"长城汉语"。

　　赴境外办学可以由近及远展开，重点先在受汉文化影响较大的国家（东南亚、东北亚）开展，逐步扩展到大洋洲、欧洲、美洲；重点先放在发展中国家，逐步扩大到西方发达国家；重点先放在外国的首都，逐步扩大到其他地方。

　　随着我国的综合实力和国际影响力的不断增强，国际地位日益提高，我国与世界各国在政治、经济、文化、教育等领域的交流越来越多，汉语的应用价值大大提升，"汉语热""中国热"正在世界范围内悄然兴起。我国在继续积极向国外推出"孔子学院"的同时，可否考虑推出"孙文学院"（或"逸仙学院"），推出"小平学院"或"改革开放学院"（包括面向海外华人华侨，面向外国人）。

7. 在教育对外开放与合作交流中，应该发挥计划机制的优越性，应该与国家的侨务工作紧密结合

应该发挥计划机制的优越性，增加教育对外开放与合作交流的有序性，在国际价值链中保护和提升我国的利益。

计划机制不等于传统的计划经济体制，后者必须抛弃，而恰当地使计划机制与市场机制相结合，实行"宏观调控，微观搞活"——这是系统管理普遍适用的一条基本原理。

教育对外开放与合作交流应该分地区、针对不同的对象提出不同的侧重点。

教育对外开放与合作交流应该与国家的侨务工作紧密结合，争取海外华人社团的协助与支持，而且把海外华侨作为重要服务对象。应该看到：国民党一直是比较重视侨务工作的，他们的做法可以参考和借鉴，在侨务工作上，可否开展"国共合作"，形成合力？

8. 鼓励公派和自费出国留学，出国留学人员数量在"十一五"期间大幅度增长

改革开放以来，我国向国外派遣了数量较多的留学生和访问学者，其中，2004 年国家留学基金委共录取各类留学人员 3987 人。据报道，2005 年国家留学基金委将进一步扩大选派规模，公派留学生人数将比 2004 年增加近 1 倍，以多种资助方式在全国选拔各类出国留学人员 7245 人，提高层次成为 2005 年的主要努力方向[42]。在 6.3.2 节中已经作出较多的阐述，有关信息是令人高兴的。但是，鉴于我国出国留学的基数还相当小，与我国的人口基数和经济发展水平不相适应，建议进一步扩大选派规模，在"十一五"期间大幅度增长。那么，到2010 年，总的增量大约是 25 万人，减去回国的人数，净增 10 多万人。

与此同时，积极鼓励自费留学。如果能够翻两番甚至更多，也是值得高兴的。不要顾忌"资金外流"，这种外流是值得的。它是居民的教育投资，正当消费：比之于现在大量存在的"黄色消费""黑色消费""愚昧消费"（大办婚丧嫁娶、封建迷信等），不可同日而语。其中有一个"小留学生"问题很引人关注，我们认为：一是要加以适当引导（而不是阻止），让家长和孩子增加理性思考，对坚持出国者，帮助他们选择好学校；二是对于在国外的小留学生要运用使领馆的力量和当地华人社会的力量加以保护。清朝末年曾经组织过"幼童留学"，清政府的做法是值得嘉许和借鉴的。

由于目前我们的基数并不大，以上两个翻两番（5 年增长 4 倍）甚至每年翻一番（每年增长 1 倍，5 年增长 5 倍），对于 13 亿人口的大国，恐怕还是嫌少不嫌多。

不要担心他们不回国。钱学森院士曾经现身说法地讲：他们好比是当年的钱学森，我钱学森不是也回来了吗？现在，留学回国人员（海归派）已经越来越多，这种趋势还会加强。即便一些人长期不回来，也没有什么坏处，相反，增加多少万海外华人华侨也是好的，相信他们绝大多数人会具有一颗"中国心"。

9. 加大吸引海外优秀学生来华留学的力度，在"十一五"期间大幅度增长

吸引海外留学生的总量需要大幅度增加。在"十一五"期间翻两番或者每年翻一番，恐怕也是可能的，而且是应该的。留学生的双向流动，应该是"大出大进"，才能有利于我国高等教育的国际化和现代化。

外国正在加大吸引中国留学生的力度，它们的做法值得我们借鉴。例如，英国、澳大利亚、新西兰等国家在 2005 年的政府奖学金项目中，都开设了专门面向国际留学生的项目，以期吸引更多的国际留学生，其中对中国留学生倾斜。苏格兰国际奖学金项目，全球 22 席中国占 9 席；中澳奖学金项目，亚洲名额的 2/3以上给中国学生，针对研究生的奖学金项目为"澳大利亚长江奋斗奖学金"，主要面向在澳大利亚和亚洲地区的高等院校从事短期研究的研究生和博士后研究人员，每个课题的研究人员可获得总金额为 2.5 万澳元的奖学金；新西兰国际学生奖学金计划，目标锁定研究生，奖学金主要集中在信息技术、生物技术、语言等重点项目，其中很大一部分将颁发给中国学生。针对博士生的奖学金将达到每年 2 万美元，同时新西兰还鼓励博士留学生在新西兰的学校教授一些课程，获得工资报酬，奖学金申请办法将于不久后公布。

在积极吸收外国留学生的同时，积极推动教育高层互访，与有关国家建立稳定的工作磋商机制；继续做好学历学位互认工作，开拓"强强合作"的领域和范围。

10. 要为教育的改革开放设置必要的"防火墙"，但是又不必过于谨小慎微、缩手缩脚，要有足够的民族自信心

面对西方的教育侵略、腐朽文化，"防火墙"不可不设。但是，对于教育开放的负面影响不必过多顾虑和担忧，其理由为：

（1）相信我们自己的"抵抗力"。

（2）相信中国的固有文化、传统文化是优秀的，相信孔夫子不会输给耶稣，相信大多数中国人不会被"西化"。事实上，基督教传入中国也已经有200 多年，尽管有不少人信教，但是，中国仍然是孔夫子的影响最大；佛教传入中国已有 1000 多年，连佛教也实现了"中国化"。改革开放以来，西方思想和文化大量涌入，对我国有很大的冲击，但是并没有从根本上动摇我们的固有文化，相反，有利于发展我国的先进文化。中国留学生到美国、日本、欧洲，并没有被完全"西化"，他们学成回国或者仍然居留在外国，仍然保持一颗"中国心""魂系祖国"。

（3）相信大多数来华留学的外国学生是友好的、善良的，对于中国不会怀有恶意，而且他们很多人会受到中国文化的影响，甚至被中国文化所"同化"。不妨对比一下满族入关之后被汉族同化的情形。犹太人在全世界都没有被"同化"，唯独在中国是例外。所以，如果说"和平演变"的话，谁演变谁？很可能是中国人演变别人。

章开沅教授说[43]："西方传教士来华兴教办学，目的当然是为了'（教）化中国'，亦即是使中国'基督（教）化'，但结果更为明显的却是自身的'中国化'。"原来企图"化中国"，结果反而是"中国化"，充分说明了中国文化强大的生命力、同化力。我们要有足够的民族自信心。

11. 大力加强华文教育和对外汉语教育，并且注意对外汉语教育与华文教育的统筹安排

胡锦涛同志 2004 年 3 月在全国政协致公党和侨联的联组会议上，就进一步推动新时期海外华文教育工作做出了重要指示，提出在加大政府投入的同时建立华文教育基金会，动员社会力量支持华文教育事业。2004 年 9 月，中国华文教育基金会正式注册成立。中国华文教育基金会以"弘扬中华文化，促进华文教育事业发展，加强中外文化交流"为宗旨，业务主管单位是国务院侨务办公室，理事单位包括中央统战部、中央外宣办、全国人大侨委、外交部、国家发展改革委员会、教育部、财政部、文化部、国家广电总局、国家新闻出版总署、国务院侨办、全国政协港澳台侨委、中国侨联、致公党、国家语言文字工作委员会、暨南大学、华侨大学。大力开展海外华文教育，弘扬中华文化，有利于海外侨胞保持民族特性、增进与祖（籍）国的联系和感情，有利于在经济全球化进程中增强海外侨胞自身竞争力，有利于中国走向世界、世界了解中国，有利于促进祖国和平统一和世界的和平与发展。

根据实际情况，对外合作办学常常是"对外汉语教学"和"华文教育"打头阵，两者都应该积极发展，并且做好统筹安排。要编出好的教材，"寓教于文"即注重教学内容的知识性、故事性、趣味性，而不是标语口号、政治标签式的说教。

在华侨华人中开展的华文教育，不仅仅是一种语言教育，它还负有民族文化薪火相传的使命。华文教育的实质就是借助中华民族语言的推广、传承、弘扬中华文化，保持华侨华人的民族特性。开展华文教育，不能只限于语言功能的传授，要将语言文字的学习与文化的传承有机地结合起来，使受教育者在学习语言的过程中，了解、继承和发扬中华民族优秀传统文化。

20 世纪 60 年代台湾、90 年代内地都有大批移居海外的"新移民"，不要让他们成为"化外之民"。我国到外国举办的学历学位教育，应该允许"新移民"及其子弟上学，发扬"弘教泽而系侨情"（1906 年暨南学堂创办的初衷）的历史传统。

目前，华文教育和对外汉语教学分别属于两个部门主管，两项工作虽然有所区别，更多的是共同点，应该加强联系与合作，统筹有关事宜，形成强大的合力。

12. 充分发挥教育在"一国两制"和祖国统一大业中的作用，建议实施"港澳台万千百工程"和"港澳台千百十工程"，并且按照"一个中国"原则来调整宣传口径

人才决定未来，青年决定未来，教育决定未来，"百年大计，教育第一"。应该充分发挥教育在"一国两制"和祖国统一大业中的作用。

港澳已经回归多年，时至今日，不宜再把港澳事务作为"外事"，把与港澳的合作办学"视同于中外合作办学"。与港澳的合作办学应该去除许多"框框"，大力推进，借助于港澳的优势，推进内地学校的现代化与国际化。与港澳的合作办学是在"一国两制"架构下的国内不同地区的合作办学，可以更加开放与搞活。

台湾是中国的领土，与台湾的合作办学也不宜"视同于中外合作办学"，应该视同于与港澳的合作办学。教育在"一国两制"和祖国统一大业中可以发挥巨大作用，"母校"对于校友具有长久的、巨大的影响力和感召力，"同学情""师生谊"可以化为凝聚力、"向心力"。现在，内地与台湾有好几所同名学校，如清华大学、交通大学、中山大学、暨南大学（台湾有"国际暨南大学"，在南投，1992 年创办）、苏州大学/东吴大学，可以积极开展多种多样的对口交流，做统战工作。

可否开放教育工作者"港澳台自由行"？现在手续繁多，很费时间，往往耽误事情。中国人在中国的土地上行走还不大容易，层层关卡，何苦呢？

香港回归以来，还存在不少问题有待于妥善解决。台湾的情况更是令人担忧。2004 年 3 月台湾的"大选"尽管扑朔迷离，有一点是很清楚的："台独"的势力在增长，尤其是在年轻人中很有市场。年轻人，尤其是受过高等教育的年轻人，在很大程度上决定台湾民意，必须重视对年轻人的工作，这是高等教育的十分重大的历史使命。

为了中华民族的统一大业，建议对港澳台实行大幅度的优惠政策：实施"港澳台万千百工程"和"港澳台千百十工程"。"港澳台万千百工程"是说：每年奖励一万名台湾来内地学习的优秀本科大学生，一千名香港来内地学习的优秀本科大学生，一百名澳门来内地学习的优秀本科大学生，他们的学习与食宿费用全免——"万百千"与台港澳的大学生人数相比，百分比其实很小。"港澳台千百十工程"是说：每年奖励一千名台湾来内地学习的优秀博士研究生，一百名香港来内地学习的优秀博士研究生，十名澳门来内地学习的优秀博士研究生，他们的学习与食宿费用全部减免。

根据参考文献[44]，2002 年的数据：全国普通高校生均教育经费支出15 119.56元，其中个人部分 5979.69 元；中央部门普通高校生均教育经费支出23 884.75元，其中个人部分 8956.33 元；博士生 1 个折 3 个，硕士生 1 个折 2 个，函授夜大学生 3 个折 1 个，来华留学生 1 个折 2.5 个（四舍五入）。根据这些数据进行简单计算可知：两个工程的总经费大约是 9 亿元，以今天的国家财力，这笔经费应该是可以筹措的。

如果吸引力还不够大，可以加大奖学金的资助范围和资助强度。

此外，可否设想：目前台湾有 100 多所大学，而内地有 1500 多所普通大学[1]，内地的大学与台湾的大学结成"姐妹学校"，可以是"多对一"，也可以"一对一"为主，辅以"多对一"。内地的"211 工程大学"就有大约 100 所，它们应该发挥较大的作用。台湾的大学有些水平不是很高，尤其是历史比较短，内地的水平较高、历史较长的大学与台湾的大学结成友好对子，一般而言，会受到后者的欢迎。

为了做好对港澳台的工作，建议在宣传口径上加以调整：凡属"中国"的统计资料，应该包括内地和港澳台。例如，报道 GDP 时，建议说"全中国的 GDP 是多少，其中内地多少，台湾多少，香港多少，澳门多少"；报道奥运会奖牌数时，建议说"全中国获得的奖牌是多少，其中内地是多少，台湾是多少，……"，总之，充分体现"世界上只有一个中国"的基本原则。

在华文教育和对外汉语教学方面积极开展海峡两岸的交流与合作，加强两岸华文教育工作者的合作，共同推动中华文化发扬光大。

海峡两岸都是中国人，都肩负着弘扬中华优秀文化的历史使命。长期以来，台湾地区的华文教育工作者，为华文教育作出了很大努力。他们长期为海外华校编印和赠送教材及图书资料，帮助他们改善办学条件，还招收优秀华裔学生到台湾地区学习、深造，为海外华校培养了大量师资。虽然海峡两岸在许多方面有分歧，但在帮助华侨华人在海外生存、发展，推动和促进中华文化在世界传播的问题上，海峡两岸还是有较多的共识和较强的互补性。

作为中华民族大家庭的组成部分，海峡两岸既然可以在经济、科技、文化、体育方面进行交流与合作，也完全可以在发展华文教育这个问题上加强合作与交流。两岸可以合作编写教材，合作培训师资，交流在华文教育方面取得的经验和心得，在语言、文字等学术领域内共同研讨，相互借鉴，求同存异，共同推动华文教育事业发扬光大。

13. 积极借鉴经济领域改革开放的成功经验，重点大学应该走在现代化国际化的前列

我国的经济改革取得了伟大的成功，经济建设取得了伟大的成就，教育改革比较滞后，现在，教育改革可以参考经济改革和经济发展的经验（当然不是照搬照抄）。在一定的意义上，政府办的学校不妨比作"国有企业（国营企业）"，民办学校不妨比作"乡镇企业""民营企业"，合作办学不妨比作"三资企业"，那么，这些企业在改革与发展中的经验与教训都是可供学校参考的。

类似于制定产业政策，可以对于教育的不同领域、不同学科专业、不同地区的教育，制定不同的准入条件、审批条件，五年左右修订一次。

重点大学应该走在现代化国际化的前列，而不是故步自封。不要重走某些国企大厂的老路，不要重走某些名牌产品的老路，如中华牙膏、上海手表、永久/凤凰自行车等，现在"风光"如何？恐怕是"今非昔比"吧。

建议 4 和建议 12 为重点大学提了两个"一对一"、两种"姐妹学校"，合起来是 100 多对"三姐妹"，既是为重点大学增加了压力，也是为它们提供了机遇。

教育主管部门要解放思想，慎重而有序地开放国内高等教育市场，积极引进外资，兴办中外合资的以职业技术培训为主的各级教育。在引进外资办学的问题上，必须坚持以下原则：一是解放思想，大胆实践；二是先行试点，循序渐进，合理布局；三是坚持中外合资办学；四是加快与此相关的法律法规建设，确保高等教育自主权的完整性和中国文化传统的继承性，增强与世界文化教育多样性的交流与融合。

14. 继续坚持高等教育切实按照教育规律办事不动摇

这一条建议与建议 2、建议 14 以及后面的建议 16 并不矛盾，而是相辅相成的两个方面。如果只要一个方面，那是不完整的，难免会有偏颇。

坚持教育事业按照教育规律办事，这是教育部和各级教育行政部门必须恪尽职守的重大责任。我们高兴地看到，教育部领导同志郑重申明：从来没有赞成过"教育市场化"之类的提法。面对"教育市场化"的阵阵声浪，作为国家政府部门的教育部应该成为中流砥柱。

教育事业是公益性的，非营利性的。教育领域需要引进的是市场经济中的竞争机制，而不能简单化为"市场机制"或者"教育市场化""教育商品化"。必须警惕某些人在这些貌似有理的口号下的"敛钱行为"，警惕他们借教育开放与合作办学之名"发教育财"，借洋人之手赚同胞的钱。必须坚持竞争机制与计划机制相结合。

"教育市场"一词与"教育市场化"有所不同，但是，也应该界定在一定的范围之内论及，而不宜大肆渲染，到处乱用。据报道，一些国家（如新加坡、新西兰、澳大利亚、加拿大）已经制定了"雄心勃勃的""进军中国教育市场"的计划，这是我们要加以警惕的。而不是像有一些人那样盲目跟随，把"教育市场化"作为先进的世界潮流，把"中国的教育市场"交给西方国家操纵。

15. 类似改革开放之初搞经济特区一样，开辟"教育特区"——深化教育改革的试验区：可以是某些高校，如暨南大学；也可以是某些地区，如珠海大学园区

暨南大学的传统和特点适合于这样做。暨南大学的前身是 1906 年创办于南

京的暨南学堂，"宏教泽而系侨情"。改革开放以来，坚持"面向海外，面向港澳台"的办学方针，暨南大学有了很大的发展与提高，在海内外享有很高的声誉。"华侨最高学府"暨南大学是中国拥有海外以及港澳台学生最多的大学。在校22 000名全日制学生中，共有来自世界五大洲57个国家和港澳台3个地区的学生8966人，数量居全国高校第一；其中，台湾学生524人，约占全国在内地的台湾学生总数的1/8；而来自海外及港澳台地区的研究生741人，约占全国总数的1/4。每年报考暨南大学并被录取的海外及港澳台学生，均大于全国其他所有高校的总和。

暨南大学积极推进各项改革，努力实施"侨校＋名校"发展战略并且取得了显著的成绩，学校在全国高校中的声誉和地位迅速上升，目前是在前50名之内。暨南大学不但在广州有校本部，而且，在经济特区有深圳旅游学院和珠海学院，这是"本部办学的延伸"（周济部长2004年夏天来广东视察时对我校办学模式的充分肯定）。暨南大学作为我国高等教育改革开放的"教育特区"，作为加强对外开放与合作交流的重点试验学校，应该是很合适的。

珠海大学园区"异军突起"，在全国目前众多的"大学城/大学园区"之中具有特色，可谓独树一帜。目前已经有来自全国各地的十多所大学，大部分是重点大学。其中，有综合性大学也有单科性大学，有理工科大学也有艺术类大学，有普通高校也有职业技术学校，有的学校以办学为主也有的学校以创办科技产业为主，争奇斗艳，各有特色，生机勃勃。珠海的高等教育从零开始，仅仅五六年时间就跃居广东省第二位，这是很不容易的。除了几个直辖市以外，在一个市域之内有如此丰富多样的高等教育，在全国恐怕是数一数二的。建议如同改革开放初期创办经济特区一样，把珠海市办成"教育特区"。

珠海的地位与形势，珠海大学园区的结构与特点，适合于这样做。例如，在北京不好办的事情，不妨到珠海来办，在本部不好办的事情，不妨到珠海校区（分校）来办；办好了，探出一条路子，万一办不好，影响也不会太大。

在教育特区里，可以进行多种试验，如民办教育，独立学院和其他公办新机制新模式，引进外资办学，股份制办学，以及探索"异地办学"的经验与教训，等等。

16. 继续大幅度增加对教育的投入

首先是政府加大投入，同时，鼓励民间资金投入，第三，吸收外资投入。

最近几年来，教育经费增长较多，但是仍然不能满足教育事业提高质量和持续发展两个方面的需求。当前，我国财政性教育经费占GDP的比例仍然偏低，极大地制约了科教兴国战略和人才强国战略的实施。据统计，2003年国家财政性教育经费占GDP的比例为3.28%，比2002年的3.32%下降了0.04个百分点，这种下降是1995年以来的第一次，必须引起我们高度关注[14]。

台湾地区 2003 年"公共教育经费"占"本地居民生产总值"的比例为 5.9%。[12]

现在我国民间资金很多,民营企业家集聚了大量的资本要寻找出路,建议制定相应的政策,鼓励民间资金投入(捐赠或投资),对他们给予一定的回报。经济领域改革开放的成功因素之一是积极引入了大量的外资,教育领域也可以考虑引进外资。

世界银行下属的国际金融公司在发展中国家已向 11 个民办教育机构提供 4400 万美元的贷款,但是在中国却因为限制太多,无法办理。

改革开放以来,我们已引进了这么多外资来振兴经济,现在,应该积极考虑引进外资来振兴教育。

17. 积极开展高教研究,包括国际对比研究、历史对比研究和对于教会大学的研究

各校都应该有高教研究所(或者高教研究中心),切实开展研究工作,为本校的发展出谋划策,也为国家的高等教育提供建议。

高教研究要重视国际对比研究,研究国际一流大学的办学经验。

高教研究要重视对我国高教的历史对比研究,总结经验和教训,特别是北大、清华、西南联大、哈军工等校。建议开展教育史研究、校史研究、教育家和著名校长研究。

教会大学的出现是中国历史上的一种重要现象,也是目前世界高等教育的一种现实。从技术角度,教会大学有没有可取之处?能不能从中得到一些警戒和借鉴?章开沅教授说:"我曾经参观过香港、台湾地区多所基督教大学,也曾经参观过欧美、东亚许多国家素负基督教背景的著名大学,觉得这些学校至今仍然可以作为我们高教工作,特别是作为学生人格教育的重要参考。"[43]此外,毋庸讳言,改革开放以来,一些以前具有宗教背景的学校实际上已经部分地得到了恢复。例如,中山大学获准成立了"岭南(大学)学院",北京大学设立了"燕京研究院",南京师范大学设立了"金陵女子学院"等,而且,随着香港的回归,香港岭南大学、浸会大学更是不容回避的现实。所以,在警惕教育侵略的同时,对于昔日的教会大学,可否从历史的角度,以开放的心态重新作一些研究?

18. 澄清并克服"专升本"误区,大力发展职业技术教育

这一条建议似乎与教育对外开放有一点距离,其实,也可以从国际对比中得到借鉴。因为西方发达国家大多很重视职业技术教育,尤其是高等职业技术教育。

我们认为,"专升本"的提法本身在理论上就是一个误区。大专与本科都是高等教育,是同一个层次上的不同培养模式,培养不同类型的高级专门人才,不存在什么高低之分和升不升的问题。这个误区不利于发展我国的职业技术教育,

尤其是高等职业技术教育，不利于培养高技能人才。

现在国内大学都是一个模式，通通向着哈佛、剑桥的通才教育、精英教育看齐，从教育模式到专业目录都是"千校一面"，造成了人才的严重同构化，很难满足就业市场各种层次、类型的需要。

高技能人才紧缺已成全国性问题，据国家劳动部门统计，在我国 7000 多万技术工人中，高技能人才仅占 4％，远低于发达国家 35％的水平。专家认为，高技能人才短缺已成为"严重影响我国经济持续健康发展"的瓶颈。近年来，一些地方的"民工潮"已经开始变成了"民工荒"，其实是"技能型人才荒"，应该引起教育部门的高度重视。

有识之士已经指出，要重视培养高技能人才，高校也要出能工巧匠。现在，在普通高校大学毕业生就业难的同时，有一技之长的高职毕业生却很紧俏，很多企业以 6000～8000 元的月薪都招不到人。据介绍，深圳职业技术学院的毕业生就业率连年在 97％以上。深圳每年需增加高技能人才 7400 人，而培养和引进的高技能人才仅有 1100 人，缺口相当大。

为了克服这一误区，应该对专科教育作政策倾斜，加大技能型人才培养力度。具体建议有两点：

（1）把义务教育的范围扩大到职业技术教育。针对多年来我国教育界不重视职业技术教育以及当前我国职业技术人才奇缺的局面，把义务教育（或者"半义务教育"，即部分地减免他们的学费，并且补贴部分生活费）扩大到中技、中专和大专教育范围，严格控制"中专学校升大专""大专学校升本科"的一窝蜂现象。

（2）把专科教育与研究生培养直接挂钩。现在，专科毕业一般是不能报考研究生的，唯独 MBA 有所例外。可否类似于 MBA 的做法（也是有种种约束条件的，其中有些是必要的，有些则要适当放宽），让专科毕业生也能报考工程硕士和其他若干专业学位的研究生？这样，让专科毕业生的前途"上不封顶"，才能够对他们及其家长起到激励作用。

1.4　加快广东省高等教育发展[*]

根据省政协今年工作安排，省政协教科文卫体委员会两个专题调研组，于 3～4 月分赴广州、深圳、珠海、湛江、江门等地的中山大学、深圳大学、广东外语外贸大学等 8 所普通公办高校，岭南、新安等 4 所民办职业技术学院和珠海、深圳等大学园区就"加快我省高等教育发展"问题进行了专题调研。调研组听取

* 本节内容是广东省第九届政协教科文卫体委员会向政协常委会提出的专题议政材料，广州，2003 年 6 月 17 日，合作者：韩大建，周明理，杜重午，李定安，钟韶，王绵宁，梁仁，耿安松，陈潮填，张炴，党志，陈志澄，伍超标，罗小平，谢可滔，张晓丹，樊锁海，余国慧，高宏的，陈声醒，詹世英，李军，韦锐辉。

了相关市领导及有关部门负责人和各高校领导的介绍，召开了各校中层干部和师生代表座谈会。现将调研情况报告如下：

1.4.1　广东省在发展高等教育方面已经取得显著成绩

近几年来，在省委、省政府的高度重视及我省经济发展的强势带动下，广东省坚持以满足经济社会发展的需要为出发点，在高等教育改革、扩大规模和提高质量等方面取得了显著的成绩，逐步扭转了高等教育相对滞后的局面。

1. 积极扩大办学规模，加快高等教育大众化进程

在 1998～2002 年的四年时间里，广东省通过整合资源，增加扩招渠道，在各高校教师总量基本不增加、办学经费不足的情况下，通过挖掘潜力，改善办学条件，有效扩大了招生规模。广东省普通本、专科招生数从 6.1 万人发展到 17.6 万人；在校生数从 18.5 万人发展到 46.78 万人，是原来的 2.5 倍，各校平均规模也扩大至原来的 2.2 倍左右；全省毛入学率也由 8.2% 提高到 15.3%；从而使广东省高等教育开始跨上大众化的台阶（表 1.20）。

表 1.20　1998～2002 年广东省高校招生情况

项目		1998 年年底		2002 年年底	
		普通教育	成人教育	普通教育	成人教育
高校数/所	总数	43	57	71	37
全省招生数/人	本科生/万人	3.1	4.2	7.28	2.78
	专科生/万人	3	4.7	10.33	9.77
	博士研究生	582		1 613	
	硕士研究生	2 508		7 121	
全省在校生数/人	本、专科生/万人	18.5	14.63	46.78	28.9
	博士研究生	1 539		4 284	在职攻读
	硕士研究生	6 504		17 253	学位 4 155
高考录取率/%				71	
毛入学率/%		8.2		15.3	

2. 有效整合教育资源，不断创新发展模式

近几年广东省在挖掘现有高校潜力和优化配置教育资源方面作出很多有益的探索，推进了办学模式的创新。如原中山大学和中山医科大学的强强联合；原广州师范学院和广州大学等 9 所院校的合并重组；若干重点中专学校合并升格为职业技术学院等，实现了现有公办高校资源的新整合；中山大学、暨南大学等开办了分校区或二级学院校区，探索了利用现有高校延伸办学的新模式。除原有的电视大学和自学考试等形式之外，各地还利用现代网络技术和远程教育不断拓宽发展高等教育的新领域。华南理工大学等 3 所高校率先成立了网络学院，深圳还创办了虚拟大学。

3. 改革高校管理体制，调动地方办学积极性

近年广东省实行了两级管理，三级办学的管理体制，充分发挥地方政府举办高等教育的积极性。各地因地制宜采取不同模式，大胆改革创新，力求超常规实现高等教育的跨越式发展。如广州、深圳、珠海、佛山、东莞等地采取政府提供土地、减免税收等多种优惠措施，先后创办了大学城或大学园区；珠海引进省内外十多所名校在珠海大学园区办分校，探索国内著名高校异地办学的新模式，既有利于当地高等教育的发展，也促进了当地的经济发展；汕头、江门等地利用侨乡的优势，鼓励支持华侨投资办大学；惠州、梅州、韶关、肇庆等市则支持把原有的地方院校升格为本科学院；经济欠发达的地级市也都办起了职业技术学院。通过发展模式的创新和教育资源的有效整合，广东省 21 个地级以上市都实现了至少有一所专科以上高校的目标。

4. 加强教学质量管理，不断提高办学水平

1993 年开始，广东省率先打破条块分割的办学模式，与教育部共建部属重点大学——中山大学和华南理工大学。其后，又加大投入，重点支持这两所有研究生院的大学进入全国高水平大学的建设行列。目前广东省已有 4 所高校，即中山大学、华南理工大学、暨南大学、华南师范大学进入国家"211 工程"建设。"九五"期间，广东省高等教育重点抓了旨在提高教育质量和办学水平的"四重"（即重点学科、重点实验室、重点教师、重点课程和教材）建设。目前广东省有国家级重点学科 42 个，博士点 92 个，在全国分别排名第 6 位和第 4 位，一批学科的学术水平已接近或达到国际先进水平。广东省大学生在全国性和国际性的比赛中也频频获奖，英语四级过级率已从全国的第 11 位跃升至第 5 位。此外，广东省高校在科研方面也取得了新的成绩，共建立了 5 个国家级的工程研究中心和重点实验室，有 1 个国家级和 4 个省级的大学科技园。在招生方面，广东省于2002 年在全国率先实现了远程网上监考、网上评卷和所有批次网上实时远程录取，同时还率先进行了招生就业制度改革等。

5. 鼓励社会力量投资办学，民办高等教育初见成效

广东省自 1994 年诞生了首家民办普通高校——私立华联学院以来，至今已有培正商学院、白云职业技术学院、岭南职业技术学院等 9 所独立建制的民办高校，还有 15 所依托普通高校办学的民办二级学院，民办高校已成为发展广东省高等教育的一支新生力量。其中华联学院已为社会培养了 6000 多名大专层次的毕业生。在发展民办高等教育过程中，广东省注意调动社会力量投资办学，9 所

独立建制的民办高校已吸纳社会资金约 8 亿元。

1.4.2　当前广东省高等教育发展存在的主要问题

虽然广东省在高等教育发展方面已经取得很大成绩，但与经济大省的地位和建设文化大省的要求还不相适应，与不断增强发展后劲、提高发展的质量和水平的现代化建设进程还不相适应，与广大人民群众日益增长的物质文化需求也不相适应。

1. 高等教育发展规模仍然偏小，水平仍需继续提高

广东省高等教育无论在规模、层次、校园面积等方面都不如北京、上海、江苏、浙江等省市。广东省在校普通大学生数在全国虽排第 5 位，但若按每万人口在校普通大学生数统计仅排第 18 位；2002 年江苏省高等教育毛入学率为 25%，而广东省只有 15.3%，仅略高于全国 15% 的平均水平。去年年底广东省委、省政府已决定把原定 2005 年毛入学率 16% 的目标调高至 20% 以上，若按此测算，全省在校普通大学生应从目前的将近 47 万人跃升至 80 万人，缺口高达 30 多万人。即使广州小谷围大学城建成后也只能容纳 14 万在校生，还有一半以上的发展空间需要寻求其他的解决办法。广东省博士、硕士等高层次教育规模也低于全国平均水平，除广州外，博士层次的教育只有汕头一个点，第二大城市深圳没有博士点，而第三大城市佛山连硕士点也没有。近年广东省通过办大学城和增加校区等方式缓解了部分高校校园面积不足的突出矛盾，但仍未能从根本上解决发展空间问题。此外，目前普遍推行的多校区办学模式，也在一定程度上增加了高校的办学成本，降低了资源效益。作为占全国 GDP 总量 11% 的经济大省，广东省高校在高水平的学科领域里仍存在差距。截至 2001 年，广东省在全国 305 个工学一级学科博士点中仅占 8 个，在 142 个理学一级学科博士点中仅占 5 个，在 74 个人文与社会科学一级学科博士点中仅占 3 个。广东省高校获得国家级奖的数量以及国家重点实验室和国家工程研究中心的数量也偏少。

2. 体制改革相对滞后

在调研中各校普遍反映，目前制约高校发展的主要问题是体制问题，最突出的是学校普遍感到缺乏办学的自主权。在规划、用地、招生、收费、职称评定、专业设置、人事管理等方面都受到某些不合时宜的限制。由于管得过多过死，反而影响了教育事业的发展活力。例如，按原有规定，一间大学从建校到取得博士学位授予权需要 25 年以上，而深圳从一个小县城发展成现代化大城市也不过 20 年。如果继续执行这一陈旧的规定，将会严重阻碍深圳大学的发展，更谈不上实现跨越式发展了。

广东省民办高校起步较早，但由于缺乏激励机制，导致学校规模偏小，发展速度缓慢，学科不够广泛，民办高校发展远远落后于先进省市，目前 9 所民办高校在校生人数只占全省的 5％。许多民办高校在发展用地、税收减免、银行贷款、招收学生等方面遇到诸多困难。

3. 高校师资缺口很大

经过连续四年的扩招，广东省高校教师普遍处于超负荷状态。按 2005 年毛入学率达 20％测算，全省普通高校专任教师至少要达到 4.7 万名，可 2002 年在编教师才 3.3 万名，连近三年退休和调离人员在内，尚需补充近 2 万名教师。况且广东省教师整体水平不够高，具有研究生学历的专任教师及高层次人才偏少。广东省高校的学科带头人缺乏，特别是缺乏大师级的人才，拥有两院院士的人数北京大学是 44 名，清华大学是 47 名，复旦大学是 20 名，上海交大是 16 名，南京大学是 23 名，浙江大学是 15 名，而广东省高校总共才 17 名。在人才引进方面，由于许多高校仍然使用 20 世纪 90 年代的编制数，多年来一直没有增加，从而出现教师紧缺又没指标可以进人的被动局面。除了进人编制和户口指标外，引进教师的最大困难还在于住房、家属安排和工作条件等具体问题。广东省吸引高层次人才的优势已逐渐弱化，引进高水平、高学历、高职称的人才显得越来越困难。

4. 高校办学经费仍然不足

广东省普通高校经过连年扩招，招生数和在校生数已分别为四年前的 2.7 倍和 2.5 倍，以后还将逐年提高。按国家规定生均基本办学条件测算，每增加一名大学生需投入 4.5 万元。广东省近几年对教育投入的绝对值虽有一定数量的增加，但政府投入的教育经费仍不能适应大量扩招后的发展需求，致使生均经费水平不断下降。2002 年广东省各级各类教育经费投入仅占 GDP 的 2.7％，低于全国 3.2％的平均水平。广东省本科高校的收费标准偏低，未能体现优质优价的市场原则。经费不足制约了实验仪器设备、图书资料等教学条件的改善，也制约了高校的进一步发展。广东省虽已启动对教育事业的贴息贷款，但贷款额度不足并受条件制约，使各高校普遍存在还贷能力的担忧。

5. 高等教育结构和布局不够合理

根据经济社会发展和人才市场的需求，本科生的需求量要比专科生大。本科生占在校生率北京为 81.68％，江苏为 67.61％，上海为 63.67％，全国为 61.03％，而广东省仅为 47.91％。在学科结构方面，广东省工科院校和工科学科过少，工科类专业学生只占学生总数的 30.09％；经济管理本科专业也偏少。此外，高校的地域布局方面也不均衡，经济比较发达的深圳市也只有 3 所独立建制的普通高校，粤东、粤西和粤北等欠发达地区的高校资源更显不足。

1.4.3　对加快广东省高等教育发展的几点建议

按照胡锦涛总书记今春视察广东时提出的加快发展、率先发展、协调发展的要求，实现省委、省政府提出的加快广东省高等教育跨越式发展的战略目标，我们必须充分认识教育，尤其是高等教育在广东经济社会发展中的基础地位和先导性、全局性作用，必须始终把教育摆在优先发展的战略位置，必须提出并采取超常规的发展思路和政策措施。调研组为此提出如下建议。

1. 创新投入体制，积极开发利用社会资金

在今后几年超常规发展中，应加大政府投入与学校融资两方面的力度。根据经济社会发展情况，政府应逐步加大发展高等教育的财政投入，逐年提高广东省教育投入在 GDP 中的比重，争取 2005 年接近全国平均水平；通过建立合理的公共财政支出体系，把原按教师人数拨款的方式改为按学生人数和专业成本分层次拨款；用活贴息贷款，发挥"政府贴息、银行贷款、学校还贷"新投入机制的调控作用。在继续加大财政投入的同时，充分利用社会资源，鼓励学校采取租赁、借贷、企业加盟、社会赞助等多渠道、多形式资金投入，开发和利用好办学的社会资源。鉴于广东省高校收费体制改革滞后的实际情况，建议核算培养成本，公立高校和民办高校分别逐步做到按"准成本"或"成本"收费。政府要出面与银行联系，设法解决助学贷款碰到的关键问题，大量增加助学贷款，扩大受益面，缓解提高学费后给家庭贫困的学生带来的经济困难。

2. 创新管理体制，强化高校办学的自主权

随着高等教育的快速发展，其管理模式和评价标准也要相应调整，最重要的是要在办学和人财物的管理等方面给高校以更多的自主权。建议实行分层管理和分类指导。即对不同层次、不同地域、不同类型、不同性质的高校采用不同的管理办法。把部属和省属重点院校发展的重点放在研究生教育、留学生教育、高层次培训和高水平研究上，重在"做强"；支持条件较好的本科院校在做强本科教育的同时，适当扩大硕士研究生规模，扶持基础较弱的本科院校，促成"做大"。同时要注意质量内涵的层次差异，严格把好质量关。要分类完善各类评价指标体系，加强对教育教学质量的评估；尤其要对新办高校、民办高校、公办新机制分校和基础薄弱高校分类型、分层次、分阶段进行评估。在加快高校内部管理改革方面，当前把重点应放在高校人事制度和后勤服务的改革，精简非教学人员，选用年富力强的优秀管理干部上。各级党委、政府及其职能部门应积极主动提供政策上的扶持和引导，多为高校排忧解难，在财力有限的情况下，特别注重在政策上给予扶持。例如，在银行贷款、人才引进、土地征用、基建报批、税收减免、人员编制等方面，可以给予高校特事特办的优惠政策。国土、规划、城建、公安、组织、人事、劳动、消防等部门可对高校实行"一门（站）式"办公，开辟"绿色通道"，为高等教育的跨越式发展创造良好的政策和管理环境。

3. 创新办学体制，鼓励扶持民办高校等多种办学模式

鼓励社会力量以多种形式参与办学，建立多元办学新体系，是高等教育改革的必由之路。因此，必须改变国有公办这种由政府"唱独角戏"的办学体制。在继续办好普通高校的同时，积极探索和完善公办民助、民办公助等办学模式；对现有特别困难的公立高校，可尝试合并、转让、收购等多种形式，成立职业技术学院或专科层次的社区学院，盘活现有教育资源；还可以选择少数高校或高职院校尝试实行股份制改造，进行"国有民办"改制试验。

人大已经颁布了《民办教育促进法》，建议广东省尽快制定实施《民办教育促进法》细则，力求从政策和措施上扶持和促进民办高等教育的发展；如在土地征用和减免建设配套等有关规费方面使民办高校享受与公办学校同样的政策；依评估结果给民办高校相应的奖励或补助；鼓励退休教师到民办高校任教；解决民办高校教师的人事专用户头和自筹经费的人事编制；给予民校教师计算工龄；允许办理民办、公办高校教师互调手续；支持申报社会急需的新兴专业；适当增加录取人数；把民办性质高校的招生范围扩大到外省等。民办高校的质量参差不齐，变化也快，因此必须制定必要的政策措施，加强宏观管理和服务指导。建议完善评价指标体系，允许民办高校"滚动发展"；本着"以评促建"原则，定期对民办学校进行评估，加强对财产使用和变更的审计和监督，对管理好、质量高者予以表彰、宣传和扶持，对质量低、条件差者要限期采取改进措施。

制定相应的优惠政策，鼓励支持有实力的国内外企业集团合资或独资办学，特别是兴办高等职业教育；鼓励港澳台同胞和海外侨胞投资办学。

大力推进信息化教学手段，适量增加网络学院和招生人数，提高这种低成本、超时空限制的优质教育资源的利用率。

4. 尽快缓解师资紧缺的矛盾

解决教师紧缺问题也应有新的观念和新的做法，不应将教师管理等同于公务员管理，不应过分强调教师单一归属的"固定"模式，而应提倡教师兼职等"流动"模式，逐渐提高人才资源的共享度。应尽快下达省属高校新的教师编制方案，简化定编程序，实行编制改革。为方便引进人才，应以在校生数为依据，变静态定编为动态定编；采用人才"刚性"引进与"柔性"引进相结合，"固定"教师与"流动"教师相结合的动态模式。建议采用政府统筹和学校挖潜相结合的办法解决教师的住房问题，落实教师购房优惠政策，解决货币分房的补贴资金。同时要增拨引进人才专款，对高层次人才给予适当补贴。鉴于广东省吸引人才的"洼地效应"已明显减弱，必须设法提高自行繁衍人才的"榕树效应"，通过各种渠道，大力培养、用好和稳定现有教师资源。注意挖掘硕士、博士生培养潜力；并有计划地分批选派教师到国外进修；制定有利于高校人才引进和流动的政策；

盘活现有人才资源；优化教师资源配置；利用现代化教学手段解决教师不足的矛盾；发挥优质教师的作用，开发优质课件；深化人事制度改革。在社会上聘用专业技术人员；延聘返聘教师；充分发挥退休教师的作用。制定相应政策，解决海归人员的入户、劳保、编制、住房、税收等问题，给予办理暂住证，减少进人报批关卡。要帮助解决民办高校教师的户口、子女教育、养老保险、医疗保险和教龄计算等问题，增强他们的归属感，以消除他们的后顾之忧。

5. 优化高等教育的结构和布局

广东省高校经过几年快速发展后，已出现一种"遍地开花"的局面，因此有必要根据实际情况，对现有高校实行学科优化和布局整合。根据经济社会发展和人才市场的需求，加大本科生在学生总数中的比例，尤其要扩大工科类本科生的比例，力求尽快达到全国的平均数。要增加硕士授予单位及学科点，扩大研究生招生规模，整合成人高等教育。根据广东省产业升级、经济结构战略性调整和扩大对外开放的需要，积极调整和优化高校学科布局。加强与广东省工业发展密切相关的微电子、通信、计算机、光学、生物、环境、汽车、机械等领域的学科。要做强优势学科，改造某些传统学科，培育急需发展学科，扶持有特色的新兴学科，支持设置社会急需的新专业，使高校的学科、专业设置尽量覆盖广东省经济建设和社会发展最需要的行业和领域。既要注意工科、信息技术学科对工业产业、高科技产业的激活作用，也不能忽略人文社会科学学科对经济、特别是对第三产业的"融合作用"和"扩张作用"。建议根据广东省地区经济协调发展战略，对各地区高校的布局进行相应调整。如在深圳增设高校，提高层次；对东西两翼和粤北地区的高等教育加大扶持力度；引导各高校尽可能在周边拓展新的办学空间等。

积极主动和统筹兼顾地办好大学城和大学园区。对广州小谷围大学城的建设，要注意建成后的运作模式和管理，确保教育质量和校区稳定。在基本建设和学科分布上，要考虑若干年后各高校可能会通过土地置换形式把几个校区整合成整体的需要，保证整体布局和学科规划的前瞻性与先进性；还要考虑商业配套，课余生活和校区文化；建设一批教师公寓作为新教师的周转房。珠海大学园区汇聚多所国内高校的分校，建议研究解决这些学校在广东的招生指标和学籍问题。同时也要加强对这些学校教育质量的监控，确保名副其实引进名校的优质资源，尤其要保证师资的数量和质量，防止发生"卖牌子"的现象。

6. 不断完善高等教育发展战略，制定协调发展的指标体系

高等教育发展是一项关系全省经济和社会发展后劲的紧迫而又长期的任务，广东省在执行近期规划的同时，应根据加快发展、率先发展、协调发展的要求和变化了的形势，及早修订高等教育的战略发展规划，以利于高等教育的发展与经济社会的发展相协调；发展高等教育的规模与质量、结构与效益、近期举

措与长远措施相协调。为此，建议有关部门围绕 2005 年广东省在校大学生要达到 80 万人，毛入学率要达到 20％的既定目标，研究制定一个包括生源、师资、投入、场地、结构比例、高校布局、毕业生就业及发展科研等内容的指标体系，作为宏观调控的依据。根据广东省经济社会发展的需求，就各个不同的教育层次（博士、硕士、本科、专科和高职），不同的学科专业（理、工、农、医、文、经、管，以及体育、艺术等），不同的地域（广州、深圳两中心城市，经济发达的珠三角、粤东、粤西、粤北等欠发达地区）作出一个能较好地体现集约、持续、全面系统发展观的高等教育发展战略规划。在近期，除了集中力量建设好广州小谷围大学城外，还要重视发挥珠海、深圳，以及广州的石牌、龙洞等现有大学园区的优势，充分挖掘各方面的潜能，保证 2005 年毛入学率达到 20％的目标。建议提前做好并及时修改各大学城的中远期建设规划，有计划、有步骤地分步实施。在各大学城、大学园区附近应留出足够的发展空间，以便宏观调控基建用地，避免将来可能面临的大面积拆迁而造成的浪费，保证广东省高等教育的可持续发展。此外，还应明确校区周围的市政建设属于"公共产品"，应由政府负担建设和维护。为满足高校不断扩招的需求，以保证生源质量，要进一步发展和加强高中教育，做好普教与高教的衔接，当前，要重点抓好示范性高中建设。

1.5　建设广州大学城*

广东的经济发展在改革开放 20 多年来已取得世人瞩目的成绩。当前，广东要进一步增强发展后劲，就必须大力发展高等教育，推进高等教育大众化。连续几年的高校扩招，已使广东不少学校的教学资源捉襟见肘。解决大学基础设施供求矛盾的最好办法便是兴建大学城，卢瑞华省长在广东省十届人大一次会议上所作的《政府工作报告》中特别指出要"建设广州大学城，实施高校'强校建设工程'"，建设大学城的工作已经提上日程。

当前，不少人提出在番禺小谷围岛建设广州大学城，这当然是可行之道，但大学城建设的指导方针应是在充分利用现有条件的前提下，积极开辟新的教育资源。所以，我们更应该高起点地规划和建设好现有的广州石牌大学区来建设石牌大学城。

（1）石牌建有多所大学，已初具大学城雏形。在广东进入国家"211 工程"建设的四所大学中，石牌地区就有三所：暨南大学、华南师范大学、华南理工大学，连同附近的华南农业大学、广东技术师范学院、广东工业大学（五山校区），设在石牌的广东乃至全国知名大学已达六所。这些大学涵盖文、理、经、管、

---

* 本节内容是在广东省做大做强高等教育座谈会上的发言，东莞，2003 年 4 月 2 日。

法、工、农、医、生命科学等多个学科，使石牌成为广州著名的大学园区，形成了良好的学术氛围。美国华裔著名科学家杨振宁先生曾经说过，一所名牌大学形成学术氛围，没有五十年的时间积累是不可能的。所以，在石牌建设大学城具有其他地区无法比拟的环境优势。

（2）在石牌建设大学城，具有优良的资源优势。经过国家和地方政府持续不断地投入，石牌各高校均已建成完善的校园基础设施、教学设施和公共服务设施。石牌六校作为国家级文化素质教育基地，早已实现了图书馆藏书互借和跨校选课，具有较长时间的友好合作关系。而且各高校之间的距离适中，实验室、仪器设备、体育馆等教育设施和学生公寓、食堂等公共设施及师资方面均易实行共建共享，学生也可以共同开展课外讨论及专业学术活动，具有建设大学城所需的资源共享条件。

（3）在石牌建设大学城，具有深厚的产业优势。大学城是一个集教育、科技和现代服务业为一体的宏观产业环境，在石牌高校附近已自发形成一个高科技产业区和文化产业区，最具代表性的便是以太平洋电脑城和广州科贸园数码城为代表的电子产业，以天河购书中心和天河娱乐广场为代表的文化产业，以天河城、天河购物中心、总统大酒店、华威达酒店等为代表的第三产业，效益良好，声名远播。据统计，太平洋电脑城年交易总额已超过北京中关村的交易额。一个以教育、科技和第三产业相结合的宏观文化环境在石牌一带已经形成，必然能进一步促进大学城的发展。

（4）在石牌建设大学城，具有完善的服务体系。经过几十年的建设，石牌附近形成了完善的公共服务设施体系，东有天河公园、西有动物园、南有珠江公园，北有广东植物园，乘车 10 分钟可到天河体育中心，天河娱乐中心、天河购物中心则与高校比邻而居，银行、电信等服务设施齐全。广东教育厅计划在华南农业大学附近建设的大型教师住宅和学生公寓，更解决了在石牌建设大学城的后顾之忧。一个以教育产业为龙头，高素质、高层次、多功能的知识园区已经在石牌一带呈现。

（5）在石牌建设大学城，有利于"泛教育"事业的进行。"泛教育"的核心思想是"跳出教育做教育"，从教育的产业价值和实用角度延伸教育的多种功能，以教育为形，用教育产业为龙头，充分利用各种产业的教育功能，培养综合型高素质人才。"泛教育"要求建设一个以教育为龙头，复合教育、科技、图书、文化、商业、休闲、娱乐、体育、旅游、培训等多种产业和行业的巨型产业群，在石牌建设大学城已初步达到"泛教育"的要求。

可见，石牌一带历史性地形成了高教园区，具备了建设大学城的许多必需条件。"善作者，因势而利导之"，在筹建新大学城的同时我们为什么要舍弃这么好的教育基础呢？一个全新的大学城固然可以在全面规划后快速建成，但浓厚学术氛围的形成和公共服务设施的完善绝非一日之功，而且重复建设将造成资源的极大浪费。所以，我们的当务之急应是尽快对石牌进行合理地规划，以最少的投入获得最大的收益，早日把石牌一带建设成统一管理、分工负责、资源共享、优势互补的大学城。

1.6　激励民办专科学校升为本科学校*

我国的民办教育尤其是民办高等教育经过 20 年的风风雨雨，现已开始迈入一个新的发展阶段，其主要标志之一便是民办专科院校积极努力升格为本科院校。

"专升本热"不仅反映了专科层次学校追求向更高层次发展的一种期盼和要求，更反映了我国本科教育中仍旧突出的供需矛盾。当前，我国高等教育资源特别是优质资源仍很紧缺，与日益增长的高等教育需求形成了强烈反差，高等教育供给水平仅能满足大约 1/6 适龄人口的需求，而且在其中也仅有 45% 左右的青年能够获得接受本科教育的机会。因此，允许有条件的民办专科院校升格为本科，无论是在促进学校的发展、教师的成长、人才的培养方面，还是在优化国家教育资源、提高国民素质方面，均具有很重要的意义。

由于条件所限，且发展时间短，目前我国民办学校的教学水平和教育质量良莠不齐，但这并不能否定民办学校的美好发展，西方发达国家私立学校的发展就能很好地说明这一点。长期以来，利用社会力量办学是西方发达国家的一贯做法，公众对私立学校的认可程度明显高于公立学校。经过多年发展，西方发达国家的私立学校办学质量明显高于公办学校。且大多为世界著名高等学府，如英国的牛津大学、剑桥大学，美国的哈佛大学、麻省理工学院、斯坦福大学等，均为世界著名的私立大学。

所以，为了使民办学校有较好的发展，我们应当采取"区别对待、积极引导"的措施，激励民办专科学校升格为本科。

首先，在宏观上对民办专科院校升本科要加强引导，合理规划，分步实施，掌握好专科院校升格为本科的发展速度和节奏，防止出现一哄而起的情况。对于教学质量优异、办学水平较高的民办专科院校，应当允许其升为本科。

其次，要制定专科院校升格为本科的标准，并严格审核程序，保证专科院校升格为本科的必要办学条件和质量。这些标准包括学校的硬件设施、管理水平、经费保障、招生条件、学生毕业的标准、教师的标准等多个方面。

最后，政府要建立一套完整、系统、尽可能具有操作性的制度、法令，诸如经费的筹集、支出，人员的聘用、晋级，生源的录取、管理、分配，课程、专业

---

* 本节内容是向广东省第九届政协提交的提案，广州，2005 年 6 月。

的设置等，都应有一套相应制度与之对应，以明确、可行的法律和法规去规范民办学校，以保证民办院校的教学质量。

1.7　促进广东省职业教育发展[*]

为促进我省职业教育发展，广东省政协教科文卫体委员会与广东省民盟联合组成了调研组，于 2004 年 6 月至 9 月间，走访了广东省教育厅、广东省劳动和社保厅，深入到广州、深圳、佛山和韶关等地进行了调研。

1.7.1　广东经济与社会的发展，要求大力推进职业教育改革与发展

中国特别是广东正面临着成为新一轮"世界工厂"的重大机遇，我们能否抓住这次机遇，真正成为我国乃至世界最大的制造业基地之一，关键在于我们能否不失时机的大力发展职业教育。为适应广东经济与社会发展要求，必须大力推进我省职业教育改革与发展。

近年来，广东省下达了不少旨在推动我省职业教育发展的文件，显示出党政领导对发展职业教育的重视，但是，我省目前职业教育发展的状况依然大大落后于客观要求。其重要原因之一就在于没有真正认识广东经济与社会发展对职教发展的客观要求。

1. 大力发展职业教育是我省经济结构调整的必然要求

我省经济结构调整，一方面将产生大量的新兴产业，如信息技术、生物技术、光机电一体和新材料等高新技术产业，形成对新型技能型人才的巨大需求；另一方面将淘汰一批不适应经济与社会发展的企业，导致大量的结构性转岗及失业人员。据调查，广州市制造业的 24 个行业中，在引进高新技术情况下，只有 19.5％的技术工人能完全胜任新技术工作，其余 80％需要在职培训提高。技术工人缺乏是制约广东高新技术产业发展的瓶颈之一。因而，广东必须不失时机的真正的大力发展职业教育。

2. 外来工和下岗职工的就业再就业需要大力发展职业教育

2003 年 9 月，我省流动人口已达到 2100 万人，他们普遍文化偏低，技能缺乏。例如，初中及以下的超过 75％，对他们的培训不仅有利于广东经济发展，也有助于广东社会治安的稳定。

广东下岗失业人员、新成长劳动力和农村富余劳动力增多，失业问题日趋严

* 本节内容是广东省第九届政协教科文卫体委员会和民盟广东省委员会向政协提交的调研报告，广州，2004 年 9 月，合作者：韩大建、王则楚、钟韶、罗小平、王绵宁、梁仁、林维明、潘炬、张晓丹、谢可瑶、常会友、夏伟、陈潮填、乐军、林鸿伟、汪国强、李盛兵、董标、郑国强、高宏的、梅霭、周敏、王光飞。

峻。1998～2001 年，城镇失业人员总数逐年上升，分别为 68 万人、87 万人、93 万人、104 万人，2002 年 120 万人，到 2003 失业人口达到 125 万人。广东发展与改革委员会在 2004 年报告中，将就业再就业问题列为我省经济运行的首要问题。

流动人口或下岗职工的各种岗位的培训，要靠职业技术教育来实现。

3. 广东城市化进程对职业技术教育的需求

据有关部门测算，2005 年广东城市化水平将达到 40%，届时将有近 600 万人从农村向城镇转移；而到 2010 年，将达到 800 万人，这部分人当中的绝大部分由于文化程度低缺乏技能，需要技术培训才能上岗工作。

4. 我省技能型人才在数量及结构上与实际需求的严重不适应，要求大力发展职业教育

广东省现有城镇从业人员 1260 万人，技能人才 400 多万人，离实际需求的 530 万人相比，缺口达 130 万人，其中，仅操作数控机床的高级技工就缺口 10 万人。实际上技能人才的缺乏由来已久，例如，深圳市 2001 年下半年各类钳工需求职位数约 5000 个，而真正合格的应聘者不到千人。据预测，到 2005 年，全省城镇从业人员将达到 1400 万人，届时仅中级工以上技能人才就缺少 180 万人，缺口相当大。

在人才结构方面，发达国家的技术人才结构比例为，高级工 35%，中级工 50%，初级工 15%。据调查统计，我省现有各技能人才 478.15 万人，其中，高级工 17.31 万人，中级工 208.95 万人，初级工 248.83 万人，分别占总数的 3.6%、43.6%、52%，结构比例严重失调。广州市企业调查队对 80 家企业的专项调查结果表明，到 2001 年年底，被调查企业共拥有高级工以上技术等级证书的技术工人分别为高级工 19.2%、初级工 47.4%、中级工 33.4%。

因此，无论从现有技能人才的数量上还是结构上看，我省必须大力发展职业教育。

1.7.2　广东职业教育发展的成就

改革开放以来，特别是近年来，我省党政领导及有关机关下达了大量推进职业教育改革与发展的文件，取得了很大的成就，表现在：

（1）职业教育的数量、质量及结构方面都有较大的提升。

截至 2003 年年底，我省的中等、高等职业院校已发展为 964 所，在校生达 118 万人，其中，中等职业学校（含技校）903 所，在校生达 87 万人；高等职业院校 61 所，在校生达 31 万人。在这些院校中，省级及以上重点中等职业学校 228 所，其中国家级重点中等职业学校 93 所。2000～2003 年，我省的中等、高等职业院校共培养了 108.7 万名技能型、实用型人才。特别是我省的技工学校在 2003 年，取得了招生数、在校生数、校均在校生规模等五项指标全国第一的骄人成绩。

在结构方面，进行合理的布局和资源整合，将中等职业学校由 2002 年的 1005 所调整为 804 所，校均在校生规模由 908 人扩大到 1082 人，高等职业院校由 2002 年的 40 所增加到 61 所。初步形成了初、中、高三级职业教育体系。

（2）我省职教不断深化改革，专业结构进一步调整优化。

为了适应市场对相关专业人才的需求，我省大力改造传统专业，重点建设"软件蓝领"、数控技术、环境保护等一大批重点骨干专业和示范性专业；启动省级技能型紧缺人才培养培训工程，建立一批省级技能型紧缺人才培养培训基地；开展示范性软件学院工程建设项目，扶持两所院校成为国家示范性软件职业技术学院建设项目，选择 20 所院校建立软件人才培养基地，以适应我省对软件技术应用型人才的需求；共有 33 所高职、中职学校承担国家制造业和现代服务业技能型紧缺人才培养培训工程项目；8 所职校的 8 个专业被确定为全国重点建设的示范性专业点；建立全国高技能（机电）人才培养基地 4 个、全国技校实习指导教师基地 1 个（全国 10 个）。改革调整优化产生积极影响，职业技术院校毕业生就业形势看好，不少专业的毕业生供不应求，各类职技院校毕业就业率普遍提高。

（3）鼓励社会力量参与职业技术教育的发展，多元化办学体制初步确立。

目前我省民办职业技术教育发展很快，已经成为我省职业技术教育的重要力量，相继涌现了白云职业技术学院、白云高级技工学校广州华立学院、肇庆科技学校等为代表的一大批办得好、有一定社会影响力的民办教育机构，为各行各业培养输送了一大批技能型、实用型人才。据统计，2003 年，全省民办高等职业技术学院有 12 所，民办中等职业学校 111 所，民办职业培训机构 2438 所，民办专修学院 53 所。民办职业技术教育的发展，为职业技术教育注入了生机和活力，有力推动了全省职业技术教育事业繁荣和发展。

（4）办学特色逐步凸现。

实行弹性入学。中等职业技术学校招生，学生不受年龄、户口等限制，凭初、高中毕业证书报考或免试入读，允许学校春秋两季招生。

积极开展"大专业、宽基础、活模块"课程改革试验，组织编写了中等职业技术教育 8 大专业共 120 多种专业课程及教辅资料。

突出技能培养。全省建起了 70 个专业特色明显、布局基本合理、设施设备先进、各项功能齐全、服务辐射周边的中等职业教育实训中心，强化了学生的专业技能和动手能力的培养。

（5）各种形式的继续教育和岗前、在岗、转岗培训并存共进。

（6）逐步建立劳动准入制度。

全社会推行职业资格证书制度是国家的重要方针，广东积极推行职业资格证书，2002 年全省共有 68 万人参加职业技能鉴定，其中 56 万人获得相应的职业资格证书，已经连续 5 年在全国位居第一。

（7）各级各类职教院校初步形成了有一定数量、质量的师资队伍。

至 2003 年年底，广东省中等、高等职业院校（未含技工学校）的专任教师为 44 878 人，其中，中等职业学校专任教师为 33 700 人；专任教师中，本科以上毕业 24 126 人，占 71.59％，双师型教师 4970 人，占 14.75％；高等职业院校专任教师为 11 778 人，其中，正高职称 383 人，副高职称 2632 人，高职称占 25.6％，具有硕士以上学位者 2686 人，占 22.8％。

1.7.3　广东省职教发展中存在的困难和问题

与先进国家地区职业技术教育发展相比较，广东省职业技术教育发展中仍存在不少困难和问题。具体表现在以下几个方面。

1. 社会上甚至少数党政机关领导对广东省大力发展职业教育的必要性和紧迫性缺乏认识，不同程度上存在着有认识无共识的问题

对于发展职业技术教育，一些党政机关甚至少数领导不同程度上存在着有认识无共识的问题。这一问题对广东省职业技术教育发展造成不利影响，职教发展依然是说得多做得少，虚功多实功少，蜻蜓点水多深入实质少。表现在，职业技术教育至今被看成是一个低层次的教育，政府远未将它纳入主流教育体系，普教与职教畸轻畸重的现象非常严重。例如，省重点扶持九所高校没有一所职教院校，普教的资金投入远远人于职教，招生制度大大有利于普教，不利于职教等。其结果造成了人才培养上的严重畸形，一方面，不少"社会精英"——大学生为找不到工作而苦恼，另一方面，大量的企业却为找不到合适的"非社会精英"——高级技工而头痛，甚至出现了以年薪 30 万招高级技工无人应聘的情况。

传统观念、社会偏见也对广东省职业教育的发展造成不利影响。例如"学而优则仕""金榜题名"等传统观念会影响学生及家长对普教职教的选择，影响职业教育的发展，但关键的影响还是在党政机关特别是领导们的认识。

我们的领导应当纠正对职业教育的偏见，树立正确认识。要知道，德国、日本的腾飞不是靠了德、日的"创造"——这方面他们比不过美国，而是靠"制造"，靠了大力发展职业教育。广东应当从中获得深刻的启示，我们正在打造"广东制造"。

2. 职业教育投入较低，导致办学经费严重不足

近年来，广东省积极实施"科教兴粤"和"教育强省"战略，教育经费投入逐年上升，有力推动了教育事业的发展。有关统计数据显示，1998～2002 年，广东省预算内教育经费年均递增 19.89%，但是，根据《中国教育统计年鉴》（表 1.21）对广东地方教育经费支出的结构分析，可以看出我省地方财政对中等职业教育经费投入不是逐年上升，而是逐年下降。

表 1.21　广东地方教育经费结构支出情况　　　　（单位：亿元）

项目	2000 年	2001 年	2002 年
广东地方教育经费支出	315.9	358.8	474.28
技工教育	3.65	2.8	1.75
职业中学	10.47	10.47	6.55

例如，揭阳市本级财政预算内职业教育经费 1996 年占预算内教育经费的5%，2001 年降到 3%；潮州 2001 年为 2%，比 2000 年全国平均水平 8.4% 还要差。近年来，省财政每年对技工教育的专项投入只有 2600 万元，除广州、深圳外，绝大多数市未将技工教育专项经费纳入预算。在德国，培养一个一线技术工人要花去六七万马克，约合人民币 23 万～27 万元，而我国技工教育的经费一般都是由办学企业的职工培训经费列支，尽管规定用于企业培训经费必须占到职工工资总额的 1.5%，但这捉襟见肘的经费还经常不到位，甚至被克扣。致使现在许多技校的实训设备、仪器仪表以及实训用的原材料等普遍缺口较大，严重地制约了对学生技能的培养。

高等职业院校经费同样严重不足。在调查中，白云职业学院、广东轻工职业学院、番禺职业学院等职业学院都反映了经费严重不足的问题。广东轻工职业学院的省投经费多年一贯制，为 2600 万元，随着该院学生教师的大幅度增加，该投资占学院经费已由 2000 年的 51% 逐年下降到 21%。番禺职业学院被定为广州职业院校的龙头，但一年的财政拨款仅有 1800 万元，为了维持正常运转，不得不去借款，甚至到教师口袋拿钱。白云职业学院反映了高职院的共同问题：稳定与发展的基本矛盾是有钱维持，无钱发展。职业教育经费严重不足导致我省职业技术教育发展十分缓慢。

3. 职教师资数量、质量、来源、结构缺陷已成为我省职教发展的瓶颈之一

从数量上看，全省现有各类初、中、高等职技院校教师约 5 万人。按照我省规划，到 2005 年，将有 250 万人接受职业教育、岗位培训，按 1：16 的生师比计，届时，全省需要 15.6 万名职教教师，缺口将达 10 多万人。从质量上看，全省现有中等职教（未含技工学校）师资中，本科及以上毕业者 24 216 人，达标率仅有 71.6%，其中有 7 个市达标率低于 60%，最低的河源市竟然只有 34.7%，如果再把技工学校算上，达标率将更低。

从来源及结构上看，现有师资大多由原来普教师资转行，渠道单一，真正懂得职教，来源企事业单位及生产服务第一线的教师少而又少。据调查，全省中等职业学校专任教师 33 700 人中，双师型教师仅有 4970 人，占 14.75%；潮州、汕尾、阳江三市的双师型教师比例仅为 5%，师资本身已经实践经验不足，如何能培养出满足社会市场需求的高素质实用技能型人才？

广东省的职教师资队伍状况，显然完不成培养打造"广东制造"、打造"世界工厂"的生力军的目标；假如，广东要成为"9+2"的龙头，和"长三角"相抗衡，那么，广东省这样的职教状况只会对这一战略目标造成拖累。

职教师资缺陷问题无疑已成为我省职教发展的瓶颈之一。

4. 职业教育基础设施较为薄弱

（1）在广东省职技院校中，不少校园校舍面积比较紧张，有的学校仅有一两幢教学楼和学生宿舍，如国家级师资培训基地、省定位为广东职教龙头的广东技术师范学院，其全日制普通生达到 8100 多人，但校园面积仅仅 23 万米^2（230 亩），生均仅为 28.4 米^2，远远低于 54 米^2 的最低要求。

（2）实习、实训基地不足，平均每 10 所中等职业学校才有一座实训中心，一些中等职业学校根本没有实习、实训基地。

（3）教学仪器设备相当匮乏。教学仪器设备是培养动手型人才的最基本条件，其先进程度直接制约着所培养学生的质量。广东省中等职业学校的生均仪器设备值很低，如 2003 年均值仅为 3660 元，江门、清远、河源等市在 2750 元以下，其中，河源市仅有 1320 元。广东省技校的实训设备、仪器仪表以及实训用的原材料等普遍缺口较大，严重地制约了对学生技能的培养。西方经验表明，在教学仪器设备的投入上，职教应等于普教的 2 倍。我省显然达不到这一标准。

5. 改革滞后

广东省职业技术教育的改革力度不大，步伐缓慢。在体制、机制上，职业学校条块分割，分属行业、部门、企业、地方政府办学，政府统筹不力；没有充分发挥部门、行业、企业和社会力量的作用，民办职业教育的发展不充分。办学观念上，用普教的理念办职教，片面追求升学率，职教特色不鲜明。有的名为职教，但专业及课程还是老一套，被人戏称为"打职教牌子，作普教压缩饼干"。改革力度上，在全国"3+2"和五年一贯制培养模式已普遍推广，而广东却还没有推开，五年一贯制也仅由少数院校中的英语等 5 个专业试点。一些有条件的学校，如深圳华强职校曾强烈呼吁举办"3+2"或五年一贯制的教育模式，却未能引起省里重视和支持。

6. 职教专业及课程设置的硬性规定与市场需求脱节的情况严重

调查中发现，绝大多数职业院校（未含技校）专业及课程基本是按照教育行政主管部门规定统一制定，体现不出各自的特色，而且僵化教条，与市场需求严重脱节，结果成为普教的压缩饼干。教育部要求高职院校学制三年改为两年，使得这一矛盾更突出。

7. 职业教育及劳动就业中的资格证准入制度存在不适应职教发展的问题

对于资格证书，我国尚无完善的法律体系调整，资格证书行政收费过高，不利于职教发展，同时资格证书在企业用工上强制作用不够，一些企业宁愿用无资格证书的人员，而不用有资格证书的人员。劳动就业中的资格证准入制度不严格。

8. 人事、教育等体制不完善，有关职教法规政策存在不配套不落实的情况，严重制约职教发展

例如，关于 20％的教育附加投入职教的规定，大多未能兑现；从今年起财政按学生人头给职业院校拨款的政策未能兑现；在职称评定上，体制性束缚严重，动手能力强的工程师、技师、烹调师在评定职称上不被认可；公办教师进入民办院校其教龄工龄不能连续计算；人事编制大多是 80 年代制定的，远远不能适应客观需求。番禺介绍经验说，番禺在广州电工考试中数一数二，关键是用了有经验的技师任教，但这又不符合师资必须本科以上的规定。职教院校评估体系照搬普教不合理。2001 年我省 98 号文件规定高级技工学校与高职院层次一致，但无配套措施很难落实，结果在毕业生考公务员时不承认其大专学历，干部不承认其厅级级别。对此问题，山东省专门下达配套措施予以确认。

1.7.4　大力推进广东职业教育改革与发展的建议

（1）更新职业技术教育观念。

突破传统的职业技术教育旧观念，按照联合国教科文组织"21 世纪展望：技术和职业教育与培训"文件，确认职业教育也是终身教育的一部分，职教应由传统的技术能力的"需求驱动"观念转变为"需求驱动"和"发展驱动"相结合的观念。白云、番禺职院等很多院校意识到，职业教育绝不仅仅是就业教育，素质教育更为重要。

（2）制定配套法规政策。

以《职业教育法》、国务院《关于大力发展职业技术教育的决定》、《大力推进职业教育改革与发展》、教育部《2003—2007 年教育振兴行动计划》法规政策为根据，结合我省实际情况制定相应的地方配套法规政策，加大对职业教育的支持保护力度。

（3）政府应当承担起我省职业技术教育发展的统筹领导角色。

在我国公有制体制下，行业协会及民营经济发展还不成熟且资源有限，各级政府在我省职业技术教育发展中具有不可替代的作用，政府应充分发挥这一作用。仿效国务院成立的六部委职业教育联席会议制度，我省也可建立相应的职业教育联席会议制度。

（4）以政府投入为主，动员企业及社会力量加大对职业技术教育发展的资金投入。

（5）合理设计中等及高等职业技术教育结构比例，构建职业教育与普通教育的立交桥，为职业技术教育观念转变创造条件。

废除职教是层次不是类别的错误观念。明确高等中等职业院校及中高级技校的培养目标和比例

（6）着力培育我省职业技术教育师资培养的龙头院校，将之列入我省重点扶持的院校，以解决我省职业技术教育发展的瓶颈问题。

发达国家对职教教师资的培养要求严格，主要由高职师范学院负责培养。如德国要获得职教教师资格，须参加两次国家的职教教师资格考试，还要进入教师实习学院实习两年。

（7）给予职教院校以较大的专业及课程设置自主权，加强公共的及院校内的实训基地建设相结合。

放开职教院校专业及课程设置的自主权，各院校可根据市场的变化调整自己的专业设置，优化课程结构。如白云职院的汽车营销专业，加强技能课的比例达到 50％。

（8）政府应当统一协调教育、劳动、行业协会及企业，统一制定各行业岗位职业技术标准，强化资格证书及就业市场准入制度。

参 考 文 献

[1] 杨德广，王锡林，贾志兰，王一鸣 . 中国学分制 . 上海：上海科学技术文献出版社，1996：231-236.

[2] 刘人怀 . 暨南大学积极推行学分制管理 . 高等工程教育信息，2002，(11)：1, 2.

[3] 刘人怀 . 标准学分制的研究与实践 . 中国大学教学，2004，(3)：41-43.

[4] 刘人怀 . 狠抓办学质量 . 走"侨校＋名校"之路 . 暨南高教研究，2001，(2)：10-19.

[5] 刘人怀 . 暨南大学的发展战略 . 暨南教学，2001-07-08.

[6] 刘人怀 . 质量——命中靶心、一次就把事情做对 . 中国青年科技企业家管理论坛文集，中国工程院和深圳市人民政府主办，深圳，2002：30-35.

[7] 刘人怀 . 发挥优势、深化改革、保证重点、改善条件、提高质量——在暨南大学校长任职仪式上的讲话 . 暨南大学校报，1996-06-15.

[8] 暨南大学校长办公室 . 暨南大学文件汇编（行政管理卷）. 广州，2002.

[9] 暨南大学校长办公室 . 暨南大学文件汇编（教学科研卷）. 广州，2003.

[10] 刘人怀 . 转变观念、量化考核、优劳优酬 . 高教探索，2000，(1)：5-8.

教育与科技管理研究

[11] 刘人怀. 用现代化管理促进高等教育事业的发展. 暨南教育, 1998, (1): 80-88.

[12] 国家统计局. 中国统计年鉴 2004. 北京: 中国统计出版社, 2004.

[13] 教育部网站. 2004 年中国教育改革与发展取得新进展. 2004-12-20.

[14] 周济. 用科学发展观统领教育工作全局. 教育部网站, 2005-01-04.

[15] 教育部. 教育部 2005 年工作要点. 教育部网站, 2005-01-04.

[16] 教育部. 我国 2005 年公派留学重点资助七大学科. 新华网, 2004-12-21.

[17] 吴岩. 从教育承诺看 WTO 的影响. 北京市教育科学研究院报告, 2000.

[18] 中国教育年鉴编辑部. 中国教育年鉴 2003. 北京: 人民教育出版社, 2003.

[19] 刘权, 董英华. 中国赴美留学生专业分布及其留美倾向分析. 暨南高教研究, 2003, (1): 112-115.

[20] 中国教育年鉴编辑部. 中国教育年鉴 2002. 北京: 人民教育出版社, 2002.

[21] 北京市教育委员会. 北京教育年鉴 2002. 北京: 开明出版社, 2002.

[22] 演杨. 当代自费留学潮中的成因分析. 三门峡职业技术学院学报, 2002, 1 (2): 11.

[23] 陈学飞. 留学教育的成本与收益: 我国改革开放以来公派留学效益研究. 北京: 教育科学出版社, 2003.

[24] 中国教育年鉴编辑部. 中国教育年鉴 2000. 北京: 人民教育出版社, 2000.

[25] 曾庆红. 充分发挥广大留学人才在全面建设小康社会中的独特历史作用. 神州学人, 2003, (12): 6.

[26] 李红波. "出国留学潮"的经济学分析. 辽宁教育研究, 2004, (2): 42, 43.

[27] 孙清忠. 近年来国外华文教育的发展状况概述. 第四届国际华文教育研讨会, 广州, 2004-08-17.

[28] 石慧敏. 关于加强美国中文教师培训的一点思考——从美国的中文教学现状谈起. 国外汉语教学动态, 2004, (3): 38-41.

[29] 李功赋. 校际中文竞赛对促进中文教育的作用. 第四届国际华文教育研讨会, 广州, 2004-08-17.

[30] 桂明超, 美国俄克拉何马大学汉语项目成功因素分析. 国外汉语教学动态, 2003, (4): 39-41.

[31] 曹纬. 法国南方华人协会. 第四届国际华文教育研讨会, 广州, 2004-08-17.

[32] 黄磊. 澳大利亚华文教育概况. 华大国际华文教育研讨会, 泉州, 2003.

[33] 陈汉龙. 印尼西加地区华文教育现状调查报告. 第四届国际华文教育研讨会, 广州, 2004-08-17.

[34] 宗世海, 李静. 印尼华文教育的现状、问题及对策. 暨南大学华文学院学报 (华文教学与研究), 2004, (3): 1-13, 15.

[35] 李祖清. 由缅甸的现状看世界华文教育的趋向. 第四届国际华文教育研讨会, 广州, 2004-08-17.

[36] 张苇. "华文精英"计划延伸的文化思考. 华声报, 2004-08-17.

[37] 贾益民. 华文教育学学科建设刍议——再论华大教学是一门科学. 暨南学报, 1998, 20 (4): 46-53.

[38] 华霄颖 . 海外华文师资的地区特点及培训模式初探 . 第四届国际华文教育研讨会，广州，
2004-08-17.

[39] 李竞芬 . "中文学校"成为"社区资源中心"的理想 . 第四届国际华文教育研讨会，广
州，2004-08-17.

[40] 宗世海，刘晓露 . 他山之石，可以攻玉——美国的 38 届 TESOL 年会综述 . 暨南大学华
文学院学报（华文教学与研究），2004，（4）：71-76.

[41] 杨叔子 . 科学与人文的融合 . 科学报告厅　科学之美，北京：中国青年出版社，2002：
259-288.

[42] 国家留学基金委员会 . 国家留学基金委第九次全委会提出明年公派留学扩大规模提高层
次 . 中国教育报，2004-12-21.

[43] 章开沅 . 序言 . 基督宗教与中国大学教育 . 北京：中国社会科学出版社，2003.

[44] 教育部财务司，国家统计局人口和社会科技统计司 . 中国教育统计年鉴 2003. 北京：中
国统计出版社，2004.

第 2 章　教学管理和人才培养

2.1　认真做好高校力学教学指导工作 *

首先，我代表新一届力学教学指导委员会，向出席 2006～2010 年教育部高等学校力学教学指导委员会第一次全体会议的各位委员和领导表示热烈的欢迎和衷心的感谢！

2006～2010 年教育部力学教学指导委员会于今年 3 月正式成立，共有委员64 人，保留了上届委员 22 人。力学教学指导委员会下设"力学类专业教学指导分委员会"，有委员 26 人，主任委员是北京大学苏先樾教授；"力学基础课程教学指导分委员会"，有委员 38 人，主任委员是上海交通大学洪嘉振教授。

本次大会的议程和任务主要有四个方面：①向新一届力学教指委委员颁发聘书；②听取和审议伍小平院士、何世平教授、洪嘉振教授代表上一届力学教学指导委员会所做的工作报告，听取相关工作经验介绍；③听取和审议由我代表新一届力学教学指导委员会所做的本届教指委工作设想；④研讨两个分委会今后 5 年的工作安排，并交流各分委会工作经验和教改经验。

在今年 3 月教育部各类教学指导委员会成立大会上，周济部长指出："十一五"是我国社会主义现代化建设承前启后的重要时期，教学指导委员会要站在科学发展观的战略高度，准确把握新时期高等教育发展的脉搏，更好地完成教学指导委员会的历史任务。一是必须把高等教育工作重心放在更加注重提高质量上来；二是进一步提升高等学校的科学研究和社会服务水平；三是扎实推进高等学校的各项建设，以加强建设增强实力，促进发展。

周济部长更期望新一届教学指导委员会要努力成为教育部宏观管理教学工作的依靠力量、指导高校教学工作和教学改革的骨干力量、实现高校规范教学管理的推动力量、加强师资队伍建设的引领力量，希望新一届教学指导委员会委员自觉成为致力于教学工作、投身教学改革、加强自身学习、倡导优良学风的带头人。

我们有充分的理由相信，通过本次大会和各位委员的共同努力，力学教学指导委员会一定能在"十一五"期间，在力学类专业发展战略研究、力学专业规范

---

* 本节内容是 2006～2010 年教育部高等学校力学教学指导委员会第一次会议的开幕词，广州，2006年 7 月 25 日。

制定、国内外力学教育状况系列调研、力学教师培训、教材建设以及力学类专业教学改革经验交流等方面做出应有的贡献，推动全国高等学校力学学科的全面发展。

2.2　我国力学专业教育现状与思考[*]

"力学课程报告论坛"在全国高等学校教学研究中心、全国高等学校教学研究会、教育部高等学校力学学科教学指导委员会、中国力学学会教育工作委员会和高等教育出版社的发起和组织下，在大连理工大学的支持下，顺利召开。我们有理由相信，"力学课程报告论坛"将对提高全国力学课程教学质量起到积极的推动作用。我代表教育部高等学校力学学科教学指导委员会就我国力学专业教育现状与思考谈一些看法。

2.2.1　目前高等教育面临的任务与挑战

目前，我国高等教育在学总人数超过了 2300 万人，规模位居世界首位，毛入学率达到 21%，在一个较短的时间内实现了历史性跨越，进入了国际公认的大众化发展阶段。"十五"期间，高等教育教学改革不断深化，人才培养质量稳步提高，科学研究水平全面提升，社会服务能力显著增强，国际合作交流日益广泛，国际地位明显提高，各项改革取得突破性进展，为各行各业输送毕业生 1397 万人，高等教育迎来了生机勃勃的崭新局面。但是，高校人才培养面临不少困难，存在许多薄弱环节，深化改革的任务相当艰巨。

在 2006 年 4 月教育部各类教学指导委员会成立大会上，周济部长强调"十一五"是我国社会主义现代化建设承前启后的重要时期，要站在科学发展观的战略高度，准确把握新时期高等教育发展的历史任务。

根据教育部的总体要求和目前高等学校面临的历史机遇与挑战，我们认为要以科学发展观统领高校教学工作，必须紧紧抓住高等教育质量这一生命线。育人是高等学校的根本任务。培养德智体美全面发展的一代新人，必须要充分发挥教学的主渠道作用，切实提高教学质量。必须加大教学投入，强化教学管理。要加强学风建设，营造良好育人环境；要加强教学评估，完善质量保障体系，这是保证教学质量行之有效的手段，今后必须坚定不移地开展下去；要加强教师队伍建设，深化教学改革。要以培养学生的创新精神和实践能力为重点，不断深化人才培养模式、课程体系、教学内容和教学方法的改革，推进教学改革向纵深发展。

在北京召开的教育部各类教学指导委员会主任委员会上，与会者认为，对于高

---

　* 本节内容是第一届全国力学课程报告论坛主题报告，大连，2006 年 11 月 3 日；原载《中国大学教学》，2007，(1)：30-32。

等学校教学工作应该在六个方面"进一步重视和加强"：一是进一步重视和加强高等学校育人根本任务的实施；二是进一步重视和加强本科教学在学校工作中的地位；三是进一步重视和强化素质教育；四是进一步重视和加强学生思想道德和人文修养的教育；五是进一步重视和加强学生实践能力和创新能力的培养；六是进一步重视和加强国家优秀教学成果、精品课程以及各种教学改革成果的推广和应用。

2.2.2　我国力学教育的现状

力学学科是历史悠久而又充满活力不断发展着的学科。力学发展的活水源头一共有三个：这就是生产与工业的需求，同其他基础学科的渗透以及力学内在发展的矛盾提出的新课题。时代不同了，力学的研究内容、手段也在变化。从近20年的趋势来看，两个特点必须认识到，一是计算机科学和力学的结合，二是非线性力学提到突出的地位。

力学人才，来自高等学校力学专业。2003年，据高等学校理工科教学指导委员会统计，我国理学类理论与应用力学专业点17个，工学类的工程力学专业点64个，工程结构分析专业点2个，力学专业总数达83个。我国高等学校力学专业曾经历过辉煌，也面临过困境，20世纪80年代中后期至90年代渐渐被冷落了。这种冷落是全社会对力学淡忘的反映。它反映在优秀学生不报考力学专业；反映在一部分力学专业纷纷改名换招牌；反映在力学学生毕业分配不吃香；反映在力学家中也有部分人认为力学不需要单独办专业等，它是整个理科教育衰落的一种表现。

中国力学教育的特点是，许多大学都办力学系，但在数理基础教育的质量上近年有所下滑。我们的学生数学基础比较薄弱，其他课程如物理学基础和能力培养也存在很大差距。而我国高等学校在校学生超过500万人，其中需要每年以力学课作为基础课的理工学生近50万人。

关于我国力学专业的教学质量的评估，就扩招前已设置力学专业的39所高校而言，已经建立了一个基本的质量保障体系；但是1999年扩招以后，大部分新建专业还很难说能保证力学人才的教学质量。从20世纪80年代以来，力学专业历届指导委员会建立了一整套力学人才的培养目标、教学计划、数理基础与力学主干课程的设置、培养学生实践和创新能力的教学环节等规范并逐渐完善，形成全国力学教育界各主流学校的共识。还制定了要求明确、简便易行的专业评估方法并在二十多所学校的工程力学专业中进行了三次评估。在课程设置方面，确定7门基本的力学课程为主干课程，制定了课程的基本要求和大纲，组织编写、出版与推荐了一批好教材，组织力学教师暑期培训班，并对各校弹性力学、流体力学等课程进行了课程评估。由于国家的投入和各校的努力，近十多年以来上述39所力学专业的办学条件有了很大改善，建立了5个力学教学实验基地，学生应用计算机的条件大大改善，师资队伍得到了更新与发展，目前 45 岁以下的青年教师已占 55% 以上，其比例远高于其他专业。

与本专业的过去相比，近十年来力学专业所培养的人才质量总体来说有所提高，特别是计算能力、外语能力和知识面宽度有所上升，但由于各种因素的制约，理论分析能力有所下降。总体来说，由于本专业对人才培养坚持了基础扎实与重视实践的指导思想，力学人才在数理基础、综合素质方面比国内一般工科专业强，但与欧美、特别是一流大学相比，仍有差距。欧美顶尖的大学非常注意大学生数理基础培养，相比之下，我国目前大多数高校的力学系，大学数学课一般只安排 4 学期（两年），比 20 世纪五六十年代与 80 年代减少许多，使学生的数理基础与分析能力受到了较大的削弱。

力学专业学生的优势在于，首先目前力学专业本科生招生人数比扩招前增加了约一倍，远低于其他工科专业本科生、研究生扩招人数增加的倍数，而中国高校总规模的扩展，仅仅一般工科院校力学师资一项就有很大需求，力学及各种工程专业研究生对于生源也有很大需求，力学本科生的培养有利于提高工科研究生与基础力学师资的质量。其次，鉴于当今科学技术发展迅猛，而今后高校本科生培养着重于通识教育的角度考虑，力学专业学生基础好、计算机能力强、适应面宽，与我国目前高校所培养的单一工程领域的工科学生相比，较容易转换服务领域。

针对上述情况，上届力学教学指导委员会对我国高等学校力学专业发展提出以下几点建议：

（1）在稳定招生总人数的前提下，设置力学类专业的学校数目应当做到稳定规模、提高质量，进一步调研新办力学专业的办学质量，加强督导。

（2）国内各高校力学专业本科生培养模式提出了适应社会需求，多层次、多模式、多渠道培养力学人才的改革方案。人才市场是波动的，专业人才培养却是相对稳定的，所以必须从宏观和微观两个方面来考虑问题，即使是毕业生供小于求也要进行改革。

（3）不论是工科力学专业还是理科力学专业，均有培养模式呈多元化、课程设置模块化的趋势。目前并没有一种统一的做法，但总体而言，仍认为数学和力学的基础要宽一点、厚一点。

（4）要加强对以下问题的研究：首先是复合型力学人才培养；其次是 21 世纪的力学教育体系；以及研究型力学人才创新能力培养基地。

2.2.3　创新力学专业教育的思考

力学专业改革与发展的总体思路是进一步拓宽力学人才的知识面，培养交叉型、复合型人才，以满足 21 世纪对力学人才的需求。其着眼点在于：

（1）在现有理科力学专业的基础上，发展新的交叉学科方向，如力学与生命科学的交叉、力学与材料科学的交叉等，以培养新的交叉型力学人才。

（2）在现有工科力学专业的基础上，以我国的大规模工程建设、大科学工程为背景，发展复合型的力学专业，扩大力学的领域，推动力学的发展，培养大工程需要的复合型力学人才。

（3）研究新形势下的力学人才培养模式、课程体系及内容，研究在新形势下如何提高人才培养质量等问题。

根据目前新形式下力学学科专业发展需要，我认为应当在以下几个方面开展进一步的工作。

1. 按照教育部的要求，充分发挥力学教学指导委员会在力学专业教学指导中的作用，推动力学专业教学改革

教学指导委员会的具体工作应该包括五个方面的内容：

（1）理论指导。教学指导委员会要进一步组织并加强教育教学理论研究、本学科的发展战略研究、本学科专业的质量保障研究等，用研究成果来指导大学本科及高职高专教育。

（2）政策指导。把教育部有关教育教学方面的政策及时转化为教学规范，对高校的教学工作起到指导的作用。

（3）质量指导。"十一五"规划明确提出高等教育的主要任务是全面提高质量。这要求教学指导委员会要进一步强化质量意识，加强教学质量保障措施的研究与制定工作。

（4）经验指导。积极推广教学改革的成功经验，推广优秀教学成果，促进本学科领域先进教育理念、教育方法、质量保障措施的推广运用。

（5）信息指导。采取各种形式，及时收集本学科领域教学、科研、招生和就业等方面的信息，加强各科类教学指导委员会的经验交流，构筑信息交流的平台，为高校提供信息服务。

2. 根据新的人才培养形势和要求，组织全国高校中力学专业合作，进一步完善与充实我国"力学专业发展战略研究"报告和其他三个专业及评估规范

2006 年教育部向力学教指委下达了 4 项"高等理工教育教学改革与实践项目"。我们准备在广泛调查研究基础上高质量完成"力学专业发展战略研究"报告以及"力学类专业指导性专业规范研制""力学基础课教学基本要求研制"和"力学类专业评估研究与实践"三个项目，为教育部提供准确、客观、可靠的咨询意见、建议和决策依据。

为体现分类指导的原则，调查研究的范围应考虑不同地域、不同层次、不同类型的高校，尤其还要考虑没有教指委委员省份的情况，要加强与他们的联系。要召开针对地方院校的力学专业办学和人才培养的研讨会和力学专业人才培养的研讨会。同时讨论地方院校应如何进行专业划分，以利于学生的就业。

3. 加强教材研讨建设和国家精品课程建设，将创新人才培养提高到一个科学的水平上

教材建设与研讨是提高力学专业教学质量的一个重要因素，国家精品课程在力学专业教学中的示范作用已经为大家所广泛接受。今后我们将在各门力学基础课程内容之间的衔接与融合、力学基础课程教学与创新人才培养的关系、加强力学基础课程的作为技术基础课的地位，以及名优教材建设方面开展研究。从各专业创新人才培养的角度，组织基础课教师、专业课教师、专业第一线资深的学者与工程技术人员，对现有的教材进行深入的研讨，真正将教材建设推向一个新高度。

在国家精品课程建设上，坚持"宁缺毋滥"的原则，充分发挥力学各专业指导分委会的作用，制定关于精品课程推荐的程序，将此项工作规范化、制度化。

4. 高度重视力学类专业学生的实验能力培养问题、重视实训基地建设与实验室建设问题

实验是基础力学教学中不可或缺的一个重要环节，是学生素质教育与能力培养的重要环节，目前不少学校的力学实验教学现状与本科生培养目标是相矛盾和不协调的，影响了力学专业的教学质量。应该引起我们的高度重视。

加强基础力学实验室建设，要结合本科教学评估要求，呼吁学校加大对基础力学实验室的设备经费的投入，要改革实验教学内容，提高实验教学的质量，将现代化教学手段引入实验教学，实行开放教学，提高实验室有限资源的有效利用。力学教指委将组织专门的研讨会，就目前我国力学类专业中在实验教学和实验室建设问题展开专题研讨，就该问题提出专门的调研报告。

5. 进一步加强中青年教师的培养

我们应当清醒地看到：目前青年教师的学历虽然有普遍提高，但教学经验欠缺，对课程的体系与教学内容了解得不深，在教学的严谨性和教学法方面也有待进一步提高。为了将已经取得的力学教学改革成果应用到教学中，在提高教学质量中发挥作用，加强中青年教师的培训成为当务之急。

我们要重视先进教学手段使用与开发技术的交流与培训，定期举办中青年力学教师的专题培训和研讨、全国力学青年教师讲课比赛等得到大家认同的活动，使这项工作制度化。

6. 建立力学教学指导的信息门户网站，实现优质教育资源共享

经过教育部工作部署和前几届教指委积极响应和贯彻，已经在力学网络课

程、国家级精品课程、立体化教材、教学素材库和题库等方面形成了一系列优质教育资源。力学教学指导委员会将建立信息门户网站，并与中国力学学会网站紧密合作，向全国的力学工作者和学生提供一个强大的信息共享平台和交流平台，充分发挥力学基础课程教学改革取得的重要成果，特别是国家级精品课程、获国家教学名师奖的优秀教师的示范、辐射作用，充分地发挥优质力学教育资源的作用，实现资源共享，从而促进力学类课程教学质量的大面积提高。

7. 加强力学专业评估与考察，开展相关研究工作和质量监控工作

今后 5 年我们将接受教育部委托开展大量的力学专业评估与考察，教指委要认真组织实施，将评估工作与相关研究工作结合起来，与质量监控结合起来，真正发挥教学指导委员会在教学质量评估与监控方面的主导作用。

2.3　搞好力学课程教学[*]

今天，第二届"力学课程报告论坛"在暨南大学国际会议厅召开，来自全国各地 200 多所高校的近 400 位老师，相聚在这里。这次论坛由教育部高校力学教学指导委员会、全国高校教学研究中心、全国高校教学研究会、中国力学学会教育工作委员会和高等教育出版社主办，由暨南大学理工学院、应用力学研究所和力学与土木工程系承办。现在，我谨代表本次论坛组委会，对各位领导、各位老师在百忙之中出席此次论坛表示诚挚的感谢和热烈的欢迎。

著名的意大利文艺复兴理论家达·芬奇有一句名言："数学是科学的皇后、力学是数学的天堂"。力学学科作为一门精密的科学，它既是基础科学，也是一门技术科学。力学研究遍及各种工程和许多自然科学领域，对科学和技术的进步以及社会经济的发展起了难以估量的促进作用。为了国家发展的需要，培养高质量的力学人才，办好高校力学专业和需要开设力学课程的相关专业，把力学课程教学搞好是至关重要的事情。

2006 年的 11 月 3 日，首届"力学课程报告论坛"在大连理工大学举办，论坛的主题是"力学学科的发展与高校力学课程教学改革"。论坛分为院士报告、大会报告、分会场报告及分组交流。大会报告和分会场报告的内容涵盖了一般力学、固体力学、流体力学等多个力学分支学科领域，设计了理论力学、材料力学、结构力学、弹性力学、流体力学、水力学、工程力学和建筑力学等多门力学课程，反映了近年来我国力学课程教学领域在人才培养模式、课程体系、教学内容、教学方法和教学手段等方面取得的主要进展和成果。与会代表一致认为，首届论坛给一线教师创造了一个非常好的课程教学改革、建设、研讨与交流平台，

---

[*]　本节内容是第二届全国力学课程报告论坛开幕词，广州，2007 年 12 月 15 日。

有助于力学学科的发展，有助于力学人才的培养，必将对力学课程建设和教学改革产生积极而深远的影响。

2007 年年初，教育部颁发了关于实施高等学校本科教学质量与教学改革工程的意见，切实把高等教育重点放在提高教学质量上。本届论坛主题是"质量工程实施中的力学课程教学内容和方法的改革与创新"，组委会的筹备工作历经了半年多，这期间得到了广大力学教师的积极响应与大力配合，教师们纷纷投来交流报告及论文。我们期望，通过这两天的会议，来自不同地区，具有不同类型和特色学校的教师将就力学课程体系、教学内容、教学方法以及教学资源建设展开充分的交流与研讨，共享经验，探讨问题，为力学课程教学质量和水平的提高献计献策，真正使论坛变成服务于教学的广大力学教师自己的论坛。

在高校广大力学教师的大力支持下，我们期待更多的高校、更多的教师积极参与、共同办好报告论坛。

2.4　深化力学课程改革[*]

今天，来自全国各地 200 多所高校的近 300 位老师，相聚在美丽的成都市。我谨代表论坛组委会，对各位老师出席此次论坛表示诚挚的感谢和热烈的欢迎。

从 2007 年以来，涉及力学、数学、物理、化学化工、计算机、电子电气、机械、环境、地球科学、生命科学等共 10 个学科的全国课程报告论坛已经举办了 46 次，参加报告论坛的老师人数超过 2 万人，涉及高校近千所。今天，新一届的力学、数学、物理、计算机等 4 个学科的课程报告论坛同时在 4 个城市举办，不能不说是我们高校教学领域的一件盛事。课程是大学培养人才的最基础工作，看到大家这样重视，说明我们国家教育事业有望，国家走向现代化有望。

大家知道，中国的"三钱"中的两钱：钱学森和钱伟长都是我们国家力学学科的开创人，他们曾分别在中国科技大学和清华大学主持力学专业的建设和发展，而且亲自授课，能引人入胜，几十年来，一直让学生们津津乐道。他们是我们授课的榜样。

力学课程报告论坛从 2006 年开始，已在大连、广州、南京和西安先后成功举办了四届。论坛既有专门聘请的力学教学和研究方面的知名专家做关于学科前沿和教学领域最新进展的报告，又有针对当前高校力学课程建设的热点问题而经组委会组织评选的有代表性的研讨报告，全国许多高校的力学课程的一线教师参加了论坛。论坛所讨论的问题逐步向纵深发展，它的规模和影响在不断地扩大，这充分说明我们这个论坛是有生命力的。

---

[*]　本节内容是第五届全国力学课程报告论坛开幕词，成都，2010 年 11 月 6 日。

今年三四月间，论坛组委会分别在北京和上海召开了论坛的主题凝练会，专门就今年论坛的主题进行了研讨。四五月，又分别在江苏、湖南、山东举办了三个省的分论坛，近 200 位教师参加了会议，并提出了自己对力学课程报告论坛的相关需求、意见和建议。

在上述工作的基础上，本届论坛确定的主题为"深化力学课程改革，适应多样化人才培养模式需要"。为使广大教师能够更多地参与交流和讨论，本届论坛沿袭上届论坛的形式，加强分组研讨的时间，内容具体到课程，按课程组织专题深入研讨。为使研讨落在实处和有效，我们按照理论力学、材料力学、工程力学、结构力学、弹性力学、流体力学六门课程和力学专业建设主题，根据不同专题分别进行论文征集，并从投稿中选取有代表性的成果在这次分会场组织交流和研讨。

一年一届的论坛周而复始，得到了广大力学课程教师的积极响应与大力配合。我们知道，仅仅依靠两天的会议来全面深入探讨力学课程教学中遇到的所有问题，是远远不够的，但我们希望借助这两天，选取有代表性的一个或几个问题或集中的一个或几个热点，来自不同地区、不同类型的具有不同特色学校的教师能够展开充分的交流与研讨，相互启发，由此延伸开来，以点带面，共同促进力学课程教学质量的持续提高。

在这里我要代表论坛的组织委员会向各位赴会的专家和全体教师表示衷心的感谢和崇高的敬意，向承办这次论坛的西南交通大学的领导和师生们表示衷心的感谢。通过大家的努力，这届论坛一定会取得圆满的成功。

2.5　谈谈课堂教学中的几个问题*

学校是培养人才的"工厂"。我们要为四个现代化早出人才，多出人才，就必须大力提高教学质量。在提高教学质量这一问题中，讲究课堂的教学法是一个很重要的方面。下面，就这一问题浅谈几点个人看法。

1. 关于课堂上的"因材施教"问题

辩证唯物主义认为，世界万物都存在着差异，差异就是矛盾。同一班级的学生，存在着很大的差异。"因材施教"正是在承认这种差异的基础上，采取的唯物主义的教育原则。在课堂上，如何贯彻"因材施教"的原则呢？笔者认为，应该把教学的着眼点放在大多数学生上面，但同时，又要适当照顾优等生和较差的学生。在这一原则指导之下，要使讲授的内容为多数人掌握，同时，又讲授一点高、难的东西，使优等生也有"偏饭"可吃。而在讲授的重点内容上，又要尽量细讲，以使较差的学生也能吃透。这样，优等生可以深造，较差的学生也会逐渐

* 本节内容原载《中国科技大学简报》，第 103 期，1979 年 9 月 27 日。

弥补缺陷，增加信心，赶上全班的队伍。

2. 切忌满堂"灌"，注意"少而精"

笔者在刚当老师初讲课时，有这样的教训。觉得交代全面、细致，尽量多讲，才能使学生将所讲授的内容学到手。哪知，适得其反，学生往往越学越糊涂。后来，笔者反复揣摩老教师的讲课方法，才渐渐体会到面面俱到的坏处、满堂"灌"的弊病和"少而精"的妙诀。从一堂课的内容看，总是有主次之分，轻重之别。我们必须把讲授的精力放在教材的精华、关键、重点、难点上，引导学生牢牢把它们抓在手里。相对来说，对次要地方只要略微讲讲就可以了。这样讲课，表面上看来讲得"少"，但是却抓住了教材的重点和精华，即抓住了主要矛盾。学生听课后将会理解透彻、记忆深刻，其余问题也会迎刃而解。

3. 注意讲课的语言

讲我们力学方面的课程，一般说来，内容比较枯燥。如若不重视自己的课堂语言，更会使讲课效果大受影响。讲课时，如果语调平板、语病很多、势必使学生厌烦、昏昏欲睡。结果是你出了一身大汗，他觉得是受罪。如果你声调始终很高，语速又快，就像机关枪射击，那也会使学生大脑如遇洪水一般，毫无思维余力，从左耳进来，又很快从右耳跑出。所以，重视课堂语言实在不是一件可忽略的小事。因此，讲课时，首先需要语言简练、准确、生动。这样，学生头脑会始终清醒，能激起思维的兴趣。其次，要留有适当的间隙，使学生有思维的时间和精力，充分发挥学生的主观能动性。总之，课堂上知识的传授主要是靠语言这个工具来完成的，所以大有我们重视的必要。

2.6　欢迎新同学们[*]

在二十年国家大庆佳节的前夕，在中国科技大学校庆二十一周年来临之际，你们从祖国的四面八方，从祖国北面的翠绿的兴安岭，从南面的碧波万顷的南海之滨，从西面的边陲新疆到东海之滨，迢迢千里，以优异的成绩来到合肥，来到亿万中国青年万分向往的中国科技大学求学读书，请让我代表中国科技大学的全体教师，热烈地欢迎中国科技大学的新同学们！

你们在过去的中小学生活中，勤奋刻苦，不仅有为四化贡献青春的崇高理想，而且勤于为理想而艰苦奋斗，从而把理想与现实在奋斗中统一起来。祝愿每个有理想的青年，都从跟前的现实起步，以艰苦卓绝的奋斗，作为通往理想境界的阶梯，为祖国实现四化进而实现共产主义贡献毕生精力。

今天，我们为实现四化而奋斗，这是中华民族历史上从未有过的创举，其任务之艰，难度之大，更需要亿万人民，特别是青年一代，艰苦奋斗，克勤克俭，

---

[*]　本节内容是中国科技大学开学典礼上代表教师的讲话，合肥，1979 年 9 月 1 日。

一往无前！

理想的阶梯，属于珍惜时间的人。富兰克林有句名言："你热爱生命吗？那么别浪费时间，因为时间是组成生命的材料。"鲁迅以"时间就是生命"的格言律己，献身无产阶级文学艺术事业 30 年，始终视时间如生命，笔耕不辍。

理想的阶梯，属于刻苦勤奋的人。

理想的阶梯，属于迎难而上的人。奋斗的必要，恰恰由于困难的存在。在通往四化的征途上，坎坷、曲折、荆棘、浪涛是不会少的。只有以不懈的韧劲，一级级攀登阶梯，才能一步步接近那光辉的理想之巅！

在这举国上下、万众一心渴望早日实现四化的时刻，我们对同学们有着特别殷切的期望，这期望将鼓舞着千千万万新中国青年成长。

实现四个现代化的重任，历史地落在你们这一代青年肩上。为了适应这个伟大转变，为了使这一代青年的青春，在四个现代化的进程中变得绚丽多彩，你们必须成为具有真才实学的专家和各种人才。

青年一代的知识水平和科学素养的高低，直接关系到四个现代化事业的成败。科学的成果是美妙的，而探索科学的道路是崎岖的。科学之宫的大门，对于勤奋学习、勇于探索的勇士是敞开的，慷慨的。只有勤奋地学习，刻苦地学习，才能掌握科学，从而掌握在四化中大显身手的武器。

祖国四个现代化的前景给你们青年同学们开启了无限美好的未来，也带来了艰巨的责任。新同学们，新的生活开始了！祖国在斯待你们！九百六十万平方公里的锦绣河山，正等待你们去描绘新图。投身到这场火热的斗争中去吧，你们奋斗的青春将为祖国，增添光彩！

2.7　谈谈大学的学习生活*

1. 大学生活的重要性

一个人一生的各个时期，对于读书人来说，没有比大学这个黄金阶段更重要的了。青年人是初升的太阳，是未来的科学家，是未来的明星。而大学阶段是你们今后为人类服务、为祖国四个现代化贡献力量的基础。俗话讲："万丈高楼平地起"，就是这个道理。今后的高楼，也就是你用自己的学识去建造，去为大家使用、居住。这个基础，就是马拉松赛跑的起跑点，是科学研究赛跑的起点，最后，就看胜利者是谁？

胜利者将是一些特殊的青年，而不是赛跑起点的全体选手。而且，重要的是你参加哪种赛跑，是县级、省级或国家级！同学们，你们选择得很好，是我国称之为重点之重点的中国科技大学。这里为你们提供了好的环境，好的设备和资料，好的老师。这将为你们的进步提供最好的动力。中国科技大学是培养研究人

＊　本节内容是在中国科技大学近代力学系新生会上的讲话，合肥，1980 年 11 月 3 日。

才的基地，是中国科学院唯一的一所院校。当然，不否认，名科学家也可以是自学成才的，也可以来自非名牌大学。

同学们，你们首先就要弄清楚，你们的奋斗方向，并为此而努力。

科学技术有多方面内容，俗话说："七十二行，行行出状元。"当然，有的行当要重要些。而且，在重要的行当上，作最重要的贡献，这是每一个人都喜欢的。

我们近代力学系包括四个专业：高速空气动力学专业，飞行器结构力学专业，工程热物理专业和爆炸力学专业，这四个专业都非常重要，属于力学和物理学科，涉及的面很广，包括航天、航空、航海、建筑、水利、交通、机械、采矿、冶金、化工、石油等领域。它们深刻地改变着工程设计的思想，为工业、农业和国防服务，同时，也为认识自然建立功劳，如宇宙论、天体演化、地球起源、星系结构、天体爆炸、太阳风、行星磁场、大气、洋流、海浪、地壳运动、地幔对流等。力学之所以有这样的广泛性，起因于力学是研究自然界中最基本、最简单的运动形式，即位置移动。力学学科相当重要，正如马克思说，力学是"大工业的真正科学的基础"；恩格斯说，"力学是最基本的自然科学"。当然，不能说"力学可以包打天下"。学习力学，有前途。今后内容甚多，任务很繁重，要向宏观、微观进军，包括岩体力学、地球力学、物理力学、等离子体力学、化学流体力学、爆炸力学、生物力学、理性力学等。

力学所起的作用很大。从 19 世纪末到 20 世纪前六十年，力学工作者对当时的航空技术和航天技术作出了震撼世界的成果。以飞机为例，人类最初是幻想。在人类的历史长河中，一直都想像鸟那样能飞上天。在 1500 年前，《述异记》卷中就写了一个美丽的神话："鲁班刻木为鹤，一飞七百里。"通过神话幻想对飞行作了科学预见的描绘。又如"嫦娥奔月"，可以说是达到了神话幻想的顶峰，竟然想到吃了不死药的美丽如女，飘飘然飞上了月宫，幻想月亮是可以住人的地方。

接着，人类就想模拟鸟飞行。在古代中国和欧洲，都有人尝试用鸟羽毛做成人的翅膀，绑在人身上，想用扇动翅膀的方法来实现飞行。

两千年前，我国西汉时代的韩信就创造了风筝。风筝比空气重，飞上了天。

1783 年，使用热空气，出现了飞上天的气球。

1882 年，在工业革命后，俄国的莫查伊斯基以风筝为榜样，制成了世界第一架用蒸汽发动机和螺旋桨推进的飞机，飞行时速达 40 千米/小时。

1903 年，美国莱特兄弟又前进一步，制成装有活塞式发动机和螺旋桨的飞机。

1943 年，飞机时速达 620 千米/小时。

1953 年，飞机时速达 1300 千米/小时。

1962 年，液体火箭发动机时速达 6600 千米/小时。

与航空技术有关的两个重要理论：升力理论和附面层理论，都是力学的突出贡献。有了它们，才有航空技术成立的根本条件，才有了研究飞机的基本原理，从表面不光滑、刚度小的结构进展到刚度大的全金属的流线性结构。接着，解决了声障问题。飞机速度接近声速时，产生了激波，飞机的阻力很快增大。为了解决这个问题，花了六七年时间，从1100千米/小时到1300千米/小时，产生了气动力学，也叫可压缩流体力学，才解决了这个问题。到了五十年代，由于洲际导弹需求，促使航天技术发展，产生了再入大气层的加热问题，达到几千度高温，用烧蚀防热的办法解决了这个问题。

在这一阶段中，产生了许多英雄豪杰。近代著名的科学家有两人，第一个是德国的近代物理学家爱因斯坦，提出了广义相对论，奠定了近代引力理论的基础。第二个是匈牙利的近代力学家冯·卡门。1963年，美国白宫将美国第一枚国家科学勋章授予他。他在工程学、自然科学以及教育事业的领域中作出了无与伦比的贡献。他对我们人类的当今生活的影响，大概胜过当代任何一个科学家、工程师。喷气式飞机每小时飞行上千公里，导弹可以打击上万公里以外的敌人，火箭能探测遥远的行星，都已成为现实，其中许多关键的环节是因他成功的。中国著名的"三钱"，其中两个人与他有关：我们的系主任钱学森是他的第一个中国博士研究生；我的祖师爷钱伟长先生在获得了应用数学博士学位后，就去到他的身边，成为他的助手。

归结起来，在我们近代力学系读书，是很有前途的。我们系是值得大家热爱的！

2. 在大学阶段如何学习

在本科阶段，作为一名学生，必须要重视以下几点。

1）要有科学献身的精神

要在未来有所成就，就必须在学习中，不怕吃苦，要勤奋。读书要有孜孜不倦的精神，着迷的精神，穷追的精神，就像古人那样，"头悬梁，锥刺股"似地读书。

明朝的李时珍，走万里路，访问上千位老农、土医、渔民和猎人，有时几天不下山，饿了吃干粮，天黑了在野地里过夜，用了27年时间，才完成巨著《本草纲目》。

居里夫妇用了几年时间，才从三四吨的沥青矿渣中提取出0.1克氯化铀。

冯·卡门为了献身科学，终身不婚，平常不修边幅，不烫裤子，衣服口袋常露出皱纸片。为怕上课迟到，雇人专门提醒。

陈景润为了攻克科学难题，也不结婚，不修边幅，走路都碰到树上。

牛顿想问题时曾把放在鸡蛋旁边的怀表放在水锅里当鸡蛋煮。

法国大科学家安培去教室途中，路过塞纳河边时，捡起一块鹅卵石放在衣袋中。边走边想问题，隔一会儿，漫不经心地把衣袋里的怀表扔进了河里。到了教室，从口袋里取出来一看，发现是一块鹅卵石。

2）要善于使用时间

要重视时间的使用，不要浪费时间。俗话说："一寸光阴一寸金，寸金难买寸光阴。"

苏联一位著名的生物学家，叫柳比歇夫（1890～1972），从 26 岁开始，实行"时间统计法"，整整 56 年，直至 1972 年去世。他每天都要把度过的时间结算，每月一大结，年终一总结。阅读《人类的进化》，全书 372 页，花 6 小时 45 分钟。开会，看电影，坐车，……都统计。他具有强烈的时间感，往往不看表，误差极小。非完整时间，像"坐车"时，就用来学英语。他一生出版 70 多部学术著作，写了一万二千五百张打字稿的论文和专著。

3）要有独立的创造精神的培养

在大学读书时，继承是主要的，但要培养思想的火花。我读大学一年级时，参加了中国第一颗东方红人造卫星的试制组工作，对我培养创造精神影响极大。科学就是创造，不断创新，不断独立思考。即使外界压力很大，也要继续往前，要有批判的精神，要多加问号。

爱因斯坦在 1921 年获得诺贝尔物理学奖。他的获奖，不是由于他的最出色的贡献、提出了相对论，而是因为量子理论。当时，许多人还不承认他提出的相对论。

4）要尊敬老师，善于继承

我们国家有一句名言，叫"名师出高徒"。杰出的科学家和其领导的研究机构，往往可培养出几代优秀的科学家。如冯·卡门和其学生钱学森、钱伟长。又如美国的 100 多位诺贝尔奖得奖者，半数以上都向名师学艺。1906 年，英国剑桥大学的物理学家汤姆逊，因发现电子而获诺贝尔奖，以后他培养的 9 个人也获得了诺贝尔奖。这 9 个人之一，英国核物理学卢瑟福在 1908 年因元素蜕变的研究获诺贝尔奖，其后他的学生中又有 11 个人获诺贝尔奖。卢瑟福的学生丹麦物理学家玻尔，于 1922 年因原子理论获诺贝尔奖。随后，他的学生中又有 7 个人获诺贝尔奖。

5）要有坚实基础和广博的知识

在大学学习阶段中，首先要把主要精力和时间用在你所选择的专业方向上，以便打下坚实的知识和能力基础。同时，也要掌握一些其他学科的知识。因为在未来的工作中，往往会碰到较复杂的问题，这时，你就能得心应手去完成。

6）要成为德智体合格人才

学习中，首先要加强自己的道德修养，学好政治课，确立为中华民族献身科学事业的精神，这将是你未来学好专业功课和奉献给祖国的最大学习和工作动力！

然后，学好专业课，并注意体育锻炼，成为德智体全面发展的人才，这样你才有知识和能力的专长，加上健康的身体，去为祖国实现社会主义现代化奉献力量。

2.8　与暨南学子谈成才 *

今天，校团委邀请我来谈如何成才这个问题，这是一个老生常谈而又历久弥新的话题。在这里，我想结合自身的成长经历谈一点切身体会，希望对同学们能有所教益。

人类在地球上已经存在了几万年，但真正成为有思想的人还是近几千年的事。我们中华民族具有 5000 年的悠久历史和灿烂文化，经历了农业经济、工业经济和知识经济时代。时代的划分与科技发展紧密相连，工业革命时期蒸汽机的出现，加快了人类发展的步伐。20 世纪是电气时代，21 世纪是信息时代，由于邓小平理论为我们指明了一条光明大道，从 1978 年党的十一届三中全会开始，中华民族进入了一个伟大的时代。同学们，你们就正处于这个伟大的民族复兴时代，具备一个人成功所需的天时、地利、人和的大好环境。所谓"天时"，指我国已全面进入建设小康社会阶段，到 2050 年会达到发达国家水平；所谓"地利"，指我们地处中国最发达的三大地区之一的珠三角中心城市——广州；同时我们有极好的人和因素，暨南大学的各项事业处于全面上升态势。而我出生在抗战烽火四起的成都郊区，那是一个物质十分匮乏的年代，到我上大学的时候条件还非常艰苦，与当今的大学生活是无法同日而语的。每个人都梦想着成功，都渴望实现自身的人生价值。古往今来，无数杰出人士为我们留下了许多成功的范例。在我看来，一个人要成才是要具备诸多条件的。

1. 志存高远：树立远大的理想

具体说来，成才的首要条件就是要树立远大的理想。一个人如果没有理想，绝对不会成为有用之才。理想是一种激励我们前行的动力，一个人在人生的每个阶段都应有对理想的正确定位，而且要适度，定位太高就有点好高骛远，所以必须要确立能经过努力可以达到的理想目标。我生活在艰苦的抗战时期，当时大半个中国已经沦陷，我家乡虽未被日军占领，但也被日军的轰炸机不停轰炸，当时做教师的父亲要上前线抗战，家里没有经济来源，只有靠变卖东西维生，所以当时幼小的我就深刻体会到了生活的艰辛和落后就要挨打的严酷现实。由于我出生在书香门第，家里的长辈都是世代教书，所以家庭的环境从小就灌输我要有"精忠报国"的思想，在我幼小的心灵里埋下了长大后立志报国的种子。在新中国的红旗下长大的我更加深切体会到只有科技才能救国的真理，立志要做一名科学工作者。正是树立了这个理想，支撑我不畏艰辛，走上攀登科学高峰的道路。我从18 岁开始做科研工作，大一时参加当时中国第一颗卫星——东方红卫星的试制工作，这对我的一生都有着十分重大的影响。我认为只要有理想，通过努力，自

＊　本节内容是在百年暨南讲堂首讲上的讲话，广州，2004 年 4 月 15 日。

然会找到合适的道路。我如今依然在搞科研，最新的论文是有关复合材料壳体振动的问题，我做了几十年的科研工作，仍乐在其中，觉得这是对国家、对民族都有贡献的事业。现在国家提倡"科教兴国"，更加证明了我所做的工作、当初所确立的理想是正确的。

2. 读万卷书，行万里路

要成才就要有浓厚的兴趣，有爱好，要勤于读书。我从小的兴趣就是看书，渴望从书本中吸收丰富的营养。从 3 岁就开始识字，七八岁开始读小说。我十分喜爱读小说，中学前就读完了所有的中国名著，之后又阅读了许多外国名著，包括法、美、英、俄乃至像拉脱维亚这样的小国家出版的小说。通过阅读小说，我了解世界各国的生活习俗、先进的科学和做人做事的方法等。再大一点时我就读名言警句。我 18 岁加入中国共产党，开始看关于党史的资料，也去图书馆看诸如《新观察》《旅行》类的新闻、地理杂志。同时，还读经济杂志。现在做了校长事务繁杂，仍坚持博览群书，获取多方面的信息，比如我最近在看《康熙大帝》，看现在你们年轻人都喜欢看的《往事并不如烟》，还有一些传记和回忆录。同时，每天还要看十多份报纸。所谓"读万卷书"，就是要在年轻的时候读大量的书，从中获取大量信息，在日后能在自己所从事的领域里助自己一臂之力，获取更多有益的知识；"行万里路"，就是要在不断实践的过程里，做到多思善谋，见多识广，视野开阔。读书让我有了比一般人更多的处世智慧，我会用不同的方法来解决一个问题，同时可以利用看到的知识旁征博引，举一反三。所以，我认为爱读书，有个人的兴趣爱好，并勤于思索，是成才的必经之路。

3. 勤学好问

孔子云："学而不思则罔，思而不学则殆。"科学工作就是不断发现问题和解决问题，自古以来，只有不断发问并勤于耕耘的人才能攀上科学高峰。一个大家很熟悉的例子就是牛顿通过苹果坠地发现了万有引力定律，他善于对身边每个人都习以为常的事情质疑，这样才有了为自然科学奠基的定律。我本人就是一个好问问题的人，经常会打破砂锅问到底，问到别人觉得"理屈词穷"，到了各地都喜欢发问，所以很容易掌握一个地方的情况。一个有所成就的人，绝对是一个爱问问题、爱好思考的人，只有具有打破砂锅问到底的探索精神，才能找到开启科学大门的钥匙。

4. 要惜时如金

"时间就是生命"，这个道理大家都明白，但其实大多数人面对宝贵的时间是熟视无睹的。光阴似箭，"逝者如斯夫、不舍昼夜"，等我们白了少年头，才后悔当初没有好好珍惜时间，然后就教导自己的后代要珍惜时间，这样一代又一代下去，却没有什么成就。拿我所处的那个时代来说，十年的"文革"，视知识如粪土，知识越多越反动，不准看书，否则会被当成反革命，那时候只有《毛泽东选集》可供阅读，于是我就买英文、德文、俄文的毛选版本来学习外语。当时我所在的兰州大学的一些知识分子只能靠做家具来打发时间，我周围差不多99％的人都没做学问，而我就关起门来搞科研，做了好几个有意义的课题，使自己的科研能力有很大提高，我成为兰州大学凤毛麟角的搞科研的人，校军宣队还破例为我出版了个人的科研论文专集。所以我要奉劝同学们，一定要好好珍惜青年时代的大好时光，做有意义的事，争分夺秒，只争朝夕，为日后成功打下坚实基础。

5. 忍耐是成功的秘诀

我的个人格言就是"忍耐是成功的秘诀"。我之所以能成功，除了前面说的几个因素外，还有一个很核心的问题就是我很会"忍耐"。我所处的那个时代，感到个人力量的渺小，因此这也磨砺出了我能忍耐、甘于寂寞的品质。还有就是做事要执着和富有韧性，这是我的特点，我会坚持自己认为对的观点，哪怕是和"强权"人物抗衡我也从不畏惧。同时还要勤奋，天下没有任何事是可以轻轻松松就有所成就的。所以，忍耐、执着、勤奋都是成功必备的品质。许多科学家都认为，一个人的成功，99％靠勤奋，1％靠天赋，我不是一个非常聪明的人，所以我做事靠的就是勤奋二字。我可以和大家分享一则关于我成名的故事：

我当初读高中时，是四川留苏预备班的班长，但因为政治背景的原因，无法去苏联深造。学校要求我只能参加高考，当时距离高考仅剩一个月的时间，我靠着平时的勤奋积累——以全校第一名的成绩考入了兰州大学数学系。毕业之后，我很想到科研单位工作，便向组织申请，但作为学生会主席的我，深得老师的信任，组织上让我不要有个人主义，要求我留校任教，于是我又服从组织安排，认真从事教学工作。但是，我仍然十分向往科研工作。我找到一个当时只有三个国家在做的课题，这也就是我的成名作，关于波纹圆板特征值的问题。但当时向党支部汇报这个想法时，却遭到了强烈反对。于是我只能私底下偷偷做，但这个研究的过程是非常崎岖、坎坷和艰难的。

从1964年到1968年，我用了整整四年的时间研究波纹圆板这个课题，这四年的探索过程是相当艰苦的。我要偷偷看业务书，要做高达5位数的繁冗计算，要反复审核结果，不过当成果最后终于出来时，我十分高兴，我的成果要比当时美国、苏联研究的还要好。我帮我国工厂改变了依赖经验和外国公式设计产品的历史，创造性地提出了精密仪器仪表的心脏——弹性元件设计公式，被工程应用，这是我的第一个科研成果。之后我又从事尿素合成塔之类的化工机械产品的开发研制，提出了厚板壳弯曲理论用于高压换热器超高压容器试制和大型储油罐新型网格顶盖、大型减压塔、铁路高桥墩、新型钻头的设计依据，受到工程的重要应用。而关于波纹板的研究文章却是我的得意之作，我很想尽快公之于世，但又受到造反派的压制，说该论文专搞理论，轻实践，不准发表。英雄无用武之地，我的理想就此搁浅。直到 1972 年，全国学术刊物复办，并向各高校征集稿件，我的关于高压管板的文章才在《数学的认识与实践》上发表，然而原本答应我发表关于波纹圆板文章的《力学》却未能如期发表。事后才知道在四年间，该杂志先后发出六封信，要求我所在的系出一份关于政治审查的证明都被所谓"造反派"拒绝了。直到 1978 年后，《力学学报》终于发表了我的论文，随之在国内引起了轰动。在当年上海召开的学术会议特邀我去作学术报告，我是这个研究领域里全世界撰写论文最多的作者，我的论文也被世界著名力学家称为"代表当代国际板壳理论领域科学工作现状的最高水平。"

　　从 1964 年到 1978 年，经历了长达十五年的时间，我的理想才实现。所以通过这个故事，我想让大家明白"功夫不负有心人"的道理，这是我的切身体会。同学们，今天你们所处的时代与过去已无法相比，国家鼓励科学研究，没有人再压制你。而我们那个时代，是谁搞科学研究谁就倒霉的时代，我为了科研工作当了牛鬼蛇神，被关进了"牛棚"，那是非常可怜的事啊！所以我希望同学们、要珍惜时间，在最好的青春年华，在创新能力最强的时候，自强不息，奋力拼搏，任何时候都不要气馁，要勇往直前，越挫越勇。

6. 做好准备，抓住机遇

　　今天我还想奉献给大家的，就是一个人要想取得成就，要想成才，就要在机会还没到来前做好准备，不要等机会到来时，才临时去抱佛脚，那样机会也往往错过了。一个普通的人，一生的机会是不多的、短暂的，当机会来临时，如果你没有能力和条件抓住它，机遇就会擦肩而过，转瞬即逝；而条件已准备好，你能抓住机遇，就成功了。机会永远只属于有准备的人。就像现在毕业求职一样，你们准备好了吗？你只有具备了足够的思想与业务条件、身体条件、心理条件，做好了各种应试准备，才能找到理想的工作。

　　我的一生，总是提前做好准备，才抓住了很多机遇。如果我的基础没打好，初中毕业那年就垮了。初中毕业，学校要保送我读高中，结果没有保送成，于是临时叫我去考试，我以优秀的成绩考入高中，还考进了全省留苏班。高中毕业，又没保送成，又要临时考大学。如果说没有良好的基础、足够的准备，临时考大学那是多么困难的事情！进入大学，我又抓住机会，参加了人造卫星研制小组，尽管后来被迫离开了，但是我能靠坚实的基础抓住每一次机会。比如学习外语，我是学俄文出身，没学过英语，可我觉得做科学研究仅仅掌握俄文是不行的，还要学好英文。但那个时候不允许学英文，不允许用英语发表文章，于是我就在大四时，自己选修英语，正好碰到吴青老师任教，她现在是北京外国语大学教授（冰心女儿）。其实我一生的英语基础就学了七十二个小时，但好老师为我打下了坚实的基础。找不到好的英文书籍，我就看英文版的《毛泽东选集》来学英语。毕业留校任教后，我又拓宽我的外语基础，利用业余时间上夜校学德语，学了四十个小时。1978 年，我被调到中国科技大学，那是我一生中的黄金时期，我被称为当时科大的四颗科技明星之一。当时中国要走向世界，邓小平同志决定把中国的科学家派到国外去学习深造，正好世界上最著名的几个基金会要吸收中国的科学家去工作，中科大当时也在挑选优秀教师赴德国。我刚到中科大，也不敢报名，我知道我从来都是在政治上吃亏的，政审总不合格。可系主任鼓励我，因德国非常重视科研业务，在业务上我是全系最好的，就把我报上去了。当时学校反复讨论，从四十多人中选拔出六个人，把我们六个人的材料送到德国，同时还要上交英文论文。我仅有一点英语基础，论文翻译起来很辛苦。材料送到德国，中科大只有我一个人获得通过。中国当时选派了八名学者，是第一批经德国审查的洪堡学者，那是非常光荣的事情。从此我走上了世界的学术舞台。在德国做研究工作的第一个月，我就把我的文章写成英文，在国际排名第一的《国际非线性力学杂志》上发表。风华正茂的同学们，从这些例子来看，我所抓住的每一次机遇都有着充足的准备。你们一定要有远大的理想和抱负，要提前做好准备，如果没条件，没准备好，即使机会摆在你眼前，也是没用的。

7. 名师出高徒

同学们，读书，要读名著；找老师，要找好老师，找名师。名师是成才关键。特别在今天这个时代，科学技术非常发达，分工非常精细，如果你的老师没有什么名气，你很难有大成就。大家都知道我国三位著名的科学家——"中国三钱"。钱学森先生追随的导师就是冯·卡门，冯·卡门是20世纪最伟大的科学家之一。钱学森的博士论文，被称为划时代的论文，他的研究成果是在老师指导下完成的；钱伟长先生出国后先师从世界应用数学大师，博士毕业后又到冯·卡门身边担任助手。他们都得到冯·卡门的学术真传。所以中国的力学和应用数学，到今天仍走在世界的最前沿。而钱三强先生，他的导师是居里夫人的女儿和女婿。他们带着世界领先的科学技术回到祖国，极大地繁荣了中国自然科学。可见，真是名师出高徒！同学们，没有老师就没有我们自己，我们就很难到达科学的高峰。每一个科学家都是站在前人的肩膀上，攀上学术高峰。所以我们一定要尊敬老师，按照老师的教导去做，特别是研究生同学，你要找到名师指引，才能学习到当前的热门领域，才能在前沿的科学领域里遨游。

我非常有幸，遇到了几位好老师。其中，我的老师——叶开源教授，他师承钱伟长先生。我的第一个研究课题为什么能做与钱学森、钱伟长一样的课题？为什么能走到世界力学的前沿呢？我就是在叶老师的带领下，共同创立了求解非线性微分方程的修正迭代法，才能系统创造性地研究了波纹板壳、夹层板壳、复合材料板壳、网格扁壳、单层板壳、双金属扁壳六类的非线性弯曲、稳定和振动问题，后来我又在钱伟长先生身边工作了六年，跟他学业务，做科学研究，对我的帮助非常大。在德国做洪堡基金学者时，我又找到了名师，那就是策纳，他是欧洲第一号力学权威，德国的核电站全部都是他最后签字审查通过的。他欢迎我的到来，跟随着这位名师，我见了很多世面，进入了世界力学最前沿的研究领域，还第一次受到了德国总统的接见。所以说，同学们，有机会一定要找到好老师，要找到名师带你上路，这是成才的捷径。

8. 强健体魄和过硬心理素质

最后一个条件，要具备强健的身体和过硬的心理素质。做科学研究，是非常艰苦的，如果身体不好又没有好的心理素质，那肯定完不成研究任务。所以要成才，就要锻炼好身体，培养好心理素质。从我年轻时到我成名，我没有沾到科学研究的一点经济效益。如果科学家是为了追求金钱，那他是不会成功的。"文革"时我搞科研主要是兴趣，而不是为了多挣一点钱，反而还要自己掏钱出来，倒贴腰包买纸张计算！那时候我们经济很困难，家里很穷，我十五年没升过工资，还养两个孩子，每个月微薄的工资都入不敷出，经常靠借钱过日子。当时老师也没有公文纸、笔墨什么的可以报销，都要自己准备。为了计算，光草稿纸我就用了几麻袋，但就是自己贴钱搞科研我还要挨批判，被当成牛鬼蛇神打入"牛棚"。一个"左派"批判我，说我的那些用尽心血写出来的科研论文一文不值，连卫生纸都不如。他用最恶毒的话攻击我，侮辱我，我听了非常寒心。其实我图的是什么？我做科学研究图的是什么？我没有低头，不怕别人的侮辱和攻击，我不为成名，我不为金钱，父辈们教导我要精忠报国，是国家和人民需要我这样去做，我靠的就是这种精神支撑我继续坚持研究下去，就是凭着对科研工作的热爱和坚强的毅力，我才走向成功。同学们，要笑对人生，要把黑夜当成白天，要把雨天当成晴天，要把冬天当成春天！

过去我们国家积贫积弱，太落后了，中国科技不进步将会永远挨打。同学们，21 世纪是中华民族伟大复兴的时代，也是中华民族扬眉吐气的时代，你们有这么好的条件，更应该及早做好准备，学习好，锻炼好，努力创造成才条件，为国家、为人民、为我们伟大的民族作出更多有意义的事情，无愧于时代的重托。

祝同学们早日成才！

2.9　珍惜时间　勤奋成才[*]

大家刚进入暨南大学大门，我作为一名老师，向大家表示热烈的欢迎！

从现在开始，大家告别了中学的学习生活，进入大学读书。你们的生活方式发生了大变化，没有人再叫你起床，没有人再催你去学校读书，没有人再督促你完成作业。从这一刻起，你既要面对丰富多彩的生活，也要面对捉摸不定的未来，一切将是你自己做主。从这一刻起，你将度过 1400 多天的大学生活（个别五年制专业学生是 1900 多天）。大学生活，有人说它丰富多彩，有人说它枯燥、艰辛。我认为，它是人生中最亮丽多彩的时段，是你未来成功的基础。同学们，

---

　　* 本节内容是在暨南大学新生入学教育会上的讲话，广州，2014 年 9 月 23 日。

你们应该珍惜大学生活的每一天！

我们的祖先关于时间留下了许多名言：一刻千金；争分夺秒；分秒必争；日月如梭；一寸光阴一寸金，寸金难买寸光阴；一日之计在于晨，一年之计在于春；时间是生命，等等。归结起来，就是时间重要！大学时间如何管理，确实是一个重要问题。

1. 立志

首先，应该弄清楚，进入大学是为什么？

大学是大学生个人实现人生价值的平台，是为个人知识提升、能力培养和素质塑造的关键过程，即是说，要立德修身，成为治国之才！读了大学，就是要立志为国家服务，为中华民族奉献，以国家的利益、人民的利益为最高利益！

1）钱伟长考进大学时的故事

著名科学家、我们暨南大学的董事长、名誉校长钱伟长先生被誉为中国的"三钱"之一，他是我的老师。现在讲一讲他进入清华大学读书的故事。

1931年9月16日，钱先生[1,2]进入清华大学之门读中文系。恰好进校之后第三天，碰上"九·一八事变"，日本帝国主义侵略我国东三省。他义愤填膺，决心弃文学理，走"科学救国"之路。他便马上去找当时物理系主任、著名科学家吴有训先生，要求转专业到物理系读书。吴主任见他物理考得太差，仅15分，化学课也是20多分，这怎么能读物理专业呢？便一口拒绝了他。钱先生是文科成绩好，中文和历史都是100分，是偏才生。但他不死心，整整缠了吴有训先生一个星期。吴先生早上一离开家，钱先生就在那里等他，一路说到系里；上课时在教室外等他，一下课就缠住他。弄得吴先生一点办法也没有，只好屈服，同意钱先生在物理系试读一年。附加条件是：如果一年后每门课达到70分，才能转为正式学生，否则回中文系读书。从此，钱先生走上了"科学救国"之路。

钱先生说："这是我一辈子中一个重要的抉择"。

2）我入学的故事

我出生在旧中国的一个经济窘迫的书香之家，当时生活十分困苦，但受到了较好的家庭教育，知道祖父加入同盟会参加辛亥革命以及父亲到抗日前线参战的报国之举，又跟着参加共产党地下工作的三哥颠前跑后，朦胧地知道神圣的革命事业，在幼小的心灵里种上了爱国主义种子。1955年考上温江中学的四川省留学苏联预备班，成绩一直是全班第一。毕业前夕，由于我有"海外关系"属于"政审不合格"学生，因而留苏未成，临时转为参加高考。国为家学渊源的关系，我从小喜欢文学。但1956年，我们国家发出"科学大进军"号召，要走现代化之路。学校张光汉校长找我谈话，要求我学理科。我从小听党的话，党叫干啥就干啥。所以我的高考入学志愿处，就填写了数学等离政治远一点的理工专业。尽管我的高考平均成绩达到89.7的高分，但仅被第七志愿的兰州大学数学专业录取。入学时，我的成绩是兰州大学 600 名新生的第一名。

如果没有政审问题，我就走上青年人最喜欢最向往的留学生道路。加之，又未能进入北京大学、清华大学这些名校和物理、无线电等专业读书，因此，进入兰州大学时，尽管兰州大学也是当时全国 27 所重点大学之一，我的心情仍然相当不高兴，但是，听党的话是我的做人原则，我坚强的忍耐下来，开始了我的大学学习生活，走上了"科学救国"之路。

2. 科学管理时间

确定了读大学的志向后，就要对时间科学管理，进行战略设计。要对照自己的身体情况、学习基础、经济状况，选好自己喜欢的专业，确定是慢慢读还是快快读。要用好时间。千万不要虚度光阴，不要浪费时间，要做一名品学兼优的学生。

首先，要抓好宏观的时间管理，就是四年（或五年）的时间管理。这里要注意以下事情：专业的选定；学分制课程的选定；无论是提前毕业、推迟毕业或是按时毕业、一定要符合质量才毕业。

其次，要抓好微观的时间管理，就是每一学期、每一月、每一星期和每一天的时间管理。要按自己情况，选读几门课，是多选还是少选，是什么时间上课，是什么时间参加体育运动，是什么时间参加课外活动。总之，要把时间用好，要认真读书，认真上课，认真做实验，认真做作业，认真锻炼身体。国家需要时，就挺身而出。

1）钱伟长先生的故事

钱伟长先生[1,2]入学后转专业成功后，早晨 6 点起床就开始读书，天天如此，终于在一年后继续留在物理系读书。全班同学 11 人，毕业时只剩下 8 人。

钱先生说："我在大学本科四年中，得到了终生难忘的良好教育。"他的老师有：吴有训、叶企孙、萨本栋、赵忠尧、周培源、任之恭等。另外，还遇到短期来做讲座的世界知名教授：波尔、冯·卡门等。

钱先生还说："在这四年中，使我在数学、物理、化学方面建立了较广泛的基础，而且学到了一整套自学的科学方法，并树立了严肃的科学学风，为我一辈子科研教学工作打下了一个坚实的基础。"

1935 年毕业时，他与顾汉章同学完成了毕业论文"北京大气电的测定"，并在当年青岛举行的全国物理学年会上宣读。这是钱先生的第一篇论文。

毕业时，考上清华大学物理系研究生，以全国考生第一名的成绩获得商务印书馆高梦旦总经理的研究生奖学金。

1935 年冬天，在日本入侵华北的压力下，北京以及全国学生掀起了著名的"一二·九"运动。钱先生有强烈的爱国热情，参加了南下自行车宣传队，行程几千里，积极进行抗日救亡运动。

同时，钱先生因家贫，身体十分瘦弱，进大学时身高才 1.49 米。在清华大学著名体育老师马约翰的指导下，积极参加体育运动，成为清华大学田径队、足球队等项目代表队队员，还参加过全国田径运动会。毕业时，他的身高已升到1.65 米。身体健康，为他的科学研究成功打下了坚实基础。

2）钱学森先生的故事

著名科学家钱学森先生被誉为中国"三钱"之一，他是我在中国科技大学近代力学系任教时的系主任。现在介绍一下他读大学时的故事。

1929 年，钱先生[3]以优异成绩从北京师范大学附中毕业。他作出了自己人生的第一次选择，要像詹天佑一样，为落后的中国修铁路，以总分第三名成绩考入在上海的国立交通大学机械工程学院铁道机械工程专业，走"实业校园"之路。

入学后，钱先生认真用好时间，认真读书，成绩均在 90 分以上，位居全班第一。

在交通大学一直流传着钱先生"两个一百分"的故事。

第一个 100 分，是 1933 年的一次水力学考试，老师给他 100 分的成绩。

试卷发下来后，他自己发现一个不起眼的笔误，把"N_s"写成了"N"，连老师都未注意到。他立即退回考卷，要求老师扣分。这让老师甚为感动，于是给96 分。这份试卷被老师精心保存 47 年，到 1980 年送到上海交通大学档案馆。1996 年，上海交通大学百年庆典上，作为珍贵资料首次公开展示。

由这一故事可见，钱先生读大学时是多么严格要求自己！

第二个 100 分，是一份热工实验报告。钱先生特别重视实验课，十分认真和仔细，这份报告长达 100 多页，完整、详尽地记录了他在实验中观察到的现象和细节，并有不少创见，且书写整洁，作图清晰。实验老师看了这份报告后大为惊叹。这份实验报告也就成为交大机械工程系历史上最佳的学生实验报告。

1934 年，钱先生以全专业第一名的成绩，从交通大学毕业。他在大学本科学习阶段通过用好时间、认真读书，获得了未来发展的坚实基础。

3）我自己的故事

1958 年 9 月 3 日，因宝成铁路受大雨冲坏，使得我晚了两天才到达兰州大学报到。从进校第一天开始，一直到五年后毕业，我都用好时间，积极参加了学校安排的学习活动。

从 1958 年 9 月至 1960 年 7 月，我在数学专业读书。1960 年 9 月，转入力学专业读书，直到 1963 年 7 月毕业。

我读大学的这五年时间，即 1958～1963 年，是新中国的一个特殊时期，是开展反右派、反右倾、拔白旗、抓阶级斗争到底等政治运动的特别时期。现在看来，许多事情搞错了。但当时实况，常常是惊心动魄，日子难熬。要读好书，是十分困难的。

五年中，我们入学的 60 名同班同学中，先后有近 20 人因为饥饿离开了学校，但我仍坚持认真读书，认真听课，认真完成作业，认真做实验，认真参加实习。同时，我还要担负繁重的学生工作，先后任副班长、团支部委员、团总支宣教委员、党小组长、政治辅导员、校学生会主席、校务委员会委员等职，花掉了许多时间。尽管如此，除了我一年级第一学期因身体素质差，刚从南方来到寒冷的西北使得体育课不及格外，我年年是班上学习成绩第一名。

1959 年 3 月 13 日，我与陈广才同学一起，光荣地加入中国共产党，是班上第一批入党的党员。到毕业时，全班还有一个同学入党。

1959 年 10 月 1 日，我被学校树立成标兵，被授予"红专旗手"称号。

1960 年和 1962 年，我又先后被学校授予"先进工作者"和"优秀生"称号。

由于兰州大学特殊的艰苦环境，又碰上国家特殊的困难时期，但我遇到了好的校长江隆基同志，遇到了好的老师钱伟长先生的大弟子叶开源先生，还有许多好领导，如林迪生副校长、校党委宣传部崔乃夫部长（后任国务院民政部部长）、高炳兰（系党支部书记）、薛玉庸（系党支部委员）等；许多好老师，如陈文源、陈庆益等，是他们直接培养和指导了我的学习和工作，使我在大学生阶段能顺利成长。同时，还让我参加了我国第一颗东方红人造地球卫星的研制工作，参加了著名数学家华罗庚"优选法"的推广工作，在做毕业论文时得到了叶先生指导，开始了国际力学前沿——板壳非线性力学的研究工作，并与刘法炎同学一起完成了第一篇学术论文："球面扁薄圆壳的稳定性问题"，在当年 10 月学校学术讨论会上宣读。

大学阶段的学习生活为我的一生打下了坚实的基础，有了好的知识基础和坚强的迎接困难的能力，我要感恩我的母校，感恩我的好领导和好老师。

2.10　知识交融　创新成才[*]

进入大学读书后，如何学习？这是一个很有意义的问题。我细细思考后，归结于要打好深厚知识的基础，要在知识交融中成长，下面，结合自己的实践，讲讲这个问题，供大家借鉴。

2.10.1　大学的求学阶段

1. 专业知识的学习

我进入兰州大学时，第一个学习的专业是数学专业。从 1958 年 9 月至 1960 年 7 月，整整学了两年数学专业课程。接着，学校将我转入新成立的力学专业，做固体力学方向第一班的学生，读固体力学的课程，一共是 3 年，直至 1963 年 7 月毕业。显然，我读的专业涉及自然科学的两个学科：数学和力学。同时，我自己苦读文学书籍，常看小说、散文和诗歌，也喜读历史、地理、考古等期刊书籍，有空常进图书馆，因此知识面较宽。

---

* 本节内容是在暨南大学百年文化素质教育讲堂的讲话，广州，2012 年 9 月 27 日。

2. 科研锻炼

在大学五年的学习生活中，我获得了三次科学研究的锻炼。

1）参加"581 工程"

1958 年，国家确定兰州为中国的科学城，要在西北研制中国第一颗东方红人造地球卫星，被称为"581 工程"。我被批准加入这一科研项目，并担任研制小组长，组员是同班的两个成绩特别优秀的同学：余庆余和周永良。这是一个秘密工程项目，又无老师指导，全是我们自己动手研制。做了两年后，学校欲将我送到西北工业大学进修深造，可惜，因我的"海外关系"，未能成功。但是这一段刻骨铭心的经历，令我受益匪浅。这段科研经历培养了我的研究兴趣，拓宽了我的知识视野，锻炼了我的独立从事科学研究的能力。

2）推广优选法

从 1958 年开始，著名数学家华罗庚在数学界推动了"理论联系实际"和"数学直接为国民经济服务"的活动，他注意到国际上刚出现的最优化方法，提出"优选法"。我受系领导委派，于 1960 年夏天，带领全年级 60 多位师生赴甘肃省陇西县文峰人民公社推广优选法，将全年级师生分成 10 多个组，对全公社农田进行规划。这一项科研活动又让我经受了锻炼，既提升了科学研究的能力，又进一步锻炼了科技管理能力。

3）撰写本科毕业论文

读五年级时，著名力学家钱伟长先生的大弟子叶开源先生教我学习《板壳力学》课程并指导我做毕业论文，叶先生出的题目是"球面扁薄圆壳的稳定性问题"。这一题目由两个人做，另一位同学叫刘法炎。这个题目源自著名力学家钱学森先生师从世界杰出科学家冯·卡门于 1939 年发表的划时代论文。由这时开始，我便触接力学研究的前沿领域，走上了力学科研的正确道路。所以，我特别感谢叶开源先生，感恩叶开源先生的谆谆教诲！

3. 品德锻炼

一个人的一生，良好品德的具备是首要的，是最重要的。

1）家庭教育

我出生在一个经济窘迫的书香之家，是教师世家。曾祖父刘声远 24 岁就中了举人，但中举后不久就去世了。祖父刘良幼时被称为神童，12 岁考取秀才，两年后因为成绩优秀补为廪生。在 20 岁时被清政府送到日本振武学校留学，后加入同盟会。回国后在四川法政学堂等校任教，并参加辛亥革命，于 32 岁时病逝。此时，我的父亲身为长子才 12 岁。他毕业于成都著名的石室中学，后任中小学老师。抗日战争时投笔从戎，上前线打日本侵略军。外祖父扬升之也是清末秀才，是私塾老师。母亲扬晴岚读私塾三年，粗通文墨，持家勤俭，特别善良。父母在向我传授知识的同时，首先教育我要清清白白做人，认认真真做事，要宽以待人，严于律己。加上我的三哥刘人慰于新中国成立前参加中国共产党的地下工作，更使我受到革命教育。感恩我的祖父母、外祖父母、父母和兄弟，感恩我的老师，让我从小就受到了以下教育："热爱祖国""热爱中华民族""尊敬老师""尊老爱幼""多做善事，多做好事""己所不欲，勿施于人""助人为乐""身教重于言教""勤劳""诚实"等。加上我幼时正遇上日本侵略我国，目睹国家的贫弱，所以我从小就严格要求自己，希望能为祖国的繁荣富强作出贡献。

2) 艰苦锻炼

九岁以前，生活在旧社会，自小便跟着父母过着困苦的生活，没有穿过一件新衣服，没有照过一张照片，没有吃过一顿好饭。从 1959 年夏天开始，又碰到国家经济困难。1960 年，在大学食堂用餐，整整一年未见过一片肉。每月粮食定量才 26 斤，一半是粗粮，所谓细粮的面粉还是全麦面，带着麸皮。而且，我作为学生干部，还带头节约两斤送给班上饭量大的同学。这时，年级有十多位同学饿得扛不住了，便弃学回家了。我在班上带头不叫苦，同时还把学习和社会工作做好。

3) 勇气锻炼

尽管我从小体弱多病，但我自己却尽量锻炼自己的勇气。我 18 岁刚进兰州大学读书的第 3 天，1958 年 9 月 6 日下午，全校师生坐火车去定西县参加"大跃进"中的"引洮上山工程"建设。全年级 60 人住在一个山间小庙里，附近见不着农民。半夜时，一位叫高怀一的同学癫痫病突然发作。我当时被系领导任命为副班长和工地安全委员，考虑到自己的职责，便独自上路去 20 里外请医生来看病。哪知在半路，在野地里突遇两条狼拦住了去路，我遇到了一生以来最严酷的考验，立即镇定下来，左手开着手电筒直对着狼，右手立即解开裤腰带提在手中抖动，对峙半小时后终于吓走了狼。7 年以后，1965 年冬天，也是在定西县，参加农村社会主义教育活动，又一次在半夜遇到狼，这次是一条狼，狭路相逢，我又用同样办法吓走了狼。　个人遇事镇静，有勇气，就一定能迎难而上，就不怕困难，就会战胜困难，带来胜利。

4) 助人为乐性格的培养

活在世界上，要一生活得值得，就必须认识人生的价值。人生活在群体中，作为中华民族一份子，就必须首先做到凡事都要"吃苦在前，享乐在后"，要从身边做起。从读小学开始，一直到大学阶段，我都是班上成绩第一名，但我不骄傲，而且主动帮助成绩差的同学，耐心地回答他们的问题。由于新中国成立后我父母经济好转，我便从高中起，几乎每月都用现金帮助家庭困难的同学，而且不要他们归还，不要他们回报。在 1960 年经济困难时期，我自己也饿惨了，但我仍每月节约 2 斤粮食给同学。逢到下乡艰苦时节，我都选最差的住处给自己，而做事时，又把最重最苦的活留给自己。

我活到现在，越活越快乐，笑容天天留在面孔上，留在心中。

5) 学习上刻苦的锻炼

读书时，首先要热爱自己所学的专业，只有这样才有学习的热情，才有学习的动力。先要学好专业的基础课，然后又要学好专门化课程。学习中，要认真。要多做作业，要做好实验。注意学习方法，该记熟的东西一定要记熟，熟能生巧。

6）社会工作的锻炼

从小学开始，一直到大学阶段，老师和同学们都选我做学生干部。我乐于担任，任劳任怨，不仅做了奉献，而且培养了我的好性格，培养了我的管理能力和服务能力。进大学后，先担任副班长和系团总支宣教委员。为了做好宣教委员工作，完成主办系板报的任务，我还自费订阅"新闻战线"月刊（五十年代国内唯一一份新闻刊物）。一年级结束时，恰逢祖国大庆十周年，我被学校授予"红专旗手"称号。二年级时，就担任党小组长。那时学校内无专职学生工作干部，我要主管两个年级 120 名学生的管理工作。从三年级起直到大学毕业，担任校学生会主席和兰州大学第一届校务委员会委员工作，任务更加繁重，但还是圆满完成了任务，同时，学习成绩仍保持第一。

2.10.2　知识交融的创新故事

1. 旅游学方面的创新

（1）1984 年 8 月 7 日，安徽省人民政府计划委员会召开全省旅游发展规划座谈会。我当时被杨纪珂副省长聘为顾问，受他的委托在会上致词。在会上，受到安徽省旅游事业管理局局长的热情邀请，临时作了一个关于欧洲旅游见闻的报告，并建议安徽省首先开展黄山旅游区的规划工作。随后，又提出建立安徽航空公司和建设黄山机场的建议。这些建议受到省政府重视，并开始了黄山旅游区规划工作。

（2）1986 年 5 月，由钱伟长先生推荐，我担任上海工业大学经济管理学院首任院长。上任后，经过调研，发现我国高校本科教育缺乏旅游专业。在上海，仅有上海旅游专科学校，于是创办旅游本科专业。

（3）1986 年下半年，鉴于旅游学方面的研究状况，我提出用系统工程理论研究旅游学，创建"旅游工程学"学科。同时，建立上海旅游工程学会，任理事长之职。以后，我又被推选为上海旅游协会、上海旅游学会和上海旅游教育研究会副理事长等职务，从理论和应用上研究旅游问题。

（4）1988 年，我承担了上海市旅游事业管理局委托的课题"上海旅游交通研究"，并写出论文"上海旅游交通的症结与对策研究"，于 1990 年在著名旅游期刊《旅游学刊》上发表。

（5）1989 年，我承担了时任上海市长朱镕基同志交办的上海对外贸易经济委员会课题，撰写了"上海华亭集团旅游宾馆摆脱当前困境的对策研究"报告。

（6）1989 年，主持了关于"旅游工程学"的学术会议，出版了文集《旅游工程原理与实践》，著名科学家钱伟长先生为此书题写了书名和赠言，给我极大的支持与鼓励。

（7）1993 年，接受国务院侨务办公室主任廖晖同志的委托，在深圳市创办我国第一个旅游学院——暨南大学中旅学院（后改名为暨南大学深圳旅游学院）。

（8）1994 年，我应邀前往日本神户商科大学作学术报告"开展旅游工程学研究，促进旅游事业发展"。

（9）至今，我已经培养旅游管理博士 15 人，出版著作 1 本，发表文章 20 余篇。

2. 管理科学方面的创新

（1）1986 年 5 月，受著名科学家钱伟长先生委托，创办上海工业大学经济管理学院，担任首任院长和预测咨询研究所所长。此时，我才发现，在我国最大的城市，会计学科仅有上海立新会计专科学校在培养专科学生，为此，我筹建了会计学本科专业。

随后，我被推选为上海高校经管学院院长联谊会首任会长以及上海技术经济和管理现代化研究会（后改名为上海管理学会）第一副会长。

从此，我在管理科学的理论研究和应用上做了一些工作。

（2）1986 年，担任上海市科学委员会课题"崇明岛经济、科技、社会发展战略研究"的顾问。

（3）1987 年，担任上海市科学委员会重大项目"浦东新区建设中新技术的应用与开发"的课题组长，于 1989 年完成了课题报告。

（4）1991 年，出版了专著《工业企业岗位要素设计》。

（5）2003 年，受中共中央政治局委员、广东省委书记张德江同志委托，担任中共广东省委和广东省政府的重大课题"广东省信息化调研"副组长。

（6）2004 年 6 月 2 日于澳门，在张德江同志主持的泛珠三角区域合作与发展论坛作主题演讲："泛珠三角：推进科技、教育跟文化的区域合作"。

（7）2009 年，担任中国工程院中国工程中长期（2010～2030）发展战略研究项目子课题"公共安全相关工程科技发展战略研究"的组长。

（8）至今，我已经培养企业管理博士 18 人和管理硕士 99 人，出版著作 5 本，发表文章 170 余篇。

3. 华文教育创新

1993 年 3 月 9 日，在广州华侨补习学校会议室，国务院侨务办公室廖晖主任亲自主持会议，讨论该校并入暨南大学的发展规划。会上，廖晖主任点名我提出意见，我即席发言，提出三条建议：将广州华侨补习学校改名为暨南大学华文学院；负责华文学科的本科和研究生教育；将校本部的对外汉语系和预科部整体并入华文学院以加强办学力量。廖主任当场表态同意我的意见，我国第一个华文学院随即按此三个建议兴办。

4. 高校异地办学的尝试

1998 年 2 月，珠海市政府在筹建珠海大学的申请未被国家批准后请我帮忙在珠海办大学，我接受邀请，冲破当时高校不能异地办学的禁令，于当年 8 月在珠海市唐家湾建立了珠海特区第一所大学——暨南大学珠海学院（后迁自珠海市区前山），开了我国高校异地办学的先河。

5. 兴办大学城的建议

2000 年春节期间，我向珠海市委黄龙云书记（现任广东省人大常委会主任）建议，为把珠海特区建设得更好、更有特色，可引进几个著名大学到珠海办学，形成大学城特色，如美国的波士顿、英国的牛津。黄书记愉快地接受了我的建议，珠海市兴办了我国第一个大学城。

6. 暨南大学体育学科的崛起

1993 年夏天，我开始分管学校的体育部工作。经过了解，我才知道，暨南大学的学生在广东办学时期从未参加过全国的比赛。于是，我采用鼓励和加强管理的办法，促使学生们努力参加国内大学生的体育比赛。负责此项工作的第二个月，就让学生参加了在杭州举行的第 2 届全国大学生田径运动会，第一次参赛就获得了一枚银牌。第二年，1994 年夏天，我亲自领队参加了在山东师范大学举行的第 3 届全国大学生田径运动会，仅在第一天上午就获得 5 枚金牌，令全国高校体育界震惊。1995 年暨南大学受到教育部重视成为全国举办高水平运动队的 53 所学校之一，并在新加坡高校乒乓球友谊赛上赢得第一。2005 年 11 月 7 日至 11 日，接受亚洲大学生体育协会和国家教育部的任务，暨南大学承办了亚洲第一届大学生田径锦标赛，我任总指挥。这是国际大学生体育运动在我国举行的首场正式比赛。19 个国家和地区共 40 所高校参赛，运动会开得圆满成功。暨南大学运动员共获 14 枚金牌、9 枚银牌、7 枚铜牌，是亚洲第一的高校。主管体育的教育部章新胜副部长当场表扬了我的工作。

随后，暨南大学设立体育专业。到我离开校长岗位之时（2006 年 1 月），暨南大学的学生共获 290 余枚金牌，其中国际比赛金牌 56 枚。

7. 开校医联合办学先河

1995 年年底担任暨南大学校长后，我了解到医学院学生临床实习的艰难。学校仅有一所附属医院，远远不能满足本校医学专业学生实习的需要。为此，我找到深圳市卫生局周俊安局长和深圳人民医院杨建国院长，他们立即同意，帮助我校解决教学实习困难。双方签了协议，深圳人民医院成为我校第二附属医院，接收我校实习的医学专业学生；其医生又成为我校教师，还可指导研究生；加入高校序列，加强了医学科学研究工作。这是双赢的事情，皆大欢喜。在签署协议之时，国家卫生部殷大奎副部长表扬我们在全国开了先例。此后，我校又先后将 6 所地方医院变成了我校的附属医院。从此，我校医学专业的学生得到了更好的培养条件。

8. 暨南大学国际化

1995 年年底，在我刚任暨南大学校长时，学校仅有 16 个国家和地区的境外学生 1952 人。

这离国家对我校的"面向海外、面向港澳台"办学要求差距较大。为此，我提出要在华侨华人定居的主要国家与该国著名大学建立学校姊妹关系。到我卸任校长之时，已建立姊妹学校的国家有以下 24 个：

亚洲：越南、泰国、马来西亚、新加坡、柬埔寨、缅甸、印度尼西亚、文莱、菲律宾、印度、日本、韩国。

欧洲：法国、英国、德国、俄罗斯、丹麦。

非洲：埃及、南非、毛里求斯。

美洲：美国、秘鲁、巴西。

大洋洲：澳大利亚。

与此同时，还加强与我国驻外使领馆和华侨华人社团以及海外校友的联系，争取得到他们的支持，同时加强招生宣传和组织工作。在 2005 年，暨南大学境外的 5 大洲 77 个国家和港澳台 3 个地区的学生已增加到 10 609 人，占在校生的一半，超过全国其他学校的总和。

同时，在 2001 年，创办了中国第一所全英语教学的国际学院，使学生在国内就能接受留学生一样的培养。

9. 信息化建设

1992 年，鉴于互联网的进展情况，我向学校提出立即建立互联网的建议，经批准后，由我负责，在罗伟其教授的协助下，于 1994 年，使暨南大学成为广东省第一所接入世界互联网的高校。

2004 年，接受中国工程院委托，我任坛主，主办了世界工程师大会的中国网上论坛。

10. 大学校史馆的创建

为激励师生员工的爱国爱校之情，在迎接暨南大学九十周年校庆的 1996 年，我提出建立暨南大学校史馆，在暨南大学校友捐款后得以建成。

1998 年，在我的倡议下，全国高校的"211 工程"学校的校长们来到我校聚会，教育部韦慰副部长和校长们参观了我校校史馆，大家赞不绝口。此后，许多学校也纷纷建立校史馆。

11. 反腐倡廉工作的创新

鉴于学校办学任务增加和基建工程浩大，反腐形势严峻，我主动与广东省检察院检察长张学军同志联系，得到他的热情支持，签署了《共同预防职务犯罪协议书》，使暨南大学成为我国第一个与检察院合作共同预防职务犯罪的高校，受到上级领导好评。此后，学校遵纪守法形势好转。

12. 暨南大学由普通高校提升为名校

担任暨南大学校长后，根据学校的情况，我提出"侨校＋名校"的发展战略，提出中国第一个弹性学分制——标准学分制和第一个积效考核制，实行"严"（即从严治党、从严治校、从严治教、从严治学）、"法"（即依法治校）、"实"（即实事求是）三字治校方针，采用"学生第一""管理第一""质量第一"原则，实施一系列改革措施，使暨南大学从一般高校进入名校之列，成为国家"211 工程"重点大学，达到全国第 36 位，在全国被称为异军突起。教职工年均收入由 1995 年的 8254 元增至 2005 年的 88 900 元，增长 10 倍；教职工人均住房面积由 13.5 平方米增至 23.74 平方米，增长近 1 倍，每位教职工均享受了福利分房待遇。这使我感到欣慰，实现了"强校富民"的理想。

13. 精密仪器仪表领域的创新

1964 年夏天，我到社会上调研以寻找新的科研项目。在兰州万里机电厂，得知他们正在仿制研究美国 P2V 低空侦察飞机的测高计，其核心元件是一个锯齿形波纹圆板。经过我 14 年的艰难曲折的努力，终于创建了世界第一个精确的设计公式，以后，又做了一系列这一领域的研究。

14. 压力容器领域的创新

1969 年秋天，应兰州石油化工机器厂二分厂技术科长贾志杰同志（后任过湖北省委书记）的邀请，受兰州大学军宣队的派遣，我参加了仿制世界领先水平的美国设备在中国第一次试制的生产航空煤油的铂重整装置的研制工作，提出了一种新的实用的厚壁圆柱壳理论，提出了椭球封头开孔厚壁接管根部的应力计算公式，提出了建议，使产品试制成功。此后，又做了一系列高压和超高压容器和压力管道的研究工作。

15. 铁路桥梁工程的创新

1974 年，铁道部第一设计院邀请我对陕西白水河铁路大桥的高桥墩进行设计计算。该桥是当时全国最高的桥，桥墩高 69.4 米，我提出一种新的实用的变厚度截头锥壳理论，提出了强度和刚度的计算公式，供设计院使用。

16. 东水西调工程的建议

从 2004 年开始，为改善我国首都北京和华北、西北地区水资源极其贫乏的状况，在国家实施南水北调工程之外，我提出建议，再采用东水西调工程，即从长江口取淡水、从渤海和黄海取海水，用管道将淡水和海水或海水淡化的水输向北京、华北和西北，以彻底解决我国北方缺水的状况。

2.11　从学生会主席到大学校长之路 *

我奉上级命令调来暨南大学已经整整 20 年了，今天应邀来做这一个命题式的报告，既高兴又有一点别扭。高兴的是能与同学们见面，别扭的是我当校学生会主席时并未有当大学校长的目标，我过去所任的学校各层级的领导职务，不是群众推举就是领导直接任命，我从未有当大学校长的雄心壮志。今天，只好勉为其难来讲一讲这一个问题。

大学时的学生会干部是学生群体的精英和核心，在不同时代承担不同的职责，但归根结底，应当是学习和工作双丰收，成为学生群体的表率。

下面，谈谈如何做好学生会干部。首先，学生会干部应认清自己的职责，既然是学生的表率，就必须培养自己具备以下条件：

1. 应有三颗心

1）爱心

要热爱祖国，热爱中华民族，热爱自己读书的大学，热爱自己所学的专业，热爱自己的社会工作，尊老爱幼，爱憎分明，痛恨人间一切丑恶之事。具有爱心，才能热爱生活、热爱事业，才能为祖国的美好未来奉献自己的所有力量。

2）好奇心

对自己周边的事要爱问为什么？有了问题，才会有兴趣去寻找解决问题的方法，得到问题的正确答案，才可能做创新的人。必须虚心向人请教，才能学到知识、学到本领。

3）耐心

世上本无平坦的路，要做好事、善事，一定常会遇到障碍，遇到别人不理解，甚至反对。因此，一定要咬着牙，挺过去，有了忍耐心，就会度过困难，追求到真理！

2. 应有三个性格

1）诚实

对祖国忠诚，对人民忠诚。作为当代大学生，一定要有诚实的品格。要说真话，不讲假话。做事要实事求是，要清清白白做人。做人要与人为善，多做好事和善事。一个具有诚实品格的人，一定会一生一世受人尊敬！

2）不怕苦

一个人应该有不怕苦的性格。遇事要吃苦在前，享乐在后。要先天下之忧而忧，后天下之乐而乐！

只有具有不怕苦的性格，才能在遇到困难时勇于面对，顺利渡过难关，从而

---

* 本节内容是在暨南大学学生会干部会上的讲话，广州，2011 年 4 月 10 日。

获得成功。

3) 乐观

人们常说"人生不如意事常八九"和"家家有本难念的经"。因此，人遇到困难时，常会愁眉苦脸，会被困难折磨、打倒。因此，一个人应具有积极向上的乐观性格，勇敢面对困难，才能顺利渡过难关。凡事要看远点，在冬天时要想到春天，在雨天时想到晴天，在夜晚时要想到晴朗的白天！要笑口常开，要一生开朗。那样一来，你一定是一个幸福的人，做事一定容易成功！

3. 应有自己的人生目标

进大学后，应有自己的人生目标，今后无论做何种工作，都应为祖国的繁荣富强作出奉献，要多做好事，多做善事，不做坏事。现阶段作为学生会干部，一定要在同学们中事事起表率作用。

4. 自己成长的故事

在小学、初中、高中阶段，我就担任学生干部：小学时，担任过班长、校学生会副主席；初中时，担任少先队小队长、中队旗手、大队长；高中时，担任留苏预务班的班委、班长。经过这些职务的锻炼，我学会了如何团结同学，如何组织同学完成老师交给的任务。更认识到，要当好学生干部，就必须处理好学习与工作的矛盾，自己必须事事做表率。

进入大学后，任过以下职务：副班长、班长、团支部委员、团总支宣教委员、党小组长、党支部委员、政治辅导员、校学生会主席、校务委员会委员等职。对于每个岗位，我都热爱、认真工作、办事公正，同时保持全班学习成绩第一的位置。特别在学生会主席岗位上，花去的时间特别多，对我的锻炼特别大，培养了我的战略眼光和管理能力。

我在大学一年级时，于1959年3月13日光荣加入了中国共产党，1959年10月1日又被学校授予"红专旗手"称号，学校把我树为全校学生的标兵。党对我的教育和培养影响了我一生，"党的需要就是我的志愿"成为我的座右铭。在读大学时，正碰上"大跃进"时期和三年困难时期，加之又在艰苦的大西北，更是苦中又苦。我在这一时期，既保持了全班学习第一的名次，又做好繁重的社会工作，事事都起带头作用，我未叫过一声苦，事事走在前面，饿着肚子还要每月节约2斤粮食支援同学。带好全班同学，挺过困难时期，终于在大学毕了业。大学时任学生会主席等社会工作的锻炼为我的未来发展奠定了一个坚实的基础。

毕业后留校任助教，还下乡参加农村社会主义教育运动，任过工作队领导小组成员、组长、工作队团委书记等职。1978年秋天，在中国科技大学近代力学系飞行器结构力学专业教研室被选为副主任，当时这一个教研室有42位教师，是中国科技大学最大的一个教研室。此时，钱学森先生兼任我们的系主任。接着，我的"波纹圆板的特征关系式"论文被学术界誉为"达到国际水平"而受到中国科学院通报表彰，中国科技大学师生誉称我为"中国科技大学的一颗明星"。后来，我又脱颖而出，成为中国赴西德留学的第一批洪堡学者之一，并被推选为鲁尔大学中国科学家和留学生联合会首任主席。1983 年 4 月回国后，便任中国科技大学近代力学系副系主任，接着，在 1986 年调往上海工业大学任副校长，成为钱伟长先生的助手。六年后，又来到暨南大学任副校长和校长，前后共任副校长和校长 20 年。在 1999 年 11 月和 2000 年 9 月，又先后被遴选为中国工程院机械与运载工程学部和工程管理学部的院士。

　　实际上，在任大学学生会主席时，我就坚持在学生群体中要做表率，要吃苦在前，享乐在后，决不谋私利。因此党组织喜欢我，群众拥护我。到了教师岗位后，我仍然坚持这样做，既把业务做好，又把社会工作完成好。而且在文化大革命受难阶段，我也不做坏事、不随波逐流。在兰州大学、中国科技大学、上海工业大学、暨南大学四个不同类型的大学中，从学生会主席走上大学校长岗位，我都未改变性格，坚持讲真话，坚持公正廉洁办事，坚持只做好事、善事和不做坏事，坚持为中华民族复兴的事业奋斗终生。让我特别感到欣慰的是，2006 年年初，在我和全校师生的共同努力下，暨南大学实现了"强校富民"，学校已由一般的大学上升为一所研究型大学，成为一所"211 工程"国家重点大学，成为一所有国际影响的大学。在全国 2000 多所高校中，排名由几百位上升到第 36 位。

2.12　从教感想[*]

　　我先后在五所大学任大学教师 50 年，担任大学本科生毕业论文指导老师也是 50 年，任研究生指导教师也有 30 年，任高校领导 22 年，培养了 53 名博士（固体力学、工程力学、企业管理、旅游管理等专业）以及 124 名硕士（固体力学、工程力学、管理工程、工商管理、高级工商管理等专业），我深深感到任教授光荣，任教师令人自豪。

　　特别是，我更认识到研究生导师岗位的重要性。其任务是为国家培养科技人才，出科技成果。这一任务，十分光荣，十分伟大。这一任务，对于国家说来，是核心事情。

　　下面，我来谈谈任研究生指导教师的几点体会，供大家参考。

1. 担任研究生指导教师的要求

　　做一名研究生指导教师，首先必须要做到为人师表。即是说，无论是做人，还是做事，都要是学生的表率。

　　做人：这是首要的条件，主要包括：

　　（1）爱国精神。

　　* 本节内容是在国防科技大学为参加全军研究生导师培训的新增导师所做的报告，长沙，2013 年 7 月 4 日。

（2）忠厚、真诚。

（3）只做好事，不做坏事。

做事：主要包括：

（1）责任心。

（2）勤劳。

（3）创新。

实例：

（1）1981 年，在西德鲁尔大学，台湾"国家科技顾问"×××对我进行策反，我立即进行坚决斗争，并赶到波恩向我国驻德大使馆报告，受到大使馆表扬。

（2）1981 年 3 月，在西德格廷根市歌德学院学习德语时，授课的德语老师讲到台湾时说成国家，我立即举手发言，指出老师的错误，声明："台湾仅是中国的一个省！"

1982 年，在瑞士日内瓦，参加一个国际会议时，又遇到此情况，再次发言申明。

（3）我这一生，不管在何场合，都讲真话，干实事，我甚至在任校长时，公开在教师大会上讲这要求。

当然，在特殊情况下，如"文化大革命"非正常时期，我则采取沉默等消极方式。例如，我的校长江隆基同志、老师叶开源先生先后挨批斗时，我认为他们是好人，所以我不写大字报、不发言、不造反。由此自己被戴上"牛鬼蛇神的帽子"，"大走资派江隆基的孝子贤孙"，"大右派钱伟长的徒子徒孙"，挨批斗，几乎被整死，我也未后悔。

甚至造反派要求公安局枪决叶先生，我还组织群众联名反对。叶先生坐牢 8 年出狱后，回校造反派不收留，我还向学校写保证书，让老师回校工作，终于得到平反。

（4）找一生中，教过上千名本科生，培养了 53 名博士生（属于固体力学、工程力学、企业管理和旅游管理等专业），124 名硕士生（属于固体力学、工程力学、管理工程、工商管理，高级工商管理等专业）。

我指导学生，无论是上课还是指导学位论文，都很认真，只有符合质量才能允许毕业。

讲一个本科教学管理提升质量的故事。1993 年 10 月，在暨南大学我提出并实行"取消补考、实行重修"的改革措施，全国开创，以保证质量。不怕大家反对，不怕学生闹事，就是为了侨校的办学质量和声誉。这样一来，学风迅速好转，加上其他改革措施，暨南大学跨出一大步，由一般高校成为全国重点大学，由全国排几百名提升到第 36 名。

（5）1970 年夏天，承担了我国最高压力容器"高压聚乙烯反应器"研制工作，设计压力 $2300\mathrm{kg/m^2}$，要对筒体爆破帽孔洞处应力集中进行理论分析计算，整整一个月，想尽一切办法，我都无法下手，急得眼睛红肿，住进医院，进行眼睛手术。我夜以继日地工作，终于在一次似睡非睡的梦境中找到了方法，用复变函数映射法解决了问题，那是我当牛鬼蛇神挨批斗之后的事情。造反派曾当众污蔑我说："你的论文还不如擦屁股的卫生纸！"而我仍然硬着头皮继续做科研、做创新。

（6）我现在仍然在科研第一线工作，除了原有方向外，目前在做三个题目：东水西调工程、地效飞行器研制、垃圾分类与处理，都很有意义。我一定要坚持创新，活到老，学到老，做到老！

2. 因材施教培养学生

每个学生有每个学生的优势和劣势，要善于发挥学生的优势，改善其劣势，决不能歧视暂时落后的学生。

实例：

我带学生时，不仅了解学生，也了解其家庭，争取全面了解学生，按其特长培养学生。对理论功底好的学生，就导向去做基础科学前沿难题。对动手能力强的学生，就导向去做偏工程、偏应用的课题。培养的学生可早毕业，也可晚毕业。总之，要达到质量标准才允许毕业。我带的博士生，有的不到 2 年就毕业了，有的 8 年才毕业。

3. 指导学生走上正确的科研道路

培养研究生，就是培养研究生如何做人，如何做科研。

这里主要讲如何指导学生走上正确的科研道路。对于硕士生，是培养其进入科研的大门，懂得科技创新如何实现，为何有价值。对于博士生，则是培养其具有独立的从事科研的能力，让其完成一项具有系统创新性质的课题。

科学研究包括三类题目：

（1）新问题、新方法；

（2）新问题、老方法；

（3）老问题、新方法。

总之，要在前人工作基础上往前进一步就行。当然，要选对人类、对国家有意义的题目来做，要选科学前沿问题做，要选有实际价值的问题做，即选"顶天立地"题目做。

实例：

以我自己为例。1962 年，本科毕业论文"球面扁薄圆壳的稳定性问题"题目是叶开源先生拟定的。我查询文献后，才知道题目出得好，来自于钱学森先生师从冯·卡门所写的于 1939 年发表的划时代论文。20 世纪，国际力学界顶尖的领域，就是板壳非线性力学，相当难！因此，我本科阶段就被著名力学家钱伟长先生的大徒弟叶开源先生领入科学的前沿。我真诚感谢钱伟长先生、叶开源先生，这使我终生在这一有意义的领域里工作，既做了基础科学课题，又做了工程实践课题。我的许多论文都在国际上创造了第一。我也用这样的方法指导学生，很多学生成才。

参 考 文 献

[1] 钱伟长. 八十自述. 深圳：海天出版社，1998.

[2] 钱伟长. 教育和教学问题的思考. 上海：上海大学出版社，2000：134-144.

[3] 奚启新. 钱学森传. 北京：人民出版社，2014.

第3章 高等教育管理实例

3.1 接任暨南大学校长时的讲话[*]

今天，国务院侨办刘泽彭副主任在此宣读了任命决定，又听了赵阳司长语重心长的讲话，对此，我深深地感谢领导和同志们对我的信任、关怀和支持！

我来暨南大学已经4年多了，在领导和同志们的支持和帮助下，做了一些工作。现在又要承担更重的担子，深感自己能力不够，担子太重，真是诚惶诚恐！

办好一所大学，实在太不容易了。面对这一重担，我只有坚持务实的精神，尽心尽力，鞠躬尽瘁，团结好班子内的全体同事，团结好全校师生员工，将党和人民交给的任务完成好！

我们学校是国内1080所高校中历史最悠久的学校之一，建校90年来，特别是1978年复办以来，在国务院侨办的直接领导下，我校各方面工作有了许多可喜的进步，取得了许多成就，为国家包括港澳台地区以及各国华侨、华人社会培养了数万人才，在国内外已成为一所有一定影响和知名度的华侨最高学府。

按照"面向海外，面向港澳"的办学方针，我校担负着培养华侨、华人社会以及国家包括港澳台地区的高级专门人才的重要任务。面对这一任务，根据国内外一流大学和我校多年办学过程中积累的办学经验及形成的办学特色，我们应该积极探索新时期社会主义华侨大学的办学模式，突出教学中心和科研中心，争取在建校100周年（2006年）或稍长一些时间内，将我校建设成中国以及东南亚的著名大学，以至国际有影响的一所大学。

为了达到这个目标，我们需要客观地认识自身的优势和不足。90年发展过程中所形成的我校的特色和优势，概括起来讲有以下五个方面：

（1）有一支较强的教师队伍。教师的质量决定学校的水平。现在，我校1036名教师中有国家级突出贡献专家1人，博士生导师13人，教授134人，副教授325人。

（2）学科比较齐全，是我国第一所拥有医科的综合大学。全校有31个本科专业，53个硕士专业，加上两个博士生培养点，共9个博士生专业。我校研究生专业数大约排在全国50名左右。有一个国家重点建设的文科基地，是国家试

---

[*] 本节内容是在暨南大学校长任职仪式上的讲话，广州，1996年1月4日；原载《暨南大学校报》，1996年1月15日。

办高水平运动队的学校。省部级重点学科 11 个，省重点课程 4 门。

（3）拥有一定水平的教学和科研设施，有各类实验室 47 个，省级重点实验室 1 个，特别在 1995 年全省实验室评估中，我校是第一所合格高校，在 1995 年全省电化教学评估中，也列为全省第一名，计算机校园网络已经建成，广东省高教厅即将在本月对我校校园网络进行验收，也是第一所验收学校。获得国家自然科学基金多少是衡量一个学校学术水平高低的重要标准，1995 年申报国家自然科学基金项目获准数是 1994 年的 3 倍多，命中率在全国高校中排第 3 位。同时，我们还拥有一座藏书丰富，达 130 万册的图书馆，一座华侨医院，以及一座现代化的邵逸夫体育馆。

（4）我校的国际性质。我校校友遍布世界五大洲。同时，在港澳台地区有众多校友。这是全国其他高校所没有的自己的特色。仅本学年度，就有 27 个国家和地区的学生来我校求学，学生来源于五大洲主要国家和地区。

同时，我校与美、英、德、日以及东南亚许多大学有紧密学术交往，从而使我校的学术水平跻身于国际行列。

（5）90 年办学中，形成了侨校的办学特色和传统，积累了较丰富的办学经验，特别是校董事会的设置更具特色。我校在国内外已有一定的声誉和影响。

上述优势和特色，正是我们暨大以后进入"211 工程"，成为创办著名大学的基础和条件。

与此同时，也应看到，与国内外一流大学相比，与国家对我们的要求相比，我校还存在很大差距和许多困难。主要是：

（1）我校的教育经费偏少，不仅远少于国外知名大学，就连广东省几所大学，如中山大学、华南理工大学我们也比不上。

（2）我校的教风、学风还不够好，有待根本好转。

（3）我校的教育质量、科学研究和管理水平也不够理想，有待进一步提高。

这些差距和困难说明，暨南大学今年要完成"211 工程"预审，用较短时间来成为一流大学，任务是十分艰巨的，需要我们作艰苦的努力。

按照上述情况，我们应该实行 20 字方针，即"发挥优势，深化改革，保证重点，改善条件，提高质量"。

发挥优势——就是要发扬暨大 90 年积累的优良传统，从总体上以较少的经费，获得最好的办学效益。

深化改革——就是继续深化教学、科研、后勤以及管理体制的改革，使学校的发展更能符合客观规律的要求。当前，要研究学校基金分配制度的改革，要把学分制搞得更好，抓专业改革，向应用型专业发展，并采取措施使科研管理有利于学校学术水平的提高，同时，理顺后勤保障系统。

保证重点——就是把有限的人力、物力和财力，用在重点建设和发展关系全局的方面，确保重点学科、重点实验室、重点课程、博士点建设、重点师资，特别是营造使中青年优秀人才脱颖而出的环境和条件，以带动全校各方面的建设和发展。同时，抓好基础课建设，特别是"三语"（汉语、英语、计算机语言）课程，其中首要的是大学英语课程。

改善条件——就是尽最大努力，改善师生员工的工作条件、学习条件和生活条件。首先，搞好校园规划，使校园卫生、文明、美丽，减少校园商业气氛。同时，使教室、实验室、图书馆条件改善，并抓好学生宿舍和教师住宅的建设。

关心师生员工生活，以便最大限度地调动教职员工的办学积极性。

提高质量——办学质量是学校的生命。因此，我们必须坚持"三严"的办学方针，即从严治校、从严治教、从严治学。努力提高人才质量、科研质量和学校管理水平，坚持法制，不搞人治。

以上是个人的一点初步想法，我上任之时，不烧三把火，只要扎扎实实地工作。我们工作目标就是多方筹措经费，提高学校管理水平，与党委一起，抓住机遇，千方百计，为把暨南大学办成广大华侨、华人、港澳台地区以及国内青年求学的好地方而努力奋斗！

同志们，我衷心希望得到何校长、周校长以及全体老同志的支持，虚心向他们学习宝贵的管理经验。在国务院侨办的领导下，团结全体同志，把工作搞好。我衷心希望全校师生员工加强团结，振奋精神，从我做起，做好本职工作，采用务实精神，一步一个脚印地前进，使暨南大学在 20 世纪最后的几年中，为祖国的统一大业，为祖国的现代化和繁荣富强，为培养更多更优秀的德智体全面发展的人才，作出我们应做的最大的贡献。

3.2 创建一流大学 *

在暨南大学昨日顺利通过"211 工程"部门预审之际，海内外校友与全校师生员工迎来了建校 90 周年的大喜日子。今天，我们在这里举行隆重的校庆庆典活动。这是一次历史性的盛会，对暨南大学今后的建设和发展必将产生重要的作用和深远的影响。首先让我代表全校 17 000 余名师生员工，谨向光临庆典的中央、国务院侨办和省、市领导，向来自海内外的各位嘉宾、校董和校友表示最热烈的欢迎。向所有关心、支持我校建设和发展的上级领导、校董、校友、海外侨胞、港澳台同胞和国内外的朋友们表示衷心的感谢和崇高的敬意。

暨南大学作为"华侨最高学府"和成立较早的著名国立大学之一，在我国华侨教育史和近代高等教育史上都占有独特的地位[1]。暨南大学一向致力于弘扬中

---

* 本节内容是在暨南大学建校九十周年庆祝大会上的校长致词，广州，1996 年 6 月 15 日；原载《暨南大学校报》，1996 年 7 月 15 日。

华文化，为海外、港澳台地区培养人才。建校 90 年来，已为海内外培养各层次毕业生 50 000 多人。在海内外校友中，不少人在事业上卓有成就，贡献突出，享誉中外。可谓人才辈出，誉传五洲。

党和国家对暨南大学历来都高度重视、无限关怀。为庆贺暨南大学建校 90 周年，党和国家领导人江泽民、李鹏、乔石、李瑞环、荣毅仁、李岚清、钱其琛、李铁映、谢非、吴学谦、钱伟长、霍英东、马万祺等在百忙中为我校题词，充分体现党和国家对广大海外侨胞、港澳同胞、台湾同胞的无限关怀和对华侨高等教育事业的高度重视，我校全体师生员工和海内外校友深受教育和鼓舞。

经过 90 年的风风雨雨，艰苦创业，学校现已成为一所实力雄厚、学科齐全，涵盖文、史、经、管、法、理、工、医等学科的新型综合性大学。学校声誉远播，在海内外的影响不断扩大。可以说，暨南今日之成就，凝聚了几代暨南人的辛勤耕耘。今天，当我们举行建校 90 周年庆典之际，缅怀暨南先辈们为暨南的建设与发展艰苦创业的业绩，令校友们感到十分亲切与鼓舞。

暨南的事业是美好的、永恒的。在世纪之交的今天，学校面临着千载难逢的重大发展机遇。在这里，我谨代表学校衷心希望海内外的暨南校友、校董和朋友们，紧密团结起来，一如既往地关心、支持母校的发展。全校师生员工将在国务院侨务办公室的直接领导下，团结拼搏，分步实施"211 工程"总体建设规划，争取在 2006 年母校百年校庆之际，将暨大建设成为一所名副其实的全国一流大学，并在海外与港澳台地区有重要影响的社会主义综合性华侨大学。

3.3　走"侨校＋名校"之路*

教学是高校的主旋律，是我们的生命线，是基础。从宏观讲，我们暨南大学如何发展，教学工作如何做，当前工作的重点是什么，应该引起学校各级领导和广大师生的高度重视。

3.3.1　发挥科技与教育的作用，任重道远

1. 科技的力量，推动人类文明

邓小平同志[2]曾多次反复说过：实现社会主义现代化，科技是关键，教育是基础。这讲到科技与教育在我国现代化建设中的重要意义。中央已确定，我国到 2050 年要基本实现现代化。我们暨大只有按中央领导同志高瞻远瞩的决策来确定学校的发展思路，才能很好完成中央给我校的办学任务。

世纪之交，江泽民同志说：当今世界，以信息技术为主要标志的科技进步日

*　本节内容是在暨南大学 2001 年度教学工作会议闭幕式上的讲话（按录音整理），广州，2001 年 3 月 15 日；《暨南高教研究》，2001，(2)：10-19。

新月异，科技成果向现实生产力的转化越来越快，初见端倪的知识经济预示人类的经济社会生活将越来越取决于教育的发展、科学技术和知识创新的水平。因此，教育将始终处于优先发展的战略地位。可见，科技和教育在社会经济发展中的重大作用。

　　科学技术的发展是一个国家、民族文明的标志，进步的象征。科技和教育工作者实际上是在从事人类文明与进步的工作。科学的每一项发现，都使人类发生翻天覆地的变化。过去的 20 世纪，归纳起来有三项伟大科学成就：一是相对论的发现，二是量子力学的发现，三是 DNA 螺旋结构生命学的发现。这三大发现带来整个 20 世纪的人类文明。大家看古代史，漫长的人类社会，五六千年人类文明史，到 20 世纪才有翻天覆地的腾飞。简单举一例，看北京故宫，可知今天有些普通百姓的生活比当时皇帝的生活还好，这是因为发明创造带动了社会进步，推动了人类文明。

　　20 世纪文明从哪里开始？过去中国人突出的成就，使我们在世界上有独特的地位。在过去的 20 个世纪，中国人领先了 14 个世纪。到了 15 世纪下半叶，世界科技中心从中国转到英国，使之成为第二个科技中心。英国很小，物产资源也不丰富，但从文艺复兴时期开始，英国的科技上去了，工业化使英国号称"日不落"帝国。英国大学有千年历史，剑桥、牛津这些名校，一个学校就培养出三四十个诺贝尔奖获得者，即使在今天也令人叹为观止。19 世纪后半叶到 20 世纪初中心转到德国。德国是仅相当于我们广东省那么大的国家，但其科技的发达，以格廷根学派为首的科技核心集中了现代科技的精英，其中有著名的物理学家麦克斯·普朗克，有爱因斯坦这些大科学家，从而使整个世界发生巨变，推动了文明的进程。20 世纪 30 年代后，科技中心转到美国，世界三大发现推动了美国科技发展，产生了计算机、人造卫星、宇宙飞船、原子弹、氢弹高精尖技术。现在科技的中心仍在美国。20 世纪带给人类无数福音和喜悦的变迁中，科技与教育立下了汗马功劳。

2. 教育的责任，追赶世界身影

　　教育培养的是"未来人"，教育应该是超前的，至少应该与世界同步、如影随形。顺应 21 世纪发展战略，创建学科更加齐全、结构更加优化、综合实力更强、办学效益更高的大学的重任摆在了我们每一所大学面前。目前，全国 1000 多所高校，吹响了改革的号角。关注中央电视台和各大报刊关于高校的报道就可知道，各校都在拼搏：特别是《人民日报》最近轮番介绍名牌大学情况，更透视出全国高校处于白热化竞争之中；冲击世界一流大学成为从中央高层到学校、从学界到政府的一种理想，一个热点。广东省委、省政府也确定要建两所全国一流、世界著名的大学。在这种情况下，我们暨大的路如何走？值得我们所有干部、所有教职工深思。

　　21世纪已走过了几个月，大家是否注意到新世纪前沿科学是什么？作为大学老师，不能只看到自己的一份工作，更要看到国家和世界的大趋势。我们要清楚，前沿科学是什么，前沿研究的是什么。高校如果抓不住前沿，永远在传统学科里跋涉，是没有前途的。每个老师、科技工作者如果不清楚世界在发展什么，人家在干什么，只固守在自己原来学的领域里，也是没有前途的。那我们暨大在这场竞争中就要失败，就会被淘汰出局。所以，我们学校一定要清楚前沿、盯住前沿、发展前沿。

　　那么，今天的科技前沿是什么？目前归纳起来有信息科学、生命科学、环境科学、材料科学。21世纪信息科学发展，将使世界每10年一大变。学校培养的是适应社会发展的"未来人"。如果跟不上发展的步伐，许多东西都不会有用。在20世纪50年代我读大学时，还是手摇计算机时代，甚至有些大学都还在用算盘。当时中国大概只几台M3型计算机，一台就有一层楼面大，但功能远不如今天一台微机。但到20世纪末，计算机的发展一年、半年一次更新。目前美国计算机最快的已达每秒12.7亿次运算速度，但我国最快的只有7000多万次，与其差距很大。科技跟不上，就无法实现中国的现代化。如何赶上去，就要从教育抓起。追赶世界的前沿是教育的责任，是我们暨南大学每位教师、科技工作者的责任。

3.3.2　珍惜暨南大学的闪光点，知己知彼

　　在世界科技迅猛发展、高校竞争日益激烈的态势下，我们暨大走什么样的路？教学工作是基础，我们如何走？这要看暨大今天的位置而定。不能盲目骄傲，也不能盲目悲观。不要一味埋怨，埋怨不能使人进步，埋怨更使人看不到暨大的闪光之处。要了解自己的优势，要看到我们暨南大学在全国1000多所普通高校中至少有10个闪光点，也就是10个中国第一！一所大学，有一样东西能在全国数第一，都了不起，而我校就有10个第一！因此，不要盲目悲观、盲目气馁。我校师生，特别今天在座的干部是学校的核心层，应该了解这些特色、这些优势。

　　（1）全国第一所侨校。暨南大学的前身是1906年清政府创办的暨南学堂，是当时的中国政府以"弘教泽而系侨情"为宗旨创办的第一所华侨学校。校名"暨南"二字，源出《尚书·禹贡》："东渐于海，西被于流沙，朔南暨，声教讫于四海。"意思是中华民族的优良道德风范和文化教育，东到大海，西到大漠，并从北到南，到达四海。自清政府建暨南学堂，迄今已95周年了。一所有95年历史的大学，在中国来讲是值得骄傲的。因为世界一流大学都有较长的历史，名大学必须有沉淀。在中国教育史上，暨大的历史排在前十位。

　　（2）全国第一所开放型大学。暨南大学不是封闭办学，是全国第一所招收留

学生的学校。一流名校，必须是国际化的学校，要在世界上产生影响，要跨越国界吸引优秀学生，培养具有世界意识的人才。如果只招本国学生，哪怕都是拔尖人才，也不能成世界名校。华侨是一个特殊的群体，中国人到了国外，非常向往自己的故乡，希望祖国开办一所为他们服务的学校。暨南学堂应运而生。1907年印度尼西亚的侨生乘船来求学，那时中国大学也刚开始办，我校创办之初就招了海外的学生，是第一所招收留学生的大学。

（3）全国高校中招收海外及港澳台学生最多的大学。在近年对外招生没有任何特惠政策，并与内地 140 多所高校的公平竞争中，暨南大学以学风好、环境好、专业好等优势，在校海外及港澳台学生人数稳居内地高校第一，招收海外及港澳台研究生人数占国内高校的 1/4。目前在校海外及港澳台学生 4401 名，来自5 大洲 34 个国家和港澳台地区。最近，学校在教学大楼旁建造了一堵"万国墙"作纪念，记载从 1978 年以来在暨大读书的校友的国籍，建成学校一景。近 20 多年来，暨大学生来自五大洲 79 个国家和港澳台地区，这在全国大大超前，在世界也属突出，成为暨南大学迈向国际化的显性特征。

（4）全国第一所设立董事会的学校。暨大从 1922 年开始设立董事会，历史悠久，校董分布广泛。我们现任的董事不仅内地有、港澳有，日本、美国、秘鲁、欧洲也有，这是暨大董事会的特色，有博采众长、海纳百川的优势。

（5）新中国第一所设立医学院的综合性大学。人才素质高低与学校所设专业多寡有很大关联，单科性大学难以培养杰出人才，多学科大学对培养高素质人才有很好的作用。国内好多学校近年合并才有医学院，有医学院的高校多数只有一两年历史，而我校学科齐全，设立医学院已有 20 多年的历史。

（6）全国第一所春秋两季招生的学校。暨大从 1997 年就开始实行春秋两季招生，实行与国际接轨的标准学分制，春季入学学生将与在校学生一道进行选课，修完规定学分，即可毕业。现在其他学校才逐步开始两季招生，我们走在了全国招生改革的前面。

（7）全国第一所取消补考的学校。暨大从 1993 年开始取消补考，实行不及格学生的重修制度，重修生要按学分另交费。以重修制代替补考制，让每位学生都保质保量地完成每一门课程的学习。认真纠正考场的不正之风，杜绝考场舞弊现象。考试实行 A、B 卷，学生作弊一经发现，该科成绩以零分计，修业期满不授予学位。还结合课程改革加快试题库建设，逐步实现"教考分离"，确保考试的公正、严明。这种在贯彻学分制中实行的现代化管理办法，创造了既严且宽的体制，使学风、考风大为改观。而有的学校现在才开始这样做。

（8）全国第一所派出选手参加国际奥运会体育竞赛项目的高校。1936 年柏林第 11 届国际奥运会上，我校有 14 名选手参赛，这在全国高校中绝无仅有，我校体育有特色，新中国成立前、后到现在体育一直都保持突出的优势。

（9）名流荟萃、英才辈出，全国第一所培养了中外领导人的学校。暨南大学培养的人才有两个特点：一是人才的数量多、分布广。暨南大学 95 年历史培养了 7 万多名人才，分布在近 80 个国家和地区。由于学科门类齐全，所培养的人才不仅所处地域广，在行业的分布也较广，以澳门为例，暨南大学的毕业生遍及澳门所有行业。二是人才的质量高、成就大。精英的标志是培养了政治家、社会领袖和科学家，如哈佛大学培养了多少总统，清华大学培养了多少部长。迄今，暨大培养了 3 位中、外副总理。如我国的吴学谦，先后两次在暨大读书共 8 年，后来成为外交部长、副总理；李岚清，因暨大的经济会计有名而投考我校，后因暨大停办合并到复旦大学，他从复旦毕业，但还是算暨大校友，现任中央政治局常委、副总理；泰国的副总理、议长巴实·干扎那越先生（中文名许敦茂），也是暨大的校友。学校的老师（不包括董事会的），就有 6 位校友新中国成立后成为副委员长，1 位成为副总理。他们是严济慈、周谷城、周建人、楚图南、许德珩、胡俞之；1 位副总理，黄炎培先生。暨大有 4 名学生成为中国科学院和中国工程院的院士。由于重视素质教育，多学科、多方式培养学生的创新能力、应用能力，学生毕业后能较快适应社会需要，短时间内就有所作为。不少人成为具有一定社会知名度的专家、学者、社会活动家、政府和商界要员这绝非偶然，是学校办得好的结果。

（10）管理体制率先国际化。我校行政架构现代化，与国际上通行的大学体制一样，实行校、院、系一体化的管理体制。国内高校原来基本上无学院，近年才逐步设立，我校管理体制国际化走在全国前列。

总之，要在 1000 多所高校中排一个第一不容易，以上这些说明暨大有自己的基础，有值得自豪和珍惜的地方。我们要在此基础上找准自己的位置，树立信心、向前发展，知己知彼，百战不殆！

3.3.3　洞察暨大的发展近况，励精图治

这几年，在全校教职工的努力下，学校有了较大发展，我们在教育创新方面，进行了一些探索和尝试。

1. 分层次发展，办学重心上移

办专科不可能成为一流大学，办学重心必须上移。因此，我们确定大力发展研究生教育、适度发展本科教育、稳定成人教育规模，使暨大向高层次发展。从 1996 年起暨大校本部不再招收专科学生，从 2001 年起全校不再招收专科生；本科规模在扩大，1995 年全校本科生 5377 人，现在 9498 人，增加近 1 倍；研究生规模增幅更大，硕士生从 1995 年的 563 人发展到 2001 年的 1839 人，是原来的 3 倍；博士生从 1995 年的 52 人发展到 2001 年的 188 人，是原来的 3 倍。现在全校研究生共 2027 人，在全国排第 32 位。

　　博士点和硕士点在这 5 年有长足发展，排在全国高校第 42 位。博士点由 7 个发展到 14 个，翻了一番。其中还增加了一个一级学科博士点，可包含多个二级学科博士点，增加的 7 个大于原来的 7 个的覆盖面；硕士点由 50 个发展到 66 个，数量上看只增加了 16 个，但实际上增加了 20 个硕士点，是由于医学的三级学科硕士点取消、合并了。本科专业由 30 个发展到 39 个，增加了应用性、科学前沿性的专业。学校专业面在扩大，体现侨校特色的外招生数有了很大增长，1995 年为 1982 人，现在为 4401 人，翻了一番多，现有外招研究生 413 人，占全国同类生的 1/4，具有举足轻重的分量。

2. 院系调整，焕发生机

　　学院由 1995 年的 7 个发展到今天的 16 个，这是适应 21 世纪科技发展变化的需要。哪个是热门领域、哪个是发展领域、哪个是关键领域，学科分界更加清晰。《高等教育法》的实施，使我校取得院系审批权，加快了我校进行院系调整的步伐。

　　为什么先成立生命科技学院？因为它是领先学科。生命科技学院组建两年来，发展得生机勃勃，很有风采；来访的领导、外宾首先参观生命科技学院，检验我校的水平；同时，他们也取得了许多研究经费，为学校增了光。在这里，表扬生命科技学院的领导和老师们。

　　管理学院，也很有特色。该院研究生人数占全校研究生总数的近一半，本科、研究生的比例 1：1。管理学科在今天是非常重要的学科。我们中国在过去 50 年中发生的许多重大失误可以说都是管理上的。一个领导人如果有错误思维、错误决策，影响就非常之大，有时就会给国家带来灾难。如当年的"大跃进"，提出几年赶超日本、几年赶超美国，这样的口号使全国上下热情高涨，似乎很快实现共产主义；但目标的设定怎么样呢，没有经过科学的分析和预测，使得 1960 年以后整个国家陷入经济困难、生活困难。1958 年全国还把麻雀当害虫驱打。当时有人出主意，中国人多，每人同时拿一根竹竿，拿一个盆子敲，驱赶麻雀，使麻雀不能休息，全国从南到北、从东到西驱赶，麻雀累了就会掉下来。《刘少奇回忆录》中记载，当时北京中南海也赶麻雀，只有刘少奇主席没有出来赶，躲在书房看书。今天看来，这些是大笑话。从环保角度看，一个地方如果没有了鸟叫，是件很糟糕的事，说明环境很差。这些历史败笔说明了管理科学的重要性。改革开放前，全国几乎没有管理专业。管理学院的成立，提升了学校形象，促进了学校发展；特别是我们的 MBA（工商管理），广受赞誉，是暨南大学的光荣和特色。

　　值得一提的是，我们的国际学院也已成立。我们是侨校，要特别注重国际性，要与世界高等教育发展的潮流接轨。尽管中文是世界上最多人使用的语言，但学生回到当地不可能马上使用，世界语言是英语。所以，我们要成为一流的侨校，在世界上立足，必须用英文授课，提倡双语教学。这几年每个专业都有用英语讲授的课程，有进步，但步子还不够快。因此，我们改换思维，成立国际学院。在这个学院全部用英语教学，中文作第二语言。这是件很有难度的事。现已有医学院、管理学院和经济学院报名参加。希望全校各学院支持，争取能在今年九月份开学，成为现代化学院，办成暨大的招牌。

信息科学是 21 世纪的核心学科，国家和广东省都十分重视。我们组建信息科技学院，要使之成为暨大的龙头。

新闻学院、外语学院、法学院、药学院、珠海学院都是新办的，新学院需要老学院的支持。珠海学院是我校最大的学院，将发展到 5000 人的规模。虽然目前条件尚不成熟，但环境工程学院、材料工程学院这些世界前沿学科的学院将是我们未来发展的重点；希望这些学科的教师努力。今后一定要发展新兴学科，要在国际前沿学科创新，暨大才会有飞跃。

3. 多方面积累，快速发展

校区从过去的 3 个发展到 4 个，并各有侧重。附属医院发展到了 5 家，分布在广州、深圳、珠海、清远，覆盖面比较大，有效地改善了医学教学条件。去年还吸收了交通部信息科学研究所，成为我校的研究所。学校的土地变多了。经过努力，珠海市政府无偿赠送我校市区土地。至此，我校的面积由 1995 年的 110 万平方米增至现在的 161 万平方米，还有蓝色图保护区 10 多万平方米。土地增加了，是造福子孙后代的巨大财产。学校资产增加了，5 年来学校的固定资产有很大增长。全校固定资产由 1995 年的 2.167 亿元发展到现在的 13.3229 亿元；仪器设备由 4949 万元发展到 1.0815 亿元。学生情况有了好转。去年从二表招生变成全国一表招生，从一般大学招生变成重点大学招生。我校在广东早几年已是重点招生，在全国从去年才开始作为重点招生。科研经费由原来的 300 万元增加到去年的 5356 万元，增长了近 17 倍。学科建设和学科水平取得突破性进展，有许多是零的突破。现有国家级生物医药工程中心、国家级华侨华人人文社科基地、教育部文艺学科基地、一个教育部重点实验室、二个博士后流动站。省重点学科由 2 个发展到 10 个，目前正在冲刺国家级重点学科。学校的专业、系在调整，学校土地在扩大，学院在扩大，学生素质在提高，办学重心在上移，学校经费也在增加，通过这些努力，才总体上使暨大在全国的排位从 1998 年的第 87 位上升到 1999 年的第 72 位、2000 年的第 60 位，这些数字说明暨大在快速发展。

我们从 1996 年进入 "211 工程"，成为全国 100 所重点大学之一，才有这些 "零"的突破，极大地提升了学校地位。人家称我们暨大是目前中国高校的一匹黑马，跑得很快。在创办名校的过程中，暨大在各个方面都更上一层楼，学校排名的提前，在海内外声誉大增。5 月 31 日《光明日报》上刊登了一篇《声誉——渐成高校竞争焦点》的文章，第二个学校就谈到我们暨大。最近，中央电视台播 70 所名校，暨大也位列其中。现在许多有关高校的重要报道都提及我校，大家从中可感受到暨大在国内高校中的形象正不断攀升，这是全校上下、全校党政共同努力的结果。

3.3.4 明确暨大的发展战略，继往开来

暨大发展到现阶段，今后是进还是退？我想大家的一致意见是进，继续前进！我们有 10 个中国第一的特色，有这么好的基础，理所当然要继续往前走。最重要的核心的问题是什么，是质量，办学的质量是关键；是战略，战略是发展的逻辑起点。所以，我们要狠抓办学质量，走"侨校＋名校"发展战略之路。

1. "侨校＋名校"的发展战略

我们要成为一流大学，有什么战略？简言之，就是"侨校＋名校"的战略。

首先，暨大的性质是侨校。95 年来政府定我校为侨校，我们不能把"侨"字丢掉，没有"侨"，学校就将失去活力；相反，我们要使"侨"字特色更加鲜明，侨生、海外生要多；要从培养模式、管理工作中各个方面体现侨校特色。每位领导、每个方面，都要时刻想到"侨"校的特殊性，哪怕搞差一点，都可能酿成大错。

其次，暨大的目标是名校。办成名校才有号召力，才能吸引优秀学生。不然，学生家长为什么要送子女不远万里来暨大读书？现在有些领导、教师困惑，感到侨生成绩不理想；但只要办成名校，生源质量问题就能迎刃而解，就能招到更多优秀学生。只有名校办成了，才能办好侨校的事情，这是相辅相成的；所以艰苦卓绝地努力把暨大办成名校，办成名校是我们义无反顾的责任。

何谓名校、一流大学？有三条：第一，要有许多一流的学科；第二，要有名师，大学者、名教授；第二，要有高素质、高质量的学生。拥有这三条才能成为名校。暨大还有差距，需要扎实努力才能实现。现在全国都在打造品牌。计划经济下不需要品牌，市场经济下要靠品牌生存。《高等教育法》颁布后，高校进入市场。品牌战略成为高校在白热化竞争中的终极武器。学校的声望是学生的财富和烙印，入校后一辈子也离不开这个学校的名称。一所学校追求名牌战略成功的话，就能站稳脚跟，不仅有优秀的新鲜血液，而且毕业生紧俏抢手。所以，我们把毕业生分配受不受欢迎作为学校品牌的一个检验。我校近年来发展是上升的，凭学校品牌用人单位愿意接收，学生一次就业率高，毕业生受欢迎程度在全国网上排名第 18 位。

我校对港澳办学任务并不因港澳回归而减轻。当年培养港澳人才，是为了港澳回归；回归后，港澳作为社会主义中国的特别行政区，更需要我校为他们培养人才。今天，面对与内地尚未实现统一的台湾，面对中华民族统一大业的头号政治任务，暨大要做什么？要义不容辞地承担起和平统一台湾的有关任务，培养台

湾学生成为爱国者，成为反对"台独"的人、有能力的人；要使更多华侨华人精英学子来我校读书，使世界华侨社会心向祖国，反对"台独"分子。所以，我们的责任很大，只有走"侨校＋名校"的道路才能完成任务。

2. 坚持"三字方针"，走"三化道路"

近年来提出的若干办学措施、原则，都是为了推动学校前进。为了办好暨大，在创名牌、树品牌过程中，仍然要坚持"严、法、实"三个字。

严，治校"四从严"。从严治党、从严治校、从严治教、从严治学。"严"的核心就是使质量有可靠保证。我们的毕业生是合格的、科研成果是高质量的，"放水"不对。从入学，中间过程直到毕业，每一关都要严格，不能只重视招生关；无论考试、各项制度、校风、教风、学风、管理等都要严格，不允许学术腐败；要创造学术氛围，讲求学术民主。

法，依法治校。学校所有业务领域，教学，科研，研究生、本科生、成人教育，以至党的系统，这些年都在制定各方面的制度。这次教学工作会议拟定了11个制度文件，已原则上通过，就是要依法治校，不搞人治，要法治。

实，实事求是。虚的、假的东西是没有价值的，最后要出问题的。只有扎扎实实做事，才能把学校的综合实力搞上去。

在继续坚持"严、法、实"的同时，要走"三化"道路：现代化、国际化、综合化。

现代化：无论办学条件、办学思想、管理方法，都要现代化。大家看到校园在绿化、美化，就是搞现代化，还要修一些大楼、游泳池，等等，住房、生活条件、教室、运动场也要现代化。校本部、珠海学院都在搞一系列基建，是搞硬件现代化。同时，软件、管理也要逐步现代化。

国际化：接轨国际的办学理念，走国际化道路。我们要进行国际学术交流，"三类"学生的教学目标要明晰，教学内容国际化。本次教学工作会议要面对现实集中研究，弄清楚华侨、港澳台生、内地生和外国留学生三类学生的教学方向。要因材施教，把各种学生培养成才；有教无类，德智体全面发展。特别是德育要强调，做人教育是第一位的。大学教知识，更重要的要教会学生做人。让学生学会学习、学会做人、学会生活。"三类"生的德育要分类，不能混为一谈：对持外国护照的华人学生不宜用马列、四项基本原则教育他们，对他们要进行了解中华教育，让他们了解中华文化博大精深，与中国友好，遵纪守法；侨生、港澳生虽然持中国护照，以及台湾学生，他们生活在资本主义制度下，也不能按内地生教法教四项基本原则，要教育他们热爱祖国；对内地生，要培养成社会主义事业建设者和接班人，强调思想政治教育。"三类生"教育必须科学化，要有针对性。由于文化背景各不相同，应采取混合与分流授课相结合的方式，辅以相应的学分制，使这些基础不一的学生各有所获。国际化内容很多，教务工作、行政工作，方方面面都要注意这个特色。国际化还体现在专业设置和学科知识上，教材要先进，要用外文原版教材。

综合化：暨大是由国务院侨务办公室、国家教育部领导的一所具有文、史、理、工、医、经、管、法等学科的综合性大学。作为综合性大学，在学科设置上要以"加强基础、突出应用"为方针，优化学科结构，强调综合化。学科要发展热门的、前沿的、国际化的，不要抱着冷门传统学科不放，要适应时代要求，不断调整。

3. 维护校誉，责无旁贷

学校在发展中会遇到很多困难。一些名校申请国家重点学科很容易，我们就很难；经费不足，我们没有特殊经费，政府投入只占学校经费的 1/3；投入少，又要办好学校，如何办？只能艰苦奋斗。

钱多不一定能办好事情，但钱少了，办不成名校。我们搞"211 工程"就比其他学校困难，进到前 100 名内，日子才好过一点，发展才有生命力。下一个五年，我们要争取使学校进到前 50 名。所以，要爱护学校，要像爱护生命一样维护校誉。有人说学校没有钱了，我告诉大家，学校财政状况很好，至今还没有借过国家一分钱。学校与银行签订了 10 亿元授信合同，就是贷 10 亿元不要担保。这是考虑学校发展，预支未来经费，是现代办法。有一幅漫画，说东西方两个老太太谈天。东方老太太说，现在很高兴，人老了，终于住上了新房子。几十年节衣缩食，七八十岁了，终于有了一套自己的新房子。西方老太太说，我从二三十岁就住上了新房子，一直住到现在，是分期付款、贷款方式买的新房子。一个二三十岁就住上了新房子，一个到七八十岁才住上新房子，你说谁的日子过得好？这是观念问题。学校坚持新观念，把未来的钱提前用，尽快改善师生的生活、教学条件，使学校尽早现代化。但有的人非但不理解，还讽刺挖苦，用不正确的观点攻击正确的做法。

我们从 1993 年就全面实施了教师教学评估制度。每学期对任课教师进行学生评估、专家评估和领导评估三重评估，评估结果与教师的考核、奖惩、晋级等挂钩。要坚持"三重评估"制度，不能丢掉这一特色，学生评估老师一定要坚持。

这次教学工作会议还听到有人不同意学生评老师，说"学生评老师不公"。我看，好老师绝对不会怕学生评，只有教得不好的老师才会怕。一个严格的老师、高水平的老师，学生会终生尊敬你、感谢你。我们回想一下，自己今天当了老师、当了领导，怀念什么样的老师？怀念小学、中学、大学的好老师。好老师是严格的、有人格魅力的、为人师表的！如果是"放水"的老师，考试时学生要多少分就给多少分，连试题也给，这样的老师在学生心目中是没有尊严的，是一钱不值的。只有把关严格、优秀的教师才会得到学生爱戴、敬重，才会师恩难忘！所以，一定要坚持严格评估制度，对那些错误的言论大家要勇于批驳，不能让不正确的思想和谣言满天飞而不加制止。我们全体领导要坚持原则，以正视听，才能把学校办好。

现在回过头来看，学校的一些改革成功了，是在突破重重阻力后成功的。所以，要支持新生事物，全校师生员工要互相理解，增强凝聚力，学校才能发展得更快。如果有人给暨大抹黑，要去掉污点，消除影响就要花很大精力。要提倡爱国爱校，团结奋进。要将自己的荣辱与学校联系起来，因为你是暨南人，你在暨南大学毕业或工作过，即便离校，也与这所学校的声名休戚相关。要使我校成为校风、教风、学风好的学校，要靠在座的各级领导身体力行，克服一切困难做好自己的本职工作，不仅要维护校誉，而且要提升校誉，以暨大为荣。这样，我们就能更好实现学校"十五"规划。

4. 创新思维，敢为人先

暨大这几年为什么发展很快？为什么声誉日隆？是我们这几年中采取了若干超前的、敢为人先的改革措施。我们"侨校＋名校"的发展战略有两个指标比例。首先，关于侨校的问题。国家要求我校侨生比例达到50％。侨生一般是以2∶1或3∶1的比例录取，成绩太差的不能录取，否则影响学校声誉。所以，既要增加侨生数量，又要保证侨生质量，任务非常艰巨。

要完成侨校的任务必须充分发挥自身优势，拓展思维，创新地解决这个矛盾。如柬埔寨华文教育只到初中，每年有5000名华文初中毕业生。我们能否把预科部办低些，扩大到初中，学生可来预科部读高中，再上大学？办预科部初级、中级、高级班。初级班相当于高一的学生，从高一开始培养。这是一种思路，预科和华文学院要加紧做这件事，作为一件大事来抓。

海外华文教育是暨大的核心学科，暨大开展华文教育有一定的历史及办学条件。华文学院的前身是原广州华侨学生补习学校和暨南大学对外汉语教学系及预科部。成立于1958年的预科部，是中国历史最久、规模最大的大学预科教学专门机构。我们要继续面向海外开展华文教育和对外汉语教学，弘扬中华文化，高质量、高水平培养海外优秀人才。

其次，关于名校的问题。名校就要走研究型大学之路，研究生与本科生的比例达到1∶2。目前我们强调教学、科研双中心，把教学、科研紧密结合。这次是教学工作会议，就是强调全校要把教学质量搞上去，要有很多具体措施。会议讨论的11个制度，核心是"标准学分制"。要通过计算机选课拦住那些成绩差的学生，成绩差的禁止超学分选修；不及格的要及时重修。学分制是既严又宽的制度，有利于提高教学质量，特别符合我校学生的实际情况，要认真执行下去。同时，辅以其他制度，如考试制度，还有名师授课制度。我校从1993年开始推出了"正教授为本科生上基础课"的举措，采取切实措施鼓励和保证教授上基础课和带基础实验。强调教授要上本科基础课，不能只上研究生课，这样才能使暨大学生得到高素质的培养。最近教育部根据李岚清副总理的指示，把教授上基础课作为大工程来抓。我们这项工作已抓了 8 年。各院、系要再次强调这一点，教授一定要上本科基础课，这是提高办学质量的关键。

办法、条文不适合的可修改，但教学事故的处理要及时、从严，教学上的基本原则一定要坚决把握。有人提出是否允许教师坐着讲课，这种提法不合适。全世界的老师都是站着的，这是当老师的规矩；如果生病站不了，可以坐着，那是例外；正常情况下都要站着讲课。如允许坐着讲课，我们暨大的声誉肯定一落千丈。要注意学生是第一，从我校长开始，所有老师、所有领导，都是在为学生服务，学生是主体。一切学校工作都要为学生服务，没有学生成不了大学，"皮之不存，毛将焉附"？老师起主导作用，一所学校办得成不成功，老师是关键。教学工作会议任务要落实到老师身上。老师要选好教材，备好课，上好课。

这个体系如何保障？首先，要改善办学条件、教学工作条件，同时继续搞好促进教改的三重评估体系建设。这次教学工作会议，我反复强调教学质量，讲学分制、讲教学思想。请大家注意，教学这个基础必须通过若干严格化的过程管理才能成功，光靠学分制不够，要综合管理、长效管理。

教学是主旋律，是基础。只有通过制度建设，科学化管理才能做好。这是个系统工程，一朝一夕难以实现，还须奋斗若干年。"211 工程"第一期即将结束验收，还要迈向"211 工程"第二阶段；我们还要接受教学评优的考验。大家都希望学校往前走，在激烈的高校竞争中能脱颖而出。

我们要紧紧盯住两个指标：一个是侨生指标，一个是研究生和本科生指标。我们设计近期达到 3000 名研究生，进而再达到 4000 名，然后发展到 6000 名；本科生稳定在 12 000 名多一点；研究生与本科生的比例达到 1：2。以这个指标为导向，发展成为研究型大学，使暨大能走到全国高校前 50 名，再往前，到 40 名、30 名都是可能的，一定能成功的。

我们的责任是"面向海外、面向港澳台"，开创侨校高等教育的新天地。希望大家围绕暨大"侨校＋名校"的发展战略，做好本职工作；从校领导班子到各院系领导班子、各部处领导班子，团结一致，努力把自己管理的工作做好；狠抓办学质量，无论教学、科研、管理都要上一个新水平。我想，我们暨南大学一定能成功，一定能胜利。

3.4　积极主动地为侨务工作服务 *

高等华侨教育不仅是我国高等教育事业的重要组成部分，而且也是贯彻国家

---

* 本节内容是在全国侨务办公室主任座谈会上的发言稿，北京，1998 年 1 月 19 日。

侨务政策的重要方面。暨南大学是我国最早创办的一所华侨最高学府，建校 92 年来，一直以向海外传播中华文化，培养华侨华人子女为己任。特别是 1978 年复办以来，暨大在中央［1983］24 号文精神指导下，在国务院侨务办公室的正确领导下，认真贯彻"面向海外，面向港澳台"的办学方针，通过侨教为国家的侨务工作服务，为促进祖国的现代化建设和统一大业，以及中外经济文化交流做出了重要贡献。

在世纪之交的今天，侨务工作面临着新的形势，新的任务与新的挑战。如何以邓小平理论为指导，认真贯彻落实党的十五大精神，抓住契机，深化高等华侨教育改革，更好地为侨务工作服务，是摆在海内外暨南人面前的一项崭新课题。下面，对我校如何为侨务工作服务的做法、取得的成绩及其新的思路，简要叙述。

3.4.1　暨大为侨务工作服务的主要做法

暨大主要是通过侨教，为侨务工作服务，为海外华侨华人社会和港澳地区培养高素质人才服务，主要措施有下述三点。

1. 始终把招收华侨华人和港澳台青年作为招生工作的首要任务

1）抓好本科招生工作

我校和华侨大学 1982 年即享有独立对外招生权。在国务院侨办的统一领导下，成立了"暨南大学华侨大学联合招生委员会"及其办公室，统筹两校的对外招生事宜，负责两校联合招生考试工作的具体实施。自 1983 年以来，已形成了一套类似内地高考的严格的招生考试管理办法。1978 年以来，学校先后共招收海外和港澳台地区的本专科学生 7000 多人。1997 年学校在对港澳台及海外招生中，仅澳门 1800 多名考生就有半数以上报考我校。

此外，学校还以香港会考成绩录取香港学生；在澳门招收推荐保送生；以马来西亚华文独中统考成绩录取新生。既保证新生质量，又大力拓展外招生渠道。

2）招收境外研究生

学校于 1984 年开始向海外和港澳台招收研究生，把向外拓展研究生教育当成一项战略性任务，予以高度重视。1988 年，在全国高校中率先推出"兼读研究生制"，受到学员的普遍欢迎。现共有 185 名港澳台和海外生在校攻读博士、硕士学位。到 1997 年 7 月，已有 100 余名获得博士、硕士学位。

3）大力拓展港澳成人教育

学校于 1985 年开始举办港澳成人高等教育，先后在港澳开设了特区经济、中国经济与管理、社会学、外向型经济、口腔医学、中医骨伤和护理学等专业。为了理顺管理体制，学校在教育学院还专门设立了海外教育部。

2. 探索适合外招生特点的教育管理模式

学校针对港澳台和海外学生的特点，积极进行教学研究和教学改革试验，努力探索新时期高等华侨教育规律。由于外招生来自不同的国家和地区，教育制度不同、社会文化背景不同，其政治态度、思维方式、生活习惯、学习目的和知识水平都与内地生不尽一致。但他们热爱祖国，热爱故乡，热爱中华文化，内心深处潜藏着很深的民族意识和爱国爱乡情感；思维活跃，动手、社交与自学能力较强；希望了解、认识中国。

1）针对学生特点，积极进行教学改革

（1）加强基础和实践环节教学。针对港澳台和海外学生的特点，学校始终把抓好"三语"（中文、英文、计算机语言）教学，作为提高教学质量的关键。如开设大学语文、写作课程，还单独开设普通话实习训练班，加强普通话训练，提高其应用中文的能力。在大学英语教学方面，1992 年建立了广东省第一家高校外语教学无线电发射台，我校语言实验室的数量亦居广东省高校前茅。针对这些学生英语水平参差不齐的情况，入学测试后分层次进行教学，并开设英语重修班和强化试点班。对全校无论是理、工、医还是文、经的学生，一律要上计算机课程，而且特别注意实践训练。学校还坚持教授上基础课的制度，努力帮助这些学生打好扎实的基础。

在加强基础教学的同时，学校重视抓好学生的实践教学，提高学生的动手能力，保证学生的基本技能训练。学校现有固定教学实习基地 67 个，教学实习、见习医院 24 间。

（2）针对学生兴趣，改革体育教学。学校重视学生德智体全面发展，重视体育教学。我校体育课程在全国高校中率先实施选课教学，使学生学得积极主动。学校针对港澳台和海外生好动、活跃这一特点，开展丰富多彩的体育活动，以利其身心健康发展。

（3）改革专业课程设置，开设涉外课程。学校每年制定（修订）一次教学计划，使各专业的课程结构适应对外办学和形势发展的需要。近 9 年内，学校淘汰旧课程 600 门，增设新课程 700 门。大部分课程具有较强的涉外性与应用性，同时又兼顾了学科发展的需要。

（4）改革教学方法，加强教学的外向性。从 1996 年开始，学校提倡对港澳台和海外学生采用英文教材，用英语授课。学校规定，本科非英语专业学制年限内，至少有一门专业课程采用最新英文版教材，用英语授课；对这类学生较多的国际金融、国际新闻、计算机软件以及医学等专业，要求每个专业每学年都有一门课程采用英文教材授课，而且逐渐增多这样的课程。此外，还对外招生分班教学，课后予以个别辅导。

（5）为体现侨校特点，从 1996 年下半年开始，我校对境内外学生的大学英语课程实行分流教学。根据港澳台和海外生的特点，制定教学大纲、编写系列教材，也按照一至四级分级教学，每段考试均为校内统一命题。境内学生仍实行国家大学英语四级统考。

2）适应"两个面向"办学需要，加强教学管理和教学建设

（1）建立适外的教学管理制度，不断完善学分制。学校在全国高校中较早实施学分制，以体现因材施教的原则，使教学管理与国际高等教育接轨。目前，实行标准学分制，规定四年制本科总学分数为 160 学分（六年制医学为 280 学分），其中选修课占 30％以上。

（2）重视外向型专业建设。学校原有专业都是在计划经济体制下设立的文理基础学科专业。学校根据中央 24 号文件要求，通过调查论证，相继增设了国际新闻、国际金融、国际商务、国际经济、投资经济、经济信息管理、广告学、税务、信息工程、电子工程、计算机软件、保险学、汉语言等外向型与应用型专业。同时拓宽专业面，培养复合型、应用型、涉外型的人才。

（3）严格考试制度，既有利于良好学风的形成，又利于港澳台和海外学生的要求。学校相继制定了《暨南大学考场纪律》、《暨南大学处理考试作弊的规定》和《暨南大学学生学业成绩考核管理细则》等文件。从 1993 年起取消补考，实行重修制。对考试作弊者当场给予严肃处分。

（4）严格的课堂质量评估制度。近年来，我校逐步建立起较完善的学生、专家与领导课堂教学评估体系。教学评估形成制度，评估结果与教师的奖惩、晋级等挂钩，并据此每年评出"十佳授课教师"予以表彰。评估制度化，有力地促进了课堂教学质量的提高。

（5）改进教学手段，推进教学手段的现代化，提高教学质量。学校电化教育水平居广东省高校第一名，96％的教室装设了电教设备，70％的教师使用了电教手段上课。

3. 对不同类别的学生进行不同的德育课教学

暨大根据学生生源的不同性质，制定了德育培养的分类目标，对境内生进行马列主义、邓小平理论教育，使他们成长为德、智、体全面发展的社会主义事业的建设者和接班人；对港澳台侨生进行爱国主义教育，先后编写出版了《智圆行方的世界——中国传统文化新论》、《当代中国研究》教材，并对港澳生开设了香港、澳门《基本法》课程，旨在将他们培养成为热爱祖国，能为当地社会进步和繁荣稳定作出贡献的人才；对外籍学生（主要是华裔），主要进行中华文化教育，旨在使其认识、了解中国，热爱中华文化，将其培养成为对我国友好，能为当地各项实业和事业作出良好服务的人才。

3.4.2　暨大为侨务工作服务的主要成绩

1. 为海外和港澳台地区培养了近 2 万名优秀人才

暨大建校 92 年来，共培养了 65 000 多名毕业生。其中 1949 年前培养 8000 名，1958～1970 年培养 5630 名，1978 年以来培养 50 000 余名。在这中间约有 20 000 名海外及港澳台学子，暨大校友遍布世界各地和港澳台地区。学校成为海外华侨华人和港澳台子弟报考境内高校的首选学校。在海外的著名校友有：泰国国会前主席、副总理许敦茂，国立新加坡大学首任校长李光前，印度尼西亚侨领司徒赞，泰国知名企业家颜开臣。在港澳台的著名校友有：国际奥委会委员、台湾红十字会会长徐亨，港澳知名企业家温惜金、李秀桓、马有恒等。这些暨南学子恪守"忠信笃敬"的暨南校训，为居住地的社会发展、繁荣稳定，为促进中外经济文化交流和祖国的早日统一，作出了很大贡献，在海外和港澳台地区为暨大赢得了良好的社会声誉。

2. 为港澳台的顺利回归和繁荣稳定作出了重大贡献

面向港澳台办学，是暨大办学方针的具体实施。根据对港澳毕业生的跟踪调查，用人单位普遍反映：暨大毕业生热爱祖国，基础知识扎实，工作积极肯干。在香港的暨大历届毕业生逾 5000 人，其中 65％是 1982 年以后毕业的。其中不乏佼佼者，譬如社会学专业毕业生王国兴，1995 年当选为香港市政局议员，并担任预委会委员、港事顾问；工业经济 94 届博士生黎鸿基担任香港沙宣证券公司高级分析员，并被国务院经济技术研究中心聘为顾问。在澳门历届毕业生达 2000 人，其中 80％是 1982 年后毕业的。仅仅政府公务员就达 400 人。校友中有 1 人任澳门基本法起草委员会委员兼秘书，并任澳门基本法咨询委员会委员；有 3 人当选为澳门立法会及市政议会成员。港澳地区校友还有多人次当选为全国和广东省人大代表，并担任许多重要团体的领导人（如工联等）。以香港预委会为例，400 名委员中，与暨大有关的委员就达 19 人。同时很多暨大学生担任编辑、记者。从暨大毕业的这批学子在不同的岗位上，为港澳地区的稳定繁荣和平稳过渡作出了积极贡献。而正是从这些校友的言行中，反映了暨大对祖国统一工作所作出的贡献。

3.4.3　暨大为侨务工作服务的新思路

华侨教育是一项伟大的事业，办好暨大，是海外华侨华人和港澳台同胞的热切希望。通过侨教联系侨情，扩大国际交往，促进我国的改革开放事业，具有十分重要的意义，是党和国家赋予我校的一项战略任务。值此世纪之交，全校上下要进一步在学校各项工作中强化为侨务工作服务的意识，高举"侨"字这面大旗，打好"侨牌"，以开拓、务实的精神，开创高等华侨教育工作的新局面。暨大拟在下述四方面采取行之有效的措施更好地为侨务工作服务。

1. 努力拓展外招生源，进一步深化教学改革

1）采取得力措施，进一步提高外招生的比例

暨南大学的办学方针是"面向海外，面向港澳台"，旨在为华侨华人社会和港澳台地区培养大批高素质人才。1997 年，我校港澳台和海外学生人数已增加到 2701 人，占全校学生数的 30.6％，但距国务院侨办提出的内外招生数要达到5∶5 的比例要求，尚有差距。为了早日达到这一目标，学校决定实行学制改革，对外实行一年春秋两次的招生制度。学校要抓住世界"华文热"与中国国际地位大幅度提高，以及香港顺利回归，澳门将于 1999 年回归这一难得的历史机遇，积极主动地做好对外招生宣传工作，采取灵活多样的措施，在保证质量的基础上，吸引更多的港澳台及海外学生来校学习。目前，学校要重点拓展东南亚生源，尤其要做好华文教育基础较好的马来西亚的招生工作。在港澳台地区要巩固原有成果，同时要考虑到暨大地处广东侨乡，要兼顾到归侨、侨眷子女等的入学要求。

2）深化教学改革，把暨大办出特色与水平

暨大要在海内外享有盛誉，关键是要创名牌，凭借特色与实力吸引学生。为此，学校采取了一系列措施，深化学校教学改革。如增开午间选修课，进一步完善学分制；大力强化"三语"教学、基础课教学和分流教学；陆续对非英语专业的部分课程采用英文教学；加强专业改造与课程内容的更新以及教学手段的现代化；从严治校，依法治校，提高学校的管理水平，从而增强学校的涉外性、应用性，并逐步与国际高等教育接轨。

2. 大力发展华文教育，向海外传播中华文化

几千万华侨华人遍布于世界各地，在思想观念上已从"叶落归根"转变为"落地生根"。但作为炎黄子孙，他们对中国仍怀有深厚的感情。随着我国改革开放事业的深入发展，国际性的"中文热"日益升温，华侨华人迫切希望学习华文，接受中华文化的熏陶。其他外籍人士亦渴望通过学习华文，以加深了解、认识中国，加强与中国的经济文化联系，这就为我校开展华文教育提出了新的要求和机遇。暨大华文学院经过几年来的建设和发展，已成为我国开展华文教育的重要基地，并成为我国具有对外汉语水平考试（HSK）资格的三所高校之一。从1997 年开始，学校专门设立了供外国人学习汉语的汉语言本科专业，现已正式招收第一届本科生。同时还设立了各种学习中华文化的短期学习班，每年有来自世界 20 多个国家和地区的学生前来学习。受国务院侨办委托，我校华文学院先后主持编写了柬埔寨与北美版华文教材。特别是北美版华文教材，甫一运抵美国，即很快为各中文学校推广使用，受到广泛的欢迎和好评。它的出版发行为北美地区中文学校提供了一套系统、科学、适合北美地区华侨华人儿童生活特点的

全新的中文教材，大大推动了海外华文教育事业的发展，扩大了暨大在海外的知名度。

3. 抓好"211 工程"建设，提高为侨务工作服务的水平

暨大已相继通过国家"211 工程"部门预审和专家立项论证，进入面向 21 世纪全国重点建设的 100 所高校行列，这也是全国侨务系统唯一一所进入国家"211 工程"行列的高校。以"211 工程"建设为中心，推动学校其他工作的开展，是学校工作的重中之重，也是在新形势下侨务工作发展的客观需要。已获准立项重点建设的学科有 7 个，其中"汉语言文字学与海外华文教育""中外关系史与华侨华人"学科，主要是直接为侨务工作服务。在"九五"期间，上述两个学科将分别投入 400 万元人民币的重点建设经费。华侨华人学科是体现暨大办学特色的优势学科。暨大在华侨华人研究方面有着优良的传统，取得了令人瞩目的成绩。通过深入研究侨史、侨情，掌握侨务动态，既可以为国家制定侨务政策提供咨询，又可以通过学术交流，加强海内外炎黄子孙之间的联系和中外交往。其他 5 个学科，通过重点建设之后，将会出成果、上水平，在整体上提高暨大的办学质量、水平和效益，增强综合实力，从而保证学校具有雄厚的实力，更大的知名度，吸引更多的港澳台和海外华侨华人青年来我校求学，以便更好地为侨务工作服务。

4. 做好校友、校董工作，积极主动地为侨务工作服务

校友、校董是办好高校的巨大力量。暨大较早设有董事会、校友会。作为一所外向型的华侨大学，校友、校董遍布海外华侨华人社会和港澳台地区。作为一笔丰富的人才资源、信息资源、财力资源和社会资源，做好校友、校董工作，不仅可以为暨大带来人、财、物诸方面的支持，而且还可以他们为桥梁，进一步促进中外经济文化交流，推进祖国的统一大业。

再过 700 天，人类将步入 21 世纪和下一个千年。为侨务工作提供高效、优质的服务，是暨大义不容辞的职责。暨大将不负重托，坚持以邓小平理论为指导，并将这一理论与暨大工作的实践紧密结合起来。我们有信心有能力，在国务院侨办的正确指导下，通过海内外暨南人的共同努力与团结奋斗，全面实施"211 工程"总体建设规划，在 21 世纪初叶把暨大办成为名副其实的一流大学，把一个结构优化、办学一流、质量更高的高等华侨教育全面推向 21 世纪，从而为祖国的侨务工作以及实施"科教兴国"战略作出更大的贡献。

3.5　为祖国统一大业服务 *

暨南大学是中国第一所由国家创办的华侨学府，是中国第一所面向海外招收

---

* 本节内容是在教育部港澳台工作座谈会的发言稿，北京，2004 年 12 月 11 日。

留学生的学校，是中国最早设立医学院的综合性大学，现为国家"211 工程"重点大学。其前身是 1906 年创立于南京的暨南学堂。学校曾先后建址于上海、福建建阳等地，1958 年在广州重建。

近百年来，暨南大学作为国家联系中华民族海内外传人亲情的文化桥梁和纽带，一直致力为海内外华侨华人和港澳台地区培养造就人才。新中国成立以后，尤其是进入改革开放时期，暨南大学在国家侨务工作、建立和巩固爱国统一战线工作中发挥了重要作用。1983 年，中共中央专门下发关于办好暨南大学的文件（中发 1983 年 24 号），确定了两个"面向"（面向海外，面向港澳台）的办学方针，要为祖国统一大业服务，并将暨南大学列为"国家重点扶植的大学"，隶属于国务院侨务办公室领导。

3.5.1　改革和发展

为贯彻落实"24 号文件"精神，忠实履行党和国家赋予的特殊办学使命，切实为港澳台同胞和海外华侨华人服务，努力加强对港澳台学生的培养，给港澳台学生创造更好的学习、生活条件，学校按照"发挥优势、深化改革、保证重点、改善条件、提高质量"的办学思想，坚持"严、法、实"（即从严治校、从严治教、从严治学，依法治校和实事求是）的办学原则，以"211 工程"建设为龙头，以教学科研为中心，采取了一系列改革措施。通过改革，学校在许多方面发生了从无到有、从小到大、从弱到强的可喜变化，成功实现了跨越式发展。现遵照教育部的要求，将我校在办学实践中摸索出的一些经验和体会予以总结，以期通过与兄弟院校的交流进一步做好新时期的工作。

1. 改革创新的措施

（1）解放思想，转变观念。根据国内外高等教育的发展形势、学校生源的特点及学校的实际情况，认识到，唯有改革才能发展，唯有创新才能进步。为顺利完成党和国家交给我校的光荣任务，办出特色，我校制定了一个战略目标：侨校＋名校。确立了两个重要原则：学生第一原则，"严、法、实"原则（即"从严治校、从严治教、从严治学"；"依法治校"，"实事求是"）。树立了一个基本观念：不搞科研的教师是残疾的教师。办学要走"三化"道路：国际化、现代化和综合化。

（2）坚持以人为本，坚决推行学分制改革。学分制最大的优点在于能给学生提供更主动的学习条件，最大限度地发挥学生自主学习、向上发展的能力，它适应我校生源世界性特征：不同水准和不同国家、地区背景，有利于教育目标的实现。在这种制度下，学生可以自主选择教师、自主选择课程、自主选择学习进度、自主选择学习时间。这是由传统的保姆式教育向现代自主教育转变的重要体现。我校在 1978 年复办之初即开始试行学分制，但那时是初级阶段，还处于学年学分制状态。自 1993 年起在全国率先施行标准学分制，即学生修满规定的学分数，就可毕业，这样学生可以提前毕业，也可推迟毕业。标准学分制可以说是一种完全从学生利益出发的教学管理制度。我校不仅是广东省最早实行学分制的高校，而且是全国最早实行弹性学分制的高校。经过 20 余年的实践，学分制的各种管理办法已日臻完善，对贯彻我校"两个面向"的办学方针，改善学风以及培养学生素质均有着积极的促进作用。

（3）合理制定培养目标，科学实践因材施教原则。为配合学分制的实施，我校根据国内外两类学生的不同特点，对学生的培养目标进行定位。对内地学生的培养目标是：将学生培养成为德、智、体等方面全面发展的社会主义事业的建设者和接班人。对香港学生的培养目标是：将学生培养成为热爱祖国，拥护"一国两制"，拥护香港基本法的专业人才。对澳门学生的培养目标是：将学生培养成为热爱祖国，拥护"一国两制"，拥护澳门基本法的专业人才。对台湾学生的培养目标是：将学生培养成为热爱祖国，拥护"一国两制"，反对台独的专业人才。对华侨学生的培养目标是：将学生培养成为热爱祖国，维护祖国和平统一大业的专业人才。对华人学生的培养目标是：将学生培养成为热爱中华文化，热爱故乡的专业人才。同时，合理设置专业，突出创新精神与实践能力的培养，使受教育者得到全面发展。我校按学生特点，对港澳台和海外学生的教学要求是"面向世界、应用为主"，对内地学生的教学要求是"加强基础、目标上移"。

（4）保证课堂教学质量，推行"三重评估"制度。为提高课堂教学质量，我校自 1985 年开始实行课堂教学评估，1993 年开始在全国率先实行课堂教学三重评估，即每学期分别由学生、校院系领导和听课专家组对课堂教学质量进行评估。这一评估制度因具有完整、公平、公正性而受到师生欢迎。学校根据评估结果采取了一系列奖惩结合、以奖为主的措施，激励先进，鞭策落后，对不合格教师进行淘汰，优秀教师则成为学习标兵。这一措施有效促进了师生间教学信息的交流，提高了教师对课堂教学质量的重视程度，课堂教学质量明显提高，教风也因此得到进一步改善。由于"三重评估"制度在国内由我校首创，且效果良好，现已被国内许多高校参照使用。

（5）保证基础课教学质量，坚持教授上基础课制度。为保证基础课教学质量，使新生在低年级即获得坚实的基础知识，我校自 1993 年就开始在全国率先实行教授必须上本科基础课的制度，延续至今，效果良好。

（6）加强基础课教学，抓好"三语"课程。为使学生扎实掌握基础知识，体现我校外向型办学特征，学校将英语、计算机语言和汉语列为学生的必修课，同时还采取了一些有力措施，推动学生学好"三语"。

（7）加强学风建设，推进考试改革。为进一步加强校风、教风、学风建设，提高教学质量，严肃考试纪律，我校从 1993 年开始，率先在全国取消补考，实行重修制度。这项改革措施已在全国推广。同时，强化考试过程的管理，建试题库、分 A、B 试卷、加强考场管理、抽查各专业试卷等措施，促使教师认真对待考务，学生认真对待学习和考试。从 2001～2002 学年上学期开始，我校还设立了可一次容纳 840 人的大型考场，杜绝了作弊现象，保证了考试的公正性。这一全国首创性举措受到了许多高校及新闻媒体的广泛关注。在最近两年的博士生入学考试中，我校也采用了大型考场考试，学生及社会反响良好。

（8）突出国际性特征，实行"双语"教学。为贯彻"两个面向"的教育方针，培养国际性人才，我校从 1996 年开始提倡和鼓励教师用英语进行本科专业课教学。经过几年实践，此项工作逐步得到推广，特别受到港澳台和海外学生欢迎。目前我校每学年实行全英语教学的课程达 53 门，双语教学的课程达 73 门。在推广全英和双语教学的基础上，2001 年 6 月，我校在全国高校中第一个成立了采用全英语教学的国际学院。目前该学院已开办了临床医学、国际经济与贸易、会计学、食品质量与安全和药学等 5 个专业。

（9）调整办学重心，优化办学结构。为了适应港澳台和海外学生的求学需要，我校通过采取大力发展研究生教育、积极发展华文教育、稳定本科教育、不办专科教育等措施适时调整办学重心，优化办学结构，以增强我校为海内外特别是为港澳台培养出更多优质骨干人才的能力。

（10）实行春秋两季招生和毕业制度，尽力为学生提供方便。为在更大程度上方便港澳台和海外学生报读暨南大学，我校于 1998 年率先在全国实行春秋两季招生。另外，我校还在境外，如港澳台地区、越南、泰国、老挝、马来西亚、菲律宾、美国等国家和地区设立招生报名点，方便了学生咨询和报名。同时，也实行春秋两季毕业，以利于学生及时就业。

（11）改革预科教育，增加港澳台和海外学生生源。为了更好地集中精力完成学校的办学任务，我校从 2001 年开始，停止招收预科内招生，而且按港澳台和海外学生的实际情况，从单一的一年制预科，改为三种学制，半年制、一年制和三年制。这样一来，初中毕业的境外学生就可以来校学习，因而增强了预科教育对境外学生的吸引力。

（12）加强横向合作，开展联合办学，率先在全国进行异地办学，以便更直接地服务港澳。1993 年，我校在深圳开办旅游学院，开了校企联合办学的先河。1998 年，为了进一步方便港澳青年入学，我校与珠海市政府合作办学成立珠海学院，成为中国第一个在珠海开办全日制高等教育的大学，已为珠海特区培养了首批专科生、本科生和硕士研究生。同时，也为深圳特区培养了首批硕士研究生。2004 年 10 月，我校又与广东省知识产权局签订合作协议，共同创办了广东省乃至华南地区首所集教学和科研为一体的知识产权学院。

（13）积极合作共建，首创校、医联合办学之路。我校是全国最早设立医学院的综合性大学，由于我校经费缺乏，办一所附属医院已十分困难，无法满足医学类学生实习的要求，而医学专业又是港澳台和海外学生最喜爱就读的专业，因此，为加强医学类学生的实践教学，我校在全国首创了校医联合办学的共建道路。几年来已在广州、深圳、珠海、清远、江门等地先后共建了 7 所附属医院，其中 5 所是国家级三甲医院，成功走出一条同社会合作的经济实惠的办学道路。

（14）发挥对外办学优势，开拓国际教育市场。根据规划，学校到"十五"末期，全日制学生中港澳台和海外学生与内地学生数要达到 1∶1。为实现这一目标，我校不断加强内涵建设，提高办学质量，努力适应国内外教育市场对人才的需求。同时，采取具体措施，减少全日制本科和继续教育的内招生数量，鼓励多招港澳台和海外学生，多到港澳台和海外办学，因而外招学生人数逐年大幅增加。2004 年，我校外招生入学人数已超过内地学生入学人数。

（15）只有学校品牌好了，才能吸引更多更好的港澳台和海外学生前来我校读书。故此，我们以学科建设为中心，大力鼓励教师从事科学研究，走现代化大学之路。为鼓励教师在做好教学工作的同时，积极投身科学研究，学校以"211工程"重点学科建设为中心，大力推进科研工作。从 1996 年开始，学校用"教学、科研"双中心目标取代了过去单一的"教学中心"目标，并对教师的科研成果进行量化考核，将考核结果直接与校内工资挂钩。这一举措收效显著，我校教师的科研论文、科研项目和成果推广应用数量大幅上升，学校的科研经费快速增长，同时也促进了教学质量的提高。

（16）改革人事分配制度，调动教师工作积极性。1998 年，针对传统的高校人事管理模式中存在的教师职务终身制和国家高度集中的指令性工资制度，我校进行了大胆改革，制定了一套全新的量化考核指标和管理方法，开始实行新的分配体制，即校内工资制度。新的分配体制充分发挥了个人潜能，优化了学科队伍，调动了教职工教学科研积极性。这一分配模式因属全国高校首创，被媒体称为"暨大模式"。

（17）改善师资结构，提高教师质量。近年来，学校积极采取措施，尽力引进有博士学位的老师和学科带头人，大力提升教师水平。目前，学校教师中有两院院士 5 人，博士生导师 118 人，硕士生导师 589 人，博士学位者 405 人。填补了无院士任教的空白，改变了教师学位偏低的局面。同时，学校还启动了名师工程，于 2002 年实施特聘教授岗位制。该制度的实施一方面可为优秀拔尖人才提供更好的学术环境，另一方面可以激发广大教师的上进心，有利于在全校形成健康向上的学术氛围。

（18）改进财务管理，集中财力办学。改革前，由于资金分散，可供学校支配的资金有限，削弱了学校的财力；同时，由于院系将精力过多地投入创收，不同程度地影响了办学质量，而且容易滋生腐败。1996 年，学校把各院系和各部处资金集中起来统一管理,集中了学校财力,有利于加大对教学和科研的投入,而且加大了监管力度,使在第一线工作的领导和教工将精力集中用于本职工作,使学校办学经费大幅增加,从而保证了办学水平和办学质量不断提高。

(19)合理调整人员结构,稳步推进机构改革。本着"精减、效能、统一"的原则,"九五"至今,我校先后进行了两次大规模机构改革,党政处级机构由1999年以前的29个减为18个。与此同时,学校对科级机构也进行了整合,优化了结构,提高了效率。为保证教学和科研这两个重点,几年来,学校注重引进专业教师,控制党政人员数量,原则上不进党政干部。虽然学校的办学规模不断扩大,但因人员结构得到优化,教师数量比重增大,而教职工总数仍保持不变。尽管机构数量比改革前少,可效率却更高了。

(20)加强建章立制,推进依法治校,以便使学校走上科学管理轨道。为加强依法治校,8年多来,我校根据党和国家及上级管理部门的有关规定,先后制订了200多个制度性文件,对教学、科研及行政管理工作进行规范。为便于师生学习、了解文件精神,我校已将这些文件编纂成《暨南大学文件汇编》(分为行政管理卷和教学科研卷),作为学校日常管理的主要依据。

(21)加强廉政建设,净化环境和队伍。自1996年以来,学校一直把反腐倡廉作为一项重要工作来抓,先后查处了30多起违纪案件及一批涉案人员,有效惩治了腐败。为进一步加强对财务、招生、基建和设备采购的审计监督工作,学校与广东省检察院签订了《共同预防职务犯罪协议书》。这是全国第一所高校为加强廉政建设所采用的措施。同时,学校还在学术领域大力开展反对学术不端行为的斗争,净化校内学术环境。因此,校风、教风、学风有了明显好转。

2. 改革创新的成效

(1)实现了"九五""211工程"建设目标,顺利进入"十五""211工程"建设阶段。

1999年年底,学校顺利完成了"211工程"中期检查工作。2002年7月,学校"九五""211工程"子项目以全优的成绩通过验收。10月,我校"九五""211工程"建设项目验收总体评价为优秀。11月,学校顺利通过了《"十五""211工程"建设项目可行性研究报告》的专家论证,成功进入"十五""211工程"建设阶段。鉴于我校"九五"期间的建设成果,"十五"期间,国务院决定投入5.1亿元专项资金用于我校的基本建设。国家"211工程"协调办公室决定向我校投入2800万元专项资金,改变了"九五"期间国家对我校"211工程"建设分文未投的状况。同时,广东省政府也进一步加大了对我校"211工程"建设的投入,由"九五"的5000万元增加到"十五"的8000万元。

(2)办学规模变大了,港澳台学生更多了。

2004年与1995年相比,学校学生人数显著增加,办学规模扩大了一倍,相当于在原有基础上新办了一所暨南大学。学校各类学生已由 13 012 人增加到 28 427 人,增长 118%,其中港澳台和海外学生由 1982 人增加到 8966 人,增长 352%。香港研究生由 18 人增至 254 人,增长 14 倍;香港本科生由 425 人增至 2753 人,增长 6.5 倍。澳门研究生由 55 人增至 172 人,增长 3 倍;澳门本科生 由 691 人增至 1967 人,增长 2.8 倍。台湾研究生由 5 人增至 238 人,增长 47.6 倍;台湾本科生由 128 人增至 251 人,增长近两倍。全日制学生由 8824 人增加 到 21 473 人,增长 143%,其中本科生由 5377 人增加到 15 335 人,增长 185%; 研究生由 615 人增加到 5008 人,增长 714%。

(3) 校园面积和建筑面积扩大了。

自 1995 年以来,校区由原来的 3 个(广州石牌校本部,广州广园西路的华 文学院,深圳华侨城的旅游学院)增加到 4 个(新增了珠海学院)。在靠近港澳 的两个特区建立校区,更有利于直接为港澳台服务。另外,还有 1 个新校区(广 州磨碟沙校区)正待开发。校园占地面积由 112 公顷增加到 174 公顷,增长 55.4%,校园建筑面积由 46 万平方米增加到 107 万平方米,增长 133%。

(4) 办学层次提高了。

学校研究生与本科生之比由 1995 年的 1∶8.74 上升到今年的 1∶3.06,专科 生由 2472 人减为零。

(5) 境外特色更加鲜明了。

作为中国港澳台和海外学生最多的大学,我校港澳台和海外学生已由 1982 人增加到 8966 人,占全校全日制学生比由 20% 增长到 41.8%。特别是在我校攻 读博士和硕士学位的港澳台和海外学生目前已达 741 人,约占全国总数的 1/4, 较 1996 年的 124 人增长 498%。尤为值得可喜的是,在校台湾学生已达 524 人, 占全国总数的 1/8。1995 年,只有 16 个国家的学生来校学习,而今天的在校学 生则分别来自世界五大洲 57 个国家。同时,学校在面向科技发达以及华侨华人 分布较多的国家开展对外学术和教育交流方面也取得了突出成效。迄今为止,已 同世界五大洲 23 个国家和地区的 60 多所高等院校和文化机构签订了双边协议或 建立了学术交流关系,是中国第一所在世界五大洲均建有姊妹大学的学校。

(6) 学科结构优化了。

本科专业由 1995 年的 30 个增加到当前的 52 个,其中电子信息工程、会计 学、新闻学、汉语言文学、生物技术等 5 个专业被评为广东高校名牌专业,有机 化学、货币银行学被评为广东省精品课程。硕士学位授权学科由 1995 年的 50 个 增加到 89 个,博士学位授权学科已由 7 个增加到 34 个,并且在一级学位授权学 科方面实现了零的突破,已达到 3 个。博士后站实现零的突破,达到 6 个。教学 系由 21 个增至 39 个,学院数由 7 个增至 19 个。其中深圳旅游学院是中国内地 首家通过世界旅游管理专业教育质量认证的高等旅游院校。知识产权学院是广东省及至华南地区首所集教学和科研为一体的知识产权学院。学校现有的学院涵盖了文、史、经、管、法、理、工、医、教育等九大学科门类。

（7）师资队伍结构改善了。

学校现有专任教师1367人。教师中有研究生学位者1054人，占专任教师总数的77.1％，较1995年增长132.7％，其中，具有博士学位的教师405人，占专任教师总数的29.3％，较1995年增长393.9％，有博士生导师118人，较1995年增长807.7％，正高职称238人，副高职称502人。学校新增了两院院士5人，实现了零的突破。获教育部设置的"长江学者奖励计划"特聘教授岗位2个，广东省设置的"珠江学者计划"特聘教授岗位2个。有11人增选为广东省"千百十"工程省级培养对象。

（8）学生素质提高了。

暨南大学毕业生素以工作适应能力强，思想活跃，视野开阔而深受社会各界欢迎。连续几年来，我校本科学生就业率均达90％以上，2003年达93.62％。2000年，在全国最受欢迎的大学评比中，我校名列第18位。同年，在由教育部等单位联合主办，全国45所重点高校参与的大学生电脑节活动中，我校的《自然保护概论》荣获"教学方案设计竞赛"全国二等奖。在2000年举行的第五届和2001年举行的第六届全国大学生（包括研究生）科技作品"挑战杯"决赛中，我校报送的作品均全部获奖，名列全国第六，广东第一。2001年，在团中央、中国青年志愿者协会举办的第四届中国青年志愿者行动中，我校Warm Touch青年志愿者服务队被评为"全国百个优秀青年志愿服务先进集体"。在"2004泰豪杯全国大专辩论会"中，我校学生辩论队经与15所全国著名院校激烈角逐，获得亚军。

作为一所传统的体育强校，我校运动员在许多国际（包括奥运会）国内重大体育赛事上都有杰出表现。自1996年以来，我校运动员在各类国际国内比赛中共荣获金牌214枚，其中在国际比赛中荣获金牌42枚。在第19～21届世界大学生运动会上，我校运动员都获得了金牌和银牌；在2000年举行的第六届全国大学运动会上，我校荣获全国高校总分第二名，仅次于上海交通大学；在前国家女子足球队中，我校学生高红、赵利红、邱海燕均为主力队员；在第九届全运会上，我校健儿共夺得27枚奖牌，其中金牌14枚；在第十四届亚运会上，我校运动员获得2枚金牌、2枚银牌。在香港举办的首届国际武术邀请赛上，我校运动员摘取了14枚金牌，成为荣获金牌最多的代表团。在2003年10月结束的第八届世界大学生国际象棋锦标赛上，我校运动员获男子冠军、女子季军。

（9）科研实力增强了。

学校科研经费由1995年的400万元增加到2003年的1.092亿元，增长23倍。获得的科研项目在"973"、"863"等国家重点项目方面实现了零的突破。教职工发表的学术论文数较 1995 年增长了近 2.3 倍，总数达 1300 多篇。其中被三大索引（SCI、EI、ISTP）收录的论文数达 105 篇，与"九五"初期相比增加了近 12 倍。获省部级科技奖励的数目增加了 6 倍多。科研成果的应用也有较大的进步。

8 年来，学校新增了 2 个国家重点学科，先后有 25 个学科被评为省部级重点学科。同时，学校还增加了 1 个国家人文社会科学重点研究基地，5 个省部级重点实验室，1 个教育部工程研究中心。设有国务院侨务办公室华文教育基地。除广东省重点学科和省教育厅重点实验室以外，其他方面均属于实现零的突破。同时，也结束了学校无博士后科研站的历史，现有 6 个博士后站。

（10）为祖国统一大业服务的能力增强了。

自 1978 年至今，我校已接收过来自世界五大洲 97 个国家和港澳台 3 个地区的学生前来学习，为港澳的顺利回归和广泛团结港澳台同胞和世界华侨华人作出了积极贡献。尤其是"九五"以来，我校港澳台和海外学生数量不断增长，现已从 1995 年的 1982 人增加到 8966 人。同时，对港澳台和海外的研究生培养工作正在日益加强。

（11）综合实力和办学质量更高了。

学校固定资产总值由 1995 年的 2.7 亿元增至去年的 15.7 亿元，增加了 5.8 倍多；图书藏量由 135 万册增至 215 万册，增长了 59%；教学科研仪器设备由 4985 万元增至 2.08 亿多元，增加了 4.17 倍多。

学校在不同机构的综合实力排行榜中的位置不断上升，2002 年被教育部《高等教育评估杂志》评为 77 所研究型大学之一，名列第 53 位；今年，名列第 46 位。在中国网大的中国大学综合实力排行榜中，我校排名自 1998～2003 年依次为 87 位、72 位、60 位、40 位、37 位、36 位、51 位。在广东管理科学院每年的"中国大学 100 强"中，我校的排名已由 2000 年的第 81 位上升至 2004 年的第 51 位。

（12）办学效益提高了。

全校的教职工和专任教师人数基本没有变化，1995 年分别为 3601 人和 1036 人，目前为 3784 人和 1367 人，且学校所获上级经费投入并未大幅增长，但学校完成的任务却成倍增加，显然办学效益已更加优良。在 2002 年广东管理科学研究院"中国'211 工程'大学教师人均效率排名"中，我校在全国高校中排名第 41 位。

（13）教职工生活水平及学生住宿条件改善了。

1995 年，我校本部教职工家庭住房总面积为 169 775 平方米，人均住房面积为 13.5 平方米；2004 年，我校本部教职工家庭住房总面积为 320 343 平方米，人均住房面积为 23.74 平方米。与 1995 年相比，上述两项面积分别增长 89% 和

76%。"九五"至今，我校教职工的工资待遇也不断提高，自 1995 以来，人均年收入分别为：1995 年 8254.12 元，1996 年 12 545.69 元，1997 年 20 210.31 元，1998 年 22 354.60 元，1999 年 26 710.35 元，2000 年 35 157.82 元，2001 年 43 734.80 元，2002 年 65 694.57 元，2003 年 78 000 元，2003 年与 1995 年相比增长近 9.45 倍。

与此同时，我校学生的住宿条件也有了根本改善。1995 年，学校学生宿舍面积为 81 686 平方米。"九五"至今，学校新建学生宿舍 31 栋共计 200 878 平方米，增长 145.9%。目前我校博士生 1 人住 1 间房、港澳台和海外学生 2 人住 1 间房，已达国家标准。

目前，学校共有教职工 3784 人，各类学生 28 472 人，其中全日制本科生 15 335 人，博士研究生 648 人，硕士研究生 4360 人。我校作为中国境外生最多的大学，有来自世界五大洲 57 个国家和港澳台 3 个地区的学生 8966 人，其中研究生 741 人。学校现设有 19 个学院，39 个系，65 个科研机构，71 个实验室，52 个本科专业，89 个硕士学位授权学科，34 个博士学位授权学科，其中 3 个博士学位授权一级学科。有 5 个博士后流动站（应用经济学、临床医学、中国语言文学、生物学、工商管理），1 个博士后科研工作站，2 个国家级重点学科（产业经济学、水生生物学），15 个省部级重点学科。拥有国务院侨办华文教育基地、国家人文社会科学华侨华人重点研究基地、教育部中国语言文学人才培养和科学研究基地、教育部国家大学生文化素质教育基地。有教育部工程中心 1 个、教育部重点实验室 1 个、国家中医药管理局重点实验室 1 个，广东省重点实验室 3 个。同时，我校还是招收和培养高级管理人员工商管理硕士（EMBA）、工商管理硕士（MBA）、会计学硕士（MPAcc）、临床医学硕士、口腔医学硕士、工程硕士试点学校以及教育部试办高水平运动队的学校。

学校在广州、深圳、珠海三地共有四个校区，校园占地总面积 174 万平方米，其中广州校本部 727 466 平方米。校舍建筑面积 107 万平方米，图书馆藏书 215 万册。学校设有 6 所国家级三甲附属医院，即广州华侨医院、深圳市人民医院、珠海市人民医院、广州红十字会医院、清远市人民医院和江门市五邑中医院，另有 1 所专科医院（深圳眼科中心），1 所直属医院（深圳华侨城医院）。附属医院共有职工 6116 人，病床 4320 张。

3.5.2 对港澳顺利回归祖国和祖国统一大业的贡献

作为香港、澳门地区爱国爱港澳力量及治港治澳人才的重要培养阵地，暨南大学曾为港澳的顺利回归和社会稳定作出了积极贡献。自 1978 年复办至今，暨南大学共在港澳台地区招收各类学生 22 010 人，其中研究生 1314 人，本科生 12 917 人。长期以来，从暨南大学毕业的许多学生曾经或正在港澳社会的主要部门担任要职，是港澳地区爱国爱港澳的中坚力量，港澳地区左派爱国群众团体的领袖绝大多数是我校校友。尤其是在澳门，我校有 1000 多名校友在政府任公务员，其中处级以上领导 300 多人，副局级以上的高层领导有 30 多人；澳门工联和街坊联合会的主要领袖为我校毕业生；在澳门的医疗卫生系统中，约 70% 的医护人员曾就读过暨南大学。澳门立法会有 5 人、行政会有 2 人是暨南大学的校友；澳门地区的全国人大、政协代表中，有 5 位毕业于暨南大学；在澳门首届特区政府推选委员会中，有 17 位委员是暨南大学的校友；在澳门特区第二届行政长官选举委员会中，我校有 7 位校董、18 位校友当选。我校董事会的主要董事都集中在港澳地区，他们绝大部分都任职港澳乃至国家领导部门，是我校联络的另一支爱国爱港澳的重要力量。

港澳回归以来，我校通过人才培养的方式积极配合党和国家在港澳地区贯彻和维护"一国两制"，为港澳地区的繁荣稳定作出了积极贡献。一方面，根据国家要求为港澳培养爱国人才，另一方面为港澳需要开展工作。今年九月，为支持香港特区第三届立法会选举，我校通过多种形式向 3500 多名在校香港学生宣传贯彻基本法和坚持"一国两制"的重大意义，引导学生为维护香港稳定贡献力量。在学校的精心组织下，香港学生纷纷自觉回港投票选举立法会爱国爱港议员，为巩固和扩大爱国力量在本届立法会中的席位做了大量工作。

暨南大学招收和培养港澳台和海外学生的规模一直位居全国高校之榜首。目前，学校共有港澳台和海外学生 8966 人，其中香港学生 4324 人（含博士生 37 人，硕士生 217 人，本科生 2753 人，预科生 997 人，继续教育学生 320 人）；澳门学生 2736 人（含博士生 20 人，硕士生 152 人，本科生 1967 人，预科生 54 人，继续教育学生 542 人）。我校目前港澳学生情况表明，我们实际上是为香港和澳门办了一所培养爱国爱港澳人才的大学。

近年来，为台湾地区培养高层次人才，为台湾顺利回归祖国准备爱国力量，已成为我校对台办学的方向和工作重点。2004 年，我校在港澳台和海外地区录取的学生中，高层次人才结构比重的增大以台湾地区的学生最为突出。目前，我校共有台湾学生 524 人，其中本科层次以上的学生 489 人（包括博士生 83 人，硕士生 155 人，本科生 251 人），占台湾学生总数的 94.8%。

自 2001 年以来，由我校华文学院与香港警察佐级协会、本地督察协会合办的香港警务人员普通话训练班已连续开班 50 期，培训学员 1175 人，包括总警司 1 名，高级警司 1 名，警司 5 名，总督察 20 名，高级督察 45 名，督察 8 名，探长 315 名。为了更好地团结香港警察队伍，我还亲自出任暨南大学香港警察同学会的名誉会长。

与此同时，我校人文社会科学研究在为国家有关部门制定侨务、港澳台政策，了解侨情方面提供了许多有重要价值的咨询材料，仅提供华侨华人问题咨询材料就有 30 余份。

3.5.3　今后工作的重点

服务于国家统一大业和侨务事业，是我校的中心工作。为此，我校将在巩固以往发展成果的基础上，重点做好以下几项工作：

1. 坚定不移地贯彻中共中央、国务院〔1983〕24 号文件精神

坚持"面向海外，面向港澳台"的办学方针，把对港澳台和海外地区学生的招收和培养作为学校的头等大事来抓，切实为港澳台服务，为"侨"服务。

2. 努力提高办学质量和办学水平

"九五"以来，正是由于办学质量和综合实力的稳步提升，暨南大学才能在与全国众多高校争取港澳台和海外生源的竞争中保持绝对优势，才能持续保持港澳台和海外学生北上求学首选学校的地位，不断吸引众多港澳台和海外学生前来求学。

总结以往经验，结合当前国际国内高等教育的发展形势，我们深刻认识到，只有创造优质的办学水平和办学质量，学校才会为越来越多的家庭和学生所认同，学校的生源数量和质量才能得到保障。这样，才能为港澳台提供优质人才，并使这些人才在将来成为该地区的栋梁之才。

3. 继续扩大港澳台和海外学生招生规模

今后，暨南大学将进一步总结经验，加大招生宣传和人才培养力度，积极遵照党和国家对我校的要求，面向海外，面向港澳台办学，为港澳地区的繁荣稳定，为和平统一台湾作出新的贡献。我校力争在近几年内，全日制港澳台和海外学生与内地学生总数的比例达到 1∶1。

4. 大力为港澳台地区培养高层次人才

扩大在港澳台和海外地区研究生招生规模，提高外招学生的培养层次，为海外和港澳台培养更多优质骨干人才、领袖式人才已成为我校近年外招工作的重点和目标。因为相对而言，高层次人才更容易融入社会高层乃至决策层，其对社会的影响和作用更为关键。

21 世纪是中华民族实现伟大复兴的世纪，肩负着为海外华侨华人和港澳台地区培养人才光荣使命的暨南大学更加任重道远。在 21 世纪，暨南大学将继续按照邓小平理论和"三个代表"重要思想的要求，在国务院侨办、教育部、广东省委省政府的直接领导下，弘扬"爱国爱校、团结奋进"的暨南精神，树立"国际化、现代化、综合化"的办学理念，与时俱进，不断创新，为实施"侨校＋名校"发展战略，为建设海内外知名的高水平研究型大学而奋斗。

要完成上述任务，学校还存在许多困难，如国家经费投入不足，广州校区分散在三地、不利于办学等，还请上级帮助解决。

3.6　全面推进我校学生德育工作[*]

2005 年暨南大学学生工作会议今天隆重开幕了。这是我校在 21 世纪召开的第一次学生工作会议。开好这次大会，对于学校更好地贯彻落实中共中央、国务院中发〔2004〕16 号文和广东省委、省政府粤发〔2005〕12 号文精神，全面推进我校的大学生德育工作，积极营造大学生健康成长的良好环境，为实施"侨校＋名校"的发展战略提供强大的思想保证，具有十分重要的现实意义。在此，我谨代表学校党政领导并以我个人的名义，对大会的胜利召开表示热烈的祝贺！向长期以来在教书育人、管理育人、服务育人岗位上辛勤工作，为我校研究生、大学生的健康成长付出心血与汗水的同志们，表示亲切的问候！

大学生是社会宝贵的人才资源，是民族的希望，社会的未来。青年大学生历来是社会上最富有朝气、最富有创造性、最富有生命力的群体，我们党常把关注的目光投向青年大学生。党和国家的主要领导人，历来十分重视青年的成长。毛泽东同志把青年看作早晨七八点钟的太阳，指出青年是推动国家发展和社会进步的生机勃勃的力量。邓小平同志在青年身上寄寓了我们事业兴旺发达的光辉前景。江泽民同志指出，青年兴则国家兴；青年强则国家强；青年有希望，未来发展就有希望。胡锦涛同志对青年则提出了要勤于学习、善于创造和甘于奉献的要求。这些精辟论述，集中反映了党对青年的高度重视、热情关怀和殷切希望。这对于学校从全局和战略高度，认真贯彻落实中发〔2004〕16 号文和粤发〔2005〕12 号文精神，以胡锦涛总书记、省委张德江书记在全国、全省加强和改进大学生思想政治教育工作会议上的重要讲话精神为指导，做好新形势下侨校的大学生德育工作，在暨南园形成爱护青年、关心青年、鼓励青年成才、支持青年干事业的浓郁氛围，具有十分重要的现实意义。

高校是培养青年大学生的重要阵地，其办学水平和办学层次的不断提升是培养高素质人才的重要保证。为创造一个优良的育人环境，学校自"九五"开始，坚持"从严治校，从严治教，从严治学"的办学原则，优化专业结构，调整办学重心，在学分制、学生培养、教学质量评估、基础课教学、英语授课、学生考试、专业设置、招生时间、合作办学、机构改革、人事分配制度、师资队伍建设、教师科研、财务管理、后勤社会化、机关作风建设、廉政建设等方面采取了一系列改革措施，取得了显著成效。学校的跨越式发展，为青年大学生的成长成才提供了更好的成长环境和发展空间。为做好学校的大学生德育工作，下面，我讲几点意见。

---

* 本节内容原载《暨南大学校报》特刊，2005 年 12 月 31 日。

1. 恪守"学生第一"的办学理念，为学生提供最优质的教育资源

"学生第一"的办学理念反映了一所学校办学的价值取向，从总体上规范着学校的各种办学行为。在学校的教学、科研、管理和服务工作中，我极力倡导恪守"学生第一"的理念。没有学生，就没有大学，学校的一切工作都是为了学生。作为一所传承、创造知识的场所，大学是为学生而设。所以，我们要把学生看成学校的生存之本，把促进学生的全面发展看成学校的发展之本，把一切为了学生作为推动学校各项工作改革的动力之本。

"学生第一"的办学理念要求我们为学生提供最优质的教育资源。追求质量第一，教育质量是学校的生命，学校的一切工作只有在追求质量第一的基础上才能不断前进。"学生第一"就是要求育人第一。学校的本质是育人，无论是教学、科研、管理服务活动，乃至环境建设、文化氛围都是为了培养人才。只有坚持育人第一，才能在学校中形成人人都是育人工作者、处处都是育人环境的局面，才能最大限度发挥学校的育人功能。"学生第一"就是要求责任心第一，将造就人才作为第一位的任务，以培养创新型人才、拔尖人才为己任。

"学生第一"的理念，其基本立足点是充分尊重和关心师生，核心是致力于培养和造就人才，既要培养高质量的学生，也要造就高水平的教师。学校工作应当围绕并服务于培养人才，服从于培养人才这一大局，全心全意致力于促进人才的全面发展。"学生第一"的理念，体现了现代教育的本质要求。它不仅是对我校百年来办学经验的历史总结，是我校认真学习贯彻马列主义、毛泽东思想、邓小平理论和"三个代表"重要思想的生动体现，同时也是实现学校跨越式发展的根本需要。在建设高水平研究型大学进程中，全校上下必须牢固树立这一理念，并在实践中不断予以丰富和发展。

2. 关爱学生，有教无类

善待学生，爱生如子，是每一个教育工作者的基本职责，也是建立新型师生关系的前提。卢梭在《爱弥尔》一书中说："教育就是爱。"苏联教育家赞科夫也说过："当老师必不可少的，甚至几乎是最主要的品质就是热爱儿童。"现代教育社会学的研究表明，师生间的人际关系是整个学校教学过程中全部人际关系的最主要、最基本的部分。健康向上的教育教学氛围与和谐的师生关系是紧密联系的。而和谐的师生关系能启迪智慧，激发创造，从而使师生在愉悦的氛围中完成教学和学习的任务。热爱学生是建立民主、平等、和谐的师生关系的基础。教师真挚地爱学生就能对学生尊重、宽容、理解和信任，师生之间才能思想相通，情感交融。

著名教育家、清华大学老校长梅贻琦曾说："所谓大学者，非谓有大楼之谓也，有大师之谓也。"他提出，一所名校，大师比大楼重要。在现代大学校园，我们还要崇尚"大爱"的理念，营造一个以人为本的和谐校园氛围，真诚地爱护

每一个教师、学生，使人才辈出而服务于社会，推动国家、民族的进步，这就是大爱。大师的言传身教就是在传播对全社会、全人类的大爱。大爱更源于大学的管理者——要求办教育的人少一分急功近利，大学师生方能多一分钻研创新。

今年，我校的生源来自世界 5 大洲 71 个国家和港澳台 3 个地区，不论来自何地，不论是干部、富商大贾的子女，还是平民百姓的孩子，抑或智力存在差异的学生，我们都要平等对待，一视同仁。这也是与孔子在《论语·卫灵公》中所推崇的"有教无类"的教育理念一脉相承的。孔子"有教无类"教育理念指：在教育对象内容方面，不分种类，即不分贵贱、庶鄙，不分善恶，不分阶级、阶层、年龄和地域，也不分个性差异，凡是愿意来学习的，统统收为弟子施予教育。我希望全校的教育工作者能弘扬孔子"有教无类"的思想，对学生多一份关爱与尊重，因为被尊重与平等对待是学生的一大愿望，能大大激发学生的学习潜能，给他们以自信和力量。

3. 立足侨校，更新教育管理与德育工作的观念

暨大最大的特色是"侨"字，这也是学校的立身之本。办好华侨高等教育，为国家的侨务工作、统一大业和现代化建设培养大批高素质人才，是党和国家赋予学校的特殊办学使命。侨校学生的教育管理和德育工作，既遵循着高等教育的普遍规律，又彰显着独自的个性。下面，我想简要谈几个观点。

一是要立足侨校，始终不渝地坚持用中华文化对莘莘学子进行教育，使其能肩负起传承优秀的中华文明的使命，实现"朔南暨，声教讫于四海"的办学宗旨。二是全校教育工作者要肩负"传道、授业、解惑"的重任，传道是升华精神，授业是传授知识，解惑是启迪思维，三者不可或缺且依次递进，构成了育人的一个完整体系。三是要教会学生如何做人，这是立身之本。胡锦涛总书记在年初全国加强和改进大学生思想政治教育工作会议上明确提出："培养什么人，如何培养人，是我国社会主义教育事业发展中必须解决的根本问题。"可见这一问题的重要性。从人的成长发展来看，要成就小事，主要靠业务本领，而要成就大事，得靠思想品德和综合素质。教育的根本问题是培养人的健康人格，而这应从培养良好的行为习惯着手，正如亚里士多德所说的："播种一种行为，收获一种习惯；播种一种习惯，收获一种品格；播种一种品格，收获一种命运。"四是要教会学生如何做事，由传统保姆式的管理变为自主式的管理。中国传统的教育过多强调、要求学生听话、顺从，大小事情全由家长与教师一手包办，这种教育管理方式严重束缚了学生个性的发展与积极性、主动性的发挥以及创新能力的培养。我们要创造条件，积极引导学生进行自我教育、自我管理，在尝试、实践及与他人相处合作共事过程中，锻炼能力、增长才干、经受磨砺，培养其自信心、进取心、意志力、自制力，以及自觉的社会责任心、强烈的历史使命感和自强不息的人生追求。

不断加强和改进大学生德育工作，深入贯彻实施"育人为本、德育为先"的工作理念，是新形势下党和国家对高校思想政治教育工作提出的新要求。学校即将迎来百年华诞，跨入第二个百年征程。暨南大学面临着千载难逢的发展机遇。"逆水行舟，不进则退"，学校正处于一个在实施"侨校＋名校"发展战略进程中的爬陡坡阶段。"上下同心，其利断金"；"人心齐，泰山移"。我希望全校师生万众一心，以主人翁的姿态为学校的发展贡献才智，以创一流的佳绩向百年华诞献礼。让我们以本次学生工作会议的胜利召开为契机，着力探讨、积极构建侨校学生教育管理与德育工作的新机制，圆满完成党和国家赋予暨大的特殊办学使命，为推进国家的侨务工作、统一大业和现代化建设而努力奋斗！

3.7　标准学分制的研究与实践[*]

暨南大学以"侨校＋名校"作为发展定位。根据这一定位，形成了一整套适应自身办学特点的教学体系和管理制度，标准学分制就是其中一个主导性的教学管理制度。下面就其做一些介绍。

3.7.1　标准学分制的含义、缘起及实施意义

1. 标准学分制的含义

学分制有多种模式，"标准学分制"是暨南大学推行的学分制模式[3,4]。这种模式把不同学制学生取得学位必须修满的总学分按学期均分（注：我校有四年、五年、六年三种本科学制，其中五年、六年的分别为境内外医学学生学制）。以四年制本科为例，即把学生取得学位必须修满 160 学分按 8 个学期均分，每个学期的标准学分为 20 学分，每个学年为 40 学分。在保证每学年 40 标准学分不变的情况下，同时规定学生每学期必须修习的学分的最低标准；如学习成绩优秀，则有相应的免费奖励修读规定。这样既防止了学生过分少修学分，保证了教学资源的有效利用，又能控制学生过分多修学分，保证学习质量，并可使学有余力或有需要的学生能根据自己的情况提前或延迟毕业，从而实现真正意义上的弹性学分制。

2. 标准学分制的缘起及实施意义

作为"面向海外、面向港澳台"办学的暨南大学，外招学生已达在校学生的一半。由于外招的学生来源广（来自 50 多个国家和地区），受教育的背景不一，要适应他们的学习要求，需要采用灵活的教学管理制度。暨南大学从 1978 年开始试点学分制，1983 年全面试行学分制；1985 年试行主、副修制和双学位（双

＊　本节内容原载《中国大学教学》，2004，（3）：41-43。

专业）制。从 1993 年开始对学分制实行较大的改革，采用"标准学分制"，并取消补考，实行重修制等。2000 年 8 月，我校"高等学校学分制管理制度的改革与实践"项目被批准为世行贷款资助项目，根据项目的研究目标，我们对学分制的一些核心问题作了进一步的深入调查研究，出台了多项新的措施，使标准学分制得以进一步完善。

3.7.2　完善标准学分制的主要措施

1. 进一步完善学籍管理规定，推出校长免费学分奖励金评选办法

我校推出的校长免费学分奖励金评选办法规定，学习成绩好的学生不仅每个学期可超过标准学分多修课程，而且实行免费多修，暂定：一个学年结束时修够 38 个总学分，同时平均学分绩点在 3.0 以上的学生就有资格进入奖励选拔范围。学校将在各个专业中按学分绩点排序，选取前 15% 的学生（国家基地班和名牌专业为 18%）享受这个奖励金。其中成绩在本专业列第一名的学生奖励 10 个免费学分并享受特等奖励金；列本专业前 3% 的学生奖励 8 个免费学分并享受一等奖励金；列 4%～10% 的学生奖励 4 个免费学分并享受二等奖励金；列 11%～18% 的学生奖励 2 个免费学分并享受三等奖励金。

2. 根据学分制的内在要求，抓好选课工作，打造多功能网络技术平台

1) 抓好选课改革建设工作，提供充足的高质量选修课

学分制以选课制为基础，学生选课自由度的大小是衡量学分制完善程度的关键性指标。因此，我校近年进一步加大了选课工作的改革建设力度，要求不仅要做到有足够数量的高质量选修课可供学生选择；同时要使选课的过程没有技术障碍。目前，全校同年级学生如按学制年限教学计划计，可提供的选修课程逾1600 门。

为提高选修课（包括晚选课）质量，学校制定了《公共选修课暂行管理办法》，建立了公共选修课专家审查制度。同时，对全校的公共选修课实行优存劣汰制，每个学期评估成绩排在最后的 3～5 门课程将被淘汰；同时全校所有公选课每 3 年重新评估一次，不合格的予以取消。

2) 完善网上选课系统，提供现代选课手段

为顺利实现个性化的学分制教学计划，我校在 2000 年 12 月研制开通了网上选课系统，为完善学分制提供了不可缺少的技术支持条件。经过多个学期的选课实践和不断完善，目前系统运行稳定，速度快，选课效率高，学生可在我校联网的任何一台计算机上选课，不受时空的限制。

3) 开发网上多功能系统，构建先进的学分制管理运行技术平台

为改进学分制管理手段，构建更为优越的教学管理技术平台，我校进一步改善了排课系统：一是实行全天候排课（中午、晚上及星期六、星期日都开课）；

二是尽量使同一学期开设的相同课程在白天和晚上分别开出，方便学生选课；三是对实验室和语音室实行全天候开放，并改变原来上午多安排理论课，下午多安排实验课的做法，将理论课和实验课错开安排，使教室资源得到充分利用，学生选课自由度进一步加大。此外，对一些覆盖面较大的课程安排进行调整，凡两个专业以上学生选修的课程，上下学期都开课；在假期继续开设公共必修和专业必修课，给学习成绩突出的学生和重修学生更多选课机会。

在开发网上选课、排课系统的同时，我校还完成了网上排考及查询系统、学籍管理系统、考试成绩录入系统等。网上管理系统的多功能开发，进一步破除了教学管理技术层面的障碍，摆脱了人工管理的落后局面，使我校学分制管理上了一个新台阶。

3. 出台系列教学改革措施，构建学分制条件下人才培养质量保障体系

1）实施"大平台"招生培养和分流教学新模式

从 2003 级开始，我校在经济、管理、外语、华文、新闻与传播等 5 个学院首次实行了按学院招生统一培养的"大平台"新模式。这一措施的实施，使学生"自主选择专业、自主选择教师、自主选择课程、自主安排学习进程"的学分制要求得以进一步全面落实。

（1）实施"大平台"教学的学院公共课学分统一，前 3 个学期或 4 个学期安排全校公共基础必修课和各学院学科基础必修课。

（2）学生一年半或两年后根据已修完的学分总数和学分绩点等选择专业。

（3）学科基础必修课的学分数最低不得少于 30 学分，最高值由各学院决定。

（4）对相关学科、专业、课程体系等进行整合。如计算机、大学语文、大学英语等公共必修课程改变了以往"齐步走"的教学模式，根据学生已有程度，采用必修模块与选修模块相结合的课程体系，实施分级教学新模式。

（5）内外招两类学生在"大平台"教学期间采用两套教学计划，实行分流教学，选择专业后统一培养。

2）适应侨校办学和培养国际化人才要求，成立国际学院，采用全英语教学

2001 年 6 月，我校率先在全国高校中成立了用英文原版教材、用全英语教学的国际学院。国际学院已设 5 个专业，全英语授课教师在全校选拔，部分聘请外籍和校外专家。几年来国际学院招生形势很好，教师的教学积极性和学生的学习积极性都非常高，国际学院学生的英语能力明显高于其他专业。

3）为加强对学生选课和学习方法的指导，推出本科生导师制

我校从 2003 级秋季新生开始全面实施导师制。导师的职责是对学生"导向""导学""导心"，以"导学"为主。要求导师帮助学生了解我校学分制教学管理制度的具体规定以及相关专业教学计划的要求，根据内外招两类学生的不同特点、基础、特长和兴趣，对学生进行选课和学习方法的指导，审批学生的选课

单，引导学生处理好学习的质和量的关系，以避免学生随意选课和凑学分等不利于学习的行为发生。导师制规定导师要通过与学生的接触交流了解学生的所思所想，排解学生的心理障碍，培养学生乐观向上的心理品质和自立、自强的人格。

导师工作要纳入年度考核，考核结果折算成教学工作量记入校内工资，并记入本人业务档案，作为晋升职称和有关奖励的条件之一。

4）组织大型考场，严格考试管理

2002 年 7 月，我校对期末考试的组织工作进行了重大改革，在学校体育馆设立大型考场。考场可同时容纳 840 名学生考试。不同专业、不同课程的学生混编，前后左右保证是不同试卷和课程，监考教师也实现统一安排，有效地杜绝了考试作弊现象。自实行大考场考试制度后，学生作弊现象基本杜绝。大型考场的设立开了全国高校考试管理改革的先河，对整肃考试纪律，提供公正、公平的考试环境，保证试卷质量、考试质量，促进学风的转变等都起到重要作用，并得到全校师生一致肯定。

5）完善课堂教学质量"三重评估"制度

我校从 1993 年开始抓课堂教学质量"三重评估"工作（学生、同行专家、领导评估）。近年，在修订评估指标体系的同时，改进了专家和领导听课办法。如改专家自由、独立听课为小组有针对性地听课，然后进行集体评议，使总的评估结果更公正合理；同时，改革过去反馈听课意见不及时的做法，做到专家和领导每听完一堂课，即时把书面或口头意见转达给讲课的老师，有效地促进了课堂教学质量的提高。

6）落实教授上本科基础课规定

我校从 1995 年开始抓教授上本科基础课，近年进一步在考核等方面强化这项工作。目前，教授上本科课程的比例已达 90% 以上。

7）增开系列学术讲座

为活跃本科学术气氛，近年我校在校院两级都设立了名师讲座，开设名师系列课程。现在，一个学期的大小学术讲座全校近 200 场。

4. 深化人事、分配等制度改革，进一步完善标准学分制相关配套措施

1）人事、分配制度改革

近 3 年来，我校教师和科研人员工作量考核管理办法不断得到改进。如 2001 年，对全部用英语授课的教师，按普通授课的 3 倍计算工作量，极大地调动了教师用英语授课和选用全英语教材的积极性。

对各系列职称评定条例进行了修改，新的评审条件更加注重教师教学业绩和教学研究的探讨。如晋升教学系列的高级职称必须有教研论文，课堂教学评估不及格者一票否决等。

修订《暨南大学教师进修管理条例》，加强了教师、特别是青年教师的岗前培训。对教学科研骨干，则加强了到国内外其他高校的进修培养。同时，进一步完善了有关激励机制。

　　2）学生管理工作改革

　　我校根据标准学分制下学生工作出现的新特点，逐渐打破以前学生按系、专业安排宿舍的做法，按照标准学分制要求，让不同专业的学生混合安排住宿，并对学生实行社区化管理，学生根据本社区情况积极开展课外活动。

　　加强学生德育工作，积极开展第二课堂教学。2000年8月，成立了暨南大学学生工作指导委员会，采取班主任与学生工作秘书相配合的办法，采用多种措施，切实加强对全校学生德育工作的指导。

　　建立健全学生奖学金和助学贷款制度。目前我校共有优异学生奖学金、优秀学生奖学金等10余种奖学金，特别是2003年推出的《暨南大学校长奖励金管理办法》，授奖面广，奖金额度高，设奖较以前更合理，极大地提高了学生学习积极性。为帮助我校经济困难的学生完成学业，根据财政部、教育部有关文件精神，制定了《暨南大学国家助学贷款实施办法》。2003级新生入学报到时，特别开辟"绿色通道"，让那些经济困难的学生可暂缓交费，及时办理入学手续。

　　3）后勤社会化和图书馆管理等改革

　　为配合标准学分制运作，以学生为中心，提高服务质量，学校积极推进后勤社会化改革。2000年，我校成立了"暨南大学后勤集团"，设饮食服务中心、生活服务中心、学生宿舍管理中心等。后勤服务进一步改善，餐厅基本上做到全天供应。学生能随时吃上热饭热菜，图书馆自早上8时至晚上10时开放，自修室自早上7时30分至晚上12时全天开放。

　　4）收费制度改革

　　在收费方面，拟改革原来按学年收费的办法，目前已制定出按学分收费的管理条例。

3.7.3　实施标准学分制的几点体会

1. 学分制要与时俱进，不断完善和创新

　　从实践过程看，实施学分制像我校这样生源复杂的情况在全国高校是不多见的。我校学生包括中国港澳台和内地学生、华侨、华人以及外国留学生几大类，要保证各类学生顺利完成学业，达到较高的质量，更好地适应21世纪的要求，除需要按照学分制的基本要求制订方案、政策外，更重要的是还要根据本校的特点和情况变化对学分制不断加以创新完善，这样，学分制才能充分发挥其应有的作用。自1993年推行标准学分制以来，特别是通过近几年的努力，我校已建立起了比较完整的、具有侨校特色的学分制管理体系。

　　由于我校外招学生数量较大，因此，学分制的每一项改革措施都会引起境外较广泛的关注。如 2003 年我校"大平台"招生措施出台后，报考我校 5 个"大平台"招生学院的港澳学生就激增了近 3 倍，创外招生数历年的最高纪录，而且外招生数自学校 1978 年复办以来首次超过了内招生数。

2. 实施标准学分制必须严格执行"标准"

标准学分制规定了每个学期和每个学年学生应当修习的学分数，这绝不是像有人说的是在搞"计划经济"，而是一种符合学生学习实际和学校办学的客观实际的制度规定。实践证明，推行学分制如果不规定每个学期和每个学年修读的学分标准数，或者规定了而不严格执行，对学生各学期和各学年修读的学分不加任何限制，就必然会造成教学管理上的混乱。最突出的问题是会造成大量学生积累大量的重修课程学分，无法按正常教学要求修读后续的课程学分。

3. 实施学分制必须完善相关的配套措施

实施学分制是一项系统工程，不仅与上级的政策和社会对人才的需求情况等相关，而且对牵涉到的教学设施和教学资源管理服务部门的保障要求也相应地提高。如需要校内图书馆、实验室、微机房、食堂等各个部门和单位的配合，以延长开放时间，更灵活周到地服务。

总之，自 2003 年推出"大平台"招生措施后，标志着我校的标准学分制发展进入了一个新阶段。在此基础上，将推出"菜单式"学位课程"模块"教学计划，届时，标准学分制定会推进到一个更高的层面。

3.8　建立优劳优酬分配体制[*]

面对新世纪的来临，在科学技术突飞猛进、知识经济已见端倪、国力竞争日趋激烈的形势下，国家提出了科教兴国的伟大战略决策，对我国高等教育的发展，对高校人才培养的质量提出了更高的要求。但我们的教育观念、教育体制、教育结构、人才培养模式、教育内容和教学方法相对滞后，高校教师队伍的整体水平和质量仍有很大的差距，而且，传统的分配体制难以适应建设高质量高校教师队伍的要求。建立一支政治业务素质良好、结构合理、相对稳定的教师队伍，是高教改革和发展的根本。

3.8.1　建立优劳优酬分配体制的必要性

传统的高校人事管理模式不能适应新时期建设高质量教师队伍的要求。这种带有计划经济色彩的管理模式有两大弊端：

一是通过国家各种人事制度确立了教师职务终身制。现行的户籍制度、人事

＊　本节内容原载《高教探索》，2000，(1)：5-8。

档案制度、职务评聘制度、退休养老制度、失业与社会保险制度，等等，实际上都是为人才的单位所有制和用人的终身制保驾护航。

二是国家高度集中的指令性工资制度。这种工资制度是以整体的低待遇和平均主义为其基本特征。这种制度难以体现按劳取酬、效率优先、优劳优酬的激励原则。

自改革开放以来，国门打开，人们有机会与国外同行交流比较，他们发现自己的劳动付出、业绩贡献与所获得的报酬是不相称的。

教师待遇问题一直是困扰高校发展和人才成长以及学科建设的一个尖锐而迫切的问题。一方面，国家直接投入不足和学校自筹资金能力有限，教师特别是青年教师工资待遇偏低。另一方面，在分配体制中平均主义、吃"大锅饭"现象比较突出。平均主义是严重挫伤优秀人才积极性、造成人才流失的重要原因，从根本上制约了高校高质量教师队伍的建设与发展。这些年来，我们仍然还是在传统的高校人事管理模式的框架内进行修修补补，还没有革命性的突破。

我们必须针对传统的高校人事管理模式的两个基本弱点进行大胆改革，争取有大的突破。新型的高校人事管理模式应该是"按需设岗、公开招聘、竞争择优、按岗聘任、优劳优酬、聘约管理、开放流动"，实行这种管理模式的前提和基础是"按岗聘任、优劳优酬"。这种模式实现了教师"身份管理"向"岗位管理"的转变，破除了"终身制"，形成具有激动竞争机制的用人制度。这是具有生机和活力的高校留人用人机制。这是国家人事部门正在推行的专业技术人员和事业单位人事制度改革的核心内容。

在教师待遇相对优厚，各种后顾之忧可以通过较高收入从社会得到解决的情况下，高校的人才市场就会变成"用方市场"，到那时，要想在高校谋一个职位，必须凭借个人的水平和能力，通过激烈的竞争才能得到。也只有到那时，学校才不必再为教师的住房、配偶、子女等琐事操心，而是把主要精力用在招收优秀的学生、招聘优秀的教师、制订好的人才培养方案、抓教学科研管理、向社会争取更多的办学资金、开展更多的国际合作与交流等。这样，高校才能从根本上走出今天的困境，才谈得上"与国际接轨"。

3.8.2　建立教学科研人员业绩量化考核指标体系

为把暨南大学建成教学、科研型大学，需要建立对工作业绩进行评估的指标体系。暨南大学参考了国内多所学校的考核方法并受到国外高校管理的启发，在考核小组、院系干部及教学科研人员反复讨论的基础上，制定出台一套全新的量化考核指标和管理方法——《暨南大学教职工业绩考核暂行办法》、《教学科研系列考核计分标准（试行）》和《1999～2000 年度校内工资发放方法》作为新分配体制试行。从而比较客观、全面地对业绩进行量化，模糊了教学科研人员单一的职能界限，充分发挥每个人的潜能，优化学科队伍，合理利用人力资源，调动职工的积极性。评优指标体系由以下几方面构成。

1. 教学工作

以本科生理论课每节 2 分为基准，范围在 1.0～3.0 分，以区分学生数和课程类别，控制班学生规模；本科生毕业论文参照学分，按不同学科制定计分标准；研究生按年级、学科、培养类型，适当考虑导师组成员计分。凡已享受授课酬金的课程，如 MBA、成人教育、研究生课程班、海外及港澳台授课等，按 30% 计分。

为了保证教学效果，原则上以专家组、系级教学指导小组和学生对该课程的评估成绩总和的平均值，以 75 分为系数 1.0，进行乘积计算。同时对讲授基础理论课的教授、博导、院士另按 1.1～1.3 系数计算。对教学中出现事故者，按轻重程度扣分。教学成果参照科研成果的奖项下调一级计分。

对实验室建设，按经费来源相应计成绩。

2. 科研工作

按课题、学术论文、成果奖和专利、创收等内容进行量化。

科研课题、经费：按科研课题来源和经费到位金额，核算成总分，由课题负责人按贡献大小分给课题组成员，凡立项无经费者，只计相当于常规立项课题的 1/10 立项分。

学术论文：按四大索引收集、核心刊物、公开发表论文及其他四种类别分别计分。最高 300 分/篇，最低 2 分/篇，对第二作者等，按相当于第一作者的 50%～20% 计分。

学术著作、教材：共分 3 类，除主编、副主编占一定的分外，按 0.5～2 分/千字计分，获奖者另加分。

科技成果：国家最高奖第一获奖人 1500 分，厅级三等奖 20 分，第二完成人及以后占第一获奖人的 30%～5% 不等计分。

专利成果：按发明专利、实用新型专利、外观专利分别计分。

科研管理：对不能如期完成或弄虚作假，甚至科研道德败坏者，扣 100～500 分或重罚。

3. 加分

为活跃校园学术风气，对在校、院、系学术报告会的主讲人和听众均适量计分。

对获党、政部门集体奖或个人奖的个人均予加分。

对兼任各级党、政、民主党派，工、青、妇，省级以上各学术团体负责人，校学术委员，教研室主任，党支部书记，系主任助理，本科生、研究生工作秘书适当加分。

对双肩挑干部按其业务技术职称和行政岗位级别给予标准工作量补贴 1/2 以上分。

对院士、教学科研中突出贡献者可免考核，按良好等级计分。

3.8.3　建立考核成绩与校内工资挂钩的新分配体制

教学科研人员实行定性考核，即按德、能、勤、绩等综合表现，由基层考核小组用定性方式评出优、良、中、及格和不及格，其系数是 1.1、1.0、0.85、0.75 和 0，与业绩量化考核分乘积为实得分；行政干部考核等级系数按优、良、称职、基本称职和不称职分五等，其等级系数为 1.1、1.0、0.85、0.75 和 0。

根据各方面构成业务量化考核成绩和定性考核等级，按不同职称，从高分中评优。

（1）考核工作量能较全面反映每位教学科研人员上一学年的工作成绩，用此成绩与下一学年的校内工资挂钩。在价值上高、中、初级职称略有差距，并以各种职称人员的全校平均工作量的 90% 左右为标准工作量，如正高 1000 分，副高 850 分，中级 700 分，初级 600 分。

由于是第一年试行，对于成绩不理想者，给予一学年的保护期，最低分段大约 10% 的人员保证能获得不低于前一学年的校内工资额。

（2）对其他系列的人员，制定相应的职称、级别等级校内工资标准，并与综合考试成绩系数挂钩，其乘积即为本人可获得的校内工资。

（3）对于双肩挑处级以上干部，可以领取专职干部的校内工资额，或者以业务考核成绩加岗位补贴分与考核等级系数乘积领取工资。

（4）行政管理人员按其参加考核岗位类别，按与考核等级系数乘积领取工资；新参加工作未定级人员靠近相应学历定级人员领取相应校内工资。

（5）以学院为单位，可按各自工作量计算的金额领取工资，也可以按各系列标准值领取工资。以标准值领取工资的单位原则上要进行二次分配。

3.8.4　教学科研人员业绩全面量化考核与分配体制挂钩的积极作用

最近，教育部下发的《关于当前深化高等学校人事与分配制度改革的若干意见》文件，力度之大前所未有。高校在 2～3 年的时间内，将全面推行教师聘任制和全员聘任合同制。这就意味着教授、副教授等职称头衔将不再是一朝加冕荣耀终身。

目前，舆论的作用已把人们的视线引向高校教师待遇的热点问题上。清华大学率先大幅度提高教师的待遇，拉开了高校分配制度改革的序幕。"大学教授升值了，滥竽充数不行了"，"大学薪金大革命"，等等，一场分配制度的"改革风暴"在大学校园刮起来。

新一轮人事分配制度改革,在"按需设岗,按岗聘任,择优上岗"的前提下,实行"优劳优酬,多劳多得"的制度,力图把过去那种强调身份,以职务级别为主的分配方式,转化为强化岗位,以岗位职责、业绩、贡献为主的分配方式。

暨南大学在实施第一轮校内分配制度改革的初期,阻力是很大的。为此,学校主要领导面临很大压力并做了大量的工作,力求以事实证实其改革的方向是正确的、意义是长远的。应该说明,学校现今的分配体制改革之所以能够前进一大步,是得益于 1996 年开始的校内基金管理和分配体制改革。

暨南大学实行的教学科研人员业绩全面量化考核与分配体制挂钩的新一轮改革已产生了积极的影响,大多数教职工的收入水平比过去有了较大提高,个别教授的校内工资一年可达 5 万元,加上津贴、基本工资和课酬,年薪可超过 10 万元,达到全国重点学校教师收入水平。

暨南大学分配制度的改革特别向教学、科研一线的队伍倾斜,学校的校内分配制度基本上解决了他们的后顾之忧,使他们专心教学、科研工作。学校分配制度的改革取得了明显的效果,概括起来,这种激励机制具有如下几方面的积极作用。

1. 激励作用

根据考核成绩,校内工资在同系同职称中可以拉大差距达 3~8 倍以上,实现优胜劣汰,合理指导优先上岗,改变 1/3 的人干、1/3 的人看、1/3 的人不干的局面,起到奖勤罚懒的作用;可指导评优争先,选拔骨干教师和学科带头人;有利于发现教学、科研优秀人才,为优秀人才脱颖而出提供条件。

2. 平等竞争

在不讲学历、资历,没有歧视背景情况下平等竞争,尊重每个人的劳动,极大地调动了广大教职工的工作积极性,有人说,从中找回了做人的尊严,做事公平。

3. 减员增效

改变过去重复进人,多进人,上大课或有课无人上,出勤不出力的局面。学科的优化整合,改变教学科研人员功能专一化的现象,让那些教学科研能力强和爱岗敬业者脱颖而出,为把学校办成教学科研双中心的目标作出贡献。同时控制了校内单位盲目的进人,合理布局教学、科研力量。校内分配制度改革为公共教学、跨院系选课、自选课提供了条件,使学校的人力资源得到充分利用,也为学校实施专业目录调整、教学科研力量的重组、系所合一等工作提供了条件。

4. 促进管理

首先是对干部队伍的管理。将考核等级系数与校内工资或考核成绩挂钩,突出干部管理工作成绩。其次，为学校定编定岗提供了重要依据，为实施真正意义上的聘任制及聘后的管理提供可靠的保证，对教职工延聘、返聘、退休均有指导作用。通过对工作量的综合测评，还可掌握各单位工作总量的情况。促进学校人事、教学、科研、研究生等部门管理工作的规范化，提高科学管理水平。

5. 优胜劣汰

现已出现找课上，寻事做，学术讲座蔚然成风的新局面。对不胜任现职，无心向教、向研的人员有明确的控制指标，有利于转岗分流、岗位竞争，促进人员合理流动，合理使用。

6. 吸引人才、留住人才

相信新分配制度的实施，必将对人才具有相当大的吸引力，吸引校外优秀人才来校工作，有利于人才引进和校内人才队伍的稳定。

在计划经济加速向市场经济过渡的今天，我们必须逐步树立"成本核算、量化管理"的观念。我校率先进行的业绩全面量化考核，不单是"算工分"和"分奖金"（校内工资），正如大多数教职员工所说的那样，尽管还有不够完善的地方，但大方向是正确的。

当然，我们也看到了改革方案存在一些不足。第一，学科之间的权重不平衡以致难以掌握准确的评估尺度，量化考核标准还不够完善，难以体现综合性大学多学科、多类型的特点；第二，考核过多考虑量的计算且易造成斤斤计较，如何与质量很好结合起来，也是一个问题；第三，量化考核工作量庞大，由于涉及教职工的切身利益，务必防止弄虚作假。所以，学校花费了有关职能部门大量的精力，并将数据用计算机处理。

3.9　努力完成高校扩招任务[*]

江泽民同志在党的十六大报告中指出："教育是发展科学技术和培养人才的基础，在现代化建设中具有先导性全局性作用，必须摆在优先发展的战略地位"。在全面建设小康社会的过程中，要"坚持教育创新，深化教育改革，优化教育结构，合理配置教育资源，提高教育质量和管理水平，全面推进素质教育，造就数以亿计的高素质劳动者，数以千万计的专门人才和一大批拔尖创新人才"，为未来高等教育的发展提出了更高的要求，指明了新的方向。中共中央政治局委员、广东省委书记张德江同志刚到广东，就深切关心广东高等教育的发展状况，全校教职员工深受张书记讲话精神的鼓舞，纷纷表示一定要积极贯彻十六大精神及实践张书记的重要指示，积极为广东高等教育的发展，为广东实现"争创新优势，率先实现基本现代

　＊　本节内容是在广东高等教育 2003 年度工作会议暨发展咨询会议上的发言，肇庆，2002 年 12 月 28 日。

化"的远大目标贡献力量。现在，我将学校现状和发展情况进行汇报。

3.9.1　暨南大学简要发展历程和现状

暨南大学是我国第一所国家创办的华侨大学，其前身是 1906 年创建于南京的暨南学堂。先后在上海、福建建阳等地办学。学校是应当时侨居海外的华侨之需而设，旨在"宏教泽而系侨情"。这一办学宗旨从未改变。新中国成立后，为实施国家侨务政策，弘扬中华民族优秀传统文化，满足海外华侨华人和港澳台地区青年的求学需要，党和国家十分重视华侨高等教育的发展。1958 年，暨南大学被列为国务院高教部的直属院校。1983 年，中共中央、国务院专文批复中宣部、教育部、国务院侨务办公室，将暨南大学列为国家重点扶植的大学。1994年，国务院侨办与广东省人民政府签署协议——合作共建暨南大学。1996 年暨南大学成为国家面向 21 世纪重点建设大学。今年 10 月，学校顺利通过"九五""211 工程"验收，成功进入"十五""211 工程"建设新时期。

"九五"期间，在国务院侨办及广东省委省政府的领导下，我校坚持从严治校和依法治校的原则，全校教职员工认清形势，正视差距，扬长避短，开拓创新，以"211 工程"建设为龙头，大力推进学校各项事业不断进步，在许多方面发生了从无到有、从小到大、从弱到强的可喜变化，成功实现跨越式发展。

1. 办学规模变大

学生人数显著增加。与"九五"之初相比，学校各类学生由 13 012 人增加到 27 383 人，增长 110.4%。学校全日制本科生由 5377 人增加到 12 263 人，增长 128.1%。研究生由 615 人增加到 3245 人，增长 427.6%。

2. 校园和建筑面积扩大

校区由原来的 3 个（广州石牌校本部、广园西路校区、深圳华侨城校区）增加到 4 个（加上珠海校区），现还有 1 个新校区（广州磨蝶沙校区）正待开发。校园占地面积由 112 公顷增加到 174 公顷，增长 55.4%，校园建筑面积由 506 991 平方米增加到 961 088 平方米，增长 89.6%。

3. 办学层次提高

学校研究生与本科生之比由 1995 年的 1∶8.74 上升到 1∶3.78，专科生由 2472 人减到 109 人，明年这个数字将变为零，而且校本部从 1997 年开始即没有专科生。

4. 办学特色更加鲜明

海外及港澳台学生由 1982 人增加到 6894 人，增长 247.8%，是中国海外及港澳台学生最多的大学。1995 年，只有 16 个国家的学生来校学习，而今天已上升为世界五大洲的 53 个国家。建立了姊妹关系的大学遍及世界各地，是中国第一所在世界五大洲建有姊妹大学的学校。另外，学校作为国务院侨办华文教育基地和国家汉办支持周边国家汉语教学的重点单位，编写全套《中文》教材共 48 册。现已被多个国家使用，共发行 300 多万套，深受华侨华人和外国人的欢迎和好评。

5. 科研实力增强

学校科研经费由 400 万元增加到 8000 万元，增长近 19 倍。获得的科研项目在"973""863"等国家重点项目方面实现了零的突破。获得的专利从无到有，现在获专利授权 20 项。学术论文数增加了 1.3 倍，其中被三大索引（SCI、EI 和 ISTP）收录的论文数增加了 10.7 倍。获省部级科技奖励增加了 5 倍多。科研成果的应用也有较大的进步。

另外，学校在国家重点学科、国家研究基地、教育部重点实验室、工程研究中心等方面都实现了零的突破。新增 2 个国家级重点学科，1 个国家人文社会科学重点基地、1 个教育部重点实验室、1 个教育部工程研究中心、8 个广东省重点学科、1 个广东省教育厅重点实验室。

6. 学科结构优化

本科专业由 1995 年的 30 个增加到 43 个，硕士学位授权学科由 1995 年的 50 个增加到 67 个，博士学位授权学科已由 7 个增加到 14 个，并且在一级学位授权学科方面实现了零的突破。博士后站实现零的突破，达到 3 个。教学系由 21 个增至 37 个，学院数由 7 个增至 16 个，涵盖的学科门类更加广泛。

7. 师资队伍结构改善

1093 名专任教师中，有研究生学位者 852 人，占 78%，其中博士 281 人，博士学位获得者占专任教师的总数由 1995 年的 5.8% 增加到 25.7%。博士生导师 63 人，教授 183 人，副教授 572 人。新增院士 2 人，填补了学校无院士任教的空白。获教育部设置的"长江学者奖励计划"和广东省设置的"珠江学者计划"特聘教师岗位各两个。

8. 为祖国统一大业和广东经济发展服务的能力增强

自 1978 年至今，我校已招收过来自世界五大洲 91 个国家和港澳台 3 个地区的学生前来学习，为港澳的顺利回归和广泛团结世界华侨华人作出了积极贡献。同时，作为广东高等教育的重要组成部分，自 1995 年以来，我校共为广东省培养各类人才 27 549 人，其中全日制本、专科生 12 022 人，研究生 4895 人，继续教育学生 10 632 人。这期间，我校还为广东地区招收研究生课程进修班学生 6281 人，短期培训各类学员 3 万余人。同时，所培养的华侨华人和港澳台学生也大多原籍广东。招生情况如表 3.1~表 3.3 所示。

表 3.1　全日制本、专科生招生情况　　　　　（单位：人）

年份	外招人数	内招人数		广东生源人数			备注（全为广东学生）
		总数	本科	总数	本科	专科	
1995	356	1 772	997	1 652	847	775	预科 30
1996	432	1 683	1 318	1 519	1 168	321	预科 30
1997	520	1 625	1 384	1 436	1 214	192	预科 30
1998	619	1 660	1 450	1 367	1 187	150	预科 30
1999	703	2 561	2 503	2 084（含 600 走读生）	1 731	295	预科 58
2000	771	1 872	1 862	1 281	1 161	120	预科 10
2001	866	2 003	2 003	1 276	1 276	0	开始停招专科生
2002	1 256	2 500	2 500	1 397	1 397	0	0
合计	5 523	15 676	14 017	11 607	9 981	1 438	188

表 3.2　研究生招生情况　　　　　（单位：人）

年份	招生人数	广东生源人数		
		博士	硕士	总数
1995	228	7	61	68
1996	299	8	114	122
1997	421	18	139	157
1998	583	16	242	258
1999	596	38	263	301
2000	701	58	264	322
2001	914	84	327	411
2002	1153	91	211	302
合计	4895	320	1621	1941

表 3.3　继续教育在校生情况　　　　　（单位：人）

年份	成人教育（含函授、夜大、成人脱产）	非学历教育（含研究生进修班、自考班、进修培训）
1995	3500	702
1996	3517	187
1997	3798	6410
1998	4409	5031
1999	5036	3634
2000	5716	3416
2001	6582	3429
2002	7117	4065

9. 综合实力增强

学校的固定资产总值由 2.7 亿元增至 14 亿元，增加了 4 倍多；图书藏量由 135 万册增至 170.7 万册；教学科研仪器设备由 4985 万元增至 1.5 亿元，增加了 2 倍多。

学校在不同机构的综合实力排行榜中的位置不断上升，今年被教育部《高等教育评估杂志》评为 77 所研究型大学之一，名列第 53 位。按中国网大的中国大学综合实力排名，我校排名逐年上升。1998 年第 87 位，1999 年第 72 位，2000 年第 60 位，2001 年第 40 位，2002 年第 37 位。

10. 学校的办学效益提高

全校的教职工和专业教师人数基本没有变化，1995 年分别为 3601 人和 1036 人，目前为 3649 人和 1093 人，且学校所获上级经费投入并未大幅增加，但学校完成的任务却成倍增加，显然办学效益已更加优良。在 2002 年广东管理科学研究院"中国'211 工程'大学教师人均效率排名"，我校排在第 41 位。

我校上述进步与国内一流大学相比，仍有很大差距，我们正在努力缩短距离。"九五"期间的进步，为我校"十五"期间的进一步发展，为顺利完成国家及地方赋予的各项任务奠定了坚实的基础。

3.9.2　暨南大学"十五"规划发展目标

为保持良好的发展势头，顺利实现"侨校＋名校"的发展战略，为国家和地方多作贡献，我校委托中国国际咨询公司制定了"十五"《暨南大学总体发展规划》（简称规划），该规划根据实际情况对我校"十五"期间的发展方向、目标以及具体建设项目进行了详尽的可行性论证，得到国家计委的肯定。国家计委批准在"十五"期间向我校投入 5.1 亿元人民币专项资金实现这一规划。

此外，国家"211 工程"协调办公室也对我校"十五""211 工程"项目投入 2 800 万元。

下面，我主要介绍一下"十五"期间我校规划中有关人才培养和基础设施建设的内容。

1. 人才培养

按照"大力发展研究生教育，适度发展本科教育，积极发展华文教育，稳定成人教育规模"的发展思路，计划到 2005 年，学校本科生规模达到 13 000 人，硕士生达到 4500 人，博士生达到 600 人，海外及港澳台学生与内地学生的比例达到 1∶1。

2. 基础设施建设

根据规划及国家计委的批复，"十五"期间利用 5.1 亿元专项资金我校应完成的项目见表 3.4。

表 3.4　完成项目

序号	项目	"十五"建筑面积/m²	"十五"投资/万元
一	广州本部		
1	主要工程		
1.1	教室、实验室实习场所	28 000	5 740
1.2	图书馆	22 844	7 424
1.3	校、系行政用房	9 000	2 304
1.4	游泳馆	1 800	569
1.5	曾宪梓科学馆	13 500	4 806
1.6	医学院	25 000	7 550
1.7	学生食堂	5 000	775
1.8	教工宿舍	4 000	740
1.9	教工食堂	2 800	462
1.10	生活及其他附属用房	9 100	1 957
1.11	运动场改造	20 000	320
1.12	旧楼改造	60 000	3 000
2	公用设施配套改造工程		
2.1	拆除工程		197
2.2	附属设施		713
2.3	室外道路及广场		882
2.4	校园绿化		260
2.5	室外管网改造		1 248
2.6	土方工程		200
3	其他费用		7 360
	小计	121 044	46 505
二	磨碟沙校区		
1	主要工程		
1.1	教室、实验室实习场所	26 522	5 437
1.2	图书馆		
1.3	校、系行政用房	5 000	1 280
1.4	会堂	1 120	392
1.5	风雨操场	1 613	526
1.6	学生食堂	3 500	543

序号	项目	"十五"建筑面积/m²	"十五"投资/万元
1.7	教工宿舍	1 044	193
1.8	教工食堂	1 030	170
1.9	生活及其他附属用房	4 000	860
2	公用设施		752
3	其他费用		2 355
	小计	43 829	12 508
	总计	16 4873	59 013

3.9.3　完成扩招任务的措施及实际问题

1. 措施

发展高等教育，提高入学率，将广东建成教育强省，这是省委省政府作出的重大决策，我们坚决拥护。为完成省教育厅下达给我校 2005 年在校本科生达到 20 000 人的任务，我们将采取如下主要措施。

（1）积极引进师资，扩大师资队伍规模。努力创造良好的生活、工作环境，提供力所能及的优惠政策。根据招生计划、专业设置及现有师资队伍结构和数量，面向海内外，一方面吸收优秀的硕士、博士毕业生，另一方面引进一些学术带头人，以解决扩招后的师资不足问题。

（2）抓紧修建教学大楼、实验楼、图书馆、运动场、教工住宅、学生宿舍、学生食堂等基础设施。因我校现有 4 个校区的建筑物和学生容量已趋饱和，现有设施无法满足扩招所带来的更大需求，因此我校当务之急是紧急修建所需的基础设施。

（3）筹措资金，解决扩招所带来的一系列投入问题。目前，我校已没有财力支持师资引进和基础设施所需的资金投入，唯有通过向银行贷款或社会捐赠以及引资共建来解决，我们将以此为突破口，寻找合适、有效的途径，解决资金问题。

2. 实际问题

（1）师资问题。师资是制约我校扩大招生规模的瓶颈。这一方面表现在现有师资的数量不能满足未来扩招的需要。根据扩招人数及教育部规定的师生比计算，我校必须引进专任教师 500 人，加上管理和后勤人员，总数近 1000 人。另一方面在于教师住宅楼的缺乏限制了学校引进师资的数量和速度。根据广州市的政策，凡教师住宅楼一概不予报建，我校拟建的引进师资的教师周转房因此而搁浅。目前，我校急需引进的师资都因住房问题无法解决而迟迟不能到位。同时，学校因缺乏资金，目前无法启动货币分房工作。

（2）校园用地和基础设施问题。要完成扩招任务，就必须增加约 217 380 平方米房屋建筑面积，但我校现有的 4 个校区已无法容纳更多的建筑物。因此，我们不仅没有扩招所需的建筑用地，就是已经纳入规划的计划安排 4000 名学生的磨碟沙校区至今也不能开发。因为广州市政府要征用该地块，而市政府置换给我校的土地为广州氮肥厂区域。据悉，该地块至少要到 2004 年 3 月才能全部交付我校使用。如按照广州市正常的报建速度，我校必须到 2005 年年初才能完成报建工作。这样一来，不仅扩招的学生无处安置，就是原计划安排的 4000 名学生也无处容纳。

（3）资金问题。"十五"期间，国家给予我校的专项资金都必须按规划项目投入，因此我校那些没有纳入国家规划而又必须建设的项目以及扩招所需增加的基础设施项目都必须另筹资金解决。为完成国家规划外的项目，包括珠海校园的所有工程、校本部的 10 栋学生宿舍等，需经费 6.5 亿元，学校希望省委省政府帮助解决，不足部分由我校自筹和贷款解决。而为完成扩招任务所需投入的各类资金仅仅基建部分估计还需 3.5 亿元左右，这已远远超出了学校的承受能力。

3. 建议

（1）中央已给我校"十五"期间专项投入 5.38 亿元，故再请广东省委、省政府给予相应配套经费。同时，请为将要扩招的 7000 名大学生也给予相关的经费投入。

（2）由于校园分散，影响办学质量和效益，根据张书记关于"校园土地可以置换"的指示，我校请求省委、省政府将我校广园西路的华文学院（225 亩）和磨碟沙（354 亩）共约 580 亩的土地置换到学校本部南大门对面的广州跑马场区域。这样既可以解决校园分散、难于规划、难于管理的问题，又可以加速基础设施建设，为提高办学质量和完成扩招任务提供坚实的保障。

（3）发展我省的高等教育，完成扩招任务需要全省上下的通力支持，我们渴望省委、省政府能与广州市政府进行协调，对一些不利于完成扩招任务的政策予以变通，应允许特事特办。如对教师住宅楼的限制报建问题，基建工程报建手续及进度问题，等等。

因为我校隶属于国务院侨务办公室，对扩招进入广州小谷围岛大学城办学一事，经我直接请示，侨办领导认为我校不具备扩招的能力，未予批准。因此，恳请省委、省政府能理解我们的困难，批准我提出的置换跑马场土地计划，以便我校能够完成国家批准的"十五"建设规划以及省里下达的扩招任务。

3.10　开展同步预防职务犯罪工作[*]

今天，我们在这里隆重举行广东省人民检察院与暨南大学共同开展预防职务犯罪工作签约仪式。此事受到中央领导、教育部领导和国务院侨办领导的高度重视，各级领导都作出了重要批示。此举将开全国检察院与高校进行同步预防之先河，具有十分重要的现实意义和示范作用。

在这里，首先请允许我向张学军检察长表示衷心的感谢，感谢张检察长对"同步预防"工作的直接领导，并感谢张检察长今天在百忙之中将为我们做的精彩报告。也衷心感谢为广东广大百姓作出突出贡献、辛勤劳动的省检察院各位检察官对我校的关心与支持。

经过改革开放 20 多年的实践，我国已初步建立起了社会主义市场经济体制。加入 WTO 后，我国的经济运行和人们的社会生活正在全方位和国际接轨。在这个过程中，由于受封建主义、资本主义腐朽思想的侵蚀，一些工作人员计较个人得失的风气滋长，世界观、人生观、价值观扭曲，甚至有些领导干部也道德沦丧，滥用权力，以权谋私，违法乱纪，走上职务犯罪的道路。

随着市场经济的发展，高校已不再是一片净土，从以往的科学研究、成果鉴定评奖、课程考试、招生培养等方面出现的学术违规现象，到当前暴露的基建、后勤、物资采购等领域的职务犯罪，表明高校已成为"新的腐败灾区"。

就我校而言，作为有 97 年历史的中央部属国家"211 工程"重点建设高校和国务院侨办和广东省政府共建学校，近些年的确取得了令人瞩目的成绩，提前并以优秀评价完成"九五""211 工程"建设任务，学校博士点、重点学科和名牌专业增多，科研实力大大提高，学校形象与品牌得以提升，暨南大学已经发展成为一所在海内外享有盛誉的名校。按照中国网大中国大学综合实力排行榜，我校于 2002 年已跃居全国高校第 37 名。在学校蓬勃发展的大背景下，有着发展的喜悦和激励，同时也存在着严峻的考验。尽管近几年来我校加强了党风廉政建设，从严治校，依法治校，采取了一系列有力措施，加强了对教职工的教育，但仍有个别人员没能坚守住拒腐防变的思想防线，毁了自己，也损害了学校的利益和声誉。

党的十六大报告指出：坚决反对和防止腐败，是全党一项重大的政治任务。并强调要从源头上预防和解决腐败问题。权力的滥用就是职务犯罪的本质特征，开展职务犯罪的预防工作重在治本、重在促进检察职能活动的政治效果、社会效果和法律效果的统一。去年，最高人民检察院职务犯罪预防厅正式成立，中国检

---

[*] 本节内容是在广东省人民检察院与暨南大学开展同步预防职务犯罪工作协议签约式上的讲话，广州，2003 年 4 月 16 日；原载《暨南大学校报》，2003 年 4 月 30 日。

察机关有了第一个专门的预防国家工作人员职务犯罪的机构。由此可见，国家非常重视职务预防犯罪工作。我省今年初开始对全省"十五"规划部分重点工程项目实行同步预防，目前已初见成效。随着国家教育体制改革的深入，我校"十五""211 工程"建设工作的进展顺利，教学规模及招生人数将不断扩大。国家特别为我校的发展投入 5.38 亿元专项资金。学校基本建设、实验设备物资采购等项目繁多，工程数量多、投资大，管理任务重。在这种情况下，党风廉政建设和反腐败工作就愈加要坚定不移地开展。因此，为了从源头上预防职务犯罪的发生，增强广大干部、教职员工廉洁自律的自觉性，营造勤政廉政、遵纪守法的工作氛围，我校主动请求省人民检察院帮助我校搞好廉政建设，实施预防职务犯罪工作。显而易见，这一件事对我校的发展建设是非常有必要的，是非常有意义的。

省检察院将发挥检察机关职能作用，为我校依法从事管理工作提供法律保障。重点对基建工程建设、物资采购和招生等重要环节是否严格遵守国家法律和有关规定制度，参与监督和检查，帮助我校建立健全有关制度和廉政监督制约机制，确保预防职务犯罪措施落实到位。

我校将大力支持检察机关依法独立行使检察权，如发现有贪污、受贿等职务犯罪线索及时举报，并主动配合检察机关对职务犯罪案件的查处工作。我校将进一步制定廉政和法制教育方案，不断在干部和教职员工中开展廉政教育和法制教育，切实增强干部和教职员工的法制意识，及时防止和纠正苗头性、倾向性问题，防微杜渐，构筑起牢固的思想道德防线。同时还要落实检察机关提出的检察建议，积极发现和堵塞机制、制度上的漏洞，不断完善内部管理规章制度和监督制约机制，减少犯罪的机会，建立机制防线，促进公职人员依法履行职责，遏制和减少职务犯罪的发生。

校园环境干净十分重要，而学校校务教务的干净就更加重要！我们希望，在花园般的暨南园里，海外和港澳台以及内地学生能健康成长！

3.11 举行全国 100 所"211 工程"学校赠书仪式*

今天，暨南大学董事、香港石汉基先生向全国 100 所"211 工程"学校赠书仪式在我们这所有 93 年历史的华侨高等学府隆重举行，使我们全国 100 所"211工程"大学校长第一次有机会欢聚一堂，接受赠书，也使我校有机会向各兄弟院校学习，我们感到非常高兴。在此，我谨代表暨南大学领导班子以及全校 3 万名师生员工向石汉基先生表示由衷的感谢，对各位领导和各位同仁的到来表示热烈

---

* 本节内容是在香港石汉基先生向全国 100 所"211 工程"学校赠送仪式上的讲话，广州，1999 年 11月 8 日。

的欢迎。

石汉基先生是石景宜先生的长子。石景宜先生也是暨南大学董事，热爱图书文化事业。我国实行改革开放政策以来，他向祖国内地许多学校、公共图书馆和文化单位捐赠了大量图书，支持祖国教育、文化事业的发展。他还向台湾的一些学校和文化单位捐赠图书。在内地和台湾举办图书展览，促进海峡两岸的文化交流。他的事迹，已在海内外传为美谈。

石汉基先生继承父业，立志走父亲的道路，赠书报国。从 1986 年以来，他已先后向广东、福建、山东、西藏等省区的学校、公共图书馆、文化单位和全国政协赠书 50 多万册。石汉基先生为了支持国家"211 工程"建设，这次他又向全国 100 所"211 工程"学校捐赠港台版图书 7 万多册。石汉基先生热爱祖国，热爱教育事业，他慷慨解囊，积极支持祖国教育事业的发展。对他所作的重要贡献，我们将永远感念在心，并把它化为振兴和发展我国教育事业的动力。

这次赠书仪式，得到教育部和国务院侨办的高度重视和关怀。全国政协叶选平副主席、陈俊生副主席和孙季凌副主席，教育部韦钰副部长和国家"211"办等部门的负责同志，国务院侨办刘泽彭副主任及有关部门负责同志，广东省任仲夷老书记、梁灵光老省长、政协郭荣昌主席和广州市的各级领导在百忙中出席这次赠书仪式，在此我谨向各级领导致以衷心的感谢。

这次赠书仪式，我校能作承办单位，深感荣幸。我们希望各兄弟院校对我校的工作多给予指导和帮助，我们也力争把接待和其他会务工作安排好。

3.12　举办第一届亚洲大学生田径锦标赛[*]

今天，整洁美丽的暨南园彩旗飘扬，英姿勃发的亚洲青年笑语喧阗，在这喜庆的气氛中，第一届亚洲大学生田径锦标赛隆重开幕了。在此，我代表暨南大学3 万余名师生员工向参加此次运动会的全体运动员、裁判员、教练员和各位来宾、各位朋友表示热烈的欢迎！向一直热情支持第一届亚洲大学生田径锦标赛的各级领导和社会各界表示衷心的感谢！

作为承办方的暨南大学，能够迎来亚洲的一批新朋友，我们感到由衷的高兴！你们的到来，更为学校明年的百年华诞增添了新的荣耀！因为素有"华侨最高学府"之称的暨南大学，本身就是一个国际大家庭，她是中国第一所由国家创办的华侨学府，是中国历史上最悠久的大学之一，是中国第一所招收留学生的大学，是中国第一所在五大洲建有姊妹大学的学校，更是目前中国拥有海外及港澳台学生最多的大学，现有来自世界 71 个国家和港澳台地区的 10 892 名学生在校学习。自创办以来，暨南大学一直为世界的和平与发展积极作着力所能及的贡

---

[*] 本节内容是在第一届亚洲大学生田径锦标赛开幕式上的讲话，广州，2005 年 11 月 7 日。

献。在 99 年的办学历程中，已为世界五大洲 106 个国家和港澳台地区输送了各类人才 20 余万人。暨南大学的海外学子学成回国后，积极致力于经济发展，始终勤勉于社会进步，不少人成为祖籍国的名人贤达和社会政要，为居住地的经济发展和社会进步作出了突出成绩，如著名侨领、新加坡大学首任校长李光前，泰国前议会主席、副总理许敦茂，新加坡中华总商会前会长陈共存等，便是其中的杰出代表。他们在展现卓越才华和成就骄人事业的同时，也使学校赢得了社会各界的广泛好评和高度赞誉。

现在，第一届亚洲大学生田径锦标赛在暨南大学隆重举办，又为暨南大学作出新的贡献提供了有利契机。这不仅可以推动亚洲各国大学生体育运动的更快更好发展，而且可以进一步促进亚洲各国青年之间的了解，增进亚洲各国青年之间的友谊。而此次运动会又是亚洲大学生的首届田径锦标赛，暨南大学全体师生员工怀着无比喜悦的心情，将承办此项赛事作为学校百年校庆的重要活动之一，对此给予了高度关注和大力支持，力争使本项赛事成为出色的一届大学生田径锦标赛，以隆重、热烈、圆满、精彩的效果载入史册。我也相信，在本届田径锦标赛上，来自亚洲 19 个国家和地区的 40 所高校的大学生运动员们一定能够秉承"亚洲、青春、竞技"的宗旨，大力发扬艰苦奋斗、不怕困难的拼搏精神，全面弘扬团结友爱、互帮互助的合作精神，奋力拼搏，共同提高，赛出水平，赛出风格，全面展示当代大学生积极向上、朝气蓬勃的无限活力和时代风采！

最后，祝第一届亚洲大学生田径锦标赛圆满成功！

祝所有选手在今后的比赛中取得佳绩！

3.13　笑迎百年华诞*

伴随着新春的脚步，我们步入了学校百年华诞的 2006 年，在这令人振奋的美好时节，我校第六届教代会暨第十届工代会第二次会议隆重举行。首先，我代表学校党政领导对本次大会的召开表示热烈的祝贺！向一年来辛勤工作在学校各个领域的全体教职员工表示衷心的感谢和诚挚的问候！

自学校在 1996 年成为国家"211 工程"重点大学后的 10 年时间里，在国务院侨办、广东省委省政府的直接领导下，我校教职员工积极努力，开拓进取，采取了许多在全国高校中具有首创性的改革措施，使学校的综合实力不断增强，办学水平不断提高，在海内外的影响不断增大，成功实现了跨越式发展，已连续 5 年稳居全国 1577 所高校的前 50 所名校之列，今年中国网大排名，我校居第

---

* 本节内容是卸任校长时在暨南大学第六届教代会暨第十届工代会第二次会议上的讲话，广州，2006 年 1 月 13 日。

42 位。

　　概括来说，自"九五"以来的 10 年时间里，学校一直在努力做好两件事：一是竭力提升学校的品牌，二是大力改善教职工的工作、生活环境和福利待遇。今天，我们可以骄傲地说，这两项工作均取得了令人欣喜的成绩，借此机会，我想同大家一起对学校的主要工作进行一次回忆。

3.13.1　为提升学校品牌所采取的改革性措施

　　一所高校能否取得更快更好的发展，关键在于是否制定了正确的发展战略。自 1996 年成为国家"211 工程"大学以来，学校根据自身侨校特色和高校发展规律，确立了"侨校＋名校"的发展战略。因为只有更好地保持"侨校"特色，学校才有可能为海外及港澳台地区输送更多的优秀人才；也只有使暨南大学成为"名校"，海外及港澳台地区的学生家长才会把他们的子女送到暨南大学来读书，所以，"侨校"和"名校"是不可分割的一个整体。为此，学校遵循"严、法、实"的办学原则（即从严治校、从严治教、从严治学、依法治校和实事求是），按照"发挥优势、深化改革、保证重点、改善条件、提高质量"的发展思路，与时俱进，开拓创新，在国内高校中创造性地采取了许多敢为天下先的改革措施。

　　（1）坚决推行学分制改革。

　　为适应学校生源的世界性特征，学校率先施行与国际接轨的弹性学分制，即标准学分制，学生可以自主选择教师、自主选择课程、自主选择学习时间、自主选择学习进度，学生修满规定的学分数，就可毕业，这样学生可以提前毕业，也可推迟毕业，有力促进了由保姆式教育向现代化教育的转变。

　　（2）对内地、海外及港澳台两类学生制定不同的培养目标、培养方案和教学要求。

　　为更好地进行因材施教，学校对海外及港澳台学生采取"面向世界、应用为主"，对内地学生采取"加强基础、目标上移"的教育目标培养人才，将内地学生培养成为德智体全面发展的社会主义事业建设者和接班人；将香港学生培养成为热爱祖国，拥护"一国两制"，拥护香港基本法的专业人才；将澳门学生培养成为热爱祖国，拥护"一国两制"，拥护澳门基本法的专业人才；将台湾学生培养成为热爱祖国，拥护"一国两制"，反对"台独"的专业人才；将华侨学生培养成为热爱祖国，维护祖国和平统一的专业人才；将华人学生培养成为热爱中华文化，热爱故乡的专业人才。

　　（3）实行规范学期制。

　　为了更有利于教师安排教学、学生安排学习时间，也为了配合学分制的实施，学校将每学期的时间固定为 20 周，其中 16 周授课时间、2 周复习时间、2 周考试时间。

（4）率先实行教授上基础课制度。

使新生在低年级即获得坚实的基础知识，效果良好。

（5）强调英语、计算机语言和汉语的"三语"教学。

学校将英语、计算机语言和汉语列为全校学生的必修课，同时还采取了一些有力措施，推动学生学好"三语"。

（6）在全国首先实行课堂教学三重评估制度。

每学期由学生、校院系领导和听课专家组对课堂教学质量进行评估，根据评估结果采取了一系列奖惩结合、以奖为主的措施，使教风好转、课堂教学质量明显提高，现已被国内许多高校参照使用。

（7）大力加强校风、学风、考风建设。

率先在全国取消补考，实行重修制度，这项改革措施已在全国推广；同时，又采用包括每学期实行 4 周复习考试期等多种措施，学风得到大大改善。自 2001 ～2002 学年上学期开始，首创一次可容纳 800 余人的大型考场，将不同专业、不同年级的学生混排考试，最大限度杜绝作弊，保持诚信美德，这一全国首创性举措受到了许多高校及新闻媒体的广泛关注。同时，学校还通过强化考试过程的管理，采取建试题库、分 AB 试卷、加强考场管理、抽查各专业试卷等措施，促使教师认真对待考务。

（8）大力调整办学重心。

学校通过采取大力发展研究生教育，积极发展华文教育，稳定本科教育，不办专科教育等措施提升办学重心，优化办学结构。

（9）实行春秋两季招生、春秋两季毕业制度。

学校于 1998 年率先在全国实行春秋两季招生，同时也实行春秋两季毕业，以利于学生及时入学、就业。

（10）率先在世界五大洲设立报名点，方便了学生咨询和报名。

（11）深入改革预科教育。

从 2001 年开始，学校停止预科内招生；并根据海外和港澳台学生的实际情况，将单一的一年制预科，改为三种学制：半年制、一年制和三年制，增强了预科教育对海外及港澳台学生的吸引力。

（12）第一个成立实行全英语教学的国际学院。

为适应国家经济的高速发展，适应海内外学生学习需要，学校于 2001 年在我国率先成立了全英语教学的国际学院。目前，该学院已开办了临床医学、国际经济与贸易、会计学、食品质量与安全、药学、行政管理等 6 个专业。

（13）注重学科建设。

在"211 工程"和国家、省部级重点学科建设中，将优势力量集中、组合，并投入大量的资金和人力，采取许多有力措施，终于形成了暨南大学的学科优势。

（14）在全国高校中第一个建立校史馆。

在展现博大精深的中华文化和学校辉煌成就的同时，也在潜移默化中培养了内地学生及华侨和港澳台学生的爱国爱校精神，增强了海外华人学生对中华文化的认同感。

（15）深入改革人事分配制度。

学校制定了全新的量化考核指标和管理方法，实行新的分配体制，即校内工资制度，以便优劳优酬、多劳多酬，充分发挥个人潜能，调动教职工教学科研积极性，被媒体称为"暨大模式"。

（16）大力鼓励教师从事科学研究。

从1996年开始，学校用"教学、科研"双中心目标取代了过去单一的"教学中心"目标，并对教师的科研成果进行量化考核，将考核结果直接与校内工资挂钩。使学校教师的科研项目、科研经费、科研论文、成果推广快速增长，同时也促进了教学质量的提高。

（17）第一个在世界五大洲均建有姊妹学校的大学。

为使大学走向国际化、现代化，学校已同世界五大洲26个国家和港澳地区的72所高等院校和文化机构建立了学术交流关系，使暨南大学的文凭在世界名牌大学中普遍得到承认。

（18）实行交换生制度。

为了更好地培养国际化、现代化人才，培养精英人才，暨南大学较早地实行了交换生制度。我校学生只需交纳国内大学学费，便可到姊妹大学接受一定年限的教育。迄今为止，我校已向国外的姊妹大学交换了200余名学生。

（19）努力改善师资结构。

学校尽力引进有博士学位的老师和学科带头人，大力提升教师水平。目前，学校教师中有两院院士7人，博士学位拥有者502人；博士生导师127人，硕士生导师482人。

（20）稳妥地调整教职工比例。

为实现工作效益最大化，经过多年调整，学校在现有教职工4000人的规模下，专职教师、教辅人员、党政干部的比例已经达到3：1：1。

（21）有计划地对教师进行培训。

为提高教师水平，学校每年划拨一定经费选派有培养潜力的教师到国外进修；同时，学校还准许每年有15%的教师攻读更高一级学位。

（22）集中进行财务管理。

自1996年开始，学校实行把各院系和各部处资金集中起来实行一级财务管理、奖金全由学校统一发放的改革措施，对各单位的账户进行了清理，并加大了监管力度，不准做假账，禁止搞"小金库"，实行"收支两条线"，既有助于廉政建设，保护干部，预防腐败，又使学校的办学经费大幅增加。

（23）稳步推进机构改革。

本着"精减、效能、统一"的原则，学校先后进行了两次大规模机构改革，裁减了 11 个部处和一些科级机构；原则上不进党政干部，而注重引进专业教师，使教师数量比重增大，而教职工总数仍保持不变。

（24）全面推进校园信息化建设。

学校的网络线接入了所有的教室、教工和学生宿舍、办公场所，每间教室均装有多媒体教学设备，各校区之间也实现了联网，并且是广东第一所接入世界互联网的高校；逐步提升校园的网络化管理程度，积极倡导无纸化办公；同时，大力加强电化教学和多媒体资源库建设，并一直走在全国高校前列。学校在信息化建设方面取得的突出成绩也引起了社会的广泛关注，自 2004 年 10 月校园网站改版后，日平均访问量和浏览量分别达到 1.5 万人次左右。

（25）大力推进依法治校。

学校把近年来制定的有关教学、科研及行政管理的 200 多个制度性文件，编纂成《暨南大学文件汇编·行政管理卷》《暨南大学文件汇编·教学科研卷》，作为学校日常管理的主要依据。

（26）重视提高干部的管理水平。

2004 年，学校组织部处和直属单位一把手赴美国威斯康星州立大学等大学进行管理培训和经验交流，成效显著。去年 10 月，学校又组织各学院院长到澳大利亚格里菲斯大学进行管理培训。今年，学校还将组织各学院党委书记到澳大利亚格里菲斯大学进行管理培训。

（27）实行干部轮岗制度。

此举不仅大大激活了干部的活力、创造力，有利于干部的全面发展和工作的开拓创新；而且有利于让年轻有为的干部脱颖而出，发挥才干，为学校的发展培养高素质的干部队伍。

（28）面向海内外招聘 10 个学院的院长。

学校于去年聘任了包括著名表演艺术家张铁林在内的 10 位院长，其中海外 4 人、国内 3 人、校内 3 人，充分表明了学校容纳国际人才和不同文化的信心和胸襟。

（29）实行政企分开。

为进一步突出学校的教学科研中心，简化职能，并且进一步增强学校的科技成果转化能力，学校成立了后勤集团、科技产业集团。使学校发展有了坚实的后勤保障，也进一步增强了学校为社会服务的能力。

（30）率先开展联合办学。

学校于 1993 年得到香港中国旅行社等企业赞助，在深圳开办了旅游学院，开校企联合办学的先河；1998 年与珠海市政府合作办学，成立珠海学院，成为中国第一个在珠海开办全日制高等教育的大学。学校已在珠海特区培养了当地首批专科生、本科生和硕士研究生，同时也在深圳特区培养了当地首批硕士研究生。2004 年 10 月，学校又与广东省知识产权局签订合作协议，共同创办了华南地区首所集教学和科研为一体的知识产权学院。

（31）全国第一个实行校医联合办学。

从 1996 年开始已在广州、深圳、珠海、清远、江门等地先后共建了 7 所附属医院，其中 5 所是国家级三甲医院，为医学院改善了办学条件。

（32）采取多种措施全面进行反腐倡廉。

在 1996 年设立信访办公室，并实行每周校长接待日制度，接受群众监督，解决实际问题。为进一步加强对财务、招生、基建和设备采购等方面的审计监督，切实做好反腐倡廉工作，学校在 2003 年与广东省检察院签订了《共同预防职务犯罪协议书》，成为全国第一个与省检察院合作共同预防职务犯罪的高校，受到上级领导和多方面好评。

3.13.2　改革措施对提升学校品牌所起的作用

上述的许多改革措施，不仅具有针对性，适应了学校自身的侨校特色；而且具有普遍性，符合了当前高等教育发展规律，因而使学校在近几年的工作中取得了显著成绩。与改革前的 1995 年相比，暨南大学在许多方面都取得了令人振奋的进步，成功实现了跨越式发展。

1. "211 工程"建设明显进步了

2002 年 7 月，学校"九五""211 工程"子项目以全优的成绩通过验收，11 月成功进入"十五""211 工程"建设阶段。鉴于"九五"建设的优异成绩，"十五"期间，国务院投入了 5.1 亿元专项基建资金，国家"211 工程"协调办公室投入 2800 万元专项资金，改变了"九五"期间国家对我校"211 工程"建设分文未投的状况。同时，省政府的投入也由"九五"的 5000 万元增加到"十五"的 8000 万元。本周，学校"十五""211 工程"项目再一次以全优的成绩通过验收。

2. 对海外及港澳台学生的吸引力增大了

在大前年、前年和去年连续三年的对外招生工作中，暨南大学均取得骄人成绩，报考并被学校录取的海外及港澳台学生数，均大于全国其他高校的总和。

3. 国际化特色更加鲜明了

在校的海外及港澳台学生突破万人大关，达到 10 609 人，占全日制学生比由 20％增长到 45％，特别是在校攻读博士、硕士学位的海外及港澳台研究生达 843 人，约占全国总数的 1/4。1995 年，只有 16 个国家的学生在校学习，今天的在校学生来自世界 5 大洲 71 个国家。

4. 校园面积和建筑面积扩大了

校区由原来的 3 个增加到 4 个，新增了珠海学院，校园占地面积增长 55.4％。学校的基础建设虽然有较大部分是拆旧建新，但校园建筑面积仍由 46 万平方米增加到 107 万平方米，新建的校舍面积达 83.81 万平方米；其中，在进入"211 工程"建设以前动工、1996 年竣工的校舍建筑面积 13.73 万平方米，进入"211 工程"建设以后动工（包括正在施工）的校舍建设面积达 70.08 万平方米。

5. 硬件设施改善了

学校固定资产总值由 1995 年的 2.7 亿元增至 17.2 亿元，较上年增长 9％，是 1995 年的 6 倍多；图书藏量由 135 万册增至 278.5 万册，较上年增长 29％，是 1995 年的 2 倍多；教学科研仪器设备由 4 985 万元增至 2.33 亿元，较上年增长 12％，是 1995 年的 4 倍多。

6. 办学规模变大了

学校各类学生已由 13 012 人增加到 30 499 人，较上年增长 7％，是 1995 年的 2.3 倍；全日制学生由 8824 人增加到 23 752 人，较上年增长 8％，是 1995 年的 2.7 倍，相当于在原有基础上新办了一所暨南大学。其中，来自世界五大洲 71 个国家和港澳台 3 个地区的各类学生 10 609 人，较上年增长 20％，是 1995 年的 5.4 倍，数量为全国高校之冠。

7. 办学层次提高了

学校博士、硕士研究生跨过 6000 人大关，达到 6074 人，较上年增长 20％，是 10 年前的 10 倍；研究生与本科生之比由 1995 年的 1∶8.74 上升到今年的 1∶2.7；专科生由 2472 人减为零。

8. 学科建设水平提升了

本科专业由 30 个增加到 56 个，是 1995 年的 1.9 倍；硕士学位授权学科增加到 131 个，较上年增长 47％，是 1995 年的 2.6 倍；一级学位授权学科实现零的突破，达到 6 个，现共有博士学位授权学科 54 个，较上年增长 59％，是 1995 年的 7.7 倍；博士后站实现零的突破，达到 6 个；实现了国家重点学科、国家工程中心、国家重点基地零的突破。教学系由 21 个增至 44 个；学院数由 7 个增至 20 个，涵盖了文、史、经、管、法、理、工、医、教育等九大学科门类。学校还成为招收和培养高级管理人员工商管理硕士（EMBA）、工商管理硕士（MBA）、会计学硕士（MPAcc）、公共管理硕士（MPA）、临床医学硕士、口腔医学硕士、工程硕士试点学校。

9. 师资队伍结构改善了

现在学校工作的中国科学院和中国工程院院士 7 人，实现了无院士的突破；具有博士学位的教师 634 人，较上年增长 15%，是 1995 年的近 8 倍，在专职教师中的比例达 1/3，超过全国设有研究生院大学 1/4 的平均水平。

10. 学生素质提高了

连续几年，学校本科学生就业率均达 90% 以上。2000 年，在全国最受欢迎的大学评比中，学校名列第 18 位。学生的科技创新能力有了较大提高，在 2004 中国宁波科技创业计划大赛中，共有来自美国、加拿大、英国、法国的留学生和国内 20 个省市的 869 个项目参赛，我校报送的 5 件作品全部进入了复赛，其中《暨鹰生物股份有限责任公司创业计划》获得国家新秀创业计划奖，这是我校学生创业计划作品首次在国家科技部主办的创业大赛中获奖，实现了历史性突破。在历届"挑战杯"科技创新大赛中，学校均取得优异成绩，如在第八届"挑战杯"全国大学生课外学术科技作品竞赛中，我校报送的 6 件作品获得 3 个二等奖、3 个三等奖，总成绩位居广东高校第二名、全国高校并列第十五名，并成为下一届"挑战杯"竞赛的发起高校。学生的信念、责任和服务意识也有了显著增强，2001 年，我校 Warm Touch 青年志愿者服务队被共青团中央、中国青年志愿者协会授予"全国百个优秀青年志愿服务先进集体"荣誉称号。在中央电视台举办的"2004 泰豪杯全国大专辩论会"中，我校辩论队获得亚军。作为一所体育强校，1996 年以来，学校运动员在国际国内比赛中共荣获金牌 290 余枚，其中国际比赛金牌 56 枚，特别是在近三届全国大学生运动会中均名列全国高校前八名。

11. 科研实力增强了

学校科研经费已连续三年过亿元，去年更达到 1.5 亿元，是 1995 年的 38 倍。学校教职工发表的各类论文及撰写的科研报告总数有 3000 多篇，是 1995 年的 5.6 倍；其中被三大索引（SCI、EI、ISTP）收录的高水平论文 297 篇，较上年增长 25%，是 1995 年的 32 倍。

12. 综合实力提升了

学校在不同机构的综合实力排行榜中的位置不断上升，已连续 4 年在全国 1577 所高校中位居前 50 所名校之列。2002 年，学校被《中国高等教育评估》杂志评为 77 所研究型大学之一，名列第 53 位；2004 年名列第 46 位。在中国网大的中国大学综合实力排行榜中，学校在 1998～2005 年的排名依次为 87 位、72 位、60 位、40 位、37 位、36 位、51 位、42 位。

13. 办学效益更加优良了

全校的教职工和专任教师人数变化小，1995 年分别为 3601 人和 1036 人，目前为 4003 人和 1484 人，且学校所获上级经费投入并未大幅增长，但学校完成的任务却成倍增加，显然办学效益更加优良。在 2002 年广东管理科学研究院"中国'211 工程'大学教师人均效率排名"中，我校在全国高校中排名第 41 位。

14. 海内外声誉进一步提高了

伴随学校整体实力的提升，不少学校要求成为暨南大学的二级学院。2005 年 9 月，深圳市政府委托深圳市教育局向我校提出在深圳市建立校区的动议，深圳市政府将无偿向学校提供大鹏湾 4.79 平方公里的土地（拥有海岸线 4 公里），并且为学校建好相关基础设施。泰国社会更热情邀请暨南大学开办曼谷学院，却因泰国有关方面未批准而搁浅。

2005 年 11 月 7～11 日，暨南大学还承办了第一届亚洲大学生田径锦标赛，这是国际大学生在我国举行的首次比赛，更是第一次由一所高校承办国际性体育赛事。在大家的共同努力下，整个比赛以高水平、无作弊、无投诉、无意外、无损伤的圆满效果赢得了与会人员的高度评价。而且，我校运动队以 14 枚金牌 9 枚银牌 7 枚铜牌的优异成绩位居参赛的 19 个国家和地区 40 所高校之首。

3.13.3　师生员工生活工作环境、学习条件的改善

在倡导教师爱岗敬业、乐于奉献的同时，学校更注意从工作、生活方面关心广大教职员工；随着整体水平和综合实力的提升，学校也拥有了可以进一步改善师生员工生活工作环境、学习条件的经济实力。

教职工的住房条件有了大幅改善。

自进入"211 工程"建设以来，学校兴建了总面积为 23.8 万平方米的教工住宅。1995 年，校本部教职工家庭住房总面积为 169 775 平方米，人均住房面积为 13.5 平方米；2005 年，校本部教职工家庭住房总面积为 320 343 平方米，人均住房面积为 23.74 平方米。与 1995 年相比，上述两项面积分别增长 89% 和 76%。

我校财政总收入和教职工的工资待遇也不断增长和提高。

2005 年，学校四个校区加上附属第一医院的收入达到 13.0011 亿元，是 1995 年 2.2613 亿元的 5.8 倍。十年来，学校财政除 2004 年出现过赤字外，年年有节余，去年尚盈余 2431 万元。1995～2005 年，我校教职工人均年收入分别为 8254.12 元、12 545.69 元、20 210.31 元、22 354.60 元、26710.35 元、35 157.82 元、43 734.80 元、65 694.57 元、78 000 元、88 000 元、88 900 元，2005 年与 1995 年相比增长近 10 倍。

我校附中、附小、幼儿园的新校舍均已建成，教学质量也有了较大提高，加上对教职工子女上大学读书的照顾，进一步解决了教职员工的子女教育问题，解

除了大家的后顾之忧。

　　学校努力为教职员工创造一个安静、安全、舒适的生活环境，积极进行住宅小区物业管理工作，并拨出专款补贴教职员工的物业管理费用，以使广大教职员工享受到专业的物业管理服务。

　　而且，学生的学习和生活条件也有了较大改善。1995 年，学校学生宿舍面积为 81 686 平方米，现在的学生宿舍面积为 282 564 平方米，是 1995 年的 3.5 倍。同时，新的教学大楼、图书馆建设工程正在积极进行，重点实验室数目、实验仪器设备总值和计算机数量也在稳步增加。

　　各位老师、代表们，暨南大学能够取得今天的成绩，与国务院侨办和广东省委省政府的正确领导及校董、校友和社会各界的支持是分不开的，更是全体教职员工解放思想、实事求是、勇于改革、敢于创新的结果。正是在大家的共同努力下，我校采取的多项创新性改革措施才能成功，学校从而实现了跨越式发展。在此，我也代表学校党政领导对广大教职员工的大力支持和不懈努力表示衷心的感谢并致以崇高的敬意！

　　在肯定工作的同时，我们应看到学校仍存在着诸多不足，还有许多急需加强的地方，如国家级重点课题和重点学科数目太少，高水平、标志性的成果还不多；学校的硬件条件还不够好，有待尽快改善；学生管理和德育工作仍需进一步改进；师资队伍质量有待进一步提高，等等。

　　而且，我们更应该清楚地认识到，学校当前正处在艰苦的向上攀登时期，正处于上升到一流大学的关键阶段，这既是机遇，也是挑战。我希望在各位代表的引导下，全校教职员工能更好地保持并发扬"爱国爱校、团结奋进"的暨南精神，消除一切不利于团结的消极因素，增强集体凝聚力，心往一处想，劲往一处使，以全新的姿态、崭新的面貌投入到新阶段的工作中去，为开创我校工作的新局面，为把暨南大学早日建设成为高水平的研究型大学而不懈努力。

3.14　离任校长时的讲话*

　　今天宣布新任校长的任命，在此，我衷心的向胡军同志表示热烈的祝贺！

　　我来到暨南大学工作，转眼已经 14 年！抚今追昔，感慨万千！借此机会，向领导和同事们表达我的真诚感谢，同时汇报一下自己的感想。

　　当年离开上海时，许多朋友以为我调往山东济南工作。当时，我想，暨南大学这样悠久的历史已被人遗忘，真是太可惜了。来校后，又了解到这所学校被人称为"花花公子大学"，校园面貌也不好，让人感到特别伤心、特别可惜。

　　为此，我感到肩上担子沉重，责任大。我暗下决心，要办事公正、公平、公

---

　　* 本节内容是在离任暨南大学校长会上的讲话，广州，2006 年 1 月 14 日。

开，要认真、务实，要多为国家、为人民、为全校师生员工多办好事，力争尽快把学校形象改变过来。同时，要在任期内干干净净做事。

在国务院侨务办公室和广东省委省政府的领导下，在前任校长所打的基础之上，在领导班子的合作共事之下，得到全校师生员工的大力支持，我担任了 4 年副校长、10 年校长，并兼 3 年多党委书记，现在我很愉快地离开校长岗位。回顾这 14 年，可以说，事做得十分辛苦、十分艰难，在改革时甚至还要冒着"枪林弹雨"。归结起来，做了让人感到欣慰的两件事。

1. 把学校办成名校，为侨务工作、为祖国统一大业作更多贡献

按照"面向海外、面向港澳台"的办学方针，根据学校的实际情况，在教学、科研、行政管理、干部工作、党风廉政等方面提出了一系列改革措施，提出了"侨校＋名校"的发展战略，提出了"从严治党、从严治校、从严治教、从严治学，依法治校和实事求是"的"严、法、实"三字的办学原则[5]，在领导的关心和大家的支持下，应该说，办名校之事有了成效，令我感到欣慰。

学校已由一般学校提升为国家重点大学。由教学型大学提升成研究型大学，学校在国内外的声誉大大提升，在全国 1577 所高校的综合实力排行榜中，已连续 5 年排在 50 位以前，今年网大排名第 42 位。在广东省 104 所高校中升至第 3 位。

学校在保持教职工 4000 人的前提下，提高效率，做大做强。在校各类学生已达 30 499 人，较 10 年前的 13 012 人翻了一番多；本科生由 5377 人增至 16 336 人，增长 2 倍；研究生由 615 人增至 6074 人，增长 9 倍；为祖国现代化和侨务工作、港澳台工作做了更多实事，培养了更多人才。

学校的侨校特色更加鲜明，为侨务工作、为香港澳门回归和巩固发展工作、为台湾回归工作、祖国统一大业以及中华文化传播作出贡献。今日的海外及港澳台学生数量超过 1 万人大关，达到 10 609 人；生源国家遍布全球五大洲，达到 71 个；其数量是 10 年前的 5 倍和 4.5 倍。特别是近 3 年海外及港澳台的新生数，均大于全国其他高校的总和。国际化性质更加突出。

学校办学层次上升。早在 1996 年就停办了专科。研究生数量得到快速增长，研究生与本科生数量之比由 1∶8.7 上升为 1∶2.7。一级学科博士点实现了零的突破，达到 6 个；二级学科博士点达到 40 个，为 10 年前的近 6 倍；硕士点达到 131 个，为 10 年前的 2.6 倍。国家重点学科、国家重点基地、国家工程中心等实现了零的突破。科研经费达到 1.5 亿元，为 10 年前的 38 倍。三大索引（SCI、EI、ISTP）的学术论文达到近 300 篇，为 10 年前的 32 倍。

学校的师资质量水平上升，实现了零院士的突破，有博士学位老师达 634 人，为 10 年前的近 8 倍。

学校的财力有了较大好转，去年全校总收入达到 13 亿元，较 10 年前的 2.26 亿元增长近 5 倍。而且学校未欠债，这在全国高校中罕见，仅学校下属二级学

教育与科技管理研究

院，即珠海学院借款 2.85 亿元。学校的固定资产达到 17.2 亿元，较 10 年前的 2.7 亿元增长 5 倍多。学校的净资产达到 18 亿元，较 10 年前的 3.6 亿元增长 4 倍。学校的科研教学设备资产达到 2.33 亿元，较 10 年前的 0.49 亿元增长 4.8 倍。学校的图书达到 278.53 万册，为 10 年前 134.7 万册的 2 倍。校园土地达到 174.4 万平方米，为 10 年前 112.3 万平方米的 1.6 倍，新办的珠海学院不仅增强了学校的办学实力，并且使广州校本部校园重建改造得到落实。记得当时有人给我提意见，说珠海学院是"拖垮暨南大学的陷阱"。有的甚至说，异地办学要"犯政治错误"。今天，事实胜于雄辩。正如去年教育部周济部长视察我校珠海学院时，当场表扬了我校："这不是异地办校，这是暨南大学校本部的延伸。"十年来，学校新建房屋达 83.8 万平方米（包括上届领导班子开始修建且未完工的 13.7 万平方米和正在修建尚未完工的 23.2 万平方米），校园建筑面积达到 107 万平方米，为 10 年前 46.4 万平方米的 2.3 倍。新建房屋总投资达 16 亿元。

2. 师生员工生活条件得到了改善

经过十年的努力，全校教职员工的平均年收入由 10 年前的 8000 元增长为去年的 88 900 元，增长 10 倍。

全校教职工家庭人均住房面积由 10 年前的 13.5 平方米增长到现在的 23.74 平方米，增长近 1 倍。

为附属的中学、小学和幼儿园新修了校园，实施了照顾教职员工子女的上学优惠政策，解除了教职员工的后顾之忧。

大学生的生活和学习条件也得到了大大的改善。

在此，我要再次感谢侨办和省委、省政府领导的关心和支持，感谢领导班子同志们的合作以及全校师生员工的共同努力和支持[6]！

除了上述两点欣慰以外，我还有两点遗憾。

（1）2001 年，珠海市人民政府赠送我校 5800 亩唐家湾土地以及 1 亿元建校经费开办新的校园。

（2）最近，深圳市人民政府赠送我校 7200 亩大梅沙东面土地以及校园建筑物免费修建，以开办新的校园。

上述两件事未获国务院侨务办公室领导批准，失去了未来发展机遇，对此深表遗憾。

记得 5 年前，某市还看不起我校，曾发文件宣布不招收我校的毕业生，而现在盛情邀请我们去办学，令人感慨。

由于自己能力有限，还有许多事情未做好，请大家谅解。

最后，我衷心希望新的领导班子把工作做得更好，衷心祝愿暨南大学的明天更美更好，为国家现代化和侨务工作作出更大贡献！

深深感谢各位领导的关心和鼓励，深深感谢领导班子同志们的倾力协作，深深感谢全校师生员工以及校友们的热情支持！

参 考 文 献

[1] 暨南大学校史编写组．暨南校史（1906—1996）．广州：暨南大学出版社，1996.

[2] 邓小平．邓小平文选．北京：人民出版社，1983.

[3] 杨德广，王锡林，贾志兰，等．中国学分制．上海：上海科学技术文献出版社，1996：231-236.

[4] 刘人怀．暨南大学积极推行学分制管理．高等工程教育信息，2002，(11)：1，2.

[5] 刘人怀．狠抓办学质量，走"侨校＋名校"之路．暨南高教研究，2001，(2)：10-19.

[6] 刘人怀．一个大学校长的探索．北京：高等教育出版社，2011.

第4章 高考管理

4.1 关于高考的一点浅见[*]

目前我国实行一年一度的全国统一高校招生考试制度,其对中国大众的影响之巨已是人所共知。在一定时期内,高考仍然不失为选拔人才的一种较好方式。作为一种客观存在,急需我们研究解决的是如何使高考制度进一步完善,从而实现内容科学、形式灵活、录取公平的高考,将学生引向身心健康发展的正确方向上,努力发挥出高考积极的导向作用。为此,我提出以下两点建议。

1. 采取由国家统一命题、由教育部和各省市协商招生数量和划定录取分数线的做法

目前,已经进行的高考内容改革主要体现在命题方面,诸多省市可以自行命题。由此而产生的多套命题班子的运作,多种高考试卷的印制,不但耗费了大量的人力物力,造成了成本的增加和监控难度的加大,而且因为高考试卷难度系数的不同,使高考分数难以反映省市间的教育水平差异,从而导致国家宏观管理的困难。教育资源最发达的地方,如北京、上海等地,院校多,名额多,考分低;教育不发达的地方,如西藏、新疆、青海、内蒙古这些地区,教育水平较低,考分低;其他省份的考分则普遍较高。由于考核标准的不统一,导致国家教育部门对各地的基础教育状况难以有准确的了解和把握,不利于对基础教育的宏观把握和指导。

若实行由国家统一命题、由教育部和各省市协商招生数量和划定录取分数线的做法,不但保证了试卷对考生的原始公正性,保证了试卷考核内容与教学大纲的一致性;而且可以兼顾不同省市间的教育水平,保证本地域有一定数量的学生被高校录取。由于试卷一致,对各省市基础教育水平状况的衡量便有了一个客观标尺,从而使作为教学成效检测手段的成绩一目了然,更加具有客观性与可比性。国家教育管理部门也可以借助高考这种形式了解国家各地域的教育水平和教育质量,从而更好地发挥高考的导向作用;另一方面,也可以根据考试成绩找出基础教育工作薄弱的地区,有针对性地加大指导和扶植力度,从而逐步缩小地域间的教育水平差距,整体提高我国基础教育的水平。

---

[*] 本节内容原载《科学中国人》,2005,(9):13。

2. 采取实行全国统一考试科目，只考语文、数学、外语、综合四门课程的做法

1999 年，教育部《关于进一步深化普通高等学校招生考试制度改革的意见》启动了新一轮的高考改革，也就是"3＋X"科目设置方案。"3"指语文、数学、外语，"X"指由高等学校从高中科目中（包括综合）自行确定一科或几科考试科目。1999 年，广东省率先实行了"3＋X"科目设置方案，2000 年推广到五省，2001 年扩大到 13 个省，2002 年全国各省市都实行了"3＋X"科目设置方案，全面进入了新一轮高考科目设置改革。

在各省市实行的"3＋X"高考科目设置方案归纳起来主要有三种："3＋文科综合/理科综合"，"3＋不同专业的考试科目要求"，"3＋大综合＋学生自选科目"。上述种种"3＋X"方案的设置，要么是提早进行文理分科，不利于学生形成全面的知识结构，在一定程度上影响了学生的素质教育；要么是选考的学科数目太多，变相地增加了学生的学习负担，不利于创新能力的培养，与呼声渐高的学生减负相背离。

有鉴于此，我建议采取只考语文、数学、外语、综合（历史、地理、物理、化学、生物）四科的做法，从考试科目数量和考试内容方面作出理性的规定。因为从知识结构方面讲，考试科目数量设置适当，才能反映学生的知识水平。同时，应该利用较少的考试内容来达到高等学校在选拔新生方面对相关能力的要求。考试科目的改革和考试内容的改革是紧密关联的，只有将两者全盘考虑、整体进行，才是完整意义上的改革，才有可能比较全面地做到有助于中学推进素质教育，有助于我国基础教育的健康发展。

4.2　争取广东成为高考制度改革试验区 *

在纪念恢复高考制度 30 周年的背景下，为贯彻省委解放思想、实践科学发展观的战略部署，今年省政府参事室成立了"高考制度改革调研组"，以省政府参事中多名在高校任教多年的教授为主体，就高考制度改革进行专题调研，调研组分别到部办与省办的重点大学、一般大学、民办大学、高职高专院校以及有关部门进行调研，了解情况，探讨问题，听取意见。现将调研获得的情况与认识报告如下。

---

* 本节内容原载《参事建言（2008 年）》，香港：中国评论学术出版社，2009，161-168，合作者：周义、余庆安、王仲兴、陈传誉、王则楚、吴厚德、唐钰明、高凌飚、谭元亨、王守昌、陈永泉、土铁强、黄莹莹。

4.2.1　基本情况

1. 高等教育的主要成就

改革开放 30 年，中国教育事业有了巨大的发展，高等教育规模达到空前的水平。在世界各发展中国家处于领先地位，某些方面已经赶上发达国家的水平。改革开放 30 年，高等教育事业的大发展，源于党的十一届三中全会前一年（1977 年）在邓小平同志[1]直接领导下的恢复高考招生制度，正是一年一度的高考，选拔了大批各类人才，为中国特色社会主义事业提供了强大的知识贡献和宝贵的人力资源。1977 年，全国 570 万考生走进高考考场，最终录取 27 万多人，录取比例不足 5%；2008 年，全国报名参加高考的人数超过 1000 万人，录取 600多万人，比例超过 50%。1978 年，全国仅 598 所高校，各类在校学生总数不足 90 万人；2008 年，全国各类高校达到 2000 余所，在校学生总数 2700 万人，超过俄罗斯、印度、美国，居世界第一，高等教育毛入学率达到 23%。再以广东省为例，1977 年，广东省高考考生 54 万人，录取 8800 人，比例 1.63%。2008年，广东省高考考生 61 万人，录取 43 万人，比例 70.49%。1978 年，广东省高校 29 所，各类在校学生总数 34 000 人；2008 年，广东省高校达 109 所，在校学生总数为 112 万人，高等教育毛入学率达 25.6%。从 1977 年恢复高考制度以来的 30 年间，我国高等教育共培养了 4000 多万本专科生和研究生，在人均 GDP仅 1000 多美元时，基本实现了高等教育向大众化阶段的转变。目前，全国受过高等教育的人口超过 7000 万人，有高等教育学历的从业人员总数居世界第二位。取得这些成就有许多方面的条件和因素，其中自 1977 年以来的高考制度在选拔人才上同样也发挥了重要的作用，直到今天，有的高校教师还将 1977 年恢复高考制度赞誉为"真理"的选择。

2. 高考制度的优长

从各高校和社会各界的基本评价来看，在中国这样一个发展中大国的基本国情条件下，现行的高考制度有其优长，主要表现在：其一，能基本上体现"高考面前人人平等"的社会公平公正原则。在这里，"分数标准"等同于"法律评判"。在"分数标准"面前，无论贫富贵贱，人人同等对待。这一点，在目前地区发展不平衡、城乡差距较大的国情下，其意义尤为重要；其二，形成了竞争机制。高考是为了给进入大学学习而选拔人才，由于不可能做到每个参加高考的人都能上大学并且实现上重点大学的愿望，那就让考生在高考这个平台上去竞争，以"优胜劣汰"来决出胜负，所谓"一场高考定人生"就是这个竞争机制将每个考生"定"下来的，群众和社会各界对高考这个平台起到的"是骡子是马拉出来遛遛"的竞争作用持积极肯定的态度；其三，高考作为中小学教育与高等教育的连接点，在教育系统内部起到了贯通、平衡的作用，在中小学阶段打好了知识基础，通过高考升入大学，就可以获得专业性学习与训练，因为高考将中小学的基础知识与大学的专业知识以关联性考试贯通起来，使学生在智育上平衡发展；其四，高考制度为教育行政部门和各类学校制定考试招生操作规程所依据的逻辑中心必然是"分数标准"，于是，高考制度有利于教育部门和学校本系统内工作机制的运作，有利于管理程序的展开，有利于按照行政部门的规范要求在从考试到招生的各个环节上尽最大可能减少失误；其五，高考对于处在改革进程中的全社会的稳定与和谐有一定的维护和促进作用，在利益主体多元化要求的情况下，高考毫不动摇地坚持"分数标准"这个硬理由，让考取了大学或考取好大学的考生及其家长理直气壮，让没考取大学或没考取理想大学的考生及其家长最多也只能埋怨自己"没本事"，而群众的绝大多数也正是相信"分数标准"这个硬指标而坦然平静地面对一年一度的高考带给千家万户有得有失有喜有悲的结局。目前因教育的原因所产生的社会问题并非由高考制度带来，而是集中体现在上大学费用太高和毕业生就业困难上。

3. 现行高考制度存在的问题

调研组对在调研中获得的材料和社会各界的评价进行分析判断，认为现行的高考制度存在着较为突出的弊端和问题：

（1）维护现实社会公平公正原则的追求与中华民族长远利益目标追求的矛盾。

无论是政府官员、专家学者，还是人民群众，共同的认识是，高等教育对于全民族素质的提升具有关键性作用；另一个更重要的共识就是，全世界所有的华人都期盼中华民族的伟大复兴。将这两点共识合并理解，后一个共识的达成毫无疑问必须要有前一个共识的支撑。然而，当我们以这种理念来考察高考制度时，我们会看到现行高考制度的矛盾和弊端。社会舆论将目前的高考制度誉为当今社会"最为公平的制度"，是因为高考招生是以考试分数为核心评判标准，对谁都一样，如此一来，考试分数成为决定人生命运的最高主宰，于是，学生、家长、教师、学校乃至民众舆论都表现出对考试分数的狂热追求，读完小学考试分数高能上好的中学，读完中学高考分数高就能上大学，一个人从小学到大学的受教育过程，全被考试分数指挥着转动。但一次性的书面检测方式的高考并非万能，首先，试卷为了体现分数标准，所出试题只能围绕所学基本知识的掌握与运用，学生主要以死记硬背方式来对付高考，学生的思维被僵化了。然而，一次性的书面检测方式不可能全面反映出学生的智力和能力，这是高考制度的手段与目的非对称性缺陷，可称为错位性弊端。其次，分数标准的指挥棒作用，导致学校极端重视最能获得"分值"的知识教育（智育），其他的思想教育、审美教育、人格教育、健康教育、个性发展教育等，都要给高考让路，这种倾斜于一端的教育方式，不可能实现学生综合素质的提升和德智体美全面发展，这是高考制度的主导作用与价值追求的反差性缺陷，可称为失向性弊端。再次，高考处在从小学教育经中学教育到大学教育的重要连接点上，由于"分数评判"的权威性作用，政府部门和社会公众将教育公平的关注点更多地放在了高考上。其实，体现教育公平除了高考，还有教育权利、教育过程、教育资源、教育政策等方面的公平，如果仅侧重于高考制度的公平而忽视了其他，将对整个国民教育制度产生不良影响，这个方面的问题是教育制度与高考制度的整体与局部关系上的遮蔽性缺陷，可称为盲区性弊端。由此可见，被社会公众称为"最为公平的制度"的高考，虽然由于"分数评判"的权威作用维护了现实社会的公平公正，但其所存在的弊端，对中华民族长远利益的追求将产生不利影响，这就是高考制度所带来的现实利益与长远目标的矛盾。教育界的有识之士，已经注意到这个矛盾，围绕着这个矛盾问题，曾有过多次的讨论，虽然观点不一，但大家又有一个共同的看法，高考制度应该而且能够进行改革。

（2）高考制度刚性规范的导向作用与教育对培养人的综合效应的矛盾。

在现代文明社会，一个人应尽最大可能接受教育，完全靠无师自通而获得教育所能给予人的全部东西几乎不可能。在家庭教育、学校教育、社会教育中，学校教育起关键作用。人从启蒙开始，到完成普通高等教育，这个过程中教育给予人的全都沉淀、累积在人身上，并发生综合效应，人的智力（可视为单个人的"软实力"）就是教育所产生的综合效应的结晶。教育内容多元化，教育方式多样化，教育所产生的综合效应的值就倍增，对人的智力（即"软实力"）的提升效益就更显著。即使是那些高精尖专业领域的科技工作者，他们在学科上的超常智力也是教育的综合效应所赋予的。但是，高考制度中"分数标准"的刚性规范又与此相矛盾，"分数标准"是一刀切，这一刀切的负面作用是切割掉了教育所能产生的综合效应中的许多效益，让教育所能发挥的东西未能全部发挥出来，这就是真正意义上的教育资源的浪费。"分数标准"的刚性规范又有导向作用，中小学教育中很注重学生获得考试高分能力的训练，特别是到了高中阶段的分科分班教学，更是为着高考而专设的应试能力培训班，从实践的效果看，学生的应试水平和能力很强，但学生的知识结构过于单一，这就是教育界早已指出的学生成了"扁平人"的原因所在。调研组获得的材料表明，有些已经考进大学的学生回头看高考和高中阶段的学习，也明显地感到了"分数标准"一刀切的负面作用所带来的影响。这就说明，制度的刚性规范有僵化的一面，它与教育所给予人的活性发展的确有不适应的地方，应当进行改革。

（3）制度的文化内涵与人的全面发展的矛盾。

制度一旦生成，有它自身的文化内涵和文化约束力，而且由于制度的惯性作用不能轻易改变。倘若制度规范有负面效应，制度的文化内涵和文化约束力对人也有负面作用。高考制度针对受教育过程中的青年学生而设计，他们处在人生最重要的"黄金时期"，可塑性极大，把他们培养成为全面发展的人是全社会的职责，消除高考制度的文化内涵和文化约束力对青年学生的负面作用，引导青年学生走上"作为全面发展的人"的正常道路，是全社会的责任和义务，是对中华民族最负责任的精神体现。这个问题的讨论，较多涉及哲学文化问题，本报告暂不过多涉笔。

4. 社会各界对高考制度的看法

调研组在调研中，获得了社会各界对现行高考制度的看法，现说明如下。

总的看法是：在没有更好的高考制度出台之前，现行的高考制度行之有效；为了减少高考制度中的负面效应，有必要对高考制度进行改革。

（1）群众的看法：基层群众（包括考生家长）大多数对现行高考制度持肯定态度，认为如果不以"分数标准"来划线录取，会给有钱有势的人提供方便，会造成腐败现象，会让学生读书没有压力，大学说不定还招不到真正的人才。

（2）专家的看法：大多数专家学者认为高考制度改革势在必行，应该创造条件，稳步推进制度改革，使之更为完善。有的专家学者建议，改革主要是要改变高考"指挥棒"的作用，建立"考""招"分离机制，扩大高校自主招生考试的权力。

（3）学校的看法：中学普遍感到高考压力大，因为高考的结果与学校所获得的资源与声誉有直接关系，有的中学校长坦言："埋头苦干一件事，只为高考"。中学盼望能扭转应试教育的局面，只是因为面对群众期盼和高考制度。自己不能擅自作为。大学盼望能扩大高校自主招生考试的比例，让自己在高考招生方面有更多自主权。

（4）教育行政部门的看法：运用多年的高考制度，已有较多的改进，但这些改进都是在技术层面上进行，应该对高考制度进行改革。但在目前，还没有更好的高考制度能代替现行制度，所以仍然应按现行制度运作。可以考虑，设置一个高考制度改革的试验区进行试验。一些基层教育行政部门对高考改革表达了很高的期盼。

4.2.2　高考制度改革的建议

调研组根据调查的材料，经分析讨论，认为对现行的高考制度应该进行改革。进行高考制度的改革，关系到党的素质教育方针的落实，关系到教育质量水平的全面提升，关系到全体青少年的健康成长，关系到中华民族的伟大复兴，意义重大而深远[2]。目前，高考制度的弊端和负面影响已突出而严重，到了改革的关口，同时，也是进行改革的最好时机。为了顺利进行高考制度改革，应先建立试验区进行试验。调研组提出的建议是：广东应争取成为高考制度改革的试验区。

1. 为什么要设高考制度改革试验区

这是由高考制度改革的复杂性和艰巨性决定的。第一，必须慎重，高考改革只能成功，不能失败，否则就会害了青年学生。第二，涉及面广，不仅是教育系统的事情，还牵涉社会的方方面面，涉及广大人民群众的利益。第三，制约因素多，矛盾集中，有些是硬性因素，有些是软性因素，不能简单化处理。第四，地域发展不平衡，不仅是全国各地差异很大，就是在一个省内也存在发展不平衡，应综合考虑各种条件，统筹谋划。所以先设改革试验区，稳妥推进，取得经验，然后再逐步推开。

2. 为什么建议广东争取成为高考制度改革的试验区

一是广东有改革的经验作为基础。广东对高考某些方面的改革，积累了一些好的经验，如高考标准化试验、计分方法标准化试验、"3＋X"学科组合改革试验，直到最近提出的普通高中学业水平考试方案等，都是进行高考制度改革的很好的基础。更重要的是，广东是改革开放的前沿，是各项改革的试验区，人民群众经过实践的锻炼，对改革的承受能力大大增强，这是顺利推进高考改革试验的最有利条件。

二是广东有敢为人先的改革精神。改革开放 30 年来，广东人就是凭着敢为人先的精神，勇闯勇试，取得了辉煌的成就。在教育方面，广东曾是全国教育改革的一面旗帜，在践行科学发展观的实践中，应允许先行先试。国家将高考改革的试验区放在广东成为可能。

3. 为争取成为高考制度改革的试验区应准备的前提条件

（1）应成立一个专家组，由省发改委和省教育厅共同主持，对改革试验区的相关工作和高考制度改革的初步方案进行调研和论证。

（2）联系有关高等教育研究方面的学术团体，请他们对改革试验区进行学术研讨，提供学术性参考意见。

（3）与国家教育部进行预期性工作联系，争取获得教育部指导。

在 30 年的改革开放中，广东成为经济大省，被誉为改革开放的排头兵。在新的历史起点上，广东继续解放思想，坚持改革开放，也一定能够率先进行高考制度改革，成为社会主义教育事业发展的排头兵。

参 考 文 献

[1] 邓小平. 关于科学和教育工作的几点意见，邓小平文选（1975—1982）. 北京：人民出版社，1983：45-55.

[2] 钱伟长. 坚持招生与毕业生就业制度的改革，教育和教学问题的思考. 上海：上海大学出版社，2000：358-360.

第5章 基础教育管理

5.1 大力发展我省高中阶段教育[*]

近年我省高等教育实现了跨越式的发展，但是，作为义务教育和高等教育的衔接阶段，我省高中阶段教育无论是办学规模还是教学质量，都与高校扩招要求和经济社会发展需要存在较大差距，成为教育事业快速、均衡发展的"瓶颈"。为促进这一问题的解决，省政协将"大力发展我省高中阶段教育"作为今年专题协商内容，派出调研组，于4月15日至5月25日，赴广州、湛江、揭阳、河源、中山市进行专题调研。调研组认真听取了地方政府及有关职能部门的情况介绍，考察了部分公办和民办高中及中等职业技术学校，召开有主管部门、学校和教师参加的座谈会。在此基础上进行了研究和讨论，提出了大力发展我省高中阶段教育的意见和建议。

5.1.1 我省高中阶段教育取得了显著的成绩

近年来，我省高中阶段教育以高校扩招为契机，加快了发展的步伐，主要表现在以下五个方面。

1. 投入逐年增加，办学规模持续扩大

2000年以来，全省高中教育投入超过50亿元，新建普通高中学校50多所，扩建200多所，普通高中学校由947所增至998所。与此同时，校均规模人数由765人增至1320人。2000～2004年，高中阶段教育招生数由55.62万人增至86.85万人，年均增长14%；在校生从152.56万人增至224.85万人。其中普通高中在校生从72.5万人增至131.3万人，每万人口普通高中在校生由99.76人增至165.1人；中等职业学校（含技工学校）招生数由26.9万人增至36万人，在校生（含技工学校）由80万人增至93.5万人。目前省级以上重点中等职业学校237所，其中国家级重点中等职业学校126所。全省各类职业技术学校为生产第一线输送了120多万名技能型、实用型人才。

---

* 本节内容是广东省第九届政协教科文体委员会向政协常委会提交的专题议政材料，广州，2005年10月，合作者：陈万鹏，韩大建，周明理，林维明，吴明兴，陈午强，彭文晋，王绵宁，翁宗奕，柳柏濂，潘史扬，张焜，周国贤，林伟健，李宗桂，刘晖，李定安，祁海，陈晓薇，丁义，余国慧。

2. 办学条件有所改善，优质学位数量增加较快

随着创建国家级、省级示范性普通高中步伐的加快，我省高中学校在校舍、办学场地、设备等方面有较大的变化，优质学位比例增加较快。普通高中生均预算内教育事业费支出由 2000 年的 1892.32 元增至 2003 年的 2803.76 元。2000～2004 年，生均校舍面积由 7.94m² 增至 9.09m²；生均图书由 36.49 册增至 39.48 册；省一级普通高中由 134 所增至 262 所，增长 95.5%。目前全省普通高中优质学位（省、市一级）占 70% 以上。

3. 教师数量增长较快，整体素质有所提高

2000～2004 年，我省普通高中教师由 43 941 人增至 75 330 人；具有本科毕业及以上学历的从 67.51% 提高到 79.41%。教师队伍结构和质量均有所改善和提高。中等职业教师 3.38 万人。三年来共培训专业课骨干教师近 3000 人，考取职业技能证书的 2250 多人，考取高级技能证书的 1083 人、中级技能证书 748 人。"双师型"专业教师（教师＋工程师或技师）占 28.7%。

4. 中等职业教育布局结构调整初见成效，多元办学体制初步确立

近年来，我省对中等职业学校布局结构进行了调整和优化。学校数由 2002 年的 1005 所，调整到 2004 年的 820 余所，省级以上重点中等职业学校 237 所，国家级、省级专业点 131 个；校均规模达 1135 人，比 2002 年增加 241 人。民办职业教育发展较快，成为我省职业教育的重要力量。目前全省民办中等职业学校 103 所，在校生 5.9 万人；民办职业培训机构 2438 个。

5. 教育教学改革全面推进，办学特色逐步显现

从 2004 年秋季开始，作为首批全国高中新课程实验省区（广东、山东、宁夏和海南）之一，我省在普通高中一年级全面开展以实施素质教育为目的的新课程改革实验，有 3000 多名教育教学管理人员和 2.4 万名学科教师接受了国家级和省级培训。组织编写的高中新课程实验教材共有 7 个科目通过教育部评审，并在全国发行，居全国各省首位。

中职教育以服务为宗旨，以就业为导向，强化专业技能和动手能力的培养。目前我省有职业教育实训基地（中心）84 个，市场紧缺的技能型人才培训学校 32 所。职业教育实行弹性入学，招生不限年龄、地域，学生凭初、高中毕业证书报考或免试入读，春秋两次或多次招生。组织编写了 120 多种专业课教材及资料。职业学校与劳动力市场联系紧密，"订单式"的培养及培训取得一定的成效。珠三角不少中职学校与东西两翼和山区中职学校建立了合作办学关系。2004 年，我省中职学校毕业生就业率平均达 95%。

目前启动的"广东省百万农村青年技能培训工程"，将培训与就业、培训转移就业与扶贫助康、培训转移就业与缓解企业技工短缺相结合，由各级财政资助全免费对农村百万青年进行岗前技能培训。这一举措，对于加快推进我省工业化、城市化和现代化进程，促进产业升级，增强发展后劲，增加农民收入，推动城乡和区域协调发展，构建和谐广东将产生重大的影响。

5.1.2　我省高中阶段教育发展面临的问题

虽然我省高中阶段教育发展较快，取得了明显的成绩，但整体发展水平仍不高，"瓶颈"的制约仍未突破，存在着不少亟须解决的问题。

1. 发展水平在全国处于中下游，与高等教育跨越式的发展不相适应，制约了发展的后劲

2004 年，广东每万人口普通高中在校生为 165.1 人，低于全国平均水平 14 人，在全国排第 21 位；每万人口中等专业学校在校生为 82.4 人，低于全国平均水平 13 人，在全国排第 17 位；普通高中教师达标率为 79.4%，低于全国平均数 0.2%，在全国排第 17 位；初中毕业生升学率我省只有 65.13%，而同期的江苏、浙江两省均超过 80%。从这些方面看，我省高中阶段教育发展水平与先进省相比差距仍较大，与我省经济大省地位不相称。

从教育发展一般规律来看，各级学校的录取率应与教育层次成反比，即从小学、初中、高中到高等教育，录取率应呈金字塔形，越往上录取率越低，淘汰率越高，这符合人才培养规律和需求结构特点。推进高等教育大众化的前提是高中阶段教育的充分发展和质量保证。由于我省高等教育大众化是在高中阶段教育发展并不充分的情况下启动的，以致 2004 年我省初中毕业生升学率低于普通高等学校录取率。这一年，普通高中和职业高中录取率为 65.13%，但高校本、专科录取率为 83.14%（中职升大学人数很少，省略未计）。这些情况表明，加强高中阶段教育十分紧迫。

由于高中阶段教育总体发展滞后，加上有些地区初中生辍学率高，导致山区和东西两翼不少地方高中阶段升学率低下，大批适龄青少年得不到较好的教育。揭阳市高中（含职中）录取率仅为 31%，不及全省平均水平的一半，每年考不上高中和辍学的初中学生约 10 万人。该市建市 10 多年来，累计已超过 100 万人。这种现象的直接后果，就是人力资源质量和层次的下降，严重制约了发展的后劲。因此，在抓高校扩招的同时，抓好高中阶段教育，巩固九年义务教育成果刻不容缓。

2. 地区发展不均衡，优质资源主要集中在珠三角地区

经济发展不平衡，直接影响教育的均衡发展。珠三角地区与东西两翼和山区、城市与农村的差距，主要体现在发展规模、师资、校舍、设备等方面。以初中毕业生升学率为例，2004 年，我省为 65.13%，其中珠三角地区的广州、深圳、佛山等 6 市的平均升学率为 90.23％，东西两翼和山区的汕头、韶关、湛江等 9 市的平均升学率只有 49.08％，相差 41.15 个百分点。人均预算内教育经费投入差距更为悬殊，2003 年，排在前三位的深圳市（3975 元）、东莞市（1258 元）、珠海市（951 元）的平均数，是排在后三位的汕尾市（172 元）、湛江市（160 元）、揭阳市（155 元）的 12.7 倍。从中等职业教育来看，珠三角在校生占全省总数的 73％，而占全省人口 72％的东西两翼和山区在校生仅占全省总数的 27％。以每万人口中等职业学校在校生数来看，珠三角地区为 268 人，东西两翼和山区仅为 39 人，差距十分明显。

3. 中职教育体制不顺、发展迟缓，技能型人才的培养滞后于经济社会发展的需求

我省中等职业教育分属不同的部门、行业。职业高中由教育部门管理，而技工学校由劳动部门管理。条块分割，政出多门，造成宏观统筹调控不力，发展规模、力量整合、资源合理配置等还存在不少亟待解决的问题，严重影响了中职教育的发展。目前我省获得职业资格证书的技术技能劳动者共有 296.5 万人，其中高级以上技工（包括技师、高级技师）11.7 万人，仅占 4％，与发达国家 30％~40％的比例相去甚远。技能型人才的严重缺乏，制约了广东打造世界制造业基地的发展后劲。

受传统观念影响，社会上普遍存在重普高轻职高思想，职业教育被视为非正规、低层次的"二等教育"，很多学生不是自愿而是迫不得已才接受职业教育。一些地方未将其纳入主流教育体系，致使职业教育投入严重不足，人才培养结构不合理。一方面，不少大学生为找不到工作而苦恼；另一方面，大量的企业却为找不到合适的技师和高级技工而头痛。广东省地方教育经费结构支出（表 5.1）显示，全省地方教育经费支出普通高中占 32％以上，而中等职业教育（含技工学校）仅占 3％。由于投入不足，相当部分职业学校办学条件差，教学设备简陋，难以满足专业教学的需要。如清远市中等职业学校从 2000 年至今，5 年市财政投入仅 80 万元。

表 5.1　广东省地方教育经费结构支出表　　　　（单位：亿元）

项目	2000 年	2001 年	2002 年	2003 年	2004 年
教育经费支出	315.95	358.85	447.49	524.58	605.97
普通高中	101.82	116.06	149.31	181.24	211.47
中等职业教育	14.12	13.28	15.3	18.71	21.57

4. 投入不足与加快人才培养矛盾较大

经过连年快速的发展，我省高中教育规模不断扩大，按照生均成本测算，每增加一个高中学位约需投入 1 万元。近年来我省新增加高中学位 60 万个，各级财政共投入 60 亿元。按照基本普及高中阶段教育要求，到 2010 年我省还需增加80 多万个高中学位，增加投入 80 亿元。从 2001～2004 年，省财政每年拨出5000 万元专项经费扶持经济欠发达地区发展普通高中教育，2003 年一次性拨出5700 万元用于扶持 16 个贫困县发展普通高中。这对于欠债较多的全省高中教育来说，只能起到一定的引导作用。按目前的体制，发展高中阶段教育主要靠地方政府投入，但对经济欠发达地区来说，政府保九年义务教育已经很困难，每年还要拿出几千万元甚至更多的资金来发展高中阶段教育，实在难以支撑。为了加快高中教育发展步伐，各地不得不通过财政以外的渠道来增加高中办学经费。例如，创建示范性高中，各地均不同程度地依靠银行贷款，通过公办高中和依靠名校发展国有民办初中收取择校费的办法来偿还贷款。这种做法虽加快了高中发展，但也带来了一些突出问题。茂名每县（市）建一所示范性普通高中，全市共建五所示范性普通高中，每所都向银行贷款 1 亿多元。对欠发达地区来说，这是一笔不小的数目。通过择校费来偿还贷款，必然加重家长的负担，增加学生的心理压力，而且在缺少政策支持的情况下，其潜在的金融风险也令人担忧。

5. 贫困地区优秀教师外流现象严重，高中阶段教师明显不足

粤东、粤西的领导及学校反映最集中的问题之一是难以留住人才。近几年湛江市每年外流的优秀教师 200～250 名。随着高中课程改革和高中教育规模的扩大，需要的教师不断增加，造成高中教师严重缺乏。不少地方不得不用初中教师上高中课程，致使高中教育质量难以保证。根据目前教师缺编情况和今后三年教育事业发展需求计算，2005～2007 年，揭阳市需增配高中阶段教师 3630 人。而每年返回本市任教的师范类本科毕业生仅 200 名。从 2000～2004 年，我省普通高中师生比由 1∶16.5 增加到 1∶17.4。教师数量不足，使高中阶段教育扩大规模和提高质量受到限制。

从职业教育方面看，在数量上，2005 年，我省职教教师缺口达 10 万人；在质量上，全省现有中等职业学校（未含技工学校）师资中，本科及以上毕业生24 216 人，达标率仅为 71.6%，有 7 个市达标率低于 60%，最低的河源市只有34.7%；在来源及结构上，现有教师大多是由普通教育转行而来，渠道单一，来自企事业单位及生产服务第一线，既有理论又有实践经验的教师少而又少，这是影响职业教育质量的一个重要原因。

5.1.3　大力发展我省高中阶段教育的对策建议

根据《广东省教育现代化建设纲要》，到 2010 年我省高中阶段毛入学率要达到 80%，这是建设教育强省的重要标志之一。围绕这一目标，必须加快高中阶段教育发展步伐，巩固和提高基础教育已取得的成果。

1. 抓好落实，分类指导，加大投入

（1）提高认识，协调发展。由于高中阶段教育的法律地位不明确（义务教育和高等教育有相应的《义务教育法》和《高等教育法》保障），对政府缺乏法律和制度上的刚性约束；欠发达地区政府重点在保九年义务教育，致使对发展高中阶段教育的投入不足。因此，要大力发展高中阶段教育，必须克服"奉命办学，奉命发展"的思想，提高对其基础性和战略性的认识[1]，以科学发展观为指导，坚持协调发展方针，致力于各个阶段教育、普教与职教、发达地区与欠发达地区的协调发展。近期出台的《广东省教育现代化建设纲要实施意见（2004～2010年）》，已对未来一个时期高中阶段教育的发展提出了具体要求和保证措施，建议认真组织实施，以在不太长的时间内突破这一瓶颈。

（2）统筹兼顾，分类指导。全省经济发展不平衡，差距较大的状况将长期存在。省里统筹兼顾、资金支持的重点，应是山区和两翼地区。在珠三角发达地区，资金投入应以县（市、区）级政府为主，镇级政府大力配合。高中教育应加大示范性高中建设的力度，扩大优质高中办学规模，全面推进这一地区普通高中学校向省一级优质学校发展。职业教育要扩大规模，面向市场，增创职教特色，创办一批现代化示范性职业学校和一批名牌专业，增强珠三角地区职业教育的辐射力和影响力。在东西两翼和山区，县（市、区）级政府应加大投入的力度，同时，省、地级市政府要大力扶持，促进这些地区高中阶段学校规模进一步扩大，普及程度不断提高。要通过整合教育资源，努力使每县新建、扩建1所以上优质普通高中。在市、县两级建设一批省级以上重点职业学校、实训中心和重点专业（点）。

（3）调整政策，增加投入。基础教育的政策是"分级管理。以县为主"。因此，发展高中阶段教育，县级政府责无旁贷，要采取多种形式，加大对高中阶段教育的投入。近年来，省委、省政府狠抓了高等教育，使我省高等教育实现了跨越式发展；同时，也着力抓了九年义务教育。如省财政投入9.5亿元完成了3000所老区学校的改造；对人均1500元以下的困难家庭，年投入3.85亿元，免除其子女的书杂费等。这些措施影响巨大。对高中阶段教育发展（不包括技工学校），省财政每年投入1.3亿元，从2005～2007年，省财政每年再安排1亿元资金用于支持经济欠发达地区高中阶段教育。相比对9年义务教育的投入，力度小些。我们认为，为突破瓶颈的制约，加大政策支持力度和投入力度是十分必要的。建议省政府近期内专题研究加快高中阶段教育发展问题。重点研究支持欠发达地区发展示范性高中的支持政策，如贴息贷款等。通过省、市、县共同努力，逐步解决高中阶段教育的瓶颈问题。

2. 积极推进办学体制、投资机制改革，形成多元投资与多元办学的格局

高中阶段教育应坚持以政府办学体制为主的原则，同时鼓励学校由公办向学校公办和民办并存转变，由政府包揽办学向政府体制内办学与社会、企业、境外机构等体制外办学并存转变。要加快建立高中阶段教育成本分担机制，适当提高高中阶段教育收费标准；鼓励以"国有民办""国有联办"等形式发展高中阶段教育；引进国外优质教育资源，鼓励符合办学资格要求的国外组织和个人，与省内教育机构合办高水平的高中阶段学校及职业培训机构；支持民办学校的发展，给予民办高中阶段学校与公办学校在招生、教师进修和职称评定等方面一视同仁的政策。近几年，惠州市采取学校管理、企业投资的办法，吸纳社会资金 5 亿～6 亿元，缓解了高中教育资金不足的问题。茂名市采取财政拨一点，社会捐一点，银行贷一点，择校费收一点，行政规费减一点的五个一点措施筹措教育经费。这些做法，都可借鉴。

3. 调整结构，加强衔接，促进各类中等职业学校协调发展

统筹规划各级、各类及各地区职业教育结构比例，使职业教育与普通教育比例大体相当。加强教育行政部门对职业教育的协调管理，理顺各部门所属的技工学校与教育、劳动部门统管院校的关系。国家已经建立了职业教育部际联席会议制度。建议我省也相应建立由教育、劳动等部门及企业、学校参加的联席会议制度，共同研究解决职业教育发展问题。要加强中等职业教育与高等职业教育在招生、专业设置等方面的衔接，加大高职院校对中等职业学校对口专业招生的力度，改变中等职业教育作为终结性教育的不利地位。把高等职业教育纳入职业教育系列，统一管理，避免把高等职业教育办成翻版的大专。

4. 采取有效措施，加强教师队伍建设

（1）抓好定编工作，解决师资紧张问题。目前采取的教师每三年一核定编的做法，已不能满足高中阶段教育快速发展和新课程改革对教师迅速增加的需求。对此，建议及时修订教师编制标准，根据当年学生数，每年进行教师一核定编并入编，以缓解教师数量的不足，确保教育质量稳步提升。

（2）制定稳定教师队伍的相应政策。建立针对农村地区高中教师的培养及学习交流制度。推进"青年志愿者扶贫接力计划"，鼓励大学生志愿者从教于条件艰苦的农村中学。设立"大学生到农村从教奖学金"，对已经考取大学，但因家庭经济困难不能继续深造的学生，可采取"委托代培"办法，定向培养。改善欠发达地区农村教师工作和生活条件，研究贫困地区农村教师工资补助政策。鼓励和组织退休教师到农村薄弱学校任教。推行中心城镇及经济发达地区优质学校教师对口支援欠发达地区薄弱学校的制度。

（3）加强职教师资队伍建设。重点培育 1～2 所省级职教师资培养龙头院校，将之列入省重点扶持院校，以培养更多的高素质职教教师。多渠道引进师资，除通过正规的职业技术师范学院培养外，还可广泛吸引和鼓励企事业单位工程技术人员、管理人员和特殊技能人员担任专兼职教师，到 2010 年，将"双师型"教师比例提高到 60% 以上。改革职教职称评定制度，确认工程师、技师、烹调师等在评定职称上的同等资格。

5. 巩固九年义务教育成果，夯实高中教育基础

（1）巩固和发展九年义务教育是确保高中阶段教育高质量发展的前提，要不断完善中小学的办学条件，实现办学条件基本均衡化。严格控制初中阶段辍学率，建立"控辍"机制，落实校长、教师责任制，将控制学生辍学情况作为一项重要的考核内容，巩固和提高毕业率和升学率，要特别重视农村基础教育。我省农村人口占全省的72.23%，其教育发展落后状况不改变，全省教育现代化就不可能实现。通过不断改善农村学校办学条件，增加对农村学校投入等措施，巩固农村普教成果。使教育体系中各个环节相互适应，相互促进。

（2）要重视创建示范性高中带来的新问题。创建示范性普通高中应量力而行，克服盲目攀比、求全的思想，充分考虑我省各地的实际情况，评估标准不宜全省一刀切，不能以牺牲优质初中资源为代价。要致力于高中教育与义务教育的协调发展。对于目前群众反映强烈的"名校办民校""股份分校"等问题要给予关注，出台相应的政策予以规范。使九年义务教育与高中阶段教育相互衔接，相得益彰，实现我省基础教育的协调发展。

（3）做好计划生育工作是发展教育、提高人力资源素质的前提和基础。东西两翼和山区由于人口增长过快，带来了学生入学难、大班额及教学质量不高等问题。2003年，全国平均每万人口小学在校生910人，广东却达1304.8人，湛江、揭阳两市超过1500人，其中湛江的雷州市达到1700人；2004年，全国平均每万人口小学在校生为909.7人，而我省却攀升到1319.6人，两年均居全国第一位。因此，在认真解决高中阶段教育发展问题的同时，要坚定不移地抓紧、抓实计划生育工作，有效控制人口增长速度，促进经济与社会协调发展。

5.2 建议实行九年一贯制办校*

教育是中华民族振兴和国家富强的基石。百年大计，教育为本。在教育中，基础教育承担着培养国民素质的重任，是建设创新型国家的基础[1,2]。2008年，我国城乡小学和初中免费义务教育已全面实现，覆盖全国城乡1.6亿名义务教育阶段学生，成绩显著。现在规定的义务教育是九年，即小学六年、初中三年。现有的办学模式继承着过去的传统方法，基本上仍是初中与小学独立办学。据我所见，这种办学模式存在如下弊端。

1. 不利于社会的稳定

现在全国的小学升初中，"择校热"高烧不退。虽然教育行政部门要求就近

---

* 本节内容原载《广东参事馆员建议》，2012，（52）：1-3。

升学，免试入学，划片入学，但在实际升学过程中，许多家长为了把孩子送到有名的学校，上各种辅导班、特长班（如有名的奥数班）来提高孩子知识的含金量，并动用各种关系上有名的学校，美其名曰，不要输在起跑线上。而学校为了招收好的学生搞择优录取，更助长了这一风气，最终形成了新的教育不公平现象，显然不利于社会稳定。

2. 不利于社会和谐

在"择校热"的背后，下列问题应运而生：大量的辅导机构、教师的家教市场、不透明的择校费用、托关系的请客送礼等，给学生增加了不应有的学习负担，给家长增加了经济负担，给学校增加了危险负担，给中间环节增加了利益，甚至导致腐败现象发生，这些都对社会和谐造成了影响。

3. 不利于人才的健康成长

小学和初中基础教育是未来人才的摇篮，其目的是培养孩子的基本素质，包括品行道德和基础知识两个方面的内容，十分关键，十分重要。由于"择校热"，小学教学应试行为严重，不利于学生品行道德的培养，不利于学生学习兴趣的培养，不利于学生学习能力的培养。小学教师为了追求考试成绩，教育管理机构为了评价小学的教学成绩，组织小学毕业考试。中学看重小学毕业考试成绩，用毕业成绩对学生进行筛选，造成小学过于注重考试成绩，因而加大作业量，增加考试频率，延长学生每天在校时间，使小学生苦不堪言。这样培养的人才，是模仿型人才，是听话型人才，是考试型人才，是对学习失去兴趣的人才。造成孩子们从小没有创新意识，没有独立思考意识，因而使素质教育落空，仅停留在口头上。显然，不利于人才的健康成长。

4. 不利于教育教学模式的延续

教育的属性决定了其长期性和延续性，小学和初中分段管理和实施，容易造成各办各的学，课程的设置和安排不尽合理，不利于教育循序渐进地发展。

5. 不利于政府办学

学校布局不科学筹划，不尽合理，不能按地域、按人口居住区域合理分布学校，造成学生上学路程不均衡。各学校投入不均衡，硬件设施差距过大。教师队伍不稳定，教师想到好的学校去，不安心在薄弱学校。名校老师的工作量明显加大，不利于教师身心健康。教育行政部门对学校的评价不好实施，管理职能发挥不理想。因而造成政府办学费力不讨好，群众意见大。

6. 不利于学校的发展

名校压力越来越大，招生人数越来越多，班容量越来越大。有的初中学校班容量竟达 80 多人，严重不符合国家 50 人以下的标准。教学硬件、软件跟不上快速增加的学生人数，教育质量下滑，安全隐患增大，名校最终也要被拖垮。薄弱学校办学的积极性受到影响，招生人数锐减，老师多，学生少，生源差，老师工作没有积极性，教育资源无端闲置，造成浪费。有的学校最终因学生人数少，不得不撤并，造成新的教育布局不合理。

鉴于上述原因，为了保证义务教育顺利实施，保证教育的公平性，保证人才的健康成长、快乐成长，建议广东省率先将小学和初中合并成一个学校，实行九年一贯制教育，进而推广到全国各省、市。这是发展之需和兴国之要。

小学与初中合并后，就不再有小学升初中的问题，这就从根本上解决了"择校热"的问题，而且更能提高人才培养的质量。在合并时，要先将学校布局合理，特别要注意山区和农村地区的学校设置，要注意课程设置的合理，要注意硬件的保证，合理安排师资，保证老师的工作和生活条件，保证人人有学上，确保起点公平。

5.3　我的语文观 *

"什么叫语文？平常说的话叫口头语言，写到纸面上叫书面语言。语就是口头语言，文就是书面语言。把口头语言和书面语言连在一起说，就叫语文。"这是我国著名作家、教育家叶圣陶先生说的话。由此可见，一个人从孩提时期的字词咿呀、到学习时期的知识吸取、工作时期的文字应用，语文岂可须臾与我们离开！在我们一生奔腾不息的生活之河中，语文是最活跃的元素，它滋养着生活之河，也为生活之流所滋养。

身为炎黄子孙，学习语文自我们呱呱坠地就开始了，而且伴随着整个人生历程，所以语文不是可学不可学的问题，而是非学不可的问题、是必须要学好的问题。我们的母语是世界上最美的语言之一，它积淀着深厚的人文底蕴和文化价值。学习语文，可以使我们获取蕴藏在母语中的知识精华，热爱沉淀在母语中的民族情感、民族文化和民族精神，提高自身修养。同时，博大精深的中华文化承载着华夏民族五千年的古老文明，而我们了解中华文化的重要渠道之一就是通过文字。在学好语文的过程中，我们对中华文化的了解也将登堂入室，步入一个更加绚丽夺目、繁花似锦的世界。

在学习过程中，我们要注意培养对语文的热爱之情。古人云："知之者不如好之者，好知者不如乐之者。"兴趣对学习有着神奇的内驱动作用，能变无效为有效，化低效为高效。我出生在一个知识分子家庭，曾祖父 20 多岁中举；祖父 12 岁考取为清末最后一代秀才；父亲国文功底深厚，并具较好英语、日语、德语基础。我出生后看到的第一件东西就是书，自小便和语文结下了不解之缘，三岁便由母亲教我背诵《三字经》等童蒙读物。因为喜欢语文，至今我还记得一年

---

* 本节内容原载《语文月刊》，2009，（4）：1。

级语文第一课的内容："来来来，来上学，大家来上学。"如果培养起对语文的兴趣，学习语文将不再是简单的字词、文章，而是一种阅读的享受，一种心灵的洗礼，一种精神的渗透。

学习语文的同时，要更好地应用语文。语文在人们的口语交际、知识获取、阅读写作、思想交流、科学研究等方面，起着非常重要的桥梁和工具作用。语文是一门基础学科，是工具学科，理解能力不好，不会分析问题，便极大地影响学习其他科目。我虽然是理工科出身，但一直深爱语文，每天坚持阅读，并从中受益良多。在中学时代，我曾获学校演讲冠军。走上学校领导岗位后，语文在我的科研、工作、演讲、交流等方方面面发挥了重要作用。正因为如此，当我读出高妙玄奥的道理、讲出妙语连珠的言辞、做好语惊四座的演讲、写出梦笔生花的文章时，更是深深体会到语文学习与应用的相得益彰。

语文学习无止境，素质提高恒久远。最后，我想以伟大的浪漫主义诗人屈原所作《离骚》中的名句作结语，并与大家共勉："路漫漫其修远兮，吾将上下而求索！"

5.4　情牵母校 *

温江中学是我的母校。

斗转星移，岁月流淌，转眼间，阔别母校已经 38 载。母校，是我永远魂牵梦萦的地方。那里，尽管我没有亲人，可是无数次在梦中都看到了母校。三年的学习生活，使我终生难忘，带给我一生的影响。我珍爱母校的心情经常在胸中荡漾。

今年四月，我有幸作为四川联合大学"211 工程"预审专家回到成都。在会议上认识了四川省教委王可植主任。他热情帮助我在会议结束的第二日，亲自陪同我回到了久别的母校。

再度踏进母校的校门，我的心情格外激动，思绪如潮涌。

星期日的校园，显得静谧、舒适。徒步在校园的路上，沿途的一草一木，一砖一石，一弯一角，不少都是成长时的烙印。这次重游，许多被遗忘的往事如泉涌般闪现在眼前。想起昔日，我们班级是留苏预备班，我曾任班长，同学们团结友爱，学习功课勤奋积极。任教的老师和班主任工作相当认真尽责。学习俄语课时，徐德福老师见我笨嘴拙舌，不会发颤音"p"，就用激将法说我"永远学不会"。为此，我苦练了三天，终于发出正确的颤音。为了达到劳卫制体育锻炼标准，全校跑得最快的黎秉昌同学为我领跑，使我百米跑的成绩迅速提高到 13.7秒。每一个影像来得那么清晰，令我记忆犹新，使我回忆起年轻时曾拥有的

---

* 本节内容是四川省温江中学建校 70 周年的祝词，广州，1996 年 8 月 5 日。

热情。

　　见到了教我数学的钟石钧老师，教我音乐的庹老师。他俩的课教得真好，令我终生受益。在这里，我要再次说，感谢你们，尊敬的钟老师、庹老师和其他未拜见的老师们。

　　竹贵荣校长和张诗德副校长等同志详细地向我介绍了母校的变化和进步。现在，我的母校已面貌一新。教室以及教学设施很好，教学质量优良。我为母校享誉四川省而自豪！

　　我怀念在母校的短暂而难忘的三年学习生活。在母校建校七十周年到来之际，我衷心祝愿拥有悠久历史的母校焕发青春，早日建成为既有时代气息，又有自己特色的蒸蒸日上的中学。祝愿我的母校，发扬优良传统和好的校风，培养出更多更好的学生，为祖国的繁荣富强作出更大的贡献。

参 考 文 献

[1] 刘佳炎. 中小学教育与人才培养. 百名专家谈人才. 北京：党建读物出版社，2012：138，139.
[2] 刘人怀，郭广生，徐明稚，陈劲，陈德敏. 试答"钱学森之问". 中国高校科技，2011，(10)：4-7，14.

第6章　科技发展战略

6.1　以科技创新加快推进全面建设小康社会步伐 *

当今社会，人类业已进入 21 世纪和知识经济时代，以发展高技术和加速高新技术产业化为主要标志的科技经济竞争愈演愈烈，经济全球化进程在日益加快。改革发展中的中国面临着新的发展机遇和严峻挑战，中国应主动、快速应对全球知识革命的挑战。正如党的十六大报告所明确指出的："我国进入全面建设小康社会，加快推进社会主义现代化的新的发展阶段。国际局势正在发生深刻变化。世界多极化和经济全球化的趋势在曲折中发展，科技进步日新月异，综合国力竞争日趋激烈。"改革开放 20 多年来，中国取得了举世瞩目的成就，在世界舞台上来自中国的声音越来越响亮。但我们也必须清醒地意识到，"我国正处于并将长期处于社会主义初级阶段，现在达到的小康还是低水平的、不全面的、发展很不平衡的小康，人民日益增长的物质文化需要同落后的社会生产之间的矛盾仍然是我国社会的主要矛盾。"如何抓住 21 世纪头 20 年这一社会经济发展和科技发展的重要战略机遇期，加快推进社会主义现代化，把"低水平的、不全面的、发展很不平衡的"小康社会，建设成为"经济更加发展、民主更加健全、科教更加进步、文化更加繁荣、社会更加和谐、人民生活更加殷实"的小康社会，科技创新在其中起着关键作用。可以说，科技的发展与创新既是全面建设小康社会的重要目标，也是实现经济社会各项战略目标的根本性措施。下面，我想着重谈一下在我国迈向全面建设小康社会的进程中，我国科技发展与创新所取得主要成就、存在的主要问题，以及我国科技创新的主要内容与思路，旨在为加快推进全面建设小康社会步伐建言献策。

6.1.1　科学技术是全面建设小康社会的重要支柱

人类社会发展进程表明，科学技术是第一生产力。工业革命以来的 200 多年，科技的发展与创新一直推动着世界历史向前发展。英、美等国能成为世界强国，是与其持续领先与强大的科技创新能力不无关系的。18 世纪 60 年代，以英国蒸汽机的发明和应用为主要标志的第一次科技革命，使社会生产力发生了革命性变革，引导人类进入机器时代。20 世纪之交，以美国等国电机、电动机的发

---

* 本节内容是在广东省科技协会首届学术活动周上的报告，广州，2003 年 11 月 11 日。

明和应用为主要标志的第二次科技革命，把社会的工业化提高到一个新阶段，使社会生产力进入电力时代；发生于 20 世纪中期的以原子能、电子计算机和空间技术的发展为主要标志的第三次科技革命，使科学技术对经济社会影响的广度和深度进一步拓展。今天，人类社会已经进入到一个知识不断创新、科技突飞猛进的新时代，科学技术的更新速度日益加快，科技成果商品化、产业化的周期大大缩短，科技创新正在成为经济和社会发展的主导力量。对于像我国这样的发展中国家而言，经济迅速发展与社会进步，本身就是对科技发展的最大挑战，也产生最大的社会需求，能否紧紧抓住新科技革命的机遇，是发展的关键所在。全面建设小康社会，就离不开我国的科技进步和创新。

1. 我国在科技发展与创新方面的主要成就

新中国成立半个世纪以来，尤其是改革开放以来，我国科学技术取得了飞速发展，有力地促进了我国社会经济的发展和综合国力的提升，并为全面建设小康社会，加快我国向科技强国迈进奠定了坚实的基础。这些成就主要表现为下述四方面：

（1）科技创新能力逐步增强。通过实施国家"973"计划、"863"计划、重大科技攻关计划等一系列计划，我国科学知识生产数量增长很快。如我国科学论文在科学引文索引（SCI）、工程文献索引（EI）和国际科技会议论文索引（ISTP）所占总数，20 世纪 90 年代前五年一直在第 15 名左右徘徊，2002 年已跃居第 6 名。又如国内专利申请受理量和授权量，2001 年分别达到 16 万余件和近 10 万件，分别比 1991 年增加了 263％和 364％。尤其是一批具有重要意义和影响的原始性创新成果相继涌现，譬如水稻基因组精细图绘制成功，13.1 万亿次并行机研制成功，10 兆瓦高温气冷核反应堆并网发电成功，神舟五号载人飞船发射成功等，表明我国在当今若干科学前沿领域取得了重要进展，某些重点和关键领域已接近或达到国际先进水平。

（2）科技对经济社会发展的贡献不断增大。高新技术产业的蓬勃发展，已经成为拉动国民经济增长的重要力量。1991～2001 年，我国高新技术产业的工业总产值从 3000 亿元左右增加到 18 000 亿元左右，年均增长 20％以上，超过同期全部工业年均增长速度 10 多个百分点。在国民经济构成中，高新技术产业所占比例由 10 年前的 1％提高到目前的 15％。特别是通过持续不断的科技攻关，我国在产业技术研究方面取得了多项重大突破，有效促进了产业结构的优化调整，促进了社会可持续发展。我们先后制定了《农业科技发展纲要》和《可持续发展科技纲要》，建立国家工程技术研究中心 200 多家，在全国 27 个省份的近 2000 家企业推动制造业信息化工程，解决三峡、"西气东输"等国家重大工程建设急需的关键技术和设备问题，推动清洁能源汽车、洁净煤技术等的开发应用，开展水资源及其污染治理等方面的研究和科技攻关。

（3）科技体制改革取得实质性进展，科技与经济脱节的"两张皮"问题得到基本解决。我国企业研究开发投入占全社会研究开发投入比重超过 60％，已经成为研究开发活动的主体。应用型科研机构向企业化转制，形成了以市场需求为主要导向的研究开发新格局。社会公益类科研机构分类改革，一支稳定服务于社会公益型事业的精干科研队伍正在加速形成。

（4）科技投入显著增加。2002 年，全国研究开发（R&D）投入 1161 亿元，比 1990 年的 125 亿元增长了 8 倍多；全国 R&D 投入占 GDP 比例自 2000 年开始超过 1.0％，实现了历史性突破。

2. 我国在科技创新方面存在的主要问题

在看到成绩的同时，我们也要清醒地看到，与欧美日等发达国家相比，我国科技水平整体上仍然相对落后，在相当程度上制约着我国现代化建设和全面建设小康社会进程。这主要表现在下述三方面：

（1）中国科研产出数量占世界科学知识生产数量的比重仍然较小，尤其是原创性成果极少。从各国占科学引文索引（SCI）论文数量的比例看，美国基本稳定在 30％，英国、日本也都在 8％，而我国仅占 3％。我国内地学者在国际上发表科学论文的引用次数与美英德日等国相比差距较大，只与韩国和我国台湾接近。特别需要我们增强危机意识的是，中国的科学研究模仿跟踪多，创新突破少，在一系列关系国家现代化建设全局，关系国家经济、国防安全的重大高新科技领域，我们拥有自主知识产权的科技成果还远远不能满足日益紧迫的需要，甚至在某些领域与发达国家的差距仍在继续扩大。原始创新能力不足，已成为制约中国可持续发展的突出矛盾。

（2）产业发展对外技术依赖程度过大。这一问题集中表现在具有战略意义的航空设备、精密仪器、医疗设备、工程机械等高技术含量和高附加值产品。近年，我国每年形成固定资产的上万亿元设备投资中，60％以上用于进口。中国光纤制造装备的 100％、集成电路芯片制造装备和石油化工装备的 80％以上、轿车制造、数控机床、纺织机械等的 70％被国外产品占领。这使我国在工业化进程中付出了过高的经济成本，导致我国产业结构调整和升级易于受制于人，如不加快解决，就有可能被长期锁定在国际产业分工的末端。

（3）研究开发（R&D）人力资源薄弱，人均经费远远少于发达国家。我国 R&D 人力资源在绝对数值的比较上，居于世界前列，但在相对量的比较上，与发达国家相差甚远。1987～1997 年，我国每 10 万人口中 R&D 科学家和工程师人数为 454 人，而日本为 4090 人，美国为 3676 人，俄罗斯为 3587 人，韩国为 2193 人，我国与这些国家相差 5～10 倍。从 R&D 科学家和工程师人均占有经费看，中国远远落后于其他国家。按当年汇率折算，2000 年中国从事研究与开发人员的年平均经费为 1.2 万美元，而韩国是 8.9 万美元，日本是 15.8 万美元，刚刚达到韩国的 1/7 和日本的 1/13。由于我们投入过低，从事研究与开发人员的潜力无法得到充分发挥，大大影响了我国研究与开发的效率。

6.1.2　加快科技创新的主要内容和思路

在全面建设小康社会的进程中，科学技术的发展与创新，要着重研究经济建设、社会发展、人民健康和国家安全相关的重大战略需求，及时把握物质科学、信息科学、生命科学、数学、认知科学以及高技术的前沿理论与方法，制定中长期发展规划，用先进的科学技术理论与方法解决重大战略需求，登攀科技高峰，改革创新体制，培养、吸引和组织创新队伍，革新科技管理与文化，建设国家创新体系，实现我国创新能力的跨越式发展。

1. 科技创新的主要内容

在国家安全方面。要适应当代军事变革和现代战争的特点，为国防现代化建设提供技术支撑。在现代农业方面，要发展面向全面小康社会需求的生态农业。在信息科技方面必须满足安全、高效、多样化、网络化、智能化服务需求。在材料与先进制造的发展方面，应以提高我国产品国际竞争力，满足我国经济社会发展与国防战略需求为目标。在空天与海洋方面，要把握制空天权，认知海洋、开发海洋、保卫领海权益。在资源、生态、环境方面的重点是：使我国可持续发展能力不断增强，生态环境得到改善，资源利用效率显著提高，促进人与自然的和谐，推动整个社会走上生产发展、生活富裕、生态良好、文明发展之路。另外，还要在人口、健康与生物安全，城镇化与城乡基础设施，战略高技术，公共科学、技术与支撑平台，以及公共科学平台等方面，进行科技创新，从整体上极大地提升我国的国家创新能力。

2. 科技创新的主要思路

在 21 世纪头 20 年，我们要在建立和完善适应社会主义市场经济体制的科学技术体制并形成合理的科学技术布局的基础上，使我国逐步进入"科技大国""科技强国"行列，形成强大的自主创新能力，在科学和高技术领域占有重要的一席之地，掌握一批重要知识产权，形成支撑我国核心竞争力的知识创新和技术创新基础。具体而言，我认为，我国的科技创新可在以下八方面寻求突破。

（1）加快高新技术产业化的步伐，大力提升和改造传统产业。走新型工业化道路必须发挥科学技术作为第一生产力的重要作用。推进产业结构优化升级，形成以高新技术产业为先导，基础产业和制造业为支撑，服务业全面发展的产业格局。目前，我国产业技术自主创新能力不足，尽管号称"世界工厂"，但大量核心产业技术仍掌握在跨国公司手里，在国际分工中被固化在低技术、低附加值的环节。在世界制造业加速向我国转移的过程中，我们不能一味地强调发挥劳动力的比较优势。而应当通过传统产业的高技术化获得新的竞争优势，通过制造业的信息化，包括农业的信息化，为振兴传统产业提供强有力的技术支撑。

（2）大力加强农业和农村科技工作。党的十六大报告提出建设现代农业，发展农村经济，增加农民收入是全面建设小康社会的重大任务。可以说，没有广大农村的小康，就不可能有真正意义上的小康社会。我国的农业和农村经济已经步入了一个新的发展阶段，同时面临着新的农业科技革命正在全球范围兴起的机遇和挑战，农业和农村工作中的中心任务是进行结构的战略性调整和增加农民收入。农业科技工作必须做到四个转变，即从主要注重数量向更加注重质量和效益转变；从生产服务向生产加工与生态协调发展转变；从强调资源开发向资源开发和市场开发相结合转变；从主要面对国内市场向面对国内、国际两个市场转变。我们要努力承担起为改善农产品的品质，增加农民收入提供科技支撑；为保障国家食物安全提供科技支撑；为缓解资源短缺的压力，保护生态环境，发展可持续农业提供科技支撑；为应对加入 WTO 的挑战，提高我国农产品的比较优势，增加国际竞争力提供科技支撑。此外，还要加强农业科技成果转化环节的工作，继续加大力度实施星火计划；为农业和农村经济结构的调整，为农民增收作出实质性的贡献；强调加强农业科技开展园区的示范和带动作用，增强其辐射能力。深化农业和农村科技体制的改革，加强第一线的农业科技力量，建立和完善农业科技推广和创新体系。制定有效政策，大力增加农业科技的投入，加强农业科技能力的建设，包括人才培养、科研基地建设和一些基础性工作。

（3）积极推进社会可持续发展领域的工作。社会发展领域的工作，包括环境、资源和人口与健康等方面。我们必须坚持以人为本的思想；突出科技创新为人类发展服务，把提高人民的生活质量作为社会可持续发展工作的根本出发点。重点是要突出保障食物安全、生态环境安全、水资源安全、油气资源安全、战略矿产资源安全。

（4）加强基础研究和战略高技术研究，提高我国原始创新能力。应当说，我国在一些特色领域，如生命科学、信息科学、材料科学、环境科学、能源、航空航天技术等方面，取得了卓越成就，已经进入了世界科技前沿，甚至取得了突破性进展。但和欧美日等发达国家相比，我们在科技的整体实力和创新水平上，仍存在一定差距。我们必须奋起直追，通过不断的努力来提高原始性创新能力，要弘扬勇于探索的科学精神，要凝聚和培养创新型人才。同时各级政府要创造良好的环境，社会要营造新的文化，包括容忍失败、鼓励创造。

（5）深化科技体制改革，推进国家创新体系建设。我们必须把科技创新和体制创新结合起来，以"三个代表"重要思想为指导，以加强国家创新体系建设为目标，按照党中央国务院决定的要求，加大深化改革的工作力度，在大幅度提高各类创新主体创新能力的同时，着力转变体制和机制。我们应坚持体制和机制创新，坚持以人为本，坚持改革与发展相结合，坚持配套进行改革。科技体制改革的根本目的，是要建设国家的创新体系，提高我国战略创新的能力和产业的核心竞争力。在建立国家创新体系时应遵循以下思路：进一步以深化改革为动力，发挥政府宏观调控功能和市场配置资源的基础性作用，优化配置国家创新资源，激发创新主体的内在活力，集成社会创新力量，形成多种所有制并存，国家和社会共同推动的创新格局，大幅度提高国家创新能力，加速科技成果的转化和应用，提高国家竞争力和人民生活质量。

（6）加强战略研究，制定科学和技术的长远发展规划。在战略研究方面，为了迎接加入WTO的挑战，国家科技部已会同有关职能部门提出了人才、专利、标准三大战略，并且形成了几个重大专项实施人才战略，就是要切实贯彻人才资源是第一资源的战略思想，把以人为本和知识有价落到实处。实施专利战略就是要努力提高原始性创新能力，掌握核心科技，增强科技、经济的竞争力。实施技术标准战略就是要尽快研究建立国家技术标准体系，打破别国技术壁垒，争取经济主动权。

（7）加强科技基础设施建设。我国在科学技术的基础设施方面，要建立与时俱进的、适应当前科技发展水平的、与我国财力增长相适应的科技条件的大平台，包括科研基地、重点实验室、工程技术中心，科技资源的共享和一系列的科技条件，也包括在科技期刊上我们有新的进展。

（8）加强科学技术的普及工作，弘扬先进文化。代表先进文化的前进方向是我们科技界面临的一项非常重要的任务。一个国家的科技实力，既表现在提高方面，也表现在普及方面；既体现在攻坚和创新的能力上，也体现在科学技术的普及程度和公众的科学素质方面。应该说，后一个方面是我们国家非常薄弱之处，我们必须坚持两个方面，普及科学知识，弘扬科学精神，在全社会形成崇尚科学，鼓励创新，反对迷信和伪科学的良好氛围。

目前，科学技术正以加速度推进人类社会的发展，形成一个鼓励创新、勇于创新的社会氛围，对一个社会的发展起着至为关键的作用。诚如江泽民同志所指出的："创新是一个民族进步的灵魂，是一个国家兴旺发达的不竭动力。"全面增强国家的创新能力，既是实施科教兴国战略的需要，也是为了加速推进全面建设小康社会的步伐。而科技创新反映了现代科技发展的本质规律，在国家的创新体系中占有举足轻重的战略地位。全面建设小康社会的伟大事业，热切期盼着科技的发展与创新为之提供科技支撑和强大动力。我相信，广大科技工作者一定会以自强不息、百折不回、勇攀科学高峰的精神，勤奋工作，开拓创新，为圆满完成党的十六大提出的各项战略任务，为实现中华民族的伟大复兴，为我国经济建设、国防安全和社会可持续发展，贡献自己的智慧与汗水。

6.2　我国高新技术发展战略[*]

面对世界新科技革命的蓬勃发展，经济、科技在世界竞争中的地位日益突出的态势，10 年前邓小平同志高瞻远瞩地提出："科学技术是第一生产力"[1]。其最重要的含义就是科技是第一位的变革力量，是变化中的主导因素。"科学技术是第一生产力"的思想不仅符合中国国情，也同样具有世界意义，因为，"实现人类的希望，离不开科学；第三世界摆脱贫困离不开科学；维护世界和平也离不开科学。"[1]邓小平同志特别重视"发展高科技，实现产业化"，他 88 岁高龄南方谈话途中，满腔热情呼吁"提高科技，越高越好，越新越好"，表达了他对科技发展的殷切期望。未来的 21 世纪将是科学技术广泛交叉融合、迅速转化的世纪，是不断印证科学技术是第一生产力思想的新世纪。审时度势及时制定我国高新技术发展战略，是时代之使然。

6.2.1　"科学技术是第一生产力"的国际趋势

自第二次世界大战结束以来，在世界范围内兴起并仍在继续进行的新科技革命，是人类历史上规模最大、范围最广、层次最高、影响最深远的一次革命，这场革命分为五个阶段：1945～1955 年，第一个 10 年，以原子能的释放和利用为标志，人类开始了利用核能的新时期；1955～1965 年，第二个 10 年，以人造地球卫星的成功发射为标志，人类开始摆脱地球引力向外层空间进军；1965～1975 年，第三个 10 年，以重组 DNA（即脱氧核糖核酸）实验的成功为标志，人类进入了可以控制遗传和生命过程的新阶段；1975～1985 年，第四个 10 年，以微机大量生产和广泛使用为标志，揭开了扩大人脑能力的新篇章；从 1985 年至今，以软件开发和大规模产业化为标志，迎来了信息革命的新纪元。在信息时代，最重要的资源是信息，人们主要利用脑力劳动创造社会财富，服务业成了信息时代最庞大的经济部门。

21 世纪将是科学技术全面发展的时期。以信息技术、生物技术和材料技术三大前沿技术为代表的高新产业开始占主导地位，并将和能源、航空航天、海洋开发以及农业、医疗保健、制造业、环境保护等方面的技术一起，对经济、社会以及人们的生活方式产生重大影响。

新科技革命缓解了资源在国家实力中的重要地位，减轻了经济发展和军事对资源的依赖；新科技革命吸引各国重视高精尖技术的运用，变追求数量为立足于质量；新技术革命削弱了军事冲突的作用，提供了武力以外的新的抗衡手段。国家实力内涵的更新，迫使世界各国完成了从生存意识到发展意识的飞跃，把推进

＊　本节内容原载《暨南学报（哲学社会科学）》，1998，20（4）：5-10。

高科技的发展确定为国家战略重点，由此引发新一轮剧烈的国际竞争，当今国际社会"科学技术是第一生产力"竞争有如下趋势。

1. 技术产业化

高新技术产品的广阔市场和高额利润，使许多国家特别是发达国家产业界在加强科技发明和创造的同时，把重视技术的应用作为突出措施来抓，以加强高新技术产业化进程。因而在科技进步日新月异的今天，科技转化的周期越来越短，高新技术的转化更为明显。50 年代，一项高新技术从实验到产品问世，一般为10 年，长的要 20～30 年。如地球卫星从研制成功到上天运行，花了 30 多年。如今，发达国家更新产品周期已缩短至 3～5 年，而在微机领域，大约相隔半年就有新的机型面世。诚然，加快科技成果产业化并非易事。如技术上的发明需要三分努力，应用开发就需要七分努力，而使它投入批量生产则需加倍的力量。

由于高新技术产品拥有广阔市场和丰厚利润，这引致发达国家和地区不遗余力地推动高新技术的产业化进程。其有效的措施是，增强开发投资，加快科技优势向商品优势的转化。如美国在 80 年代末，用于研究性开发的投资即达到 1300亿美元。进入 90 年代，随着冷战结束后形势的变化，又逐步调整有关基础研究和应用研究的传统观念以及政策法规和资金分配计划等，关闭一些无实际意义的国家级重点实验室，以保证国家级高新技术成果的转化。兴建科技园也是发达国家转化高新技术成果的有效途径。高科技园是科研、高校和产业部门联手合作的共同体，这种共同体的最大优势就是能加快高新技术产业化。

2. 投入集约化

高新技术的竞争，除了人才、技术因素外，最重要的是经济实力的竞争，即使人才、技术也与经济基础密切相关。高新技术由于研制的艰巨性、复杂性及其大量人力物力的消耗，使技术的前期投入比较高，从而产业界获得技术专利的支出相当昂贵。高新技术产品的独创性和高精密特点则要求生产设备、检测手段、工作环境和原料选用都达较高水平。因而高新技术产业化的一个重要条件是资金密集，投入集中。为了在国际高科技竞争中不至于落后，各国竞相增加科研经费的投入。近几年，日本科研经费的增长速度居世界第一位，1995 年的经费总额占国民生产总值的 3.19％，到 2000 年将上升到 3.5％。美国准备把今后 5 年的国家科研基金预算提高一倍。

3. 科研前沿化

发达国家积极向科学研究的前沿领域进军。以日本的计算机为例，目前世界上使用的最先进的计算机是第四代大规模集成电路计算机。科学家正在着手研制第五代智能计算机和光子计算机，而日本已在研究生物计算机和第六代仿人脑计算机的理论了。科研前沿化需要大批优秀的人才，现在不少国家到国外用重金聘用人才。日本的人才领域研究计划 1/3 的研究人员准备从国外引进。美国、加拿大、澳大利亚和新西兰为了在国外网罗人才，再次修改了移民政策。

4. 科技保密化

对高技术采取严格的保密措施，这在美国表现得最为明显。美国为了保持和恢复在高技术领域里的优势，采取了许多"技术堡垒"措施，如制定《知识产权保护法》、不允许外国人向美国商用数据库检索资料、限制外国在战略领域里的投资等，科技保密化趋势使各国高科技的发展，必须建立在吸引国外高新技术与本国自行开发相结合的基础上。

5. 经营全球化

全球化经营战略不仅反映在产品的国际化销售不断扩大，也反映在跨国公司设置的全球化进程日益加快。跨国公司已有几十年历史，但以往主要集中在传统产业的扩张上。高新技术产业公司由于技术因素，外扩势头不强。近几年，随着高新技术的日益成熟，生产能力的不断扩大，大公司急需寻求国外合作者。与此相适应，世界经济的蓬勃发展和购买需求的不断增强，以及消费层次的相应提高，为高新技术产业提供了更多更大的国际市场。欧美和日本的许多大公司不失时机地到国外布点抢滩，加快实施产销一体化、经营国际化的战略。如美国的国际商用机器公司、摩托罗拉通信设备公司等国际知名的高新技术企业，近两年已在中国、南非等 10 多个国家设立了组装整机、生产配件的专业工厂。继美国企业之后，日本的高新技术企业也纷纷兴办"国际企业"。日本大举蚕食美国的高科技地盘，近 10 年，日本大规模集成电路的世界占有率，已从 28％ 上升到 50％。

6. 银企联合化

金融业的发展特别是金融与企业的关系，一定程度上决定着国家及其企业经济的发展。高新技术产业由于资金需求量大、市场风险大，更需要银行部门的支持。因此，许多国家发展高新技术产业的又一举措，是加强银行与企业的联合，借助银行的资金优势、财会优势和管理优势，推进企业购买新技术，加快发展速度。

6.2.2　我国高新技术发展的基市状况

我国发展高新技术及其产业的基本思路有两条：一是沿着高新技术基础研究→高新技术成果开发→高新技术商品化→高新技术产业化的程式发展。这是由高新技术及其产业自身发展特点所决定的。二是运用高新技术改造面广量大的传统产业，最终使产业结构合理化、高级化，从而增大高新技术对经济增长的贡献率。主要内容包括直接采用高新技术生产更新换代产品，促使传统产业向高级化发展；利用高新技术改造旧的工艺（流程）；运用新材料技术开发替代传统材料的具有新功能、高附加值的新材料；运用具有较高技术含量的装备替代传统设备以及嫁接式动用高新技术或综合运用高新技术改造传统产业等。

1988 年 8 月经党中央、国务院批准实施的火炬计划，经过 10 年艰苦努力，已经取得了显著成效，顺利地渡过了初创期，开始进入新的发展阶段。全国已认定了 1.2 万家高新技术企业，组织实施了近 2000 项国家级火炬计划和近 5000 项地方级火炬计划项目，52 个国家级高新技术产业开发区已初具规模。高新区在近 130 万人就业规模上，实现了年人均产值近 17 万元。在市场经济条件下，高生产率意味着高产出、高收益和高竞争力。从国家总体经济来看，在 1994～1995 年我国工业增加值平均增长 5.07%，而同期高技术工业增加值增长 43.66%，高技术增加值占全部工业增加值比例已上升到 10.55%，成为促进产业结构升级和拉动国民经济持续、快速、健康发展的新生力量。在一些关键领域，一批著名企业已创出了自有知识产权的名牌产品，具备了参与国内外市场竞争的实力。1992 年，52 个高新区年收入上亿元的企业仅有 39 家，而 1996 年已发展到 390 家，超 10 亿元以上的有 30 家。高新技术企业从小到大，显示出强大的生命力。

广东近年经济社会取得的巨大成就，无不得益于科学技术所起的重要作用。1991 年广东明确提出今后的发展目标：工业中的科技含量要从 20% 提高到 50%，农业要从 20% 提高到 40%，高科技产品比例要从 3% 提高到 7%～8%。广东已建立县以上科研和技术开发机构 1600 多家，"七五至八五"时期，广东投入 127 亿美元，先后引进 7000 多项先进技术项目、130 多万台（套）技术设备，对全省工业进行大规模技术改造，使广东在较短时间内缩小了与国内先进省市和发达国家的差距。广东科技进步对经济增长的贡献率由 1978 年的 19% 增至目前的 39%，广东 GDP 由 1978 年的 184.7 亿元增至 6097.42 亿元，广东有 2/3 的新增产（行）业是由近 20 年来的科技进步带来的，劳动生产率的提高也有过半数得益于此，科技进步对广东新增 GDP 和新增 GDP 对新增工业产值的贡献率已分别达 61.04% 和 66.54%。至 1996 年止，全省已认定高新技术企业 569 家。1995 年，广东高新技术产品进出口总额达 100.9 亿美元，其中出口额为 53.39 亿美元，居全国之首。同年广东大中型工业企业高技术产品销售 185 亿元，居全国第 2 位。广东利用高新技术发展农业，全省农业综合商品率达 80%，"三高"农业产品已占农产品总量一半以上，农产品及其加工产品出口产值占农业总产值的 30%。广东实践无不证明科技进步是推动国民经济增长的首要因素。

由于我国高技术发展起步较晚，整体上仍处于发展的初级阶段，我国工业技术只有 20% 达到发达国家 20 世纪 80 年代水平，与发达国家相比差距甚远。政府对高新技术发展的支持力度不够，政策不完善，特别是投入不足，资金短缺已成为制约我国高技术快速发展的关键因素之一。发展高科技资金短缺的原因：第一，国家对高科技投资偏弱。高科技投入的总经费，我国不仅在绝对值上不足美国的5％，全国人均经费仅为第三世界国家人均值的1/2；财政科技投入占国家财政支出的比重远远低于西方发达国家、新兴工业化国家和许多发展中国家。发达国家对高技术研究开发经费的投入占国民经济总产值的2.5％，而我国的投入不到1％，20世纪末要达1.5％的投入也不容易。第二，高科技投入的渠道偏少。我国高科技投入缺乏社会化的投资渠道，尤其缺乏大型企业的有效介入和科技风险基金的有效形成与运作，科技投入过分偏倚政府。企业本应是高技术发展的主体，发达国家的企业在高技术投入中一般占其总投入的50％，而我国企业尚未完全成为真正独立的经营主体，缺乏对风险投资的激励机制和承担能力，尽管企业在银行的存款达4000多亿元，但仍不愿向高风险、投资大、见效长的高技术产业投资。第三，高科技投入结构不当。由于投入额不足，条块分割，难以启动重大科研，只能进行低水平的重复。据统计，我国的科研项目，40％与国外重复，管理软件的低水平重复率达70％。第四，银行功能没有充分发挥。我国银行的资金规模已达12 000亿元，是支持高科技产业发展的重要力量。但由于银行体制仍未根本理顺，银行不愿将其资金投向高风险企业或产业。第五，利用外资不够。虽然我国高技术市场前景广阔，对外商颇具吸引力，却由于我国市场机制不健全和投资效益低，一些外商望而却步。

高技术与产业化是两个层次的问题，目前在高技术研究方面我国取得一定进展，而产业化则是非常薄弱。我国的科技攻关能力在世界上数第一流，如两弹一星成果所证明的。而我国高技术产业化的水平，却大大低于科学研究所反映的水平，我们要积极探索一条中国式的技术进步新路子，发展高科技、实现产业化，全面推进"科技是第一生产力"的发展战略。

6.2.3 我国高新技术发展的战略选择

世纪之交，各发达国家着眼于21世纪的经济和科技的新一轮竞争，纷纷调整和制定高科技发展战略，为保持领先地位打下坚实基础。我国作为世界上的大国，任何时候，"都必须发展自己的高科技，在世界高科技领域占有一席之地"。[2]我国已制定了《高技术研究发展计划纲要》和《国家中长期科学技术发展纲要》，并启动和正在实施"863"计划、国家科技攻关计划、火炬计划等，组织各方面力量在经济建设主战场、高技术研究及产业化、基础性研究三条战线展开攻坚战。

我国发展高新技术的战略是："跨越发展，开拓创新，系统集成，示范带动"。跨越发展是后起国家经济起飞的成功之路，世界格局从冷战转向经济竞争及我国改革开放20年的快速发展，为我们创造了跨越发展的历史机遇，要实现跨越发展，必须开拓创新。目前技术发展的国际化趋势，为我们技术引进提供了便利。21世纪初，我国将进入技术引进的第三阶段，在技术引进的基础上，要及时转向消化吸收和创新，以自立于世界高技术之林。系统集成是系统技术的需要，也是高新技术与传统产业集成、与社会要素结合的需要，示范带动是应用高技术促进经济发展的成功经验，带动企业技术进步。只有采用示范带动的点源式样版，才可能激励、启示和引导广大企业积极跟进，最终达到以高科技研究和发展带动企业技术进步的目的。

发展我国的高科技，总的原则是："一靠政策，二靠投入，三靠人才"，要突出高新技术发展战略上的创新。

一是把培植高新技术产业作为科技立国的重大举措。高科技发展要以提高我国国际经济竞争力和市场占有率为重要目标。高科技发展要体现国家的产业政策，有所为而有所不为，多方联合，优势集中，有序分工。要实现我国的产业经济发展战略重心大转移，由传统的劳动密集、机械密集型产业向科技密集、技术密集型产业为主导的新型产业经济格式转变，使我国在不长时间内成为经济大国、科技强国；要站在世界科技发展的新前沿和能够驾驭未来竞争的制高点来审视、谋划我们的科技战略，通过培育高技术产业，加快传统产业现代化的改造，探寻新的产业经济增长点，使我们的综合国力有较大的提高，使科技进步跃上新台阶。

二是集中优势力量主攻科技难关。我国科技基础薄弱，尤其是高新技术起步晚、力量弱，许多方面难成特色。现有的高新技术企业有相当部分是与国外企业合资合作，借他人的实力和专利发展，有些电子、音像类技术还是从非正常渠道获取，因而时常与外国企业，特别是欧美企业发生知识产权方面的矛盾和纠纷，给企业和国家造成不良的政治影响和经济损失。因此，从积极接受挑战，主动驾驭竞争的需要出发，我们应集中优势力量，主攻高新技术的重点。从技术力量角度而言，应发挥三方面的作用，即专业科研机构、高校科技力量和大中型企业的科技人员的作用。我国现有科技人员2800万人，其中1/5是高级科技人才，有足够的开发创造实力。但由于人员分散、专业限制、政策束缚和条件滞后等因素，导致信息不灵，力量分散，各自为政，甚至专业人才无用武之地，直接影响到科技力量的有效发挥。因此，一方面要加快产、学、研一体化进程，协调好国家和地方、科研和企业的合作关系，重大项目由国家或省统一部署，各参与单位分工负责、协作攻关，重点突破；另一方面加快与国际接轨，扩大信息量，及时掌握国际经济技术的新变化，调整我国的主攻方向，避免无效劳动、重复劳动，提高科技成功率。

三是规划跨世纪科技人才的培养。现代科学技术向高精尖、跨学科发展，产业向知识或技术密集型发展，战略资源不再是物质资本，而是人力资本，是知识。为保证我国未来经济健康、持续发展，培养跨学科人才是一项重要工程。培养此类人才，一要提倡导师指导和集体培养相结合的方法。二要实行国内外、校内外联合培养研究生，三要鼓励跨学科跨专业报考研究生。要改革教学方式，以大学为基地，将教育融入科研，在研究过程中培养学生，使学生能在产、学、研合作的实践中吸收更多有益的经验。

四是普及全民创造教育。创造力是科技和社会发展的一种动力，没有创造性思维的人，是不可开拓进取的；没有创造精神的民族，是难以实现繁荣与发展的；没有创造性的时代，必将是一个黯淡而平庸的时代。创造力和其他技能一样，是可通过教育、训练而激发出来，在实践锻炼中不断提高的。创造力开发正是通过把关于创造的理论和方法，转化成劳动者的创造素质和技能来推动科技进步和经济发展。截至目前，全世界已有的创造技法达数百种，创造力测评方法达100 多种，制定出创造力训练教学模式达 10 多种，已有 40 多个国家进行创造力开发教育。要使我国的人才真正形成创造优势，成为推动高科技发展的生力军，就必须从战略高度上重视全民创造力开发，为科技和经济的发展注入活力，增强后劲。

五是把有限的科技优势转变为竞争优势。我国的总体实力已接近中等发达国家现有水平，但我国的人均占有率较低，高校、科研单位的自创增值能力偏弱，企业积累能力太小，加之各地基建摊子铺得太大，资金饥渴情况普遍，各级财政十分紧张，预算内的科技经费十分有限。有限的科技资金过于分散，上不了大项目。解决投入问题已是我国高科技产业可持续发展的至关重要任务，应全方位、多层次增加科技投入。不止于国家有限拨款，要坚持国家、地方都随经济发展而按比例增加科技投入；不止于财政有限拨款，要坚持财政拨款、企业提留双向并进；不止于外部有限的输血，要坚持放活高校、科研单位，让其自己增资创收；不止于国家有限投入，要坚持对外开放科研，利用国外资本解决科技经费不足的问题。在增加科技投入的基础上，必须实行集中投入、保证重点开发。同时要鼓励有发展前景的高新技术企业兼并没有前途的中小企业，以利于现有的生产要素，扩大经营规模，带动产业产品结构的优化，以新的优势与国外企业竞争国内市场，再反弹到国际市场，扩大我国高新技术企业的生存空间，只要推动一批大型高新技术企业运作，我国的高科技实力和综合国力就能确确实实地进入世界技术强国之列。

6.3　加强基础研究[*]

基础研究是人类文明进步的动力，是科技与经济发展的源泉和后盾，是新技

---

* 本节内容原载《科技管理研究》，2004，24（5）：1-3。

术、新发明的先导，也是培养和造就科技人才的摇篮。在综合国力竞争中。基础研究的发展水平已经成为一个民族的智慧、能力和国家科学技术进步的基本标志之一。以基础研究及其所孕育的高新技术原始性创新为主要标志的科技自主创新能力的竞争，已经成为当今世界科技竞争的制高点，乃至国家竞争成败的分水岭。基础研究作为原始创新的源泉、高新技术及其产业发展的先导，对当代科学技术的整体发展、新兴产业群的崛起以及经济和社会的变革产生了巨大的不可估量的推动作用。

世界上的发达国家无不对基础研究给予了极大的重视。世界头号科技经济强国——美国，凭借其强大的经济竞争力，形成世界上领先的整体科技实力。美国政府和民间机构所作的调查都得出相同的结论：美国政府对基础研究进行的长期、稳定的支持，是维持美国科技经济竞争力的根本。

教育和科学水平是衡量一个国家实力的重要指标。俄罗斯与发展中国家的根本差别不在于其拥有核武器、石油和原材料，而在于其具有非常高的教育水平。尽管最近 10 年俄罗斯基础研究实力有所下降，但俄罗斯是除美国以外的在所有科学领域都进行科学基础研究的国家，研究领域面大而宽，基础研究根基雄厚。英国政府科技投入中的 60％用于基础研究。保持基础性研究的高水平是当前德国科技政策的核心之一。自 20 世纪 80 年代始，德国的研究与发展经费中约有 20％用于基础性研究，这一比例远超过美国的 12％、日本的 13％，此后持续增长，1992 年以后，德国基础研究经费达到并基本保持在 25 亿欧元（占 29％）。日本大力推进战略性基础研究，强调"关键的关键，是创造出自己的新技术"。韩国政府在 2003 年投资 1696 亿韩元加强基础科研和人才培养，以促使基础研究获得长足进步。

过去，基础研究的动力主要来自于科学发展过程中的内部矛盾。在社会不断发展的今天，国家、社会方面的需求动力越来越大，越来越直接成为推动基础研究不断发展的力量，使基础研究处于一个非常重要的地位。我国基础研究往往跟踪模仿的多，这在发展初期是可以理解的。如果一个国家基础研究水平远远落后于别的国家，而这个国家又想很快地在经济上崛起，那么直接引进就是最有效的途径，日本、韩国、新加坡等都是靠直接引进别人的科学成果发展起来的。但现在，我国年 GDP 总量已超过 1 万亿美元。经济总量已经列世界第 6 位，开始向中等发达国家水平的目标前进了，我国的基础研究应该到了要提升的新阶段。激烈的国际竞争，对中华民族的自主创新能力提出了新的、更高的要求。在尖端高科技领域，在最前沿的科学领域，在涉及商业利益的高技术领域，在国防科技领域，没有人会把最先进的技术和成果转让给我们，一个基础研究实力薄弱的发展中大国不可能在科技方面掌握自己的命运。忽视基础研究，将会使我国与发达国家的差距继续拉大，未来世界就没有我们的地位。金融风暴中那些缺乏自主创新和知识产权、主要依赖直接引进别人技术而发展起来的经济的虚弱和不堪一击，已经向我们昭示了这一点。

知识经济对人才结构、人才的素质提出了新的要求。科技创新的关键是人才，基础研究是充满活力的创新活动，是培育具有创新精神和创新能力人才的摇篮，激烈的人才竞争使基础研究重要的战略地位更加凸显。首先，考察科学发展史，不难发现，杰出的人才需要培养造就。通过基础研究，不但要出成果，也要培养出高层次的科技人才。科技活动逐步成为高水平大学培养人才的重要方式。如果一个国家不搞基础研究，是不可能有高的教育水平；凡是教育水平高的高校，教师都在积极从事基础科学研究。其次，基础研究为培养、稳定一支高水平的科研队伍发挥了积极作用。近 10 年来，我国科研队伍建设得到重视和加强，特别是对优秀中青年科技人才的培养达到了前所未有的程度，各种人才计划相继出台，这些人才计划的实施，使大批优秀青年学者获得了较强的经费支持，他们中的许多人正在逐步成长为我国多学科领域的学术骨干和学科带头人。目前我国有一支近 8 万人的基础研究队伍，其人员的年龄结构已发生明显变化，中青年科技骨干的比例正在迅速上升，45 岁以下的国家自然科学基金项目负责人比例从 1986 年的 12％提高到 70％，在国家重点实验室工作的中青年科技骨干的比例已接近 50％，参与 1998 年启动实施的《国家重点基础研究发展规划》项目的 35 岁以下的青年学者和研究生已占 60％以上。

基础学科在整个自然科学体系中占有十分重要的地位和作用。基础研究包括对科学本身的基础研究（纯基础研究）和应用科学技术基础研究（应用基础研究）两个部分。前者是以认识自然现象、探索自然规律、增加人类知识为目的的科学研究，后者是围绕重大应用目标或某种应用技术而进行的基础性科学研究，两者既有区别，又有联系。基础研究是社会与科学发展的基础，由基础科学研究产生的大量新思想、新理论、新效应等为应用科学提供了理论基础。

广东在 20 世纪 90 年代后期以来，随着经济建设的迅速发展和工业生产水平的不断提高，劳动密集型产业结构赖以生存和发展的环境发生了根本的改变，广东原有的工业生产低成本和技术领先的优势开始丧失；从市场环境看，市场结构已由卖方市场逐渐转向买方市场，人民消费水平迅速提高，使得消费市场的热点不断向高层次发展，广东必须推动产业结构从劳动密集型转向技术密集型；从经济增长方式来看。随着经济的发展，广东在过去 20 多年的发展过程中所采取的速度型、粗放型增长方式的弊端日显。此外，国家在财税、金融、外贸、价格等方面的改革，使得粗放型经济增长方式的条件不复存在，宏观环境的变化和工业本身的发展规律，都要求广东经济向以高新技术产业为主的效益型、内涵型发展模式转变。

知识经济建立在知识和信息的生产、分配及使用上，高新技术产业是以高新科技为最重要的资源依托。由于知识创新和技术创新的速度加快，劳动者需要不断更新自身的知识与技能，教育与培训有走向终身化的趋势，这些都需要基础研究的支撑。

目前，广东的经济实力和高新技术产业在国内还处于领先地位，但随着长三角、京津等地区的高速发展，开发大西北、振兴东三省步伐的不断加快，广东面临着的知识、技术、人才竞争将越来越激烈。"人无远虑，必有近忧"，如果不大力加强基础研究的力度，从根本上解决知识、技术、人才的来源问题，再过若干年，广东的高新技术产业乃至整个经济的发展将会缺乏后劲。

长期以来，我国的基础研究大多还是属于跟踪性的创新，分散重复，缺乏重大科学发现和技术发明，原始创新不多，年轻后备力量不足。但近年来，我国的基础研究开始取得了一些令人振奋的成果：神舟五号载人航天实验取得圆满成功，成为标志着我国进入世界先进航天大国行列的里程碑；我国国际科技论文数量持续稳定增长，2003 年已跃居世界第 5 位；2003 年来自国内的发明专利申请数量 8 年来首次超过来自外国的申请；连续两届国家自然科学一等奖的产生。这一切都表明，多年来困扰我国科技发展的原始性创新能力不足的状况正在得到改观。更重要的是，我国在以下 3 个方面奠定了基础研究发展的基础。

1. 认识方面，基础研究工作的重要性得到了共识

国家、政府各级领导极为重视基础研究。江泽民同志指出："基础研究很重要"；全国技术创新大会提出："重大突破性创新要着眼于从基础研究抓起，不断形成新思想、新理论、新工艺，为应用研究和技术开发提供源泉，增强持续创新的能力"；高校在认识、观念方面的转变，使高校充分发挥了在科技特别是基础研究方面的潜能、成为科技创新基础研究的一支主力军；广东省也极为重视基础研究，在全国率先建立了省级自然科学基金，累计投入经费超过 2 亿元。

2. 项目到人，观念上有了一个质的改变，"以人为本""人比项目更重要"的思想开始被接受开有所体现

教育部组织实施了"跨世纪人才工程"，近年又实施《面向 21 世纪教育振兴行动计划》中的"高层次创造性人才工程"；中国科学院组织实施了"百人计划"，近年在知识创新工程推动下，又推出了"吸引海外杰出人才计划"；国家基金中杰出青年基金等人才类板块项目的比重加大。广东省基金的类别结构，开始只有面上项目层。20 世纪 90 年代，广东开始设立青年项目，目前形成了研究团队项目（培养高层次人才队伍）、重点项目、自由申请项目、博士启动项目（培养青年后备力量）等 4 个层次项目。

3. 投入大大增加，结构趋向合理

2002 年，我国基础研究方面的投入达 60 多亿元，占 R&D 经费的比重为

5％左右，到 2005 年将上升到 8％～10％，接近中等发达国家的水平。2001 年以来，广东省每年投入基础研究的经费超过 3000 万元。建立了一批科技基础条件平台，现有国家、部门重点实验室 16 个，省重点实验室 72 个，以通用的实验仪器为例，实验室已达到发达国家中等水平，对人、财、物等方面的投入与建设均达到了一个较高的水平。

但是，目前广东的基础研究还存在以下几个问题：①在国家层面上的基础研究中，重大创新缺乏，国家级大项目、高级别奖项不多，国家重点实验室、工程中心数量偏少，影响力、辐射力偏弱，对广东省经济社会发展中的关键技术的支撑不够；②投入产出效益不高，以论文发表情况为例，"九五"期间，被三大索引收录的广东省科技论文数量在全国的排位（第 11 位），落后于广东受各项基金资助（基础研究）产生的论文数量在国内的排位（第 6 位），更落后于广东省发表的科技论文数的国内排名（第 4 位），这表明广东省的基础研究投入产出效益尤其是高水平成果的产出率不高；③优秀学术带头人，尤其是中青年学术带头人缺乏（国家杰出青年基金 1 年资助的人数为 160 人，而自这项基金设立 10 年以来，广东省获资助的人数总共不到 50 人），人才培养无论是在数量上还是在质量上，都远远不能满足广东经济、社会发展的需要。在这样的形势下，针对如何在科技强省战略中使基础研究促进广东省社会、经济向更高层次发展，我们提出如下一些建议。

1. 打造具有区位特色的科学中心

这是科技强省战略实施过程中，使基础研究发挥作用的关键。纵观世界经济中心转移的历程，无论它是在英国、德国还是美国，无不与科学中心的转移密切相关。广东是经济大省、高技术产业大省，随着竞争的日益激烈，要取得更大的发展，必须加强国家、地方目标对基础研究的"需求牵引力"，打造具有区位特色的科学中心，使之成为知识、人才、技术的聚集地和辐射中心。

2. 通过加强基础研究，建设有自己特色的创新文化，这是建设文化大省的一个重要组成部分

创新文化有三个层次，第一层次是外部形象、规模、队伍、场地、设备等；第二层次是规章制度和行为规范；第三层次，也是最重要的层次，是价值、观念、道德，这些是创新文化的核心。要克服急于求成、急功近利等各种浮躁思想，大力培养有棱有角、敢于创新的品格，提倡养成"十年磨一剑"的耐性，树立甘于寂寞、以质取胜的精神。希望所有的科研人员，特别是青年科研人员，在这些方面有强烈的意识。写 100 篇平平常常文章的人，在学术舞台上可能很快就会消失；而写一篇有分量的文章，能引起大量后续研究，使人家都跟着去做，可能会在学术界树立一个里程碑。著名数学家吴文俊先生在获国家最高科学技术奖后讲了一句话："什么是创新？创新就是要别人 follow me，让别人跟着我做，如果我 follow 别人，就不是创新了"。这样一些观念，要成为我们创新文化的精髓。

3. 优化创新环境，实现基础研究资源的合理配置，提高科研的效率

资源配置中最重要的是讲求实效，就是胡锦涛同志在两院院士大会上的报告里面讲的绩效优先，这是非常非常重要的。虽然与发达国家相比，我国目前对基础研究的投入水平并未达到理想程度，但政府近年来的投入水平已创"新高"。正因为如此，科学界和管理部门在讨论基础研究的问题时，不再像过去那样把"投入"当成第一位的问题了，而是讲求怎么把钱花好，把钱用得正确。在很多国家，一些非常贵重的科学仪器，一个大城市只有一套；而我国，现在就有很多套，然而每一套都使用得不足，在每一套上，我们都没有创造出很多新的成果。有时候去参观一些实验室，这些单位要叫人专门去拿钥匙才能把实验室门打开，然后揭开用白布盖着的贵重设备，介绍它的指标有多高，这实在令人忧虑，因为如果再放五年，这些就成为落后的设备。做好规划和布局、增强学科间交叉、注重科学的评估、减少非研究性负担、开放共享的平台，让基础研究产生更好的效益，更好地为科技强省服务，是目前摆在我们面前的紧迫任务。

我国的工业化比欧美晚了 200 年。近 100 多年来的痛苦探索，使我们明白了一个真理：一个没有强大科技实力的国家，不可能屹立于世界民族之林。在 21 世纪之初，瞻望我国宏伟的发展目标，我们应该更加重视基础科学研究，以实现中华民族伟大复兴的夙愿。

6.4　广东省发展高新技术的若干意见和建议*

新年伊始，万象更新。欣逢盛世，国泰民安。今天，借此机会，我想谈谈我省的高新技术发展问题。

中国加入 WTO 后，我国高新技术产业将在一个开放的世界舞台上参与竞争、接受挑战。面对世界上发达国家在技术、资金、管理和人才等方面的竞争优势，加入 WTO 后，对中国高新技术发展从长远看是"利好"的，但从短期来看，"阵痛"是不可避免的。面临的主要挑战包括国内市场的国际化压缩了我国高新技术产业的发展空间，国外高科技产品技术优势和价格优势将使一大批创新能力弱，核心冲力不强的高科技企业难以为继；全球跨国公司大举进入中国，推行研发力量本土化的战略，中外企业对人才的争夺将从"背靠背"变成"面对面"，优秀人才的流失也将对成长中的中国高新技术企业带来巨大的冲击。

广东毗邻港澳，处于改革开放的最前沿，对外贸易占全国 40% 以上。广东

* 本节内容是在广东省政协八届五次会议上的发言，广州，2002 年 1 月 31 日；《政协广东省第八届委员会建言选编》（政协广东省委员会办公厅编），广州，2003，289-297。

省外向型企业多，应积极采取应对策略，争取时间和主动，在这场汹涌的竞争潮流中站稳脚跟，并发展壮大，为此提出以下几点看法。

6.4.1　推行人才战略，构筑国际化人才高地

迈入 21 世纪，全球经济一体化明显加速。中国加入 WTO 后，国际化人才竞争加剧，广东实施外向带动的战略及率先基本实现现代化、建设国际化大都市的目标等均使广东对国际化人才的需求日益迫切。广东高新技术发展要在科技全球化的竞争中凸显出来，快速发展，国际化人才是关键。

目前，广东高新技术企业要走向世界，面临许多不适应，包括人才素质不适应，技能不适应，人才结构不适应。具体表现在缺乏一批具有战略思维、世界眼光、通晓国际经济的"游戏规则"，跨文化操作能力的企业家和掌握现代化知识的技术人员，此外各行各业均缺乏适应 WTO 的各类人才。

加速构筑国际化人才高地主要应从如下几个方面着手进行。

1. 加速广东本土人才国际化

人才培养，教育先行。建议在省内若干大学成立培养适应国际化人才的学院或培训中心。例如，暨南大学去年率先在国内成立了采用全英语教学的国际学院，聘请国内外顶尖专家授课，专业设置文理兼容，与国际接轨，为广东本土人才国际化做了有益的尝试。

此外有组织地选派干部和企业领导人去国外深造，鼓励科技人员赴国外参加学术交流，并予以专项资金资助。鼓励企业走出国门，在国外创办研究所，直接在海外环境中工作和成长。

在科技园或大学内采取种种措施吸收跨国公司设立研究机构，也是国际化人才培养的路子。例如，中关村科技园活跃的技术创新氛围，吸引了像微软、英特尔、IBM 等跨国大公司聚集中关村，不仅为中关村培养了大批国际型人才，也为中关村在全球科技创新链中谋求了一席之地。

2. 制订人才吸引计划，充分利用海外智力资源

美国"9·11"事件后，加上欧美近年来经济不景气，广东各类留学生交流会吸收了大批海外留学人员，政府应及时成立专门的机构和中介机构专招揽海外人才之职，制订优厚的人才吸收计划及一系列规范配套的政策，做好载体建设，优化创业环境，为归国海外学子创造优良的工作条件和解决生活后顾之忧。建立充分体现海外人才价值、灵活有效的薪酬机制，为国际化人才来粤工作提供动力保障。

引进海外智力资源时，要重视定向引进。除重视基础领域的高水平人才外，尤其要重视高技术领域和工程领域的高水平人才，在重视海外科研院所、高等学校人才的同时，还必须特别吸引在著名跨国公司工作的各类人才。

3. 充分利用国内的顶尖人才

充分利用区域外科技资源，满足本区域的技术创新需求和提升区域科技创新能力是弥补本地区顶尖人才不足的一种有效方法。广东两院院士少，顶尖人才缺乏，且高度集中在广州。广东应采取措施，吸收并充分利用省外优秀人才。建议推广深圳和宁波的做法，靠优越的创业环境和创新的文化氛围，先进的管理方式吸引国内的优秀人才，甚至不惜重金，对国内顶尖急需人才实行"候鸟"式或"飞人"计划，以短期工作方式，帮助解决重大技术和关键技术难题，培养高级专门人才。

6.4.2　重视基础研究和源头创新工作，增强国际竞争力

广东 2000 年 R&D 支出为人民币 107.1 亿元，仅次于北京，位居全国第二。R&D 是科技活动的核心部分，涵盖了基础研究、应用研究和实验发展三个阶段。

广东 R&D 活动高度集中在试验发展阶段，支出比重高达 92.7%，而在基础研究和应用研究的支出仅为 7.3%，远低于全国 22.2% 的相应指标，反映出广东目前许多高水平的基础研究和应用研究成果还需要从国内或国外引入。这种局面不能迅速改变，源头创新能力进一步削弱，将来随着长江三角洲经济发展及内地其他省份经济发展和全球经济一体化，这种主要靠引进高新技术过日子，而没有源源不断创新能力的产业前景是十分令人担忧的。

广东 2000 年经济总量全国第一，约占全国 1/10，R&D 支出全国第二，创新能力则排在全国第三，且与北京、上海有较大差距，科技人力资源和科技意识在全国并无明显优势。据《洛桑报告》显示我国已连续三年国际科技竞争力排名下降，与近年来基础研究未被充分重视，投入不足有明显关系。实际上，在 21 世纪技术创新速度明显加快，基础研究与商品应用之间的周期缩短，从商品竞争转化为基础研究的竞争在高科技领域已形成潮流，谁抢占了高新技术的制高点，谁拥有自主知识产权的专利，谁将在未来的竞争中处于有利的地位。创新基础薄弱，水平低已成为我省高科技产业未来发展的瓶颈问题。

基础研究与应用研究是高新技术产业链中不可或缺的一环，否则高新技术产业就会成为无源之水，无本之木。重视源头创新，必须从基础抓起。

1. 激活高校和科研院所存量产业资源

发挥广东高校和科研院所在科技进步与创新中的强大生力军作用对广东高科技发展十分关键。省政府应挑选若干所科研基础较强的高校，加大经费投入，支持其向研究型大学发展，逐步形成若干个科技创新能力强、特色鲜明、与国际接轨的研究型大学。省政府对省内为数不多的"211 工程"大学应加大扶持力度，对重点学科建设一视同仁，使之形成各自特色和优势，形成竞争、开放、滚动、优胜劣汰的局面，要充分发挥高校在高技术人才培养及关键技术和共性技术攻关

上的优势。

2. 改革投入机制，加大对基础研究和应用研究的投入

要大力增加对基础研究和应用研究的投入，单靠政府主管部门的投入是远远不够的，应动员全社会的力量参与，多层次、多渠道、多形式筹集研究经费，实行政府资助和社会联动相结合。

3. 重视科技创新基地条件建设

至 2000 年，广东建有国家级和省级工程研究开发中心 157 家，其中国家级 46 家，省级 111 家，这 157 家工程中心所依托的企业总产值约占全省工业总产值 20%，说明这些研发机构对推动广东经济发展具有举足轻重的作用。全省大专院校 62 所，国家和省级实验室有 55 个。这是一支科技源头创新的载体和支撑力量，对提高广东省科技竞争力至关重要。

政府应关心和重视这些载体的条件建设，进一步激活这类积存的创业资源。建议政府在考虑特色和行业特点布局的基础上，为避免重复建设，应打破常规，与国家和部级实验室对接。广东省内的高校和研究机构，只要取得了部级以上重点实验室或中心，只要建设内容与广东省拟建的相似，广东省应直接挂牌并予以联动，给予等额的资助，使这些重点实验室或工程中心条件建设能锦上添花，尽快与国际接轨，形成强大的研发力量。

6.4.3　完善广东省各级风险投资机构，为高新技术发展提供动力支持和资金保障

我国科技成果商品化程度为 10%，产业化率为 5% 左右，科技成果转化率相当于美国的 30% 左右。发达国家在科技成果的研究开发、中试、商品化三个阶段的资金比例为 1∶10∶100，我国相应比例仅为 1∶1.1∶1.5，资金投入严重不足已成为严重阻碍我国科技成果产业化的关键因素。

广东省高校科技成果转化率在全国排名靠后，2000 年全国高校科技型企业收入总额超亿元的 35 家高校中，广东无 1 家；全国 20 多家高校科技类上市公司，广东无 1 家，这与广东经济大省的地位极不协调，与广东省科技实力也不协调。究其深层原因，是广东省企业家和风险投资公司追求短期利益，缺乏战略眼光，不愿早期介入种子期或胚胎期科研成果。由于种子基金严重缺乏，大量的科技成果无法完成中试或无法成熟而被束之高阁。建议政府参照外省一些先进的做法，成立不同类型的风险公司，早期介入科研项目。如黑龙江省通过私募方式，加上政府引导资金成立了两家风险投资公司，一家专注于成长期企业的投资；一家专注于种子期企业的投资，"种子基金"投入将使大批新科技成果进入第二阶段。完成中试后，高校科技成果与企业的对接才能像接力棒似的不断进行下去，进入良性循环，政府的这种有限投入往往可以起到"四两拨千斤"的作用，大大

提高我省科技成果的转化率，进而孵化一批上市公司。政府要采取措施，鼓励民间企业家对幼苗期，甚至胚胎期科技成果采取"提前介入，联合攻关，成果共享，风险共担"的投资模式。此外要对风险公司提供一系列政策支持，允许风险公司多渠道筹措资金，完善风险投资公司市场退出机制，使风险资金不断成长壮大，为高科技成果转化提供不竭动力。

6.4.4　重视高新技术发展规划，形成有鲜明特色的空间布局和产业发展格局

广东省发展高新技术产业要加强规划和布局研究，不要一拥而上，重复建设，形成恶性竞争。制定统一科学的高技术创新规划，结合国际高技术潮流和我省发展实际，有所为，有所不为，抓住高新技术发展的关键。各高新区要结合自己的优势和资源，在功能定位上要有分工，相互合作，优势互补，形成自己的特色，在产业创新链上要注意上中下游紧密结合，通过接力棒形式，在每个阶段都有相应的政策、法规、支撑体系及专门资金支持，形成上中下游密切结合的良性循环。

在高新技术发展过程中尤其要重视机械工业的发展，制造技术是高新技术产业化的重要载体，是科技成果转化为现实生产力的物化手段和物质基础。制造技术不仅是衡量一个国家工业发展水平的重要标志，也是国际科技竞争的重点，离开先进的制造技术和强大的机械工业作为支撑，高新技术的重要性和巨大作用等于空谈。

现代机械制造已不是传统的机械制造，它是高新技术与现代管理技术在高层次上的有机结合的综合技术。

目前世界机械工业发展趋势表现为：

（1）地位"基础化"。

信息化高度发达的工业化国家均重视机械制造业的发展，在工业中所占比例和贡献均占前列。

（2）产品高技术化。

各种高新技术融入机械工业，使之成为市场竞争取胜的关键。

（3）服务个性化。

（4）经营规模化。

我国机械工业总产值在世界上列第五位，机电产品在 2000 年外贸出口中占42.3％，表明机电产品对我国发展外向型经济具有举足轻重的作用。我国是机械大国，但不是机械强国，机械工业突出的问题主要有：经济效益率低；市场占有率低；技术创新力量薄弱，缺乏后劲；部分产品能耗大，污染严重；大企业不大不强，小企业不精不专，分散重复严重。

广东机械制造业底子弱，随着经济的发展，家用电器、电视机、冰箱、汽车、电梯、信息产品等机械制造发展较快，但与经济强省的要求尚有较大的差距。中国加入 WTO 后，广东的机械工业要用信息技术武装，加快与经济信息化、网络化、知识化等发展相关的机械产品的开发，要抓紧世界制造中心转移到中国的历史性机遇，在专业上要做深做透，做大做强。因此，广东企业要注意全套掌握外来技术设备，并充分利用好长期经济效益好、投资规模大的核心技术价值链，避免为尽快赢利而盲目引进的短期行为。

6.5　认真做好"2011 计划"重大战略部署工作[*]

首先，我代表教育部科学技术委员会管理学部，热烈欢迎大家来到这里，参加由教育部科学技术委员会主办、管理学部以及北京工业大学承办的"2011 计划"管理创新论坛。

"2011 计划"要求建立一批"2011"协同创新中心，以加快高校机制体制改革、转变高校创新方式、集聚和培养一批拔尖创新人才、产出一批重大标志性成果，充分发挥高等教育作为科技第一生产力和人才第一资源重要结合点的独特作用，在国家创新发展中作出更大的贡献。

"2011 计划"将成立领导机构、专家咨询委员会、第三方评审监督机制，对计划的实施进行管理。这一管理机制如何有效运行、权责如何划分、应该有怎样的协同创新人事制度、怎样的创新拔尖人才培养模式、怎样的衡量其创新质量和贡献的评价制度、建立怎样的机制以监督其资源得到有效配置，这些都是关系到"2011 计划"能否顺利实施的关键问题。

今天，我们特邀各位专家，共同探讨"2011 计划"的评审认定办法、管理机制体制、绩效评价办法、监督机制，为"2011 计划"的顺利实施提供宝贵的意见和建议。在此，我希望各位专家在本次论坛上能够畅所欲言、相互沟通交流、贡献自己的专业知识和专家建议，使本次论坛能得到有效的、丰富的成果。

此外，北京工业大学为我们的论坛举办从资金、会务、场所等各方面提供了大力的支持。我代表管理学部和本次论坛的专家，特别感谢北京工业大学！

最后，预祝论坛取得圆满成功。

6.6　全力推动协同创新工作开展[**]

胡锦涛总书记在庆祝清华大学建校 100 周年大会上的重要讲话，把大力加强

　　[*]　本节内容是国家教育部科学技术委员会第一届论坛开幕词，北京，2012 年 6 月 6 日。
　　[**]　本节内容是国家教育部科学技术委员会第一届论坛主题报告，北京，2012 年 6 月 6 日；中国高等教育，2012，(20)：1。

协同创新提升到了前所未有的高度，集中体现了党中央对教育事业的高度重视，吹响了高校提升协同创新能力的号角，既是对高等学校支撑创新型国家和人力资源强国建设的一种期待，也开启了我国高等教育由大到强的新征程。为贯彻落实总书记讲话精神，教育部、财政部决定实施"高等学校创新能力提升计划"（简称"2011 计划"）。这是继"211 工程"和"985 工程"之后，高等教育系统又一项体现国家意志的重大战略部署，意义重大、使命神圣。

当今世界，创新已经成为经济、社会发展的主要驱动力。高校拥有天然的多学科优势、丰富的人才资源以及多功能特性，作为科技第一生产力和人才第一资源的重要结合点，在国家创新发展中具有十分重要的地位，必须肩负起协同创新的时代重任。高校的优势学科群，与科研院所、行业企业、地方政府以及国际社会等建立深度合作，形成协同创新的有机整体，可以解决诸多环节的国家重大需求和重大科学问题，这是提升国家创新能力的必经之路，也为国内外诸多协同创新实践所证明。

高校应强化"创新"理念和"协同"思路。协同，不只是单纯的科研组织形式，更是科研创新的全新形态；不只是实现创新的路径，更是创造成果的基石。高校应积极联合国内外创新力量，充分发挥高等院校的科研创新优势，有效聚集创新要素和资源，构建一批集科技创新、成果转化、服务社会为一体的协同创新平台，将原来的"产学研"三环节的两头，分别与政府和金融机构相衔接，拓展深化成为"政产学研金"的协同创新合作平台。通过构建协同创新的新模式，凸显协同创新的新优势。

政府需发挥政策的激励引导作用。着力营造协同创新的良好环境，为企业、高等院校、科研院所营造有利于协同创新的政策环境，引导创新要素向企业汇聚，在科技投入、成果奖励、创新平台建设等环节加大扶持力度，同时还应强化考核的促进保障作用。企业应处于协同创新中的应用主体地位，在提升自主研发和技术创新能力的同时，逐步成为研发投入主体、技术创新主体、创新成果应用主体，提升核心竞争力，健康发展，进而更好地服务社会。高等院校是协同创新的重要源头和坚强后盾，既培养科技创新人才，又提供科技创新成果。科研院所是重要支撑体，应和高等院校通力合作，为企业提供可应用的科研成果。金融机构是协同创新平台的强大支柱，可为协同创新提供投入支持，进行风险管理服务。

高校要破解科技经济"两张皮"难题。如果专就高等院校而言，它承担着培养高级专门人才、发展科学技术文化、促进社会主义现代化建设的重大任务。但是，我国的高等教育和科技研究在一定范围内还存在着理论和实际脱离、科技与经济脱节的问题，没有根据国家、民生的需要提出问题、组织有效攻关，经常游离于企业和市场之外。至今仍存在这样的现象：一方面是高校大量的科研论文和科技成果被束之高阁，另一方面是企业技术匮乏，国家原本有限的科技投入，没有发挥应有的效益。为了改变这种现状，高等院校就应该深入推进协同创新，主动积极与其他有关的学校、科研院所、企业合作，让成果更贴近企业需求，让成果走出实验室，并下大力气着重解决"中试"的薄弱环节，明确各方面的责权利关系。

在高校传统的管理体制下，科研人员的晋升、待遇一般取决于科研人员的论文数目多少、项目经费如何，科研成果转化则基本列入"忽略不计"的范围，从而导致了高校科研人员重论文重经费、轻推广轻应用的思想倾向。如果说轻推广轻应用的思想倾向还是主观因素的话，改变起来相对容易，那制约成果转化的"中试"薄弱环节，解决起来则有相当的难度。现在，一般的高校实验室远不具备"中试"的场地条件和设备条件，而且大部分的科研项目中也没有"中试"环节的经费支持。对于此类无法直接用于生产的科技成果，以市场经济原则运营的企业一般不会接受。鉴于此，"政产学研金"协同创新平台亟须解决的核心问题是要完善组织模式和运作方式，让"中试"顺利进行。

第一，政府相关部门制定协同创新的相关法规、政策，建立科研成果向企业转化的中介机构，通过体制机制创新和引导合作，建立协同创新的战略联盟，为"政产学研金"协同创新平台提供大的平台，依靠法制来保障这种长远的合作利益得到体现。

第二，明确各方的利益和责任，尤其是明确规定政产学研金五个环节的利益分配原则，同时兼顾所有参与者的权益。不论排名先后、贡献大小，均应按照一定的分配原则享有相应利益，以充分调动参与者的积极性和能动性。

第三，产学研之间的协同工作需进一步加强，高校在强调科研成果的同时，应重视科研成果的转化，并逐步完善以加快科研成果转化和产业化为主导的激励机制，促进高校与企业的有效合作，更好地为国家和地方经济建设、社会发展服务。企业应更广泛、更深入地同高等院校合作，将科研成果尽快地应用到生产过程中，不仅可以通过运用高新技术降低生产成本，提高生产效益，而且可以促进企业的转型升级，更好地增强企业的竞争力。

第四，如果政府的平台建设、产学研的协同工作运转协调、高效，金融机构的参与、支持将水到渠成。政府起着引领作用，金融机构起着支柱作用，产学研三个环节组成了一个平台，各个环节受益互动。五个环节紧密联系，有机衔接，一荣俱荣，一损俱损，"政产学研金"的每个环节都会充分发挥主观能动性和各自优势，以此全力推动协同创新工作向着更高层次发展。

参 考 文 献

[1] 邓小平. 科学技术是第一生产力, 邓小平文选（第三卷）. 北京：人民出版社，1993：274-276.

[2] 宋健. 现代科学技术基础知识. 北京：科学出版社，中央党校出版社，1995.

第7章   科技运作管理和创新人才培养

7.1   切实做好科技评价工作 *

经过一天紧张而热烈的发言和讨论，由教育部科学技术委员会主办，管理学部和东北财经大学承办的"科技评价专题论坛"圆满落幕，论坛取得圆满成功。

在今天的论坛上，委员、专家们，各抒己见，就大学科技评价发表了真知灼见。专家们就高校科技评价的现状进行了深刻反省，对所存在的问题及产生的原因进行了深度剖析，对评价机制体系、评价方法及评价成果的合理使用等问题以及今后的改革方向，提出了启发性、方向性的建议和意见。

论坛的成果丰富，专家们畅所欲言。接下来，我们会把今天的研讨内容进一步深化，汇总成会议纪要，并凝练成专家建议，上报教育部领导。希望能对我们的高校科技事业发展有所贡献。

最后，我代表教育部科学技术委员会以及管理学部对参加会议的教育部各位领导、管理学部的各位委员、战略研究基地的专家们以及我们的特邀来宾表示感谢，感谢大家提出了很好的建议。同时，对承办此次论坛的东北财经大学表示衷心的感谢！感谢你们提供了优美的会议环境，优质的会议服务以及资金支持，使得本次论坛得以顺利进行，取得圆满成功，请大家再次以热烈的掌声，感谢东北财经大学！

现在，我宣布，教育部科学技术委员会科技评价专题论坛闭幕！

7.2   建立公正科技评价机制 **

1978 年 3 月 18 日，在全国科学大会上，邓小平同志[1,2] 提出了两个著名论断：知识分子是工人阶级的一部分；科学技术是生产力。随后，他又进一步指出，科学技术是第一生产力。由此开始，中国才真正有了"尊重人才"和"尊重知识"的良好风气。35 年来，我国教育和科技受到国家的高度重视，大学生在校人数居世界第一，科学论文数也跃居世界第二。由于科技的促进，国家经济实现了高速发展，一个落后的社会变成几百年来的第一次太平盛世，经济总量跃居世界第二。

---

* 本节内容是国家教育部科学技术委员会第二届论坛的闭幕词，大连，2013 年 6 月 14 日。
** 本节内容是国家教育部科学技术委员会第二届论坛主题报告，大连，2013 年 6 月 14 日。

随着我国经济快速发展，高等教育在获得发展良机的同时，也出现了急功近利的浮躁现象，这对高等教育和国家科技发展极其不利，对实现中华民族伟大复兴梦不利。

目前，浮躁之气弥漫整个中国的大学校园，几乎所有的大学都在"大干快上"，各种考核、评奖、争项目、夺排名，目不暇接，以致全校上下都在为考核、评估、荣誉疲于奔命，师生们没有了认真读书思考的时间。教师们一年到头，忙于填各种表格，忙于申报项目跑项目，忙于向领导汇报，忙于找"关系"疏通渠道，反而挤压了自己的主要工作——培养学生和进行科学研究，高校的教师已很难安静下来事做学问。现在大学校园里，几乎没有人散步，全都一路小跑，好像赶地铁，这样的氛围，对大学的长期发展不利。以前进了大学校园，会觉得很清静，现在进了校园，觉得和外面没有多少区别。

在这种浮躁的氛围下，不正之风不可避免地出现了。高校教师做学问的时间少了，学问做得不深，而且学术不端行为和学术腐败现象越来越多、越来越严重；一些科研学术人员在名利的诱惑面前心态浮躁，某些制度性的严重缺失又为他们的学术不端行为甚至造假打开了方便之门。现在的高校行政系统和科研项目一荣俱荣，一损俱损，毕竟学校要排名，要综合实力评价，需要科研成果、著名学者。而从造假起步的科研项目一旦做大、作出名声，就更难发现其中的问题，容易导致高校科研出现"造星运动"。同时，高校、科研机构还"运作"出来许多权威专家给"造星"和项目打包票，科研成果就更加真假难辨。这是中国高校的耻辱！长此下去，何谈科技创新，何谈实现伟大的中国梦想！

高等学校、高校教师之所以浮躁，有很多原因，比如社会大环境的影响、高校管理体制存在定位问题、大学行政化等，但其实质原因是目前科技管理和评价出现了一些问题，是我们的"科技指挥棒"出了问题。比如高校的各种评审、科技评估过多，教师职称评审、教师申请科研项目评审、教师承担项目的中期评审和结题评审、学生学位评审、学术期刊等级评审、科技奖励评审、专利评审、学校等级评审、实验室评审、学科评审、课程评审、论文评审、优秀教师评选、杰出青年评选、长江学者评选、千人计划评选、千百十人才评选等，上述有些评审是需要的，有些评审是不需要的，有些是需要改进评审程序和方法的。总之，要改革这种现状，必须在科技管理上有所创新，制定出更合理的评价体系和奖励制度，废除急功近利的科研评估制度。科技评价，首先应该是公正，其次应该不要牵涉基层领导和教师太多时间，甚至不需要领导和教师参与，这样才能切实保证高校的环境利于培养人才，利于科技创新，使教师能够安静下来做学问，我们民族复兴才有希望！

7.3　办好院士之家[*]

今天，由中国工程院与广州市政府合作建立的"中国工程院院士广州咨询活动中心"在这里亮牌成立，这将成为院士之家。我代表中国工程院院士广州咨询活动中心，对前来参加仪式的各位领导、嘉宾表示衷心的感谢！

为加强中国工程院与广州市人民政府的合作，促进广州市经济和科技快速发展，2003 年 2 月 25 日，中国工程院与广州市政府商定，在广州市建立"中国工程院院士广州咨询活动中心"。中国工程院是我国工程科技界的最高荣誉性、咨询性学术机构，拥有一批在工程科技方面作出重大成就和贡献的院士，掌握一批高水平的科技成果。广州是华南地区的中心城市，一直走在全国改革开放和经济发展的前列。进一步加强工程院与广州市的紧密合作，有利于发挥中国工程院的人才优势和科技资源优势，促进广州市经济社会持久快速健康发展。

中心的成立是中国工程院与广州市政府开展合作的良好开端，也是工程院对如何与地方经济结合，为地方经济服务的一种有益探索和尝试。中心将依托中国工程院强大的技术力量，依靠广州市雄厚的经济实力，为双方的合作找准切入点，力争成为双方开展合作和交流的服务平台：

一是对广州市重大项目、重大工程开展决策咨询。围绕广州市经济和社会发展的重点和热点问题，组织专家进行战略研究，为广州市政府的一些重大决策提供咨询、论证服务，为科学决策提供指导。同时，对广州市拟建的重大项目、重大工程进行调查研究，开展可行性论证。

二是引荐适合转化和产业化的科技成果。活动中心将根据广州市经济社会发展的需求和实际，一方面，把工程院拥有的大量的、高水平的科技成果推荐给广州市进行转化和产业化；另一方面，利用工程院的科技资源加强信息交流，向广州市介绍、引进一批适合转化和产业化的国内外先进科技成果，为成果转化提供市场调研、技术评估等服务，加速科技成果转化，支持广州科技和经济的发展。

三是对技术难题进行攻关。围绕加快完善广州区域创新体系建设，推进关键技术创新和系统集成，充分利用工程院和广州现有的科技资源，进行攻关，突破一批对广州市经济社会发展至关重要的技术瓶颈；研制、开发一批科技含量高、市场容量大、竞争力强的重大产品；攻克一批对产业升级改造和持续发展有重大带动作用的共性关键技术，不断提高广州区域创新能力。

四是开展学术交流与研讨。咨询活动中心将根据当前世界科学技术发展的趋势和我国科技发展战略，组织国内外有关专家，开展专题学术交流，跟踪了解国际科技发展动态和趋势，开展技术发展预测和战略研究；根据科技与经济结合的

---

　　*　本节内容是在中国工程院院士广州咨询活动中心亮牌仪式上的讲话，广州，2003 年 6 月 18 日。

内在要求，组织专家，针对经济与社会发展中急需解决的问题进行专题研讨。

五是加强与在穗工程院、科学院院士的联系，做好为在穗两院院士的服务工作。

我相信，通过双方的共同努力，中国工程院院士广州咨询活动中心将成为中国工程院与广州市合作的一个重要桥梁和纽带，为推动科技与经济的紧密结合作出应有的贡献。

7.4　为广州发展提出建议*

今天，中国工程院院士广州咨询活动中心在这里举行第一期院士沙龙活动。首先，我代表中国工程院院士广州咨询活动中心对前来参加这次沙龙活动的各位院士、各位领导表示热烈的欢迎。

参加今天院士沙龙活动的有中共广州市委常委、广州市常务副市长林元和同志，以及广州市科技局、计委、经委、建委、交委、环保局、规划局和有关高校、企业的领导和代表。

今天，我们共邀请了 19 位在穗的中国工程院、中国科学院院士前来参加这次沙龙活动。

这次院士沙龙活动的主题是：广州市"十一五"科学技术发展规划咨询。我们举办这次沙龙活动目的是为各位院士、专家提供一个轻松的环境气氛，使各位院士、专家能畅所欲言、互相交流，通过开展学术交流和思想的碰撞，提出有建设性的意见和建议，为广州市政府决策提供参考。另一方面，我们希望通过此次沙龙活动，进一步增进在穗院士之间、院士与政府和企业之间的相互了解与沟通，为推动科技与经济的紧密结合作出应有的贡献。

预祝第一期院士沙龙活动圆满成功！

7.5　谈谈科研中的几个问题**

党的教育事业需要的是德才兼备的教师。作为一个合格的大学教师，政治上，要坚持党的教育方针，坚持四项基本原则；业务上，要既搞教学，也搞科研。教学与科研好比一个人的两条腿，我们必须两条腿走路。仅搞教学而不搞科研，或者仅搞科研而不搞教学，都不能算是一个合格的大学教师。只有把科研搞好了，才能促进教学的发展。今天，我想结合自己在科研中的一些经历与体会，

　＊ 本节内容是中国工程院院士广州咨询活动中心第一期院士沙龙活动开幕词，广州，2004 年 4 月 23 日。

　＊＊ 本节内容是在上海工业大学经济管理学院科学报告会上的讲话（按录音整理），上海，1987 年 4 月 7 日；原载《高教研究》，1987，1（2）：15-20。

谈几个问题。

任何人搞科研，其目的都是要获得科研项目的成功。而要达到这一目的，能在科研上有所建树和有所贡献，每个人可以根据自己的具体条件，走不同的道路，这是由每个人的素质、性格、基础知识以及所处的环境（包括大环境、小环境）等各种因素决定的。比如，从上海到北京，可根据每个人的不同情况选择不同的路线，可以坐火车，也可以乘飞机，可乘早班机，也可乘晚班机，可以走济南的航线，也可以走合肥的航线。搞科研也是如此，要达到目的，应根据各自的具体情况与特定条件，走不同的道路。对别人的经验，只能参考、借鉴，而不能完全套用。

党的十一届三中全会以来，搞科研的环境好了，主管部门和学校领导都很支持大家搞科研，为我们开创了一个较好的外部条件。因此，现在的关键就在于个人的内在因素。从个人内在因素的角度来看，要取得科研项目的成功应该具备哪些条件呢？

1. 要有远大的志向

这表现在两个方面：（1）应该把搞科研看成是我们民族的需要，社会主义祖国的需要。对这一点，在前几次有关的会上，我都反复地强调过。我们中华民族是世界上人口最多的民族，应该在世界上有一定的地位，但目前我们国家在科学技术上还比较落后，国家和人民迫切需要我们拿出更多的科研成果来。每个人都要为中华民族的振兴、祖国的腾飞而奋斗，要在科学研究中贡献自己的力量。搞科研，就要从这样的高度来认识。

（2）要树立在各自的业务领域中有所创新、有所建树的雄心壮志。现在，在每个科技领域中都有许多前沿科学的重大课题，如我国已经提出了高技术范围内七个重大科技领域中的十五个重大科研项目。每个人都应该具有在各自领域的科研中，力求达到国际水平的理想与抱负，力争自己在社会主义四个现代化中作出贡献。就好比每个体育运动员在奥运会上，都要力争在各自参赛的项目中创纪录、拿金牌，为国争光。我们应该有这样的远大目标：把我们学校建成符合社会主义现代化要求的高等学府，并力争建成具有国际水平的第一流大学。每个教师，都要争取拿到科研上的金牌。当然，要求每个人的科研成果都达到国际水平，都能拿金牌，是不可能的。但是，每个教师首先必须有搞科研的积极性，要有远大的志向、奋斗的目标，不能只安于现状，只求把书教好就行了。一个安于现状、不求有所作为的教师不能算是一个合格的大学教师。

2. 要有百折不挠、艰苦奋斗的精神

搞科研并不是一件轻松愉快的事情，而是一件十分艰苦的事业，将会遇到许多想象不到的困难和障碍。这一点，老同志都是有体会的。十一届三中全会以来，在党中央的正确指引下，大气候变了，搞科研的环境很好，当然，小障碍还是有一些，如同志之间、学校之间、学派之间还是会有些矛盾的，但总的形势是好的。但是，不管遇到什么障碍，即使是天大的困难，在科研的道路上，也必须以大无畏的精神和排山倒海的意志，冲破急流险滩，一往无前。1964 年，我搞了个精密仪器方面的项目。当时，我在兰州大学工作不久，只有 23 岁，去一个工厂里找课题。厂里告诉我，在 60 年代初期，我国曾击落了一架侵入我国领空的美国"P2V"型低空侦察机，该机中有一台测高度的精密仪器，它是该机的心脏部件，其核心是一块锯齿形波纹圆板，它的功能是实现飞机的超低空飞行，帮助飞机躲过我国警戒雷达的监视。研制这台精密仪器，关键是解决一个力学上的问题，被列为国家的攻关项目。我跃跃欲试，回校后向党支部书记汇报，但没得到支持，理由是我教学任务重又兼任班主任工作，应该把本职工作搞好，哪有精力去搞什么研究。我只好违心地答应放弃这项研究课题，但我仍利用业余时间进行研究。由于得不到学校的支持，加上课题本身难度又大，搞了一段时间没取得什么进展，又因 1965 年下乡搞"四清"，就更没有什么时间了。接着"文革"开始，我由一位"红专旗手"突然变成了"修正主义苗子"和"牛鬼蛇神"，被关进了"牛棚"，一待就是两个多月。从"牛棚"出来后，因靠边站而不准工作，我就利用这段"空余"时间，又暗暗地开始了已经中断很久的研究。谁都知道，这要冒很大风险的，当时，我们学校抓阶级斗争特别厉害，已经整了几百人，谁也不敢搞什么研究。作为知识分子，我坚信从事科学研究是国家繁荣富强的需要，搞研究是为了国家而非为了个人。因此，我躲在家里继续研究这个课题，为了掩人耳目在家门口挂了个竹帘子，这可以挡住来人的视线，而我却可以洞察到室外的一切。终于在 1968 年我完成了自己的研究课题，并写出了论文，但论文却无处发表，更谈不上推广应用了。直到 1969 年我又为工厂搞成了几个项目后，当时又正值学校要求我编一本论文专集，我才有机会把自己的文章拿出来。但万万没有料到，系里"造反派"的头头竟说它是什么基础理论的东西，以不宜刊登为借口，又退了回来。直到 1972 年、1973 年有两本全国性的属于我这一行的科技杂志（《数学的实践与认识》[3] 和《力学》）复刊后，我才算又有机会投递出自己的文章。很快，我的两篇文章被两份杂志的创刊号录用，但令人费解，波纹圆板论文却迟迟未予发表。

　　到 1976 年 10 月，"四人帮"倒台后，新来的党总支书记张映槐同志和工宣队周师傅，一位是正直的老干部，一位恰好是了解我的来自兰石厂二分厂的技师，他们才把事实真相告诉我。原来《力学》杂志接连来过 5 封信，要学校出具我的政治身份证明信，就是那位"造反派"的头头，虽不能在我"解放"之后再说什么，但却扣压信件，用拖延时间的办法，把这件事给无限期地拖压下来。直到那位老干部担任总支书记以后，我的文章，即《波纹圆板的特征关系式》[4]，才在"文革"后恢复的《力学学报》创刊号上登了出来。这篇在"文革"中"偷偷"写成的科研论文得了中国科学院重大科研成果奖。由此可见，在过去，要搞科研不但困难重重，还要冒政治上的风险。现在大气候改变了，但个别的压制情况还是有，特别是个别的基层领导有时压制得很厉害。因为我有过这方面的痛苦经历，所以我作为管理学院的第一任院长，坚决支持大家搞科研，愿意做大家的铺路石，决不允许有人设障碍、搞压制；有受压制的，可以直接向我告状，我给你们撑腰。当然，对于个人，要有百折不挠的奋斗精神，一方面，要经受得起在科研中碰到的种种困难，另一方面，还要承受得住别人打击、压制造成的痛苦。"文革"中，有人批判我是"走资产阶级成名成家的道路"，甚至还攻击说我的论文"就是给人擦屁股人家也不要"。你听了这些话就不干了？那不行。要顶得住，不能因流言蜚语而退缩不前，应该抱着为国家作贡献的坚定信念，勇往直前。这样，科研才能成功，才能出成果。

3. 要具备一定的基础知识

在这方面，每个教师都应当自觉地积极锻炼自己，不断地提高自身的科研能力，打好基础，这当中包括外语、数理化、计算机、文学和本专业的技术基础和专业知识等。

从外语基础讲，外语应懂得越多越好，越精越好。当然事实上对每个人来说，不可能掌握很多种外语。因此，在学习外语方面应有一个战略。首先，要有一门外语擅长、精通，在这个基础上再去搞第二门、第三门。首先要精通哪一门外语？我认为以英语为好。现在全世界的科技文献是每十年增长一个数量级，其中，60%是英文科技文献，主要的发达国家的科技文献大多以英文出版。所以，选择英语作为第一门外语，对搞科研很有好处。当然，如果做翻译又另作别论。比如，你去学一门尼泊尔语，这作为翻译是必要的，但对搞科研则用处不大。如果学第二门外语。我建议学俄语。全世界科技文献中俄语版约占 20%，居第二位。两个超级大国，在经济、科技上都是领先的，首先学好这两门外语，对搞科研是大有帮助的。很难想象一个不懂外语的科技人员，能在 80 年代的今天搞出重大的科研成果。当今世界，时间就是效益，要等翻译家为你翻译出科技文献来，那就晚得多了。全世界 40 多亿人口，那么多的国家，那么多的大学和科研机构，同一个课题就有许多不同肤色的人同时在搞，谁搞得快，胜利就属于谁，谁就得金牌。所以，一定要具备扎实的外语基础，要能直接看外国科技文献，缩短收集信息的时间，才能赶在前头。

关于数理化基础。当前的科学可以分成两大类型：一类是以文字描述性为主的科学；另一类是以数学工具为主的科学，又叫精密科学。你们基础教研室的许多课程属于精密科学。我院的预测研究所，在预测技术中要搞数学模型等，也是精密科学。我们管理学院的专业也要向这个方面发展，充分运用数学工具。数学王国很大，一个人不可能都精通，但懂得太少也不行。同样一篇科研论文，是否利用先进的数学工具加以描述、论证，对论文的质量影响很大。理化基础也很重要，当然，不同专业有不同的要求，有的专业理化基础要求厚实一些，有的专业则要求低一些，但最好是都适当的学一点、懂一些。学科之间都是相通的，知识面宽一点，对搞科研大有帮助。还有计算机，现在是微机普及的时代，新的科技革命是以计算机的应用为主要标志的，没有计算机的基础知识，就会影响你的科研质量。现在我院还有一部分教师不会使用计算机，所以，我们要办普及班，要求全院教师学会用计算机，要下功夫去掌握它，迅速补上这一课，使我们学院的教学、科研，包括行政管理，都建立在应用计算机的基础之上。

文学基础对搞科研也很重要。一篇科研论文，要表达清楚，有条理，有逻辑性，还要简练，那就非有一定的文学基础不行。有许多问题要靠文字叙述，即使你有很多精辟、独到的见解，但词不达意，表达不清，别人就不能确切理解，就起不到应有的推广效果。现在有的论文语言表达太差，语病很多，文理不通，甚至错别字连篇，连标点符号都不会用。这样的论文，请人家去审阅，往往通不过，很容易就被否定了。所以不管你搞哪一领域的科研，文学基础很重要。

4. 要掌握一定的技巧

每个人都应该有自己的绝招，有擅长的东西。打个比方，古代的将军对十八般武艺并不是样样都精通的。关公擅长的是大刀，回马刀是他的绝招，如果换成箭、换成枪，就不一定行，而罗成擅长使枪，秦琼善于用锏，各有各的特长。搞科研也是这样，每个人要有自己擅长的东西，有自己的绝招，要扬长避短，才可能有更快的速度和有更多的成功机会。现在全世界有那么多的大学，美国有三千多所，中国也有一千多所，再加上业余性质的，同一领域的科研有很多人同时在搞，你要胜过别人，强人一手，没有绝招、长处不行。要了解自己，扬长避短，发挥自己的长处与特点，而不要拿自己的短处去同别人比，否则，你就会失败。有人对伟大科学家下过一个定义，认为在科学上创造一个伟大概念的人才算是伟大的科学家。一个诺贝尔奖金获得者只是创造一个伟大概念的人。爱因斯坦是现代最伟大的科学家，他一共提出了七个伟大概念。不过他也不是样样都行，而是有几个方面的特长，但他充分发挥了自己的特长，所以他成功了。体育比赛有第一名、第二名和第三名，而搞科研，同一个课题，却只能取一名。谁先成功，谁就是第一名，所以你没有绝招，不善于扬长避短，就不可能摘取金牌。

再说查文献的技巧。课题确定以后，首要的就是查文献，以此来论证课题的正确性。题目出得对不对是很关键的，题目出对了，就等于科研成功了一半。只有通过查文献，才能了解在这一方面世界上已经做到了什么程度，以此来验证你的课题是不是超前的。如果百米赛跑的世界纪录已经是 9.9 秒，你不了解，还在那里搞什么 10 秒，就是搞出来也没有意义。通过查文献，如果发现这一课题人家已经做得很好了，你不能超越人家，就不要再做了，把人家最高水平的东西拿来用就是了。如果发现人家做的东西不够，你就加以改进。如果发现这一课题人家根本没有做过，那就是空白，谁最早做出来，谁就是填补空白。现在，每个专业在国际上都有一本专门的文献杂志，并分成两个集团，一个是苏联的，一个是英美的。例如，《应用力学评论》就是一本力学方面的权威文献杂志，把全世界公认的高水平的论文都收进去了，并附有评论，你要翻阅有关力学方面的文献，就可以看这本杂志。我们要查文献，除查出英美的文献杂志和苏联的文献杂志外，还要查国内的文献杂志，只有通过这几个方面的查找，才能论证所选题目的可行性，以便科学地把课题最后定下来。

5. 还要善于拜老师

老师有两个，一个是书本，一个是人。现在着重讲后一个老师。人类科技的进步，都是后人在前人成功的道路上继续前进的。从来没有搞过科学研究的人，会把科研看得神秘莫测，高不可攀。实际上科学研究也是人间的烟火，没有什么了不起。只要攻下了这个堡垒，也是感到平平而已。只要你善于拜老师，把这个老师的绝招学到手的话，就可以跟着老师去做，从查文献起，到写成论文，完成实验等，很快就可以入门。拜老师最好要拜名师，所谓"名师出高徒"很有道理。能多拜几个老师更好，除了个别行业老师很少，一般行业的老师是很多的。我们中国培养人才，常常是从大学生开始，然后读硕士、博士，一直在一个老师身边，要到四五十岁才放出去，这叫近亲培植。发达国家在这方面的经验值得借鉴，他们培养博士生，常常不找自己的学生，而到另外学校去找。毕业后，自己学校不能留他，而是逼他出去到外校任教，到外单位工作。美国的科技人员一般一生要调动五次工作，这群人才流动以后，走了几个地方，就是找老师。多拜几个老师，就可多学到几个绝招，这样才能开创出自己的路子，才能标新立异，去采"星星"、摘"月亮"，拿下大的科研成果。

6. 要有拼搏精神，切忌老换题目

看准方向后，选中一个题目，就要钻进去，沿着选定的方向，始终不渝地前进。不要因难而退，中途改换题目，这不会给你带来成功。当然，如果题目确实选错了，需要改变方向，那是另一回事。要想在科研上有所作为也绝非轻而易举，关键是要知难而进，不能退缩，只要"拼命"去干，就会成功。比如陈景润连走路都在思考问题，撞到了树上。我也有过这样的经历。1971 年，一机部要搞一套生产高压聚乙烯的设备，这套设备的压力是 2200 个大气压，要是出问题，一个小城市就完了。当时要我去研究其中一个难度较大的课题，即计算自动保护装置的应力，并规定 3 个月一定要完成。我这个人也比较好强，就一口承担下来，当时资料室还没开放。我只好到杂乱无章的资料室的书堆中去找资料，接连几天几夜马不停蹄地去干，但一无所获。真是心急如焚、坐立不安，吃不下饭，睡不好觉，日思夜想着自己的课题，长期的奔波使我病倒了，尽管医生关照必须

安静休息，但我还是坚持搞下去，最后终于找到了办法，如期完成了任务。所以，搞科研常常是苦头吃足，绝不会一帆风顺的。这正如运动员一样，在历经千辛万苦和付出大量汗水后，才能夺得金牌，搞科研也同样要有这种拼搏精神。

7. 要争时间、抢速度

搞科研要分秒必争，争取以最快的速度拿出科研成果来。最近，国际上出现了超导热，许多国家同时在那儿搞，谁搞得快，早出成果，哪怕是提前一天就是胜利，就是为祖国争得了荣誉。要写好科研论文，论文的文字要简洁，论点要明确，层次要分明，并要及时发表和推广。整个科研过程，有的要几个月，有的要几年，甚至几十年。如搞种子的优化，从选出好的种子，到大面积的培育，再到喜获丰收，周期很长。陈景润摘取数学王冠，还有一步未做，这种大题目需要很多年。有的科学家喜欢多方面搞，而有的科学家一生就守着自己的一个领域。但不管怎样，都要争时间、抢速度，要不停顿地搞下去，就好像兔子与乌龟赛跑，只要乌龟不停地走，它最终就可以走在停停走走的兔子的前面。科学在日新月异地发展，搞科研也要有紧迫感，要不停顿地前进。

8. 再谈谈管理学院基础课的教师怎么选课题、搞科研

基础课教师的教学工作量大，这是事实。但一定要打破没有时间搞科研的思想，高等学校普遍存在这个思想。作为一个教师本身应该具有教学与科研这两种职能，基础课教师也不能例外。我以前也担任基础课教学，当时，我开材料力学课，教学任务很重，课时排得很满，还要改作业、带学生下厂实习、劳动，另外兼带十个人的毕业论文和班主任工作，但我还是千方百计地抽时间搞科研，时间是靠挤出来的。拿我们学校的暑期来说，暑期不等于休假，它主要是给你著书立说的时间、搞科研的时间。国外大学里，教授每人要上两门课，如果没有科研成果，没有论文，就没有科研经费，就不能招收研究生。研究生实际上又是助手，粗活都要研究生去做，上计算机、普通实验等要研究生去做。国外的教授也不是轻轻松松地在搞科研。所以，基础课教师一定要打破这一观念，要善于挤时间和利用假期，积极地搞科研。我认为以后中青年基础课教师没有进行科研就不能提职称，老年基础课教师则给予适当照顾，因为这是历史造成的。

现在相当多的课题是集体性的，个人性的很少。丁肇中教授得到诺贝尔奖金，实际上也是好多人一起做的，是共同的成果，丁肇中不过是总的负责人。他在联邦德国汉堡市有一个研究中心，就有几百人围着他转。基础教研室可以同其他系、室结合起来搞，也可以与总校、其他学校搭档进行。比如我们的化学实验室与名牌大学的相比有较大差距，要搞大的项目是不可能的，怎么办？可以同总校或其他学校联合起来搞，以弥补我们自己的不足。

我们学院的基础课教师搞科研要注意一个问题，即尽量少做纯基础的课题，而多做应用工程性的课题。我们在上海这个经济中心，已经培训了那么多的厂

长、总工程师、干部专修班的学生，要充分利用这个有利因素，到工厂去找课题，多搞应用工程性的科研。我们现有的设备与资金，很难为基础性的科研提供条件，因此不宜众人都去搞这方面的课题，当然，国家急需的项目除外，即使我们赔钱也要搞。

9. 最后，还要特别强调两条

一条是搞科研一定要有求实的精神，诚实的态度，不要搞虚假。搞虚假，既害人，又害自己，别人拿了你虚假的科研成果去用，是害了别人，虚假的东西终究要被拆穿，结果身败名裂。许多基础课教师以前没有搞过科研，可以从小事扎扎实实地做起，一点一滴地积累，不断地锻炼和提高自己的能力，这样，既利于己，更利于国家。另一条是要善于同别人合作，相互尊重，取长补短，不能互相拆台，更不能在背后说些不负责任的话，因为合作是为了增强力量，而不是互相削弱，否则就难达到成功的目的。另外，合作中要发扬风格。对于成果的分享既要实事求是，也要发扬风格，即使同事间出现矛盾，也要真诚解决，坦然处理。总之，希望大家要互相支持、互相谅解，团结奋斗，为振兴中华、为 2000 年的翻两番，为实现社会主义四个现代化，作出经济管理学院应有的贡献。我今天的讲话，如有不妥之处，请大家批评指正。

7.6　积极投身科技创新活动 *

在这生机勃勃的初夏季节，2012 年理工学院学生学术科技节隆重开幕了。首先，我对本届理工学院学生学术科技节的举行表示最热烈的祝贺！向参加大赛的研究生、本科生同学致以诚挚的问候！

本次理工学院学术科技节的主题是"扬起科技之帆，献礼团建九十年"，包括学院 6 个系的特色品牌活动，主题鲜明，内容丰富，形式多样，既体现了理工科的专业特点，也体现了活动的创新要求。学生学术科技节的举行，不但为同学们学科学、用科学良好学风的形成提供了外部环境，对拓展学术视野、丰富校园文化起到了积极作用；而且为同学们创新精神和实践能力的培养提供了锻炼机会，为同学们提供了一个增强学术科技素养、提高自身能力的舞台，在研究生、本科生激发科研热情、活跃学术思维等诸多方面，具有积极的现实意义和长远意义。

知识经济时代来临的 21 世纪，科学技术飞速发展，科技创新日新月异，创造性思维和科技创新在人类社会和生产力发展中的原动力作用日益凸显。在一定意义上讲，当前国家之间综合实力的竞争，关键在创新，核心在人才。"科技是第一生产力""人力资源是第一资源"是提升国家核心竞争力和综合实力的一项

---

* 本节内容是 2012 年暨南大学理工学院学生学术科技节开幕词，广州，2012 年 5 月 12 日。

战略举措。中华民族的伟大复兴，不但需要当代人的努力，更决定于年轻人的素质，当代青年的综合素质特别是科学素质如何，将直接关系到我们能否巍然屹立于世界民族之林，能否实现中华民族的伟大复兴，培养和提高青少年的科技素质比任何一个时期都显得更为迫切。

大学学习的青年时期是人的原创力发展的重要阶段，好奇心重、求知欲强，正是培育创新意识和创新能力的大好时机。同学们应该在学习和生活中形成尊重科学、崇尚创新的科学思想，向老师学习、向一切有知识的人学习，培养深入探究、勇于实践的科学素质，积极投身科技创新活动，为将来的提高和发展打下良好基础。

同学们，学术科技节的举办时间虽然只有两个月，但是科技创新将需要我们终生为之奋斗，正所谓"仰之弥高，钻之弥坚"。在多年的科研工作中，我的体会是要在科技创新方面取得成就，需要我们耐得住寂寞，要有耐心、好奇心和责任心，要有宽厚的知识积累，要勤奋，要有机遇。在此，我衷心地希望广大的研究生、本科生珍惜学术科技创新大赛中的交流和学习机会，相互切磋，取长补短，在活动中将专业知识与创新实践相结合，努力开展协同创新，真正锻炼、提高自己的创新能力、科研能力和动手能力，提高自身的科技创新素质！同时，我更热切地希望同学们将本次学术科技节作为新的起点，在今后的时间里，勤奋学习，积极探索，激扬学术，积极创新，勇于实践，努力使自己成为振兴广东、振兴中华的栋梁之才！

最后，祝 2012 年理工学院学生学术科技节取得圆满成功！

7.7　创新路上的感想[*]

创新这个题目，是个很大众化的题目，是人人都知晓的题目，也是个很难讲的题目。今天讲的题目是"创新路上的感想"，是讲自己碰到的方方面面有意义的事情，讲自己参与创新的经验和体会。

创新是一个相当宽泛的概念，创新不仅仅是技术创新，也可以指理论创新，还可以是观念、体制的更新等，创新应该包括人类生活、社会发展取得进步的各个方面，其核心要素是取得新的认识或获得新的成果，是在突破原有认识基础上的一种创造性的智力活动。

纵观人类社会的发展史，实际上就是创新的过程，创新的历史。从石器时代到信息时代、从原始社会到工业社会，在人类数百万年的社会发展过程中，创新起到了极其重要的作用。新的科学理论、新的发明、新的技术、新的工程、新的

　　* 本节内容是上海市中国工程院院士咨询与学术活动中心报告会上的讲话（按录音整理），上海，2008 年 5 月 27 日；原载《科技创新与品牌》，2009，（1）：10-16；（2）：8-11。

材料、新的思想、新的文化、新的制度等，层出不穷，渐次递进，推动了人类社会向前发展。因此，创新仍然是当代的主旋律，仍然在社会发展和人类进步中发挥着重要作用。

今天主要讲两个问题：第一个问题讲创新是社会进步的不竭动力，第二个问题是创新的一点感想。

7.7.1　创新是社会进步的不竭动力

1. 自然科学的创新

社会发展核心的问题是要创新，它是社会发展的动力。实际上人类社会的发展史就是创新的过程、创新的历史。首先是自然科学理论的创新十分重要，对社会进步的关系甚大。从 15 世纪起，产生了自然科学。遗憾的是，尽管我们中华民族创建了世界最优秀的历史文化，但自然科学却没在我们中国产生。这是我们的制度、管理出了毛病，造成自然科学没在中国产生。除南欧外，欧洲的其他地区历史比较短，在 10 世纪以前都还是蛮荒时期，10 世纪以后才比较好一些。我们中国在宋朝、明朝时经济总量已经是全世界第一，全世界经济总量一半以上在中国，可惜我们错过了机会。第一只火箭是中国人发明的，宋朝就有火箭了，但是我们只把它作为娱乐的工具，没有把它作为科学技术。因为我们传统的管理把科学技术作为一种下贱的工作，以前的技术人员被称为匠人，这些匠人只能够做下贱的工作，连参加科举考试的资格都没有。所以，我们虽然早有科学技术，但不受重视，因而不可能产生自然科学。为什么当时世界最强大的国家是英国、西班牙、葡萄牙这些国家，就因为是他们先搞自然科学。

自然科学的开始，产生于意大利文艺复兴时期。开始了数学、力学、物理学、化学等理论研究，核心部分是数学微积分、高等数学的诞生。伟大的文艺复兴名家达·芬奇有一句名言："数学是科学的皇后，力学是数学的天堂。"直至500 年后的今天，这句名言依然意义深远。自然科学包括数学、物理学、化学、天文学、地理学、生物学、力学 7 门科学。这些学科内容从表面上看似乎对人类关系不太大，但是实际上每一个理论的出现对世界的影响都是巨大的，甚至使社会实现跨越式的发展。库仑提出电的库仑定理，最后导致今天的电子时代。所以自然科学一个理论的产生，将对人类社会产生翻天覆地的变化。我们要重视自然科学基础理论，这对人类的发展关系很大。世界上近 100 年来的历史，是人类几百万年历史中发展最快的时期，原因就是自然科学理论有出色表现，特别是 20 世纪初爱因斯坦相对论的提出。我们今天可以在天空飞行，特别是 1969 年 7 月20 日美国阿波罗飞船载人登上了月球，更显示了自然科学理论的伟大作用。我们中国晚了几十年，现正在赶上来，"神七"载人飞船的发射就是一个有力的证明。大家都遗憾中国到现在都没有诺贝尔奖获得者，其原因就是我们的基础科学薄弱，加之长期以来又不受重视。

2. 技术和工程科学的创新

我们对技术科学和工程科学的创新要抓紧。人类改变世界就是通过技术科学和工程科学来实现的。技术中首先就是生产工具方面要有创新。我们中国 1 万年前是石器时代，是把石头打磨成劳动工具；然后进入铜器时代，进行青铜的冶炼、制造。不知道大家去过四川省广汉市三星堆博物馆看过那些铜器展品没有？非常精致，我们中国的铜器制造在世界同一个时代是最强的。铜器时代过了是铁器时代，铁比铜更坚硬。后来是蒸汽时代、电器时代，然后到今天的信息时代，发展就更快了。以前是几千年一个时段，现在是 10 来年就是一个时段，一个技术创新可以带来很快的时代进步。1946 年，美国出现了第一台计算机，把人类社会大大地推进了一步。90 年代互联网的出现，代表了全世界地球村时代的来临。中国出现互联网才 10 年多的时间。现在大家随时可以跟全世界的人通话，信息交流非常方便了。所以技术创新使生产力和人类生活很快进步。

科学理论和技术的集成便是工程科学。工程科学的创新更是推动社会迅速向前迈进的动力。著名的登月工程、三峡工程等就是典型的杰作。

3. 创新推动社会制度的变革

第三个方面就是创新推动社会制度的变革。比如说人类早期的是原始社会，原始社会过了是奴隶社会，接着是封建社会以及资本主义社会，最后是社会主义社会。这些社会制度的变化，带来了生产力的进一步发展，使人们的生活水平迅速提高。

我出生在抗日战争时期，是四川成都人，亲眼看到日本飞机轰炸我们祖国。那时国家非常落后，尽管日本飞机飞得很低，我们也拿它没办法。我的祖父是1903 年清朝政府派到日本振武学校留学的学生，同盟会会员，他去的时候把辫子剪掉，回国的时候没法回来，要装一条假辫子。那个时候是中国非常落后的时代，后来辛亥革命推翻了清王朝。再后来中国共产党又把蒋介石推翻，建立了社会主义社会。几十年来社会进步非常快，特别是 1978 年 3 月 18 日，中国的第一次科学大会在北京举行，邓小平同志说"科学技术是生产力"（1988 年，他又进一步讲"科学技术是第一生产力"。）、"知识分子是工人阶级的一部分"，这两个著名论断也是制度的创新。老同志都知道，那时说这两句话是相当不容易的。过后，以经济建设为中心 30 年，中国经济实现大幅度跨越，解决了温饱问题。与我们年轻时相比，现在食品丰富，居住条件改善，交通便利，各方面都有巨大进步，这是社会主义初级阶段制度中的创新带来的。小平同志带着我们中华民族进入了盛世时代，2007 年中国的经济总量 GDP 是世界第四。

4. 文化上的创新

第四方面，文化上的创新也推动着人类社会的进步。我们中华民族在春秋战国时是百花齐放、百家争鸣时期，文化非常灿烂，以至于现在从人们基本的生活方式到思想，还是受那个时代的影响。2001 年世界 100 多位诺贝尔奖获得者聚会，一位诺贝尔奖获得者发表讲话："21 世纪，地球上人类的进步要依赖孔子的思想。"先进的文化一定要传承，要发扬光大。孔子非常有远见，他的许多思想在两千年以后的今天仍然值得中华民族坚持，外国人都看到了这一点。我们国家现在开始重视了，已在世界上建立了 200 多家孔子学院，把孔子的思想推向世界。

世界上的文化也是一样的。欧洲 18 世纪启蒙运动的文化创新，揭开了思想解放的序幕，声势大，影响远，其中代表人物是法国思想家孟德斯鸠。他的思想导致了三权分立制度在欧洲建立，如法国、英国等，使欧洲成为世界的科技、经济强大地区，使美国成为强国，形成了西方文明。

所以我们不要把创新仅仅看成科技创新，其他方面也很重要，缺一不可，每个方面都要创新才行。但是对于我们每个人来说，要具备什么条件才有可能进行创新呢？这就是我要讲的第二个大问题。

7.7.2　创新的一点感想

首先，一个人希望进行创新就必须要有"三个心"：责任心、耐心和好奇心。其次，还要具备三个条件：宽厚的知识积累、勤奋和善于抓住机遇。

1. 要有"三个心"

1）责任心

因为创新是大脑的智慧活动，要实现创新需要许多精力和时间，甚至要经受许多艰难和曲折，所以搞创新的人首先要有责任心，做事要负责任，做事要自始至终坚持，做事要一丝不苟，做事要为国家和民族的事业着想。没有责任心的人，他不可能作出创新的事来为大家服务。

2）耐心

没有耐心的人，今天想到个问题，提出新的设想，明天可能就把它丢掉了，那是做不下去的。一定要坚持，要有恒心。创新的概念在提出的时候往往是大家都不支持，甚至受到挖苦、打击，很多困难使人做不下去，因为你的创新大家都没认识到。如果你提出来一个所谓新的东西大家都支持，那基本算不上创新。很多人都不认识的时候，你提出来，有的人会说你这个人骄傲、异想天开，领导也不一定喜欢。所以，一个人要进行创新，一定要有忍耐的精神，没有忍耐的精神你是做不出创新的。

我自己一辈子用耐心来要求自己，一辈子的很多事之所以能够成功就是靠耐心、靠忍耐。忍字当先，没有忍耐，今天回想起来，许多事是做不成的。20 世纪 70 年代末，那时的中国人才学会访问我："你成功的秘诀是什么？"我马上就回答是"忍耐"。尤其是我们中国人，创新的氛围历来较差，做事就更要忍耐。

3）好奇心

作为一个要有创新思想的人，好奇心很重要，必须要对周围事物好奇，要有兴趣。一个人对周围事物没有兴趣，根本就不可能提出各种问题。无论是生活中的问题、工作中的问题、国家的问题、世界的问题，只要有兴趣，就能在这种兴趣中提出创新的思想。

2. 要具备三个条件

1）宽厚的知识积累

创新，是要在前人基础之上得到一个飞跃，智慧的飞跃。创新，是人家没有做过的没有想过的事情。人类已经有几千年的知识积累了，积累了很多优秀的东西，你如果没有什么知识，不知道这些东西，你提出来，而别人早就提过了，早就有人做过了，这不是创新。牛顿说过他是在巨人的肩膀上成长起来的。前人的东西已经非常丰富，所以你想要创新，就得有丰富的知识，不仅要有本专业的知识，还要有其他专业的知识。

2）勤奋

这个条件大家很明白。所有的科学家、成才的人都说他成才的基本点是勤奋，不勤奋的人在这个世界上是做不出成绩的。关于勤奋，有很多名言，比如唐代文学家韩愈说："业精于勤，荒于嬉；行成于思，毁于随。"著名数学家华罗庚说："聪明出于勤奋，天才在于积累。"英国文学家、历史学家卡莱尔说："天才就是无止境刻苦勤奋的能力。"东西方的科学家、成功人士都会讲勤奋，这个是基础。

3）善于抓住机遇

这个条件也是很多人讲的，机遇就是你提出创新的机会。机遇往往是突然来临的，是没有先兆的，突然来到你的面前。所以，机遇总是喜爱那些提前准备好的人。很多人都遇到过机遇，但是很多人都没有抓住机遇。因为机遇到他面前的时候，他没有具备条件。法国科学家巴斯德说过："机遇只偏爱那些有准备、有头脑的人。"我们绝不能等到机遇来了才临时抱佛脚，那是不能成功的，要创新必须要善于抓住机遇。

下面就讲讲自己的体会，生活上的、管理上的、科学上的，都是自己的亲身经历，提供给大家参考。

7.7.3　创新的一些故事

1. 大学校长的管理创新

今天在场的有很多是大学老师和大学生，大家都知道一个大学的管理是非常难的。在中国目前的大学校长圈里，流行着一句话："大学的校长不是人当的。"

一般人会说："当大学校长多光荣啊，社会地位多高啊，多受尊敬啊！在国外的大学校长还要厉害，可以去竞选市长、省长甚至国家总统。"实际上，中国大学校长的确不好当。我在高校里面当了20年的校领导职务，亲身体验到做好校领导之苦，越是有心把学校办出水平，日子会过得越苦。但是另一方面，又觉得大学这个舞台，可以为国家多作些贡献，是一件十分有意义的事情。想通了这一点，我才有勇气承担校长职务。积20年办学之经验，要把工作搞好，要把学校办出水平，就必须在管理上要有创新思想。

我原来在上海工业大学任副校长，做著名科学家钱伟长校长的助手，后来上级把我调到广州暨南大学任副校长，接着又任校长，前后长达20年之久。新中国成立以前，暨南大学在上海真如办学。当时这个学校在全国排行大概在第五到第九名之间，是中国著名的大学。那时，上海有4所国立著名大学：上海交通大学、同济大学、复旦大学、暨南大学。这个学校在中国是非常有特色的大学，今年（2008年）已有102年的历史，是中国历史最悠久的大学之一，是清朝光绪皇帝亲自签字批准建立的，是中国第一个对海外办学的大学。从清朝开始办学就招海外学生，一直到现在都是华侨大学。但是这个学校又是多灾多难的大学。老一辈人都知道，在"文革"以前，有海外关系对个人来说是很可怕的事。所以一解放，这个学校就关闭了。后来，一些中央的领导意识到华侨仍然很重要，同时侨胞们也要求复办，于是就在广州复办。因为广东是中国最大的侨乡，中国的华侨有一半是广东人。暨南大学在广州复办的第一任校长是陶铸同志，这说明中央很重视。"文革"时期，学校再次停办，直到1978年重又恢复。这个学校在102年的时间长河里面停办3次，停办一次就换一遍老师，只剩个校名了。

办学尽管这样曲折，但是学校仍然培养了很多杰出人才。据不完全统计，有13位国家领导人、10多位院士，还有外国领导人，以及国内外许多的杰出人士。总之，对国家的贡献很大。

华侨对中国的贡献很大。从辛亥革命开始到现在，几乎每一次中国的巨大前进的跨越，都是华侨华人出了大力。没有孙中山先生领导的华侨同胞，我们的辛亥革命无法成功。30年的改革开放又是靠华侨华人、靠港澳台同胞出了力，取得了巨大成功。这30年来中国引进的外资，70%是华侨华人、港澳台同胞完成的，不是靠洋人。许多西方人是不喜欢中国上去的，他们不会发善心希望中国上去。我们的华侨华人和港澳台同胞爱国、爱故乡。全世界没有哪个民族像我们中国人，他就是改了名字，拿了外国的身份证，仍然爱这个祖国、爱这个故乡。祖国经过30年努力，成功了，成了世界第四经济大国。

20世纪90年代初，上级调我到暨南大学任职，来到了广州。可是，进了这个学校就让人伤心。学校办得太差了，已没有好名声。离开上海的时候，同事们都问我是不是调到山东济南去了。许多人都不知道这个学校，学校的知名度很低。广东和上海不一样，上海的高校办得比较好，而广东的高等学校在老百姓的心目中却办得很不好。都被取了很难听的绰号，这在全国都很罕见。老师和学生都不愿戴校徽，大家不愿在外面说自己是暨南大学的老师、暨南大学的学生，嫌丢人。我在上海工作得好好的，去了个名声不好的学校当领导，你说心里咋能高兴？我一向服从组织安排，只得耐着性子继续待下去。于是，我就团结大家、依赖大家，想办法要把这个学校办成质量好的学校，以"侨校＋名校"为发展战略目标，以"从严治校、从严治教、从严治学，依法治校，实事求是"（简称为"严、法、实"三字经）为方法，开始一次一次的改革。大概做了 20 多项改革，许多是全国高校第一次进行，共制定了 327 个管理制度[5]。

这个学校的新生进校学习的程度很不一样。它的办学宗旨是"面向海外、面向港澳台"，是中国内地两所实行校长负责制的学校之一，是个特殊学校。学生来源是全世界的华侨华人的子弟、香港澳门台湾的学生和内地的学生。全世界高中毕业不是同一个水平的，不可能像跳高一样规定一个同样高度，不能统一高考。美国的学生跟德国的学生不一样，跟非洲的学生不一样，跟毛里求斯的学生又不一样。学风也不好，我 1993 年秋天分工管教学，检查时发现早上 8：00 上课，到 8：30 还有很多学生没到教室，老师也不管。因为一些老师喜欢"搵钱"，就是到外面赚钱，对本职工作不负责，教风不好。我听了几节课碰到几件怪事。一个老师到了教室，上了讲台就问："同学们，你们是本科生还是大专生？"他走上讲台还不知道听课对象。有一个老师还问："你们上节课上到哪儿了？"他连上一节课上到哪儿都忘记了。我又检查了第 4 节课的下课情况，严重到无法想象的程度，本来是 12：00 结束，一位教师在 11：10 就下课了。

要想办法把学校办好，首先就要使学风变好。为改变学生平时不努力学习，仅靠一次次补考来过关的现象，对学生就采取了第一项改革措施：取消补考、实行重修。1993 年，这个学校就没有补考了。这在全国是第一次，以后就在全国推广了。学生成绩不及格，不需记入档案。非常宽容，允许重修三次。学生如果不想要低分成绩，愿意要高分，也可以重修。因为重修不仅要多花时间，还要多花钱，所以不仅学生重视，而且家长也会帮学校管好学生。这样一来，许多学生就努力读书了。

第二项改革就是从 1993 年开始实行标准学分制。这个制度规定本科学生拿到 160 学分就可以本科毕业，并允许提前毕业。70％是必修课，30％是选修课。一年两个学期，每学期 20 周，一学期 20 学分。优秀生可以读快一点，差的学生读慢点，还允许学生休学。总之，学生可以按照自己情况读 3 年、4 年、5 年，甚至 6 年、7 年都行。我觉得大学生就像产品一样，对社会来说符合质量条件出去就行了。有的人可以慢点，有的人快点。实行这个新制度之前，学生的学习负担很重，有的专业周学时竟高达 40，以致学生学习疲于奔命，既学不好，又使学生非常厌烦学习。所以就把学分降下来，搞少而精，跟国际一致。学生在校学习一年 40 周，每学期 16 周上课，2 周复习，2 周考试，学生有备考时间。一门课可以同时有几个老师主讲，学生既可以挑上课老师，也可以挑上课时间，就是根据自己的情况读书。传统的中国大学是保姆式大学的培养人才方式，这不是优秀的制度，优秀的制度应该是使学生根据自身情况和爱好来上课。这样，我们实施了中国第一个弹性的学分制。加上取消补考的措施，学生从学期开始到结束都努力用功，而且关怀学生，在考试前给学生 2 周时间复习功课，以使学生在考试前有充分时间准备。这样一来，学生的学风好转了，学生的学习质量也提高了。

　　我们的考试制度非常严格，在全国应该是最严的学校了。大家都知道中国过去的学校，包括在我们小时候，都没有作弊的现象。到了 20 世纪 80 年代，出现了考试作弊现象，而且越来越严重，这对培养中华民族的接班人很不利。大家作弊的结果就是不讲信用，作假。而且有的老师也跟着作弊，学生给老师送个礼就把分数改过来，这样搞下去我们的民族还有什么前途。诚信是一个民族最重要的基本素质。我们花费了很多精力，设计了一套完整的考试制度，以消除作弊现象。期末考试时，实行大考场制度，全校学生都在体育馆里面考试。840 人同时考试，大考场，学校派考官统一监考，这件事《人民日报》等媒体都报道了。大考场中，考生看不到周围同学的相同内容的试卷。考试桌子也做了专门设计，桌子没法私放东西。进考场的时候，学生所有东西都要存放。进到大考场以后，学生要靠自己的智商和能力来完成考试，在那种情况下作不了弊。自从设立大考场以来，便没有学生作弊。学生无法作弊，考试质量就很好，而且公正、公平。学生要考试好就得平时学习好。平时学习不好就不行，所以整个学习过程都能够管住。我们学校每年要把一些优秀学生送到国外去读书，交中国的学费到国外留学一年，学生如果作弊拿好成绩选拔出国留学，显然有失公平。由于我们的考试管理严格，有一次，我们省就把干部的考核放在我们学校举行，请我们监考，当场抓出了两个作弊的副厅长，后来听说省里免掉了他们的职务。

　　还有阅卷制度改革，首先考试出题办法就改了，用试题库。题是多位老师出的，每人出一道题，然后组成试题库。对试题库每套试卷题编好号码，考试前两天由主管校长随机选号抽题，此时谁也无法知道考题内容。然后请几个人去印卷子，这几个印卷的人跟外界不能来往。改试卷是集体阅卷，每位老师改一道题，不能拿回家由一个老师来改。所以严格而公平的考试制度会使学生的学风变好。

　　为改善教风和提升教学质量，从 1993 年开始，我们便要求教授上本科基础课。同时，对老师的课堂教学管理使用了三重评估制度。我在外国呆过几年，看到国外大学的学生在期末课程结束后要根据教师的授课质量给老师打分，以评估教师的授课质量。我就把这个制度借用过来，让学生给老师打分。对上课的内容、教材、教法等项目，由学生打分。开始时老师不服，说因为教学生很严，学生便给打低分。后来我就搞了三重评估,第一个就是学生评老师;第二个就是校、院、系领导评老师,并具体规定了领导每人一学期听多少课;第三就是专家评老师,全校请了 40 位专家,大多是教课教得好的刚退休老师,返聘回来,每周规定他们每人听课 8 小时。他们在全校任何时候随机听课,不通知任何人,就变成一个随机的抽样检查,这是用数学办法,运筹学的概念。像我去听课,临上课前一两分钟才进入教室,坐在教室后座,不让讲课老师发现,以免老师紧张,又可看到真实情况。听一节课下来就给老师打分了,看他讲得好不好。领导、专家、学生三方面考察,综合评定等级。然后每年全校表扬 10 位最佳授课老师,大照片挂在学校公告栏里面,树立榜样让大家向他们学习。同时,升工资,给激励。对于每年考核不合格的老师就亮黄牌,警告;再不及格,就下岗。下岗后,必须重新学习才能再上岗或改做其他工作。通过这样的办法管理老师,老师的教风很快就好了。

与此同时,我们在全校推行新的分配制度——暨南大学量化考核制度。中国高校现在普遍实行两种分配制度,其中一个典型是北大、清华的九级岗制度,另一个就是暨南大学的量化考核制度。当年《光明日报》同一天报道了这三个学校的两种分配模式。清华、北大模式是把老师分成一至九等,发放岗位工资。这种制度实施可能比较麻烦。我们是按照公平和激励原则,不用奖金概念,不鼓励院系部处创收,而是由学校直接筹款来增加教职工收入。我们将全校教职工每人的收入分为两部分,一部分是国家规定的,称为国家工资;一部分是学校发的,称为校内工资。校内工资采取量化考核办法,把每一个老师的工作细分成很多项,再按项计分。比如说上课,上本科生、硕士生、博士生、成人教育的课有不同分数。甚至上短期培训班的没有学历、学位证书的都有分数。学生数量多了也有加分,重复班也有分数,搞得比较公平。你教不同的课程,有不同的分数。星期日上课比平时上课要加一点分,在外地上课要加一点分,在海外及港澳台地区上课也多加一点分,晚上上课要加一点分,中午上课也加一点分,分得很清、很细。指导教学实验、批改作业都有分数,当班主任也有分数。还有社会任职的分数,在外面学术界任个什么职务,对学校知名度有提高,也给分数。然后,出版著作、发表论文也有分数。在国内外不同级别杂志发表的文章各有不同分数。做的科研成果被转化为产品,有分数。拿到科研项目也加分。在外面获得奖励、作出贡献也有分数。学年结束时,评为优秀的,也要对原始分数乘以大于 1 的系数。多少分,就多少钱,也不封顶。这样下来,大家都愿意干活了。很快,学校科研高速发展,教学质量稳步上升,教职工收入大大增加。当我 2006 年年初从校长岗位退下的时候,以校本部教职工为例,2005 年全年人均收入为 8.89 万元,是 1995 年平均收入 8000 元的 11 倍。在全国高校校长开会的时候,有人说我们学校工资是全国高校第一了。周边学校领导私下跟我说:"我们的压力太大了,请校长手下留情。"发给教职工的工资总额在全校总支出中仅占 30％，增发的余地还很大。

这个分配制度的变化还促进了工作变化，办学水平提高了。我刚到学校工作时，暨南大学居然没有一个省部级的重点学科。现在不仅有 15 个省部级重点学科，而且还有 2 个国家重点学科，博士点由 7 个增加到 54 个，研究生由 615 人增加到 6567 人，海外及港澳台学生由 1982 人增加至 10 270 人，整体上去了，由一般大学变成国家"211 工程"大学，成了中国的名校。以中国网大排行榜为例，在全国 2000 多所高校中，2005 年排在第 42 位。走到海外，你们碰到在中国读过书的，你问他在哪读书？很多人回答是在暨大读的。2000 年，中国大学校长代表团到葡萄牙访问，桑帕约总统给我们安排一个翻译，那个翻译走到我面前说："刘校长，我是你的学生。"她是我们学校外国语学院的毕业生，在葡萄牙工作。世界各国有很多我们暨南大学的学生。据统计，2005 年，暨南大学有 2.2 万名学生，其中海外及港澳台学生占一半，有 81 个国家和地区的学生在这里留学，海外及港澳台华侨华人和港澳台学生占全国大学同类学生总数的一半以上。

现代化大学的显著特色是老师们既能教好书，又能做好科学研究。但是，我刚去时的暨南大学的老师却不是这样，几乎无高水平的学术论文，科研水平较差，一年里全校仅有几篇 SCI 和 EI 论文。于是从 1996 年开始，我提出用"教学、科研"双中心目标取代了过去单一的"教学中心"目标，并用"不做科研的老师是残疾老师"的讲话来转变大家的观念。接着，又采取了一系列措施，如大力引进博士，引进优秀人才，改革职称评审制度，加强研究生质量管理，对老师的科研成果进行量化考核等，从而使学校的科研项目、科研经费、科研论文和成果推广快速增长。科研经费从 1995 年的 400 万元上升到 2005 年的 1.3 亿元，增长近 32 倍。三大索引（SCI、EI、ISTP）收录的学术论文从 1995 年的 9 篇上升到 2005 年的 297 篇，增长 32 倍。

一所大学，如果经费太少，那是很难办好的。1995 年，全校经费短缺，实验设备费仅 50 万元，基建费仅 300 多万元，而且全校从上到下忙于搞创收，严重影响学校的办学质量和发展。为此，从 1996 年开始，实行财务集中管理的措施，把各院系和部处资金集中起来实行一级财务管理，各院系部处不再搞创收，由学校直接发放校内工资，让教职工集中精力安心做好本职工作，这一方法在全国亦具有开创性质。学校实行开源节流原则，以开源为主、节流为辅。学校通过多种方法筹措资金，一方面请求中央和省政府加大投入，其次是调整结构，增加收入，同时又强调勤俭节约，不准浪费。对各单位的账户进行了清理，并加大了监管力度，不准做假账，不准做两本账，禁止搞"小金库"，实行"收支两条线"既有助于廉政建设，保护干部，预防腐败，又使学校的办学经费大幅增加。同时，又要求大家严格遵守国家及相关部门的财务制度，不准乱收费。这一系列的改革，使学校财务状况越来越好，保证了学校教育事业健康和高速的发展。2005年，全校总收入达到 13 亿元，为 1995 年 2.26 亿元的 5.8 倍。同时，2005 年，学校的固定资产总值达到 16.3 亿元，为 1995 年 3.26 亿元的 5 倍。学校的校园面积达到 174.43 万平方米，为 1995 年 112.32 万平方米的 1.5 倍。已经建成和正在建设的校舍面积共 83.81 万平方米，为 1995 年 46.39 万平方米的 1.81 倍。图书藏量增至 270 万册，为 1995 年 135 万册的 2 倍。教学科研设备增至 2.7 亿元，为 1995 年 4980 万元的 5 倍多。我卸任时，在校本部，还给后任校长留下积余的近 3000 万元现金。

暨南大学历史上很有特色，出了很多知名人物。可是，很多人不知道暨南大学，同学们甚至连暨南大学的"暨南"是什么意思、怎么来的都不知道。我做了校长以后，派人到中国历史档案馆去查，查出学校申办时光绪皇帝的批准签名，查出哪天成立的。最后我们便办了校史馆。校史馆可以鼓励学校师生们热爱自己的学校，珍惜前人留下的宝贵遗产，不忘记历史。大家的反映很好，知道了自己的历史，更爱自己的母校。当时全国一个校史馆都没有。1998 年，在暨南大学举行全国 100 所"211 工程"大学校长第一次聚会，大家看了我校的校史馆后说："很有特色。"现在，很多大学都建了校史馆。

1998 年，我们接受珠海市委和市政府的热情邀请，经上级领导口头批准同意，在珠海唐家湾创建了暨南大学珠海学院，既是在珠海特区创办的第一所高等学校，又掀开了新中国异地办学新的一页。建立的时候，有人就说："刘校长你要犯政治错误了，中国哪能允许异地办学。"我觉得中国大学太少，办大学于国家有利，于人民有利，又不是贪污腐败，应该大胆地去办学，即使犯了罪，坐了牢，未来也会平反的。暨大珠海学院在唐家湾办了两年后，又迁到珠海前山。可以说，办学的酸甜苦辣均尝尽，靠勇气坚持，靠办学质量坚持，靠珠海市委、市政府黄龙云书记等领导的大力支持，才得以坚持至今。我们始终坚持珠海学院与广州校本部是同水平招生、同水平办学、一样的毕业文凭。前不久，教育部周济部长来校视察，赞扬说："暨南大学珠海学院是暨南大学校本部的延伸。"做这些创新的事情，很多时候是冒风险做的，你只有认定目标，坚持下去才能成功。创新肯定跟周围不一样，但是创新的目的是为了进步。

我们中国为什么在世界上没有有名的大学，其主要原因之一是中国的大学都是关门办学，很不开放，主要招自己的学生，外国的学生来几个算几个。这么办国际化大学是不可能成功的。现在地球是一个村，人家先进的东西要学习，你有先进的要输出，才能够提高。大学是为社会培养现代化人才，要培养有世界观念的人才，所以要主动送你的学生出去，要欢迎人家的学生到你这儿来。

我第一次出国，到了国外一看，感觉我们太落后了。1981 年年初出国的时候是从中国科技大学出去的，第一批全国仅有 8 个人，由西德直接挑选的洪堡学者，作为世界优秀青年科学家出去。出发前，受到著名科学家钱三强先生的亲切接见和热情鼓励。到了西德，发现西方的管理在变化，大学办得不错。应该把人家好的东西学回来，提高自己，只有这样才能说中华民族是伟大的民族，才能把我们的国家变成伟大的国家。当时我就在反思，怎么才能把中国的大学办好，为中国培养优秀人才，我们中国才有希望。从 1995 年年底任暨南大学校长后，便开始在校内狠抓办学质量，并实行开放式办学，走国际化之路，花很大力气在世界五大洲建立姊妹学校，全是有名的大学。经过 10 年来的努力，我校在世界五大洲共建立姊妹学校 46 个。比如说我到埃及以后，想和他们的名校建立合作关系，非洲和中东地区最好的大学肯定是埃及的开罗大学，我就去拜访开罗大学校长。他不知道暨南大学在何方，我跟他讲了以后，开始他不愿意，但当我讲了半小时后他就同意了，这样，我们便与埃及的开罗大学建立成姊妹学校。要使世界的主要国家、华侨华人多的国家尊重我们，承认我们的文凭，使我校学生在该国能站住脚、求职顺利、工作发展顺利，就必须让人家知道中国有一个办学质量相当不错的暨南大学，才有可能。与该国著名大学结成姊妹学校是一条好途径。现在，海外及港澳台学生到中国来读书，大多选择暨南大学。一道风景线是，全校 1 万多海外及港澳台学生，来自世界五大洲 81 个国家和地区。

暨南大学众多学生来自海外及港澳台，到广州来读书，不仅要学好中文，同时也应该掌握好英文，成为双语人才。对于内地生说来，由于国内从小学到大学的英语教育不太成功，时间虽花得多，到大学毕业时，许多学生仍不能开口讲英文，致使国内非常缺乏英语好的专业人才，只好靠留学归国人才来满足需要。考虑到上述情况，我们从 1996 年起，便在全校院系开始双语教育，部分专业课程用英文授课。2001 年，更设立国际学院，学院内的全部专业一律使用英文授课，现已开设 6 个专业：临床医学、药学、食品质量安全、国际经济与贸易、会计学、行政管理。这个学院既为海外及港澳台学生所欢迎，又令内地生喜爱，成为中国内地首家兴办的不用出国留学就收到留学效果的大学。

暨南大学是新中国第一个设立医学院的大学，但是只有一个附属医院，学生培训、实习的地方严重不足，而且我们又无钱再办医院。经过认真研究，我们选择跟深圳特区最好的一所三甲医院——深圳市人民医院谈判，他们很高兴，就签字了，成为我们的第二附属医院，这是中国第一次大学与医院联合办学，受到时任国家卫生部副部长殷大奎的高度赞扬。后来，我们一共建了 8 所附属医院，都是广东的好医院。他们成为附属医院以后，重视科研，医疗水平也上去了，病人愿意到那里去看病。我们学校的学生到那里实习也不花钱，实习的条件也很好。那些医生还免费给我们培养研究生。现在很多大学都在采用我们这个办法。

还有与广东省检察院实行合作预防职务犯罪。由于社会腐败严重，所以几乎在每一个校内重要会议上我都要讲一次预防腐败。我虽然苦口婆心地讲，但是仍有个别干部不听忠告继续搞腐败进了牢房。为此我就想了一招，加大反腐力度，请求广东省检察院张学军院长支持，合作预防腐败。包括暨南大学建房子、采购、招生等，这些比较容易出现腐败的地方，请省检察院派人来监督。广东省检察院将此事上报中央，中央批示表扬我们做得好，这也是全国高校第一次做此事。因为高校不是避风港，也有腐败。有些学校连校长书记都被抓过，腐败确实严重。检察院进来以后，他们每件事都参与，威慑作用很大。从那以后，暨南大学就比较太平，我也比较放心。这是管理上的创新。

2. 生活中的一次创新经历

这个故事发生在甘肃省平凉地区泾川县黑河公社马漕生产队，这是个非常落后的山区。

当时正值"文革"时期，我被下放到泾川县插队落户当农民。下放的地方十分落后。黑河公社的地形是东西长 30 千米、南北宽 5 千米，黑河从中间经过，是山区。我所在的是东边第一个生产队，距离公社所在地有 15 千米。我们 10 个老师编成一个班，在一个生产队。刚到的时候，发现当地人基本上都患有大骨节病。男人全都是矮子，手足全部是大关节。很可怜的一个生产队，人口数在新中国成立后都没变化，始终是 107 个人。全村由于人矮炕小，就没有一个炕可以让我睡觉。我近 1.8 米的身高，没法睡觉，每晚只好头睡里面，把腿悬空在外面，十分辛苦，但我是被改造对象，不能提要求。后来，生产队长发现了，关心我，找一个炕让我一个人睡，我就睡对角线，这才解决了我的睡觉问题。这个生产队缺医少药，农民治病困难，考虑到我有一些医学知识，就大胆地自愿当一名义务赤脚医生，一边劳动一边给他们治病。在那里待了半年，我成了全科医生，什么病都看，仅一个病人没处理，有一个妇女难产，我不敢看，就婉拒了。他们平时不太用药，吃一点药，就很灵光，很快就好了，所以我的威望越来越高。后来我就看出名了，成了"神医"。

1968 年冬天的一个半夜里，很冷，凌晨两点钟，有人叫我快起来，说有一个人昏死过去了。我就赶快去救人，我也是胆大，什么医疗器械都没有，就靠知识。现场一看，一个二十三四岁的小伙子昏死过去了。检查完毕，发现睾丸肿胀很大，判断他是疝气发作，已经快没气了。按理说这个病必须立即做手术，把小肠送回腹腔才能救活。可是这个地方离县城医院有 40 千米，没有公路，只能抬担架，要走一整天，现在人已经休克，显然此法不可取。我就另想出路。因为我是学力学出身，就想利用重力原理，让小肠返回腹腔。我就叫几个农民把他头朝下，脚朝上地提起来，他已经没气了，死马权当活马医。5 分钟后，他就有呼吸了，10 多分钟后就活过来了。大家欢呼说："刘老师，你是神医啊！"这是关键时候没有办法的办法。但是如果你胆小怕事，就救不了人。我觉得在生活中也有机会创新。自那件事以后，方圆几十里的人都来找我看病。

3. 高压超高压容器试制的科技创新

现在讲自己在科技上的创新。我 18 岁时在"581 工程"中担任中国第一颗东方红人造地球卫星一个研制小组的组长，在科研上得到许多锻炼。但是两年以后，由于上级说我的政审不合格，因为我家里既是归侨家庭，又是台属家庭，所以被迫离开了人造地球卫星研制小组。"文化大革命"中的 1969 年夏天，我在兰州汽车修配厂当工人时，机会就来了，得以在兰州石油化工机器厂做科技创新。

这个石油化工机器厂是当时中国石油化工机械的第一号工厂，是苏联援助中国的 156 项工程之一。这个厂二分厂当时的技术科长，就是十届人大常委、曾任湖北省委书记的贾志杰同志。他是留苏学生，喜欢搞技术革新。他仿照世界领先水平的美国设备，在中国第一次试制了 6 台生产航空煤油的铂重整装置。试制出来以后一检验，发现不合格，没成功。因为这是个高温中压产品，工作的时候是摄氏 300 度高温，要 80 大气压，但是他们的试制产品只能达到 60 大气压。一台设备价值几千万，这个问题如果不能解决，花费巨大人力物力研制的设备将全部成为废品。在兰州的第一号有名大学是兰州大学；也是当时全国 27 所重点大学之一。他们就到兰州大学求援，找到军宣队队长。兰州大学没有化工机械专业，没有压力容器专业，找来找去就只能是我们力学系。力学系里面能够与这个产品有点关联的就只有从事板壳理论研究的我和我的老师叶开源先生。叶先生正在蒙冤挨批斗，无法接受研究任务。于是军宣队将任务交给我一个人。我那时 29 岁，没有搞过实际研究，唯一的长处是我有一点理论基础。我是中国除了北大学生以外第一批学力学的大学生，搞过一点理论研究，发表过 3 篇学术论文。但是，我读书时没有得到机械工程知识的培养，学校办学条件差，没做过一次实验，没学过制图，要承担这个任务，难度可想而知。

我立即去了工厂，向贾志杰科长报到。他们就给我说这个问题，图纸我也看不懂，我只学过板壳力学，没有学过压力容器。我觉得这个设备重要，这是个机会。我不能说我不干，就说，"我好好努力吧"。那时正是知识分子接受改造的时期，因此我就自己决定半天跟工人师傅一起劳动，当铆工、当焊工，半天搞研究。这个装置封头是开孔椭球壳，开孔处还连接一个厚壁圆柱管道，我没有学过，文献中也找不到相关理论，于是我就自己创造理论，给出了计算公式。经过 3 个月的日夜奋战，我终于把这个问题解决了[6]。我给的结论是：试制产品封头开孔处强度不够，应予补强。随后，贾科长他们又做了试验验证，所得试验值与我的计算值吻合，证实了我所建立理论的正确性。于是接受我的建议，在封头开孔的地方沿着孔焊一个 32 毫米厚的钢板，1 台花了几千元钱。弄上去以后就行了，就能达到 80 大气压了。他们好高兴，我也是好高兴。

我是本科生，又不是研究生毕业，知识面就是那么一点点，但就是我热爱科学、有创新的思想使我为中国第一台生产航空煤油的装置试制成功贡献了力量，不然试制产品就成废品了。我们那个时候做科研也没什么好处，既没有补助，也没有奖金，也没有表扬。《人民日报》报道的时候，只说是兰州大学力学系一位老师的帮助，名字都没有。但是我觉得只要对国家有好处，就值得。如果一个人一生只想着名利、想着升官发财，那是成不了功的，要抛弃这些名利才能成功。

这位贾科长，也确实了不起，他做了很多创新。当时国家以农业为基础，但化肥不足，尿素是最好的肥料，他便仿照世界王牌产品——荷兰设备试制中国第一台大型尿素合成塔，22 米高，压力高达 220 大气压。这种装置一旦出问题，周边地方都要遭殃，很吓人的。我年轻时就是胆大，我跟他们做的时候都没怕过，死了人要负责任，但是当时都没考虑过这些。这个产品就是吸取了前面铂重整装置试制的经验，前一台封头弄得太薄了，这台就弄得很厚。可是厚了以后封头孔边就产生很多裂纹，一个高压容器带有很多裂纹就不安全，不能用于生产。他们又请我赶快把这个问题解决。为此，我又创立了世界上第一个实用的厚壁球壳理论，给出了设计公式。计算后就做试验，理论结果居然对上了。于是，他们又接受我的建议：将球形封头减薄，去掉开孔地方的补强圈，使产品试制成功[7]。

接着就研制我国第一台大型换热分离氨组合设备，其中的水冷却器是高压高温设备，它的厚管板属于关键部件。厚管板是圆形的厚板，厚 230 毫米，直径 700 毫米，上面要开 745 个孔洞，每个孔洞的直径约为 10 毫米，孔洞中接上管子，用管子作冷热交换。石化和炼油厂中大约有 40% 都是这种热交换器。世界上这一领域的最权威学者是波兰的乌班诺夫斯基。他创立的是薄管板理论，而厚管板理论全世界没有。当时要设计制造 230 毫米厚的管板，全中国没有一个厂能加工。中国最大加工能力只能做到 190 毫米，再厚一点就做不了。他们又找到我，看能不能把管板减薄。做了半年，我自己建立了厚管板理论，给出了解析解，完成了这一课题[3]。"文革"结束后，经仔细查阅文献，发现还是全世界第一个厚管板理论。根据理论计算结果，建议管板按 150 毫米厚度设计制造就可以了。这个产品是西德的专利，厚度是 230 毫米。比较保险，我建议厚度为 150 毫米，工厂不敢做，太薄了出事怎么办呢？他们就采用了中国当时能加工的最大厚度的 190 毫米来加工管板。最后，产品设计制造成功。

后来我又参加研制中国最高压力容器，按世界王牌产品英国设备研制 2200 大气压的高压聚乙烯反应器。反应器需要在筒体侧边开个孔，压力太高不好处理，要我计算孔边应力。我拿着这个题目做了两个月都没有任何头绪。甚至生了场病，眼睛都红肿了，以至到医院做手术。朝思暮想，一个晚上在似睡非睡的时候终于想出来了一个解决办法，采用复变函数方法来处理这个问题，给出了解析解，从而使中国第一台最高压力容器顺利研制[8]。

由于在兰州石油化工机器厂做了一点创新工作，校军宣队就表扬我，并且在兰州大学为我出了一本科技专刊，这在当时是非常罕见的。我非常感动，觉得为国家做了点好事。科技创新非常重要，中国的第一批高压超高压容器产品就是这样研制出来的。

4. 精密仪器仪表波纹膜片弹性元件设计理论的创新

现在再讲一个科学理论上的创新故事。这是我一生刻骨铭心又十分心酸的一个故事，也是我的成名作，这就是波纹圆板特征关系式。在精密仪器仪表中，波纹圆板被称为波纹膜片。波纹圆板一般是用铍青铜和不锈钢等金属做的，非常薄，一般仅有 0.1 毫米厚度，用到卫星上不到 1 厘米直径大，用到其他仪表中则有几厘米大，是一些精密仪器仪表的心脏元件。1963 年在兰州大学毕业后留校任教，我想联系实践做科研，便到兰州的工厂去调研。找到一家国家级的仪表厂，当时他们正好有一个任务，就是研制锯齿形的波纹圆板。

那时，美国有两种飞机经常侵略中国的领空。一种是 U2 飞机，一种是 P2V 飞机，成天在中国的上空飞行。U2 飞机飞得太高了，20 000 多米高。我们打不着。P2V 飞机只飞几百米高，但我们的雷达找不到它。后来我们设法击落了一架 P2V 飞机。击落以后，我们国家对这架飞机的高度表进行仿制研究。高度表的心脏元件就是一个锯齿形的波纹圆板，很薄，只有 0.1 毫米左右的厚度，根据大气压力的不同产生的变形不同来测量高度。这个东西中国过去不能制造，我所到的这家厂就要制造这个东西，以供中国军事飞机使用。

这个厂无法研制，便请我给他们先计算一下。我没学过这个理论，不知道怎么计算，可是我很喜欢这个课题，愿意做。厂里同意我做，我就回学校向教研室党支部书记汇报。汇报的结果是："你这么忙还到外面去干什么？"并给我戴了顶帽子："不务正业"，把我批评了一通。领导不同意，就没办法签订课题合同。但是我觉得这是国家急需的重要课题，我们的军事工业、航空工业要上去，精密仪表是先行官。于是，我就利用业余时间悄悄进行研究。

从文献［9］中看到，苏联科学家巴诺夫院士研究这个问题最早，接着是他的两个学生，他们都只研究很简单的问题，且所获得的理论结果精确度很差，远不能满足设计要求。后来又有几位日本和美国科学家做这方面研究，也没能解决这个问题。美国是理论加经验作出这种产品。这是个世界难题，是一个非线性数学问题，理论难度很大，全世界就几个大人物做。我那时是初生牛犊不怕虎。世界上没人做的才好，国家也需要，我一直做到 1965 年夏天。后因参加农村"社教"和"文革"开始而被迫停止，但是只要有空，我就躲在家里继续做这项研究工作。

当时家里很穷，还要自己掏钱买纸买笔。研究计算工作量很大，连手摇计算器都没有。尽管系计算室有，但不让用。我要用五位数字运算加、减、乘、除、开方等，用手算，打算盘，翻对数表，用了几麻袋计算纸张。那个时候做业务是要被批判斗争的，于是我爱人保护我，她经常在门口帮我看着，有人来，我就马上收起研究资料，在外面放一本《红旗》杂志。没有办法，做科研还要搞秘密活动。终于在 1968 年 4 月算出来了，不仅计算方法、程序和公式简单，而且计算结果的精确度远远超过了苏联的世界领先水平的成果。他们算出来的误差大约是30％，我的误差只有 5％左右。在大学的时候学了 2 年数学专业，加上 3 年力学专业，所以我是靠自己努力把这个问题攻克了。但是攻克了以后，没有马上发挥作用，工厂也不要你的成果，因为没跟工厂签课题合同。从 1966 年夏天开始，所有的中国学术期刊都停办了，没有地方发表，也没有地方汇报，你说了还要挨批判，我只好把成果锁在家里。以后虽有两次发表的机会，但因各种干扰，始终没有发表成。

直到十年后的 1978 年 3 月，我的波纹圆板的学术论文[5]才得以在《力学学报》发表。

这篇论文发表时，我已经 37 岁，正好调到中国科技大学近代力学系飞行器结构力学专业教研室任教。1978 年 12 月，第五届全国精密仪器仪表弹性元件学术会议在上海召开，会议筹备委员会发现了我的这篇论文，便请我在大会上做特邀报告。大会报告后，会议评价这篇学术论文达到国际水平，立即引起轰动，《文汇报》马上报道，中国科技大学表扬，中国科学院发文件通报全院表彰，国务院副总理方毅也签字表扬。以后，我又将自己的波纹圆板的一系列成果在全国许多精密仪器仪表厂和研究所推广，从而改变了我国以往的经验设计的历史。

1978 年 3 月份发表这篇文章，距我开始做这个题目的时候，已有 14 年。按道理说，这么多年这个课题应该早有人做过了，可居然世界上还没有人攻克这个理论难题，仍然是世界前沿的作品。"文革"前，我在《科学通报》发表了 3 篇文章[10-12]，这是当时中国的权威杂志，也是非常好的，但是我的成名作还是这一篇。在这个创新故事中，我是吃足了苦头的。这就是科技的创新，只有经过坚忍不拔的努力，还要有知识的积累、抓住机遇才能成功。

5. 提出"东水西调"工程创意设想

最后，再讲一个最近的事情。2004 年，通过广东省人民政府参事室，我向国家提出"东水西调"工程建议[13]。以后，又陆续在一些地方作过讲座，报纸也有报道。最近又获得中国工程院经费资助，正式开始了这一课题的研究。

21 世纪制约我国经济发展的重要因素之一是水资源缺乏问题。我国人均水资源不到世界平均水平的 1/4，其中华北和西北地区的水资源更是极度贫乏。北方的黄河、淮河和海河三大主要流域的河川径流量不到全国的 6％，而耕地面积却占了全国的 40％。水资源的不足，不但影响工农业生产，影响人民群众的日常生活，而且制约着我国经济社会的可持续发展。一些北方城市已长期对居民实行水的限制供应，有的城市（包括首都北京）因大量开采地下水，造成了地面大幅下沉，存在很大的隐患。同时，由于生态环境的恶化，我国北方的一些沙漠迅速扩展。为此，国家开始实施"南水北调"工程，以解决北方缺水的困难。然而，中国南方淡水也不足，故不是长久之计。

海洋占地球面积 70%，海水取之不尽。故我提出"东水西调"工程的建议，把渤海和黄海的海水由东向西用管道输送到首都、华北和西北各省区，以永解当地之"渴"。在防止土地盐碱化的前提下，在沿线建立若干咸水湖，并在湖边按需建立海水淡化工厂，供当地人民淡水需要。据了解，目前海水淡化的成本是 4 元/吨，若技术更新，当可进一步降低成本。海水还可综合应用，比如建化工厂，提炼盐和稀有元素，综合效益可观，更可造福人类。咸湖水的自然蒸发，亦可改善当地气候，进一步可增加耕地，变沙漠为良田。同时，还可直接从长江出海口汲取即将流到海里的淡水向首都和北方积水地区输送，这一水源也很丰富。

"东水西调"工程，可以根据财力，逐步向西推进。当务之急，是首先解决首都北京的缺水问题。按目前我国的工程技术能力与财力来看，启动"东水西调"工程已不是困难之事，希望此创新得到大家的支持，以更快地造福于人类。

我在这里讲一生的创新故事，就是要告诉大家我的感想。我们人类的进步要靠创新，无论是科技、制度、政治、文化方方面面都需要创新，没有创新人类就不能进步，是无数人的创新才使我们的社会进步。但是也不可能人人每天都在创新，应该说多数情况下，为了保证产品和办事的质量，大家都要按标准、按部就班地工作。只是当生活、工作有需要更新的时候，才用创新去解决问题。天天都在创新，那是要搞坏的。现在人们对创新谈得很多，不注意这个问题。我们多数人、多数时候应该按标准化的工作方式进行工作，只是社会应该给创新一个宽容的气氛。我们整个中华民族应该鼓励有创新思想、创新概念的人，要鼓励他们、帮助他们，要给他们减少障碍，要宽容，即使创新失败了还要宽容。

7.8　关注世界科技创新态势 *

1. 前言

科学技术和工程是人类在认识和改造自然的伟大实践中获得的丰厚知识财富。它们分别对应于认识自然、改造自然的不同环节，因此，彼此之间有区别，更有联系。现代科学技术体系可划分为三个部分：

（1）科学。科学又分为自然科学和社会科学两大类，它们分别是对应于自然界和人类社会的科学理论。特别是自然科学，包括数学、物理学、化学、天文学、地理学、生物学和力学共七个大类，这是认识自然现象、探索物质运动的客观规律所形成的基本理论、概念或原理。

---

　*　本节内容是在贵州工业强省院士专家论坛上的报告，贵阳，2011 年 8 月 29 日。

（2）技术。技术是以自然科学的理论为基础，针对工程中带有普遍性的问题统一处理而形成的科学分支。即是说，是运用自然科学理论，为提高效率、节约资源和开辟新生产领域而发展的方法和手段。过去工科学院所设专业，大部分是指技术专业，如焊接技术、铸造技术、光电子技术、集成电路工艺与设计技术、计算机技术、生物技术等。

（3）工程。工程是综合应用自然科学、社会科学和技术的知识，使自然资源最佳地为人类服务而发展起来的一类专门综合技术，即在生产实践中产生的设计、工艺、流程、装备和质量控制等，它的任务是改造客观世界并取得实际的成果。因此，工程避不开客观事物的复杂性，必然要应用各个有关学科的成果。同时，工程又受经济建设和社会发展需求的拉动，直接为经济建设和社会发展作贡献。复杂性和综合性是工程的主要特点。随着当代科学技术和生产实践活动的发展，科学、技术与工程三者之间的联系越来越密切，科学向技术、工程的转化和渗透更加快速、广泛，工程、技术对科学进步的推动作用日益强烈。它们相辅相成、相互促进，共同构成一个不断发展的庞大知识体系，成为现代生产力最活跃的因素。

2. 20 世纪自然科学的伟大成就

现代自然科学是从 15 世纪下半叶开始，在摆脱了神学的统治之后，伴随资本主义工业大生产的兴起而发展起来的。意大利的达·芬奇（Leonardo DA Vinci）是代表人物（1452～1519），用试验确定了金属丝、杆和梁的强度，论述了数学和力学的作用和地位，有一句名言："数学是科学的皇后，力学是数学的天堂"，至今意义仍然深远。

19 世纪至 20 世纪之交，不能不提到格廷根学派[14]。以德国格廷根大学的数学家克莱因（Felix Klein）（1849～1925）和物理学家普朗特（Ludwig Prandtl）（1875～1953）创建应用力学为标志。他们明确提出资源贫乏的德国要在实力上称雄世界，就必须将自然科学的研究成果用于生产，由于当时力学最成熟，就选择力学，叫应用力学，这就是新的科学前沿。

格廷根学派取代了牛津、剑桥的地位，成为世界学术中心，这个学派的杰出传人德国物理学家爱因斯坦（Albert Einstein）（1879～1955），称为 20 世纪最伟大科学家，另一个杰出传人匈牙利力学家冯·卡门（Von Kármán）（1881～1963）称为 20 世纪第二大科学家。

中国的"三钱"，对中国 20 世纪科学发展起了重要作用。钱学森、钱伟长、钱三强均是格廷根学派传人。钱学森是冯·卡门的第一位中国博士生，钱伟长是加拿大应用数学家辛格（L. Synge）的博士生，又是冯·卡门的助手，辛格也是格廷根学派传人。钱三强是法国物理学家约里奥·居里夫妇（Joliot-Curie）的博士生，约里奥·居里夫妇也是格廷根学派的传人。

人类知识宝库中有 80% 的科学发现、技术发明和工程建设是 20 世纪的科学家和工程师们创造的。20 世纪的科学无论在深度，还是在广度上，都远远超过了 19 世纪以前的几千年总和。物理学中的相对论、量子力学，生命科学中的 DNA 双螺旋结构及遗传密码的发现，不仅带动了一系列科学技术和生产领域的发展，而且进一步深刻地改变了我们对世界的认识，向科学真理更进一步逼近。

（1）相对论和量子力学是 20 世纪科学最伟大的发现。

1895 年，德国物理学家伦琴（Wilhelm Röntgen）（1845～1923）在研究阴极射线时，意外地发现了 X 射线。这项发现如此重要，以至伦琴在 1901 年成了第一位诺贝尔物理学奖获得者。此后第二年、第三年，相继发现了放射性和电子。

X 射线、放射性、电子三项发现，动摇了经典物理学的大厦，导致了 20 世纪最初 30 年的物理学革命。先是黑体辐射的实验测量促使德国物理学家普朗克（Max Planck）（1858～1947）提出了量子力学，接着，光速的测量导致爱因斯坦提出相对论。

没过多少年，放射性和相对论导致了原子弹、氢弹爆炸，震撼世界，而电子和量子理论则导致了微电子、激光、计算机、超导、互联网等的出现，把人类带进了前所未见的信息时代。

（2）DNA 双螺旋和遗传密码的发现打开了理解生命奥秘的大门。

1953 年，美国遗传学家和生物物理学家沃森（James Watson）（1928～）和英国生物物理学家克里克（Francis Crick）（1916～2004）揭示了生物大分子脱氧核糖核酸（DNA）的双螺旋结构，DNA 分子是由 4 种碱基核苷酸分子所组成的两条长链缠绕而成。生物体遗传基因的密码由 4 种碱基的特定排序所编码，人体中独立的基因数量约为 2 万多个，每个基因含几百到上万个碱基对，共有 31 亿个核苷酸碱基对，分布于 23 对染色体的 DNA 中。DNA 有如一条磁带，它以遗传信息谱写、记录、传播着一支美妙的生命之歌。科学家在分子水平上建立了生物世界多样性（100 多万种动物，30 多万种植物和很多种微生物）和生命物质一致性的辩证统一观，对生命现象的认识已深入到核心层次。

在揭示生命本质取得实质进展的同时，一门以上述成果为基础的综合应用性学科——生物技术，自 20 世纪 70 年代后获得迅速发展，已在医药、食品、化工、能源、农业、环境保护中广泛应用。

近 100 年来，人类不仅取得了上述三项划时代的科学成就，而且其他各门科学技术都取得了长足发展。可以说，20 世纪是人类历史上辉煌的科技世纪。

3. 20 世纪工程技术科学的伟大成就

20 世纪是个奇迹的世纪，其工程技术科学的伟大成就[15,16]主要显示在以下四个方面：

1）电气化

19 世纪称为蒸汽时代。

20 世纪则称为电气时代。

工程技术的划时代成就之一就是电的广泛应用，是社会最重要的技术基础，对人们和货物的生产方式和生活方式产生了重大影响，电气化的程度为现代化的最显著标志。电力是最便于输送和分配、最清洁和最便于使用和控制的优质能源。

20 世纪之初，全世界人们的生活是没有电灯、没有电话、没有自来水、没有广播、没有电视、没有煤气的生活时代。

电力改变了城市的面貌，改变了人生活的方式，更加舒适。改变生产方式，节省了体力。现在简直无法想象，没有电，我们怎么生活！

1879 年美国发明家爱迪生（Thomas Edison）电灯的发明，促成了 1882 年第一座商用电厂的产生，但是用直流电，输送区域很小。经过美国发明家特斯拉（Nikola Tesla）和美国电气工程师斯泰因梅茨（Charles Steinmetz）的努力，成功地实现了交流电的商品化，能远距离传输高压电。1903 年，美国发明家柯蒂斯（Charles Curtis）研制出 5000 千瓦的汽轮发电机。1925 年，在美国波士顿建成了世界上第一座高压蒸汽发电厂。1927 年，132 千伏传输线路在美国铺设。

接着电网系统形成，一个国家，甚至国际互联电网，远距离输电成功。发电形式也在多样化，有火力发电、水电、核电。

美国的远距离输电，在 1999 年达到 765 千伏。我国的三峡电站是世界最大的水电站，装机容量将达到 2250 万千瓦。

2）汽车和飞机

19 世纪末，世界上一般人一生的旅行距离就在自己出生附近的区域里，主要是步行。

到 20 世纪末，汽车已经成为世界上人们出行和运货的主要交通工具，而且成为反映一个国家经济状况好坏的主要标志，很少有像汽车那样的机器为人们广泛使用。全世界汽车大约有 5 亿辆，其中 1/3 在美国。美国汽车的销量已占美国商品批发销售总额的 1/5，零售总额的 1/4 还多。美国汽车工业已跃居制造业之首，促进了钢铁、橡胶、石油化工、石油生产、涂料、平板玻璃制造等工业的发展。

1769 年，法国军事工程师库格诺特（Nicolas-Joseph Cugnot）制造了世界上第一部汽车，实际上是一辆蒸汽动力三轮车。1885 年，德国机械工程师卡尔·奔驰（Karl Benz）制造了第一辆汽油动力汽车。1900 年，一辆汽车仅 100 个零部件，今天却有 14 000 个左右。

现在公路、高速公路上到处是汽车，把人们和货物带到很远的地方。

飞机将人们快速带到世界上任何地方。飞机制造业也促进了科学、技术、经济的繁荣和发展。

1903 年，美国飞机发明家莱特（Wilbur Wright）进行了第一架有动力装置飞机的成功飞行，连续飞行了 12 秒，飞行距离大约 36.6 米。

第一次世界大战（1914～1918 年）和第二次世界大战（1939～1945 年）加速了航空的发展。

航空技术的伟大之处就在于它开阔了人们的视野，促进了科学技术经济的繁荣，以美国为例，它的收入占美国 GDP 的 6％以上。

3）计算机和互联网工程

计算机和互联网的发明是 20 世纪技术科学的最伟大成就，是 20 世纪的重要象征，它带动了一次世界性的新技术革命，使信息化时代来临。

由于电气化，汽车、飞机，技术创新改善了人类的生活。人们摆脱了繁重劳动，轻松自由地远行。随后，计算机出现了，它令世界震惊，使人们从令人生厌的计算，或流水线上的繁重劳动中解放出来。在 20 世纪之末，计算机已成为各行业不可缺少的组成部分，并通过互联网开始打通向新世界的大门，深刻地改变了人们的生活和工作方式，人们能够不分地理和政治信仰，共享信息，相互学习。

1946 年，第一台数字电子计算机 ENIAC 在美国投入运行，每秒可进行 5000 次加减计算。

1981 年，美国 IBM 公司推出个人计算机（PC）。

在 20 世纪 80 年代，美国的超级计算机每秒可进行 100 万亿次计算。如果用过去的计算器计算，则要花 1000 万年才行。

1962 年，美国 MIT（麻省理工学院）的一名研究生科列英若克（Leonard Kleinrock）发明互联网技术。1972 年，汤姆林森（Ray Tomlinson）推出了电子邮件。90 年代在世界迅速发展。1992 年，万维网（www）诞生，在互联网上首次进行音频与视频多播图像。1999 年，互联网有 1.5 亿用户，有 8 亿多网页可以访问。

互联网技术不由任何公司、企业或国家占有或控制。它通过计算机、光纤、卫星和电话线把全世界的人民即时连接起来，正在改变文化模式、商业活动、工业方式以及研究和教育工作。

网上读书、网上查阅资料、网上购物、网上聊天交朋友……，正在深刻地改变世界。

4）宇航工程

宇航工程大大开拓了世界知识的宝库，是人类历史上不朽的成就。

1957 年，苏联发射的世界上第一颗人造地球卫星，穿越大气层，震惊了世界。

1959 年，苏联加加林（Yuri Gagarin）上天绕地球飞行一周，是世界上第一位宇航员。

1969 年 7 月 20 日，美国阿波罗 11 号飞船登月，人类第一次到达了月球表面着陆行走。阿姆斯特朗成为在月球上行走的第一人。

地球轨道卫星的出现，引起了全球通信的革命，为全球提供即时通话和视频服务，为天气预报服务，为飞机、汽车和舰船导航服务。

4. 目前世界科技的前沿形势

目前，世界科技领域充满生机，成果层出不穷[17,18]。

1）宇宙与物质结构（宏微观世界）

目前，在这一领域一直保持着活跃状态。人类的科学研究始终要面对的最大问题就是宇宙起源和进化与物质结构。

宇宙是如何起源和进化的，若干年来逐渐形成了许多不同的宇宙学理论，现有的基本理论认为，大爆炸是宇宙的开端，但对于宇宙的最终结局并无定论。2002 年，美、英科学家提出了循环宇宙模型理论，认为宇宙将永远不会结束，将永远处于从生长到消亡的循环过程中。大爆炸不是宇宙的起点，也不是终点，而只是宇宙不同阶段的"过渡"。2008 年，欧洲核子研究中心大型强子对撞机的启用，无论从所涉及的人力、物力、财力还是从规模上说，都堪称人类历史上最大的物理实验计划，该实验将把高度活跃的质子以超快速度撞击到一起，上演微缩版的"宇宙大爆炸"，目的是揭示宇宙起源。

接着，2003 年，特别大的有里程碑意义的成就是美国科学家获得了宇宙"婴儿期"的照片，这是目前最清晰的宇宙微波背景图，由此精确地测出了宇宙的年龄为 137 亿年，误差不超过 1%。有力地支持了大爆炸产生宇宙的学说。宇宙的成分 4% 是由原子构成的普通物质，23% 是目前尚不了解的暗物质，73% 是暗能量。2010 年 7 月，欧洲空间局公布了由普朗克太空望远镜收集的数据所绘制的首张宇宙全景图。

2005 年，德、英科学家测得月球的准确年龄为 45.27 亿年。

2006 年，俄罗斯科学家测得地球的准确年龄为 45.67 亿年。

而且在 2006 年，国际天文学联合会通过新定义，将位居太阳系九大行星末席 70 多年的冥王星驱逐出了行星家族，降级为"矮行星"。

在黑洞问题研究方面，英国著名科学家霍金推翻自己以往的观点，在 2004 年说，黑洞似乎并非吞噬一切。2007 年，观察到银河系中有 1000 多个超大质量黑洞，从黑洞中逃离的热气体可能是宇宙生命种子的来源，这突破了黑洞是"终极毁灭"的形象。2008 年，科学家根据美国航空航天局观察站的数据发现，黑洞释放能力的过程并非爆发性的，而是温和而有规律的。

1992 年，苏梅克-利维九号彗星在第一次接近木星时，被木星强大引力撕碎成 21 块碎片，并排成一列飞行星体，像一列火车在太阳系内奔驰。1994 年 7 月，这列星体再次接近木星，并撞击木星，释放出相当于 20 亿颗原子弹的能量。这次撞击在木星表面上留下了相当于地球数倍体积的庞大坑洞。木星体积较地球大1500 多倍。若是撞上地球，那么人类的家园将毁灭。这对人类是一次警告。从2006 年开始，由美国发起并主办了国际小行星搜寻活动，防患于未然。

在寻找有生命的行星的热潮中，澳大利亚科学家在 2004 年发现，银河系内有 1/10 的星体具备适合生命存在的条件，它们较太阳系要早 10 亿年诞生。英国科学家认为，太阳系以外的星系中，有 1/20 拥有类似地球的行星，可能有生命存在。2008 年取得了很多激动人心的进展，如美国阿雷西博天文台利用射电望远镜首次在距离地球 2.5 亿光年的 Arp220 星系中测到了构成生命的两种最基本物质：甲亚胺和氢氰化物。

2002 年，英国科学家认为太阳表层可能存在大量暗物质。通过对数千个遥远类星体进行观察，发现了宇宙中存在暗能量的新证据。2008 年，美国亚利桑那大学天文学家已估算出了隐藏在太阳系中的暗物质的总重量。美国麻省理工大学科学家研制出一种新型探测器，可鉴别出暗物质粒子。

2002 年，美、德、加研究小组首次成功地对反物质原子的内部结构和物理特性进行了研究，并初步断定反氢原子与氢原子在内部结构上似乎没有什么差别，而且成功地制造出约 5 万个低能量状态的反氢原子，这对比较物质与反物质的差别，解答宇宙构成等问题有重要意义。接着在 2006 年，日本科学家生成稳定的接近绝对零度的反氢原子。俄罗斯科学家直接观察到"活"的反氢原子，为反物质的研究开辟了新道路。

周期表是化学理论的骨架，有 103 个已知的元素。近几年，俄罗斯科学家合成了门捷列夫元素周期表上的第 113 号和第 115 号元素；美、俄合作，合成了第118 号超重元素；俄罗斯和德国又合成了第 114 号元素。

2007 年，法国科学家发明了一种光子盒，2.7 厘米见方，可以在 1/7 秒内捕捉并监控 1 个光子，并监控光子从产生到消失的全过程。

在粒子物理研究方面，2006 年，俄、比、德科学家合作，观察到中子衰变的新方式，一个自由中子衰变成质子、电子、反中微子和光子。而且俄罗斯科学家在 2005 年对中子的半衰期作了精确测定，为 878.5 秒，较公认的少 7.2 秒。这将对宇宙构成的了解产生重大影响。2008 年，美国 IBM 公司与德国科学家借助原子力显微镜，发现让单个钴原子在光滑的铂平面运动需要 210 皮牛的力，这是人类首次测定推动单个原子所需的力。

2010 年，美国科学家使用高分辨率蝇眼阵列望远镜，首次搞清楚高能的宇宙射线由质子组成。宇宙射线起源于银河系外部，是宇宙中一种具有相当大能量的带电粒子流，对其研究已经成为探索宇宙起源、发展历史、天体演化、空间环境等科学之谜的最重要途径。

2）生命科学与生命技术

基因的研究是最热门领域。

2001 年 2 月 12 日，中、美、英、日、德、法六国科学家联合小组宣布人类基因组图谱。次年，又绘制完成了人类基因组序列。人类基因数量为 2 万～2.5 万个，较前面预计的少得多。人类基因 99.5％是相同的，人类基因密码的差异为 0.5％。人类基因组有 31.746 亿个碱基对。2007 年，世界首份个人 DNA 图谱面世，脱氧核糖核酸（DNA）分子结构的双螺旋模型发现者之一，美国生物学家詹姆斯·沃森成为自己研究的受益者——他成为世界上第一份完全破译的"个人版"基因组图谱的拥有者。接着，出现了数种更为简便、快捷、经济的基因测序新技术，使得这一领域的工作得以快速发展。我国科学家完成了第一个中国人基因组序列图谱——"炎黄一号"的绘制和分析。美英等国科学家完成了最大规模人类遗传多样性调查，其样本涵盖了全球 50 多个不同的地理学族群，大多数人的遗传祖先追溯起来都不限于一个大陆。

科学家们又开始进行染色体的破译工作。例如，14 号染色体有约 1000 个基因；7 号染色体包括 1.53 亿个碱基对和 1150 个蛋白质编码基因。几年来，已全部完成染色体破译工作。

接着，对动物、植物、微生物（狗、牛、树、水稻、老鼠等）的基因测序工作喜讯频传。例如，大鼠 2.5 万个基因，与人类 90％相同。黑猩猩与人类基因相似程度达到 96％以上。美国科学家成功破译史前庞然大物猛犸象 80％的基因组，使科学家在复活猛犸象的道路上又向前迈进一步。2009 年，加拿大科学家使用已灭绝的猛犸象的一个冷冻样本的 DNA，再造出了他们的血液，与原来的猛犸象的血液完全一样。

基因的研究成果对基因治疗、基因药物研究带来了希望。

干细胞的研究是又一热点。

干细胞是人体内能够分化成多种细胞的基本细胞，即可在人体内转化为任何细胞。由于这一领域蕴藏着广泛的医疗前景和巨大的商机，故国际竞争日趋激烈。干细胞的各种获取渠道以及它们的分化功能研究是当前的热点。过去只能从脐带中获取，现已发现可以从胎盘、骨髓、肌肉、大脑、皮肤、脂肪以及多种胚胎组织等渠道获取干细胞。美国科学家从胎盘中提取大量干细胞的技术，比脐带中获取多 10 倍。以色列科学家诱导人类干细胞转化为胰岛细胞，对Ⅰ型糖尿病治疗迈出关键一步。中国科学家从干细胞分化克隆出每分钟跳动 30～120 次的自律跳动心肌细胞团，向克隆完整人体心脏迈出第一步。

2008 年，美国科学家实现了发育生物学家长久以来的梦想——直接将一种体细胞转变成另一种体细胞，而无需借助胚胎干细胞。

2001 年，美国科学家克隆出含有 6 个细胞的人体胚胎。这又引起克隆人的伦理道德争论。联合国教科文组织公报，生殖性克隆人是违背人类尊严的。但世界医学界认为，克隆干细胞具有很高的医疗价值，可治疗包括糖尿病、帕金森氏症、艾滋病、癌症等绝症。

接着在 2003 年，美国科学家用冷冻 20 多年的爪哇野牛的皮肤细胞成功克隆出两头爪哇野牛，为克隆保护濒危动物展示了新的希望。2006 年，美国科学家在实验室中培养出膀胱，并顺利转移到 7 名患者体内。由于膀胱是自身体内细胞培养产生，所以不会发生免疫排斥，这是国际上首例从实验室培育的完整器官移植。而且，在美国，在 2007 年人造生命诞生，用化学合成了人工染色体，并成功地移植到了另一个没有染色体的细胞中，创造出了有史以来第一个"人造生命"。2008 年，美国科学家给处理后的动物尸体心脏注入活细胞，成功地使这些心脏恢复了跳动。英国、意大利和西班牙联合小组利用成人干细胞培养的气管成功地为西班牙女患者实施了器官移植。2010 年，德美合作，利用干细胞培育出与人类耳蜗内毛细胞非常相似的细胞，从而向利用再生医疗方式治疗失聪迈出了重要一步。

2010 年 5 月，美国科学家文特尔通过化学合成"丝状支原体丝状亚种"的 DNA，并植入去除了遗传物质的山羊支原体内，创造出世界上首个"人造单细胞生物"。

同时，在 2007 年，还有首只人兽混种羊产生，15％的人类细胞，85％的绵羊细胞，这一进展向动物器官用作人体移植的目标前进了一步。

随着人类基因组织测序的完成，生命科学研究重点转向细胞中的蛋白质。在 2007 年，第一张人类器官蛋白质组图谱完成。我国科学家实施了"人类蛋白质组计划"，测定出 6788 个中国成人肝脏蛋白质，有望攻克肝癌诊治问题。同时，我国科学家还发现构成 DNA 的第六元素，即硫，原来 5 种是碳、氢、氧、氮、磷。

在脑科学这一国际热门领域中，一直认为脑细胞是不能再生的，但是在美国，2006 年科学家首次发现人类大脑细胞拥有与干细胞一样的自我更新能力。

同时癌症的防治一直是研究重点。2006 年，英国科学家首次研究证实一种恶性肿瘤能在狗之间传播，而且澳大利亚塔斯马尼亚岛上有袋目动物中可能也存在一种传染性癌症，这是对人类的提醒！癌症可能有传染性。

2006 年，在美国，宫颈癌疫苗"加德西"上市，这是人类研制成功的第一种癌症疫苗。

关于地球的生命起源和发展研究也是一个前沿领域。

地球年龄 45 亿年了，过了 10 亿年后，在 35 亿年前，生命在地球上诞生。

35 亿年来，地球生物已经经历了 5 次大灭绝。第 5 次灭绝是 6500 万年前恐龙突然灭绝，科学家们对灭绝原因有不同说法，尚未有定论。灭绝前，恐龙是最凶猛的动物，统治地球超过 1 亿年，剑龙、梁龙、暴龙是陆地上的霸主，蛇颈龙是海中王，拥有巨大羽翼的翼龙则成为天空的统治者。可是，它们突然灭绝了。有人说，是流星撞地球，伽马射线爆发，饿死、冻死，气候改变，海平面上升，淹死恐龙等。最糟糕的一次灭绝发生在 2.5 亿年前的二叠纪末期，被称为大灭绝，地球上 95% 的物种都消灭了。一些科学家认为，我们正濒于第 6 次大灭绝的边缘。几万年以来，人类开始支配地球，由于工业发展和人口增多，到 21 世纪末人口将达到 100 亿人，发生了温室效应，地球气候变暖、目前物种灭绝数量加快。根据科学家研究，生物物种灭绝 95% 原因为气候变暖、污染加大所造成，估计到 21 世纪末，人口达到 100 亿人之时，地球的半数物种将灭绝，因此要走低碳建设之路，要拯救地球！拯救人类！防止第六次大灭绝到来！

3）信息与通信技术

各种新型计算机的研制方兴未艾，计算机的超微型化和超强计算能力一直是各国竞相追逐和比拼的目标。2008 年，美国研制出细菌计算机和生物分子计算机。日本也研制了由 17 个分子组成的分子计算机。新加坡科学家基于热和"声子"来设计新一代计算机，称作声子计算机。

美国在超级计算机领域继续领先，日本、欧洲奋力追赶。美国 IBM 在超级计算 500 强排行榜上继续保持绝对的统治地位。2006 年，IBM 和美国能源部研制的蓝色基因/L 以每秒 280.6 万亿次的运算速度排列榜首，遥遥领先。2008 年，IBM 公司造出更快的每秒 1105 万亿次的超级计算机。2010 年，美国又造出世界最快的每秒 1750 万亿次超级计算机。

我国也在奋力追赶，2008 年 6 月，研制出曙光 5000A 型每秒 160 万亿次超级计算机，可排在世界第七位。2010 年 6 月，我国又研究出曙光星云型每秒 1270 万亿次超级计算机，为世界第二位。2010 年 11 月，我国国防科技大学终于超过美国，研制出天河一号每秒 2570 万亿次超级计算机，为世界第一位。

在存储技术方面，有许多进展和突破。美国，2007 年罗彻斯特大学在光学存储研究领域取得突破，利用新开发的单光子技术，能使整张图像进行编码和储存，并使信息完整再现。美国宾夕法尼亚大学开发出一种新型纳米器件，能储存 10 万年的海量电脑数据，探索速度较现有的存储设备快 1000 倍，且更省电，存储空间更小。

在晶体管、光刻和芯片技术领域、美国继续领先。

在通信技术方面，日本和美国十分出色，2007 年，联合开发出（10 千兆赫兹时钟周波数）量子暗号系统，利用单一光子水平光的量子暗号密钥成功在 200 公里光纤距离传输信号，达到目前世界速度最快、传输距离最长纪录。

2008 年，世界最大规模的"网格计算"网络在欧洲正式启动，用于大型强子对撞机数据分析和处理。"网格"是指通过互联网整合成一台巨大的超级计算机。

4）纳米科学技术

纳米技术在很大的程度上影响人类社会的生产，改变人类的生活方式。实际上，纳米技术的奇妙和潜力目前已经有所显现，人们在市场上几乎每天都可以看到带有纳米字样或具有纳米特性的新产品、新系统、新材料，它们影响着医疗保健、计算机、日常消费品、能源、国防、食品等各个方面。

纳米技术就是在纳米尺度上（1 纳米到 100 纳米）研究物质的特性和相互作用，并利用它来制造具有特定产品的技术。也就是说，要对原子和分子进行操纵，利用在如此小的尺度上物质可能显现出的极不寻常的特性来开发人们所需要的新材料、新产品和新技术，它正在成为全球关注的重点。由于原子和分子行踪不定，那么小，要将它们捕捉住，作为产品，其难度可想而知。

近 20 年发展起来的纳米技术是逆向思维创造性提出来的，来自于 1955 年的理论物理学家理查德·费曼。过去，人类从磨尖石头，到光刻芯片，即从整体切掉许多材料到有用形状，现在是用单一分子和原子来制造零件。

纳米科学技术包括四个方面：①纳米材料；②纳米动力学，制造微型电动机械系统，作传感器、执行器、光纤通信、医疗诊断仪器；③纳米生物学和纳米药物学，使药物粒子全部溶于水，最大限度发挥药效；④纳米电子学，使原来电子器件发展到更小、更快、更冷。

2001 年，美国科学家首次研制了一种与骨头非常类似的新材料——骨状纳米纤维，从而打开了合成骨替代的大门。

2002 年，美国科学家制造出单个分子大小的原子级纳米晶体管，其电流由 1 个或 2 个金属原子输送，利用该技术，可使计算机电路再缩小 6 万倍。

2004 年，中国科学家成功地开发了先进纳米燃料技术。它能把汽油等燃料完全变成纳米燃料，实现充分燃烧。该技术用于汽车，可净化尾气 50％～90％，节约燃料 20％～30％，提高动力 10％～30％，降低发动机噪声，延长发动机寿命，对缓解环境污染和能源危机有重要意义。同年，美国科学家利用 DNA 碎片制造了两条腿仅 10 纳米长的微型机器人，这一重大突破可望使纳米制造业的梦想变成现实。

2005 年，美国科学家研制出世界上第一个纳米阀门和世界上最小、能像真车一样滚动的纳米汽车，可用来进行原子或分子的运输。

2006 年，意大利科学家制成了世界上最快的纳米电动机，目前用来将药物送进细胞的分子引擎，未来可用来建造"化学计算机"。同年，美国科学家利用氧化锌纳米线的弯曲和伸直时的压电效应将机械能转化为电能，该技术可用于体内自供能量的纳米传感器。美国科学家用碳纳米管制成的纳米刀，可用来更精确地切割和研究细胞。美国科学家将分子磁共振成像技术的灵敏度提高了 1 万倍，有望成为医学诊断的有力工具。

2007 年，德国和法国科学家借助将氮化硼颗粒的大小从微米级降低到纳米级，使材料的硬度提高到接近钻石，而且其断裂韧度和抗磨能力都大大高于钻石。同年，英国、俄罗斯和荷兰的科学家，用单原子厚的石墨薄片制成能探索单个有毒气体分子的传感器，其灵敏度比任何迄今演示过的气体探测器高百万倍，可探测隐藏的爆炸物或致命的一氧化碳。美国科学家开发了由多层银和氧化铝组成的超级透镜，它使科学家不仅能看见细胞核，而且能观察到活细胞中个别分子的动作和行为。

2008 年，美国科学家制成氧化锰纳米线，其直径只有 20 纳米，它对石油有极大的亲和力，能吸收相当于其自身重量 20 倍的石油。这种材料可用来清除海洋中的石油泄漏，也可用于水的净化。在纳米科技的研究工具方面，德国科学家制造了一台可用来测量纳米世界中极小作用力（如纳牛顿或皮牛顿量级）的原型实验装置。

5）能源与环境

世界经济的迅速发展，加之人口的迅速增加，使能源消耗和环境污染日益加剧，因此可再生能源开发利用与环境保护就成为 21 世纪各国政府及科学家和经济界共同关注的焦点问题。

我们居住的地球已诞生了 45.67 亿年。多少年以来，仅仅是地球科学家、天文学家，将它作为行星关注。20 世纪后期，日益成为热门话题。这是由于人类活动对自然系统的影响迅速增大，经济增长，人口膨胀，需求扩大，使人类与其赖以生存的自然环境之间的矛盾日益尖锐。1804 年，全球人口为 10 亿人。1927 年，全球人口增加到 20 亿人。1960 年，全球人口为 30 亿人。1975 年，全球人口为 40 亿人。1987 年 7 月 11 日，全球人口达到 50 亿人。1999 年，全球人口为 60 亿人。2007 年，全球人口达到 67 亿人。1910 年，我国人口已达 4 亿人。2007 年，我国人口已增至 13.8 亿人，占世界 1/5。

在地球上，我们赖以生存的生物圈有多大？薄薄几米厚的土壤，几公里厚的大气层，几公里深的海洋。目前，无论土壤、大气，还是水资源、能源资源（石油、煤），都在恶化中。

目前，石油、天然气仅有 50 年用量，煤炭仅有 200 年用量。

地球表面只有 11% 土地适于耕种，其中大部分已使用，而且土壤流失严重。世界沙漠化的扩展速度，每年大约在 5 万～7 万千米^2。每年全球土壤损失量高达 254 亿吨，其中中国 43 亿吨，占世界 1/6。研究表明，在自然力作用下，每生成 1 厘米^3 原土壤，大约需 100～400 年的漫长岁月。因此，每年全球的土壤损失量已超过新土壤的形成量。尤其我国近 10 多年城市化和经济发展，引起耕地大幅度减少，我们更应爱惜耕地。

清洁的大气几乎成为城市居民的奢侈品。目前世界约 1/4 人口居住在空气烟尘超标的地区。过量的城市烟尘及其夹带的氮、硫氧化物，造成呼吸疾患、癌症和男女不育。冰箱、空调机中的氯氟烃类制冷剂的大量使用和排放，造成大气臭氧层减薄，特别是出现了南极上空的臭氧空洞，地球的保护罩没有了，紫外线辐射加大，更威胁了人类和生物的生命！工业发展、燃爆增加、森林和植被减少，使大气中二氧化碳浓度增大，造成温室效应，使全球气候变暖。100 年来，已升高 1℃，且升温速度在加剧。全球的降雨量分布发生变化，从而引发水、旱灾情的概率加大。地球水资源总量 15 亿千米^3，其中 97％是海洋，淡水仅有 3％。由于人类淡水用量激增和水资源污染，对工农业发展、生活质量改善造成严重制约。

我国人均淡水占有量仅为世界平均值的 1/4，其中西北、华北等地区尤其严峻，人均水量只有世界人口的 1/20，北方已有 80％的城市供水不足。我国是世界上升温最为严重的国家之一，100 年来，为 1.1℃，比世界平均值高。

滥用资源、破坏资源、扩大生态赤字，无异于自我毁灭。"生态文明""绿色科技""绿色制造""清洁能源""低碳社会"正为社会接受。

在能源方面、环境方面，世界科技发展很快。

在开发可再生能源方面，当今最大的热点是太阳能。太阳能电池方面，2008年年初，美国硅谷建成了世界上最大的太阳能电池制造厂，一年内可生产出 43万千瓦的太阳能电池。

太阳能发电厂方面，2009 年，德国在莱比锡兴建欧洲最大的太阳能发电厂，发电功率 4 万千瓦，总投资 1.3 亿欧元，可满足 1 万户家庭用电要求。以色列和美国合作在美国加利福尼亚沙漠建造世界最大的太阳能发电厂，最大发电能力55.3 万千瓦，相当于 1/3 个大亚湾核电站发电量，可为 40 万户家庭提供电力。2007 年 9 月，在内蒙古鄂尔多斯市郊，我国建成了 205 千瓦太阳能电站。

风能是目前世界上增长速度最快的能源，这是清洁的新能源。

目前，英国走在世界海上风能的前沿，2008 年成为世界海上风力发电站装机容量最多的国家，总装机容量达到 870 万千瓦。我国 2007 年年底的风电建设已突破了 600 万千瓦，居世界第五位。

海浪发电方面，以色列于 2006 年发明了一种海浪发电装置，效率可达 75％。2008 年，爱尔兰研发和安装了一台海浪能源转换装置，发电能力超过 1000 千瓦，足以满足 1000 户家庭需要。2008 年，英国科研人员研发成功世界首台潮汐能涡轮发电机，将它放入海湾时涨时退的潮汐中，就能产生可供 1140 户居民使用的电力。

核能发电方面，正在进行可控热核聚变发电研究，欧盟、美、日、中、俄、韩、印七方代表从 2006 年开始合作。

全球生物燃料生产呈快速发展趋势，受到各国高度重视。生物燃料技术呈多样化发展趋势。

英国将在威尔士建造世界上最大的生物发电厂，即 35 万千瓦木屑燃料发电厂，造价 4 亿英镑，寿命为 25 年，预计近期建成。2007 年，世界首座生物柴油加工厂在芬兰投产，使用原料为菜子油、棕榈油、大豆油、动物脂肪等，成本低，其二氧化碳排放量仅为传统柴油的 16%～40%，尾气排放量也降低了 30% 左右。2007 年，美国开发出家禽废弃物转化生物柴油装置，生物柴油的产量约为废物总量的 30%～50%。美国还开发出用玉米和甘蔗制造丙烷的工艺。以色列利用海藻高效净化环境并制造生物燃料。2008 年，巴西科学家发现象草，植株高 4 米，易于生长，无须施肥，产量高，种一年可以收获 20 年。干草经简单加工就能制成燃料，1 公顷象草产生的能量能替代 36 桶石油，是植物中首屈一指的替代生物燃料。

燃料电池在 2007 年也有喜人表现，英国研制出一种锂化合物，可使机载燃料电池用在汽车上，连续行驶 483 千米。

在节能减排领域，也有一系列新进展。

2007 年，加拿大使用节碳器技术，产生的富氢天然气可用于以天然气为燃料的内燃机、燃气炉具和燃气轮机，其燃烧排放的二氧化氮可降低 50%～60%，二氧化碳可降低 7%。

2007 年，美国通用电器公司建造了一台目前最洁净的火车，能回收刹车时的能量，用于爬坡和加速，从而把燃料消耗和温室气体排放都减少 50%。

2010 年 LED 成为照明行业的新宠儿。此节能灯的寿命是传统白炽灯的 50 到 100 倍，耗电量仅为白炽灯的 1/8，荧光灯的 1/2。

垃圾和废物处理与再利用工艺不断有创造性成就。如美国生产的 Hawk10 循环机能用微波将有机废物的分子链撕裂，并合成为油料或天然气，制造出的能量是消耗掉能量的 18 倍，生产过程完全是零排放，而且处理之后的废物体积减小了 65% 以上，每小时可把 10 吨汽车垃圾（轮胎、杯子、塑料袋等）转变成能提供 428.5 万千卡热量的天然气。

6）航天技术

航天技术历来是各国激烈竞争的领域，21 世纪以来的 10 年，它对人类社会进步起到更为巨大的推动作用。

探月是一个亮点。1969 年 7 月 20 日，阿波罗飞船载人登上月球。2004 年 4 月，欧洲"智慧 1 号"进入绕月轨道。2006 年 9 月，欧洲航天局"智能 1 号"以打水漂形式撞击月球，分析月球表面物质和月球历史。2007 年 9 月，日本"月亮女神"绕月飞行。2007 年 10 月 24 日，我国嫦娥 1 号发射成功，绕月飞行，观测了月球的每一寸土地，于 2008 年 11 月 12 日公布了世界上最完整的一幅影像图。预计，我国要到 21 世纪十几年，才会安排载人绕月飞行。2008 年 7 月，美国宣布，对阿波罗带回的岩石样本分析表明，月球早期有水存在。2008 年 10 月，印度首颗探月卫星升空。

载人航天是又一个亮点。2003 年 10 月 16 日、2005 年 10 月 12 日和 2008 年 9 月 25 日，神舟 5 号、6 号和 7 号先后载人上了太空，使我国成为俄美之后第三个成功实现载人航天和掌握空间出舱活动技术的国家。

彗星考察也十分热门。2004 年 1 月，美国发射"星尘号"，擦过"维尔特二号"彗星，带着上百个彗星尘埃粒子的返回舱，于 2006 年 1 月返回地球，这是人类首次把月球以外的星球样本送回地球。欧洲航天局也在 2004 年 3 月 2 日，发射了"罗西塔"彗星探测器，它将经过 10 年长途跋涉，进入"楚留莫夫—格拉西门克"彗星的轨道，并着落，这在人类航天史上也是前所未有的。2005 年，美国又做了一个惊人壮举，发射"深度撞击号"探测器，击中坦普尔 1 号彗星，了解到彗核很小且是分层的，表面多种地貌，坑洼和平地均有。表面覆盖着 10 多米深的细粉状物质。彗星在靠近太阳时会喷发。彗星内部存在大量含碳、氮的有机分子。

对火星、土星、金星、水星也发射探测器，取得不凡成果。特别是对火星，2004 年，美国发射"勇气号"与"机遇号"两辆火星探测器登陆考察，发现有冰以及火山爆发证据。欧洲航天局也发射了"火星快乐号"。2008 年，美国的凤凰火星着陆器已发现火星上有水。这是惊人的发现！美国还准备在 2030 年让人登陆火星。

人类还在寻找地球外生命，除关注火星外，也关注太阳系外的星球。2008 年年底，一艘美国的飞船第一次走出太阳系，向太阳系外飞去。

2001 年 3 月 23 日，是世界航空航天史上一个令人难忘的日子。地球上空 350 千米处运行了 15 年之久的俄罗斯"和平号"空间站，在完成其历史使命后，它的全部碎片安全地坠入预定的南太平洋海域，它创造了一系列辉煌业绩。它是 20 世纪质量最重、寿命最长、载人最多、技术最先进的航天器。它绕地球飞行近 8 万圈，行程 35.2 亿千米，先后 109 次与其他飞船对接，共有 11 个国家 104 名宇航员到访过，进行了 3 万项研究、实验。

目前，从 1998 年开始建设新的国际空间站，重达 300 吨，内部空间超过 700 米^3，已成为最大的宇宙飞船。仅在 2007 年，就有三架航天飞机，3 艘货运飞船，2 艘载人飞船到来过。美、俄宇航员共进行 23 次太空行走，创下单年太空行走次数的新纪录。10 年来，已绕地球飞行 573 000 圈，飞行里程 21 亿 km，共有 15 个国家的 167 人造访过。2009 年，乘员从 3 人增加为 6 人。空间站总投资达

1000 亿美元，2010 年已全部建成。

2008 年，美国首次成功预测小行星撞击地球事件，误差只有 35 秒。

迄今为止，全世界已有 130 多个国家和地区参与了航天活动，近 30 个国家和地区形成了自己的航天工业。全球已进行了 124 次探月活动，18 人登上月球。我国共发射了 90 多颗各类人造地球卫星，4 艘无人飞船，3 艘载人飞船，1 个月球探测器。

7.9　推进振动工程学科发展[*]

在丹桂飘香的金秋十月，中国振动工程学会第七次全国会员代表大会暨第十届全国振动理论及应用学术会议在南京隆重召开了！这是我国振动科技界的一件大事和喜事。现在，请允许我代表中国振动工程学会，对莅临会议指导的上级领导、南京航空航天大学的领导和各位来宾，对来自全国各地的代表，表示热烈欢迎和衷心感谢！

中国振动工程学会积极发挥学术社团的作用，为推进我国振动工程学科发展、科技创新、学术交流、科普教育等方面作出了积极的贡献。学会已经建立了 14 个专业委员会，18 个省级地方学会。学会成功举办了第 3～第 9 届全国振动理论及应用学术会议和各项专业学术交流活动，举办了多次振动工程国际学术会议。学会主办的《振动工程学报》和《振动与冲击》期刊均被确定为国家中文核心期刊，已成为国内颇具影响力的知名期刊。学会多次推荐两院院士候选人，数次推选中国科协全国代表大会代表和委员候选人，推荐全国优秀科技工作者，评选学会青年科技奖，推荐中国青年科技奖，很好地为会员服务。多年来，学会致力于促进科学技术繁荣和发展，很好地为经济社会发展服务；致力于促进科学技术普及和推广，很好地为提高全民科学素质服务；致力于促进科技人才成长和提高，很好地为科技工作者服务。学会着眼于建设科技工作者之家，当好科技工作者之友，加强自身建设。在这里，我们要向为此作出积极贡献的第六届理事会的各位领导和全体理事表示诚挚的谢意！

根据中国科协"关于同意中国振动工程学会召开第七次全国会员代表大会的批复"（科协函学字［2011］111 号）和学会《章程》的规定，中国振动工程学会召开第七次全国会员代表大会，审议学会第六届理事会工作，进行理事会的换届选举。同时，我们举行第十届全国振动理论及应用学术会议。来自全国各地从事振动工程研究的专家学者和工程技术人员欢聚在一起，相互交流切磋，共同探讨各前沿领域的最新科研成果和发展动态。出席会议的代表来自我国 20 多个省、

---

[*] 本节内容是中国振动工程学会第七次会员代表大会暨第十届全国振动理论及应用学术会议开幕词，南京，2011 年 10 月 27 日。

市的 80 多个单位，基本覆盖了我国从事振动工程研究、教学、开发、生产和使用的主要单位，具有较为广泛的代表性。其中会员代表绝大多数是具有副高级技术职务以上的科技人员，具有一定的学术造诣，并热心学会工作，为开好这次全国会员代表大会，为我学会今后的兴旺发达奠定了坚实的组织基础。现在，我们全国会员代表济济一堂，共商学会发展大计。这次全国会员代表大会的主要任务是：

（1）审议学会第六届理事会工作报告、财务报告；

（2）为 2010 年度学会青年科技奖获得者颁奖；

（3）选举产生学会第七届理事会；

（4）同期进行第十届全国振动理论及应用学术会议和振动工程技术仪器设备展览。

这次会议的任务十分繁重，而时间又极为短促。希望各位代表团结一致，集中精力，切实完成会议的各项任务，把这次会议开好。

代表们、同志们！我国科技发展的奋斗目标是，到 2020 年时使我国进入创新型国家行列，到新中国成立 100 年时使我国成为世界科技强国。广大科技工作者责任重大、使命光荣。让我们更加紧密地团结在以胡锦涛同志为总书记的党中央周围，高举中国特色社会主义伟大旗帜，以邓小平理论和"三个代表"重要思想为指导，深入贯彻落实科学发展观，在全面建设小康社会的伟大历史进程中，为加快建设创新型国家作出新的更大的贡献！

中国振动工程学会自成立以来，一直受到挂靠单位南京航空航天大学领导在人力、物力、财力等多方面的大力支持。本次会议又由南京航空航天大学承办，学校科协部门、学会办公室和南航机械结构强度与振动国家重点实验室的同志们为本次会议的筹备做了大量工作，付出了辛勤的劳动。借此机会，我们谨向南京航空航天大学的领导表示衷心的感谢！向承担会议工作的全体同志表示深切的感谢！

最后，衷心祝愿中国振动工程学会第七次全国会员代表大会暨第十届全国振动理论及应用学术会议圆满成功！

7.10　加强振动理论研究与应用*

今天在这里隆重举行 2004 年全国振动工程及应用学术会议，我代表中国振动工程学会，向大会表示热烈的祝贺。

这次会议是由中国振动工程学会下属的四个专业委员会联合举办。它们是：

---

　　* 本节内容是中国振动工程学会 2004 年全国振动工程及应用学术会议开幕词，成都，2004 年 8 月 12 日。

转子动力学专业委员会、故障诊断专业委员会、模态分析与试验专业委员会、振动与噪声控制专业委员会。这是中国振动工程学会专业委员会之间联合举办的又一次全国性学术会议，也是这四个专业委员会各自的系列性学术会议的连续。

　　非常高兴的是，这次会议得到了国内同行的热烈响应，与会代表达 400 人，宣读近 350 篇论文，这是近几年来我国振动学科方面与会人数最多的一次全国性学术会议。它反映了我国近年来振动领域可喜的、欣欣向荣的发展形势。

　　这 350 篇论文，将部分展示我国振动学科的目前学术水平，展示我国振动工程在国民经济建设中发挥的重要作用。这里有反映老一代专家教授的工作积累，有反映中青年学者的创新和探索。有基础理论研究成果，有生产第一线的实践总结。它们充分反映了我国振动领域专家学者们为推动我国经济发展和社会进步作出的辛勤劳动和贡献。也预示着我国振动学科的发展趋势和目标。与会代表来自高等院校、科研部门和工矿企业。我相信，通过这种联合振动学术会议的召开，来自不同分支领域学者的相互交流，必将推动我国振动学科理论和工程应用的进一步发展。

　　本次会议由西南交通大学牵引动力国家重点实验室承办。会议得到了西南交通大学的大力支持。请允许我代表中国振动工程学会，代表中国振动工程学会下属的四个专业委员会，向会议东道主——西南交通大学，表示衷心的感谢。

　　预祝大会圆满成功。

7.11　推动振动理论和应用技术的发展[*]

　　在初秋之际，我们相聚美丽的昆明，迎来了 2006 年全国振动工程及应用学术会议暨第十届全国设备故障诊断学术会议和第十九届全国振动与噪声控制学术会议。在此，我代表中国振动工程学会向本次大会的召开表示热烈的祝贺。

　　中国振动工程学会是中国科协直接领导下的一个跨学科、跨行业的大型学术团体，下设振动与噪声控制、机械动力学、非线性振动、随机振动、故障诊断等 14 个专业委员会，目前有会员 7000 人。多年来，本学会的学术活动十分活跃，在相关领域中发挥了积极的作用，在各种形式的学术交流、科技知识宣传、工程技术推广应用等方面，为我国的国民经济建设和国防建设作出巨大的贡献。同时，我们学会还与国外许多国际学会、国际组织和会议建立并保持着广泛的联系，为推动振动理论和应用技术的不断发展起到了良好的桥梁和纽带作用。

　　本次学术会议由我会下属的故障诊断专业委员会和振动与噪声控制专业委员会联合主办，是一个每两年召开一次的全国振动工程及应用系列学术会议，是检

---

　　* 本节内容是中国振动工程学会 2006 年全国振动工程及应用学术会议开幕词，昆明，2006 年 8 月 15 日。

阅和展示最近两年振动领域学术研究和应用成果、交流学术思想和学科发展动态的大好机会。该学术会议在我国振动界已经形成较大影响，得到了国内同行专家学者和工程技术人员的热烈响应。昆明理工大学、郑州大学和《振动与冲击》编辑部为承办好本次学术会议，在论文征集、会议组织、论文集出版以及会议服务等多个方面付出了大量心血和辛勤劳动，借此机会谨向他们表示衷心的感谢！

昆明是我国西南部的旅游和商贸重镇，历史悠久，文化独特，民族风情浓郁，并且具有"天气常如二三月，花枝不断四时春"的气候特色，素有"春城"和"花城"之美称。希望各位代表能够在这美丽城市充分交流学术思想和信息。

祝愿本次学术会议取得圆满成功！

7.12　加强机械动力学的研究[*]

今天很荣幸来到美丽的西子湖畔、来到充满活力的浙江工业大学参加中国振动工程学会机械动力学分会成立三十周年庆祝大会暨 2011 国际功能制造与机械动力学学术会议。首先，请允许我代表中国振动工程学会对中国振动工程学会机械动力学分会成立三十周年表示热烈的祝贺！对本次会议的召开表示热烈的祝贺！

中国经济的高速发展，在各个工程领域，尤其是在机械装备领域出现了大量迫切需要解决的振动问题。中国振动工程学会机械动力学分会，代表了中国振动工程学会很重要的一个专业分支。这些年来一直都是中国振动工程学会中最具影响力的分会之一。

"高端制造业"意味着产业竞争力从"中国制造"向"中国创造"升级换代，这是中国经济进入结构转型阶段之后的发展需要。"十二五"初期政府已将先进装备制造业定义为国家支柱产业，装备立国的思路逐步确立，而装备制造业决定着整个制造业的水平。数控机床装备是最重要的制造装备。今天在座的还有不少机床领域的专家学者，机床动力学是机械动力学最重要的分支。研究机床动力学是开发高端数控机床装备不可缺少的内容。

我相信本次会议的召开，将推动我国在机械动力学和机床领域研究的发展！推动我国装备制造业的转型升级。

感谢中国振动工程学会机械动力学分会的各届理事会、各届理事会的骨干单位和理事单位、各届理事会理事及会员为学会发展作出的重要贡献！

浙江工业大学是中国振动工程学会机械动力学分会的挂靠单位，感谢浙江工业大学为中国振动工程学会机械动力学分会的成立和发展作出的重要贡献！

---

[*]　本节内容是中国振动工程学会机械动力学分会成立三十周年暨 2011 国际功能制造与机械动力学学术会议开幕式致辞，杭州，2011 年 7 月 30 日。

最后，预祝会议圆满成功！祝中国振动工程学会机械动力学分会兴旺发达！

7.13　推动力学学科发展[*]

在中国力学学会 2014 年全国会员代表大会暨第九届、第十届理事会扩大会议召开之际，我谨代表中国力学学会第九届理事会向各位嘉宾、各位代表的到来，表示热烈的欢迎和衷心的感谢！

中国力学学会是由钱学森先生、周培源先生、钱伟长先生、郭永怀先生等老一辈力学家发起成立的全国力学工作者的群众组织。钱令希先生、郑哲敏先生、王仁先生、庄逢甘先生、白以龙先生、崔尔杰先生、李家春先生等老一辈力学家曾先后领导中国力学学会工作，团结全国力学工作者，为推进我国力学事业的发展作出了重要贡献！中国力学学会现有 2 万余名会员，31 个分支机构，主办 18 份学术期刊，已经成为在我国学术界享有崇高声誉、在国际上具有重要影响的科技社团。2010 年 10 月，中国力学学会会员代表大会选举产生了以胡海岩院士为理事长的第九届理事会。四年来，在全国广大力学工作者的共同努力下，开拓创新，锐意进取，在推动国家科技创新体系建设和提升我国力学学科的国际影响力方面成效显著。这些成绩的取得离不开各级领导和广大力学工作者一直以来的关心和支持，离不开以钱学森先生为代表的我国老一辈力学家的奠基性、开创性贡献。在这里，请允许我代表中国力学学会第九届理事会，向长期以来给予中国力学学会关心、帮助和支持的中国科学技术协会、国家自然科学基金委员会、中国科学院力学研究所等有关单位和同仁致以最真挚的感谢！

本次会议在上海召开，得到上海大学的大力支持，在这里，请允许我代表第九届理事会，感谢上海大学的支持！感谢会务组全体同志的辛勤工作！

最后，预祝大会圆满成功！

7.14　做好力学学会教育工作^{**}

围绕学会中心工作，并根据以往历届理事会工作经验，现将本届理事会教育工作要点做以下简要汇报。

（1）学会与教育部高等学校力学教学指导委员会、全国高等学校教学研究中心、全国高等学校教学研究会、高等教育出版社一道继续合作，办好每年一届的"力学课程报告论坛"。

"力学课程报告论坛"从 2006 年开始，已在大连、广州、南京、西安和成都

---

* 本节内容是中国力学学会 2014 年全国会员代表大学暨第九届、第十届理事会扩大会议开幕词，上海，2014 年 11 月 15 日。

** 本节内容是中国力学学会第九届第一次理事长和秘书长会议的汇报，北京，2010 年 12 月 13 日。

先后成功举行了五届，每届会议都有 300～500 名教师参加，涉及全国几百所高校，可以说是力学界的盛事，每一届会议都专门聘请在教学和研究方面的力学知名专家做关于学科前沿和教学领域最新进展的报告。同时，针对当前高校力学教学中的热点问题，经组委会组织评选出有代表性的研讨报告，也到论坛上报告。因此，每届论坛都开得很有生命力，促进了全国高校力学课程教学质量的提高。

（2）继续组织好两年一届的周培源力学竞赛。今年十月，在南京东南大学，举办了首届全国大学生基础力学实验竞赛。这项竞赛是由我们学会教育工作委员会牵头，与教育部高校力学基础课程教学指导分委员会和高校国家级实验教学示范中心联席工作委员会力学学科组一道组织的，分预赛和决赛，仅参加决赛的就有 96 所高校，比赛组织程序严密、公正，对推动基础力学实验教学工作、提高本科生基础力学实验技能有积极意义。按照力学学会常务理事会意见，我们将之纳入周培源力学竞赛之中。

（3）继续做好我们学会与台湾力学学会共同组织了多年的两岸力学科普交流暨中学生力学竞赛活动。这项活动，两岸均有热情，这不仅对力学学科建设有意义，而且对国家促进台湾回到祖国怀抱的工作有政治意义。明年将接待台湾代表团来内地，后年是我们组团去台湾。

（4）其他工作（略）。

7.15　努力开创仪表元件分会工作的新局面[*]

今天，我们在这里召开中国仪器仪表学会仪表元件分会第五届理事大会。首先我代表第四届理事会对各位同仁多年来对分会的支持和对仪表元件行业所做的工作表示真诚的谢意！对本次理事大会的召开表示衷心的祝贺！现在，我代表第四届理事会做大会工作报告，请大会审议。

7.15.1　第四届理事会工作回顾

仪表元件分会第四届理事会在总会的指导下，在会员的不断努力和挂靠单位沈阳仪表科学研究院的大力支持下，分会主要做了以下几个方面的工作。

1. 学术交流和信息交流工作

从全球经济角度看，主要有两个重要趋势——"全球化"和"技术创新"。"全球化"的主要特点是生产要素在全球的重新配置，以及生产要素在全球配置速度和流动速度的加快。"技术创新"又分为：研发、试用利用、推广、商业化应用等几个阶段。科学技术是"第一生产力"，是可流动的生产要素，其创造的效益远远超过自然资源。目前，世界上 95％的新专利为发达国家所拥有，我们

＊　本节内容是中国仪器仪表学会仪表元件分会第四届理事会工作报告，扬州，2011 年 5 月 26 日。

要缩小这个差距的一条重要途径就是扩大学术交流，并通过交流催生"技术创新"。

学术交流和信息交流是仪表元件学会重要工作内容之一。多年来，分会多次组织会员单位参加座谈会、博览会、展销会。从 2002 年至今，共召开学术交流会 20 多次，参加会议技术人员达 900 多人，组织参加展会 30 多次。

（1）2002 年 9 月 19 日，在第 13 届多国仪器仪表展览会期间，在北京理工大学组织了"MEMS 技术"学术报告会，参加会议人数达 100 人。

大连理工大学唐祯安教授、清华大学王晓浩博士、北京理工大学李科杰教授、中国科学院上海微系统与信息技术研究所李昕欣研究员和沈阳仪表科学研究院赵志诚副院长分别做了"微传感器中的微尺度热特性研究""微系统和纳系统""微小型无人系统的发展及其对测试技术的挑战""MEMS 传感器静/动态性能提高相关问题研究""MEMS 技术在硅电容加速度传感器中的应用——兼介绍采用 MEMS 技术的大片硅腐蚀装置"学术报告。报告内容充实、丰富，报告形式生动、有趣，会场气氛积极、热烈，达到了技术交流的目的。同时，对于推进我国 MEMS 技术、微系统/纳系统的研究与发展起到了积极的作用。

（2）为了进一步发挥分会的作用，不断加强分会与企事业单位的交流，经过多方协作，召开了两次新产品推广会。

2005 年 6 月 11～13 日，"六氟化硫产品鉴定推广会"在沈阳金剑大厦召开，共有 40 多位行业内的专家、专业人士和分会会员单位参加了这次推介会。会上，专家们对沈阳仪表科学研究院成功研制的六氟化硫产品进行了鉴定和推广，并给予了较高的评价。会议取得了预期的效果，在直接用户之间进行了很好的推广。目前，该产品已畅销国内，取得了较好的经济效益和社会效益。

2005 年 11 月 29～30 日，"硅电容/硅压阻复合传感器新技术、新产品推研会"在沈阳金剑大厦召开，共有 150 位行业内的专业人士参加。沈阳仪表科学研究院张治国、唐慧、张春晓分别作报告，讲解了这些产品在科研与生产中遇到的问题和解决办法，以及用户及专家的评价等。本次会议的成功召开标志着我国首台采用国际前沿技术，具有自主知识产权的硅电容/硅压阻复合传感器问世。

国内数十家产品用户、合作厂商以及科技日报社、沈阳日报社、沈阳人民广播电台的代表参加了推研会。会议在热烈的讨论中持续了两天，达到了预期的目的，向仪器仪表制造企业与用户介绍了沈阳仪表科学研究院在硅电容/硅压阻复合传感器及相应仪表产品的技术成果和开发成果，并为成果进一步商品化、产业化提供了交流与合作的平台。

这两次会议还得到了沈阳市人大、辽宁省科技厅、辽宁省经贸委、辽宁省发改委、沈阳市科技局、沈阳市经贸委等部门的关心和大力支持，会议推出的系列产品引起了业内外的广泛关注。

（3）2006 年 7 月 18 日，举办了组合电器波纹补偿器生产基地剪彩仪式及技术介绍会。

为了进一步发挥分会的作用，不断加强分会与企事业单位的交流，更便捷地为企事业单位提供信息技术服务，携手共同发展中国仪器仪表事业，经过多方协作，2006 年 7 月 18 日，举办了"组合电器波纹补偿器生产基地剪彩仪式及技术介绍会"。

沈阳仪表院和沈阳汇博热能设备公司中的骨干力量都是分会的重要成员。2006 年，沈阳仪表科学研究院和沈阳汇博热能设备公司共同出资 800 余万元，建成了国内组合电器波纹补偿器最大的生产基地，面积为 2100 米^2，年生产能力 8000 万元。此次剪彩仪式，应邀前来的均为国内在高压电器生产方面的领军单位和有重大影响的制造厂商，到会嘉宾 30 多名。

这次会议为供需双方搭建起互相了解、交流合作的平台，达到了预期的目的。这次活动还得到了沈阳市人大、辽宁省科技厅、辽宁省经贸委、辽宁省发改委、沈阳市科技局、沈阳市经贸委等部门的关心和大力支持，生产基地及技术介绍会引起了业内外的广泛关注。

（4）为了进一步发挥分会的作用，不断加强分会与政府、企事业单位之间的交流，携手共同发展中国仪器仪表事业，2007 年 7 月 12 日，仪表元件分会承办了沈阳仪器仪表产业发展座谈会。

该会议由沈阳市委主办，沈阳铁西区政府、沈阳仪表科学研究院、仪表元件分会共同承办。参加会议的人员有：国内仪器仪表行业重点企业代表，沈阳市委、市政府领导，铁西区政府领导，沈阳仪表科学研究院院长，仪表元件分会理事等 50 余人。

会议通过观看电视纪实片《凤凰涅槃》，参观考察企业，参加座谈会等形式，使与会代表充分了解沈阳亟待发展仪器仪表产业的现状。

座谈会由沈阳市副市长王英主持，参会代表与沈阳市委、市政府的领导们共同商议了我国仪器仪表产业的发展趋势，并就如何建设发展沈阳仪器仪表产业、如何参与沈阳仪器仪表产业建设发展、如何与沈阳装备制造企业协作配套等问题进行了专题座谈。最后，辽宁省省长陈政高同志讲了话。

这次会议充分体现出在沈阳工业全面振兴、经济社会和谐发展的大环境下，仪表元件分会与沈阳市委、市政府一起，把发展仪器仪表产业提升到事关沈阳长远发展的战略地位，并为仪器仪表产业的发展作出了努力和贡献。

（5）积极组织参加在沈阳召开的"中国国际装备制造业博览会"。

第五、六、七、九届中国国际装备制造业博览会在沈阳召开，许多分会会员单位参加了各届博览会，该博览会是经国务院批准的国家级展会，由国家商务部、国家发改委、中国贸促会和辽宁省政府主办。分会常务理事长徐开先作为制博会的专家组成员之一，参加了参展仪器仪表产品的评审工作。在 2008 年 9 月 1～5 日召开的第七届博览会上，经过专家组的认真评审，河南汉威电子股份有限公司生产的气体敏感元件及传感器产品被授予银奖。

（6）2008 年 11 月 29 日，在暨南大学举行了由仪表元件分会理事长单位暨南大学主办的广东省仪器仪表学术会议。首先由本人致开幕词，接着又作了《创新路上的感想》的大会报告。报告结束后，会议分为两组进行学术交流，分组报告中大家互相讨论、互相交流，气氛热烈。会议将收到的 26 篇论文编辑成论文集《21 世纪的仪表科学与技术》，其中 16 篇论文做了学术报告。会议还评选了 6 篇优秀论文，并进行了表彰。

（7）引领高端可靠性技术、探索环测行业科技之路。

2009 年 5 月 15 日，由仪表元件分会参与的中国仪器仪表学会泛珠三角区域分会联盟、广东省仪器仪表学会、华南国际计量测试中心、广东省计量科学研究院、星球国际资讯（香港）有限公司、《环境技术》杂志社联合主办的"首届 2009 年华南（东莞）环境与可靠性试验技术论坛"在东莞厚街广东现代国际展览中心举办。

本次论坛将中国计量科学研究院、中国工程院张钟华院士、中国仪器仪表学会副理事长兼秘书长吴幼华、华南计量测试中心、广东省计量科学研究院副院长潘嘉生等国内科研院所、企业的权威专家以及众多业内精英齐聚一堂，探讨国内最新针对产品环境试验、适应性与可靠性技术的研究和应用，促进行业技术的交流与进步。参会的代表来自中兴、华为、富士康、广汽、比亚迪、中国电器科学研究院、中国赛宝等电气电子、汽车，测试、计量，以及环境与可靠性试验设备和配套商等研究院所和企业，共计 240 余人积极参与了本次技术论坛。本次论坛由仪表元件分会和广东省仪器仪表学会主持。

（8）权威汇聚——直击全球认证测试技术。

2010 年 5 月 14 日，为了更好地普及全球认证测试技术、促进珠三角地区认证测试技术交流与应用，由仪表元件分会参与的中国仪器仪表学会泛珠三角区域分会联盟，广东省仪器仪表学会，广东省家电商会携手 UL、SGS、BV、INTERTEK、TUV、中国赛宝，华南国家计量测试中心、《仪器仪表商情》等联合主办的 2010 全球认证测试技术论坛在东莞厚街广东现代国际展览中心举行。

本次论坛，秉持"为企业质检部、技术部、实验室人员、采购部、外贸部等提供高质量增值平台"的宗旨，政府领导、行业领导、认证测试行业专家，各大专院校及科研院所学员和科技人员出席了论坛。众多业内精英齐聚一堂，探讨全球最新认证测试技术研究和应用，促进行业技术的交流与进步。参会的代表包括来自 UL、SGS、BV、INTERTEK、TUV、CVC、格力电器、比亚迪、中国电器科学研究院、中国赛宝等电气电子、汽车，测试、计量，以及认证测试技术试验设备等科研院所和企业，共计 300 余人参与了本次技术论坛。本次论坛由仪表元件分会和广东省仪器仪表学会主持。

（9）2010 第二届华南（东莞）环境与可靠性试验技术交流论坛。

2010 年 5 月 15 日，由仪表元件分会参与的中国仪器仪表学会泛珠三角区域分会联盟、广东省仪器仪表学会、中国赛宝实验室可靠性与环境工程中心、星球国际资讯（香港）有限公司联合主办的"第二届华南（东莞）环境与可靠性试验技术交流论坛"，于东莞厚街广东现代国际展览中心开幕。这次会议旨在搭建一个国内产品环境与可靠性试验技术方面的专家和企业之间的沟通平台，增进国内在产品环境条件、环境试验、适应性和可靠性试验技术的交流与进步。

（10）第六届国际仪器仪表与测控自动化（IMCA 2010）高峰论坛。

2010 年 11 月 18 日，由深圳市科学技术协会、中国仪器仪表学会仪表元件分会、广东省仪器仪表学会、深圳市仪器仪表学会、深圳中国工程院院士活动基地、《仪器仪表商情》等单位联合举办的"第六届国际仪器仪表与测控自动化（IMCA）高峰论坛"暨 2010 移动互联终端检测与手机制造测试研讨会，在深圳国际会展中心举行。这次论坛是让广大客户了解 3G 测试的最新发展趋势，增强用户对移动互联终端检测与手机制造测试技术的认识，为关注 3G 技术发展的厂商和企业提供一个学习、交流的平台。现场有学术报告，媒体、专家、厂商汇聚一堂，是一年一度的行业盛会。

（11）积极承办第十一届全国敏感元件与传感器学术会议（STC 2009）。

由仪表元件分会参与的全国敏感元件与传感器学术团体联合组织委员会主办，沈阳仪表科学研究院及传感器国家工程研究中心承办的"第十一届全国敏感元件与传感器学术会议（STC 2009）"于 2009 年 11 月 4 日至 7 日在杭州成功召开，来自全国各地的专家、教授、学者、工程技术人员 180 余人参会。

这次大会的宗旨是"举办高水平的学术活动，创造有特色的产品交流，促进传感器业界联合，推动传感器产业发展"，围绕敏感元件与传感器行业现状和发展等方面进行了深入广泛的学术交流和产品展示。

这次会议的主题是"传感器与产业化"。会议期间，除了优秀会议论文交流外，还邀请了有关领导、著名专家、企业家作关于传感器对我国仪器仪表行业的影响，敏感元件与传感器的国内外现状和应用，传感器产业化等特邀报告和专题报告，并组织了敏感元件、传感器产品展示。

会议期间，按照既定日程分别进行了大会开幕式、大会特邀报告、优秀论文大会交流、大会专题报告、产品信息交流、获奖论文颁奖仪式等。沈阳仪表科学研究院院长、第十一届全国敏感元件与传感器学术会议主席庞士信、全国敏感元件与传感器学术团体联合组织委员会主席宋宗炎分别做了讲话，浙江大学党委副书记郑强教授为大会致欢迎辞。大会开幕式由沈阳仪表科学研究院原院长、第十一届全国敏感元件与传感器学术会议顾问、第十一届全国敏感元件与传感器学术会议论文评奖委员会主任徐开先主持。

这次会议的召开，得到了广大与会者的首肯，无论在把握会议的宗旨和方向，特邀报告、专题报告的选题，产品展示平台的安排，还是论文评奖程序等方面，都采取了与以往敏感元件与传感器学术会议不同的举措和尝试，得到了与会者的认可。这次大会达到了预期目的，取得了圆满成功。

（12）加强国际间的合作，协助承办国际交流、研讨会议。

仪表元件分会副理事长单位大连理工大学组织了"IEEE 电子器件协会大连研讨会"。此次研讨会邀请了来自欧洲、美国、日本、印度等的 8 位 IEEE 电子器件方面的知名学者，分别就各自在微电子领域的最新科研进展及取得的成果做了特邀报告。其中，IEEE fellow、IEEE 比利时分会主席 Cor Claeys 教授做了题为 "Trends and Challenges in Micro and Nanoelectronics for the Next Decade" 的报告，介绍了下一代微纳电子器件的趋势和挑战；来自日本 CTIF 公司的 Shingo Ohmori 博士做了下一代互联网的模型和设想的报告。该研讨会受到 IEEE 的高度评价。

大连理工大学还举办了"中国—新加坡双边微电子研讨会"。邀请了来自新加坡南阳理工大学的四位教授和多位大连理工大学的教师进行了研讨。并初步形成了一个合作研究项目的框架。该项活动还得到了科技部的经费支持。

（13）2010 年 10 月沈阳仪表科学研究院和传感器国家工程研究中心协办了《2010 年首届国际磁电子器件及产业化研讨会》，本次会议由中国船舶重工集团公司主办，大会邀请了国内外磁电子领域知名专家杭州电子科技大学/东方微磁科技有限责任公司钱正洪教授、美国约翰霍普金斯大学 Prof. ChiMing Chien、美国明尼苏达大学 Prof. Jianping Wang、法国 SPINTEC 中心 Claire Baraduc 博士、中国科学院物理研究所韩秀峰研究员、英国约克大学 Prof. Yongbing Xu 等出席大会并做大会特邀报告。此外，还有众多国内外知名学者、专家及研究人员以各类学术报告、海报及展台形式发布他们的最新研究成果。本次大会对磁电子材料、磁电子器件设计制造、器件二次开发及磁电子器件产业化前景等议题进行总结、交流和讨论。本次国际会议对于促进磁电子领域的学术交流和合作、推动国内磁电子产业发展及产业技术升级换代，起到积极的推动作用。

（14）组织会员单位积极参加其他学会的活动。

沈阳汇博光学技术有限公司是国内领先的滤光片与反光镜的基础研究以及专业设计与制造单位，尤其在生物医学应用滤光片、影像投影应用反光镜方面是国内行业的带头企业。承担国内 70% 的生物医学滤光片与影像投影反光镜设计与制造，是光学薄膜协会委员单位，多年来连续参加 SPIE、中国光学协会、光学薄膜专业委员会组织的各种学术会议，与世界范围内的专家进行技术交流。廖邦俊、费书国担任光学薄膜专业委员会委员。近年参加的学术会议有 2009 年 Frontiers of Optical Caoting 2009 国际学术会议（西安国际光学薄膜技术前沿研讨会议）、2010 年的中国光学学会 2010 年光学大会（天津）、2010 年 the 7th Intemational conference on Thin Film Phsics and Applications 第七届国际薄膜技术与应用会议（上海）。

2. 参与仪器仪表元器件标准制修订工作

多年来，仪表元件分会与沈阳仪表科学研究院一起，共同组织并参与了有关仪表元件标准的编制修订工作。分会参与编制修订的各项标准共 108 项，其中国际标准 5 项，国家标准 16 项，行业标准 87 项。分会各会员单位对仪表元器件标准起草十分重视，取得了较好的效果，提高了分会的行业地位。

3. 做好宣传工作，树立分会形象

（1）组织会员单位，积极参加国际展会。

参加了美国西部光电展、德国光电展、美国临床医疗展、德国医疗器械展、德国分析设备展、德国"Sensor＋Test"展会、韩国自动化展会等，分别针对生物医学光学滤光片、舞台灯产品、传感器、波纹管等产品进行宣传推广，使得众多国内外客户对我国产品从陌生到熟识再到信赖，成为开拓国外市场最行之有效的途径。在德国分析设备展和美国临床医疗展上，主推了新产品高端荧光显微镜用滤光片。

通过德国"Sensor＋Test"展会，集中展示了传感器及测试测量技术方面从简单的元器件到成套的系统产品。展会上展出的展品包括工业自动化仪表与控制系统、自动化、IT 解决方案及软件、科学仪器、电子与电工测量仪表、仪表材料、仪表元器件及附件、传感器、仪器仪表工艺装备及加工设备等应用于各个行业、各领域的仪器仪表及测量控制系统。"Sensor＋Test"展会，也是中国传感器公司了解并打开欧洲市场的最好平台，更是了解最先进的传感器技术的第一媒介。通过参展，和国外先进传感器公司进行交流，学习国外先进的传感器技术，同时也对外宣传了我国的产品，融入传感器国际市场大舞台，开拓国际市场。

韩国国际自动化展览会是韩国自动化领域最大的展览会，也是在亚洲规模最大且具有影响力的涉及产业自动化所有领域的专业展会之一。该展会以自动化产品为主，传感器产品仅仅是其中的一部分。此次展会汇集了韩国、德国、法国、英国、美国、日本、中国等 20 多个国家 300 多个企业自动化行业的精英，展示了他们在自动化领域的最新技术、产品、材料及设备，提供了一个了解最新动态、寻找最新技术、采购最新产品、交流最新信息的最佳平台。

积极组织会员单位参加国内展会，如中国国际光电博览会、上海传感器展及北京多国仪器仪表展览会。从展会上了解到，智能通信传感器、智能变送器、车用传感器、医疗器械用传感器产品等在展会上备受关注，为企业研发新产品的市场调研打下了基础。

（2）在"仪表技术与传感器"网站及《仪表技术与传感器》杂志上宣传。

在秘书处挂靠单位沈阳仪表科学研究院网站和"仪表技术与传感器"网站上分别建立了"行业动态"专栏，扩大分会影响，提高知名度，积极宣传分会。将《仪表技术与传感器》杂志作为发表平台。

4. 科学技术普及活动

2009 年，分会常务副理事长徐开先，编写了《科技论文撰写与科技管理》一书，发放到青年科技工作者手中，鼓励并指导青年科技工作者撰写科技论文及参与科技管理。

5. 协助主管部门开展行业性工作

2002 年，按照总会的要求，按时完成了《中国仪器仪表学会专业分会基本情况调查表》、《理事情况调查表》、中国仪器仪表学会六次全委会会员代表及理事候选人的推荐上报，并为第 13 届多国仪器仪表展览会学术会议推荐了报告人王立鼎院士。

在认真完成总会部署的任务的同时，分会秘书处按时参加总会定期召开的秘书长及专职干部工作会议，并能认真对会议精神进行汇报和传达。

由于工作成绩显著，仪表元件分会连续获得 2002 年度、2003 年度优秀学会二等奖，获得 2008～2009 年度中国仪器仪表学会优秀组织工作奖。

6. 咨询服务工作

对会员单位及行业进行技术咨询服务是分会的日常工作。分会秘书处每年都收到很多咨询电话、信件及电子邮件。2002 年至今，共进行 560 多次咨询服务，如产品导购、产品助销、求助人才、难题解答等。对此类工作，分会本着用户至上，有求必应，竭诚服务的原则，尽量满足要求，得到了很好的评价。分会也多次和国外企业联系，为引进技术、合作经营、合资办厂、产品销售、提供信息、引线搭桥，与美国 IC 公司、美国 OMEGA 光学公司、硅微结构公司、硅国际公司等建立了联系，利用我们的优势，为会员单位和行业尽力做一些工作。

7. 组织建设工作

在总会的支持下，分会每两年就对仪表元件行业进行一次摸底工作。

近年来，由于企业兼并、转制、破产、改名，会员退休、离职、调动等，使分会结构变化很大，仪表元件分会这支队伍急需整顿。秘书处共发函 300 多封，征求行业内科技人员和其单位的意见，了解行业情况，把那些愿意参加分会活动的科技人员重新组织起来，强化和壮大分会队伍。

分会秘书处又专门印制了《会员登记表》、《中国仪器仪表学会仪表元件分会工作条例》及《中国仪器仪表学会仪表元件分会第五届理事会理事候选人登记表》等，并多次借参加行业展会的机会，多方面征求科技人员与行业单位的意见，了解行业情况，为本次换届选举做了充分的准备工作。从去年年底至今，共吸收新会员 51 名。同时，秘书处对会员提出的合理化建议进行了汇总，以便今后工作的有效开展。

8. 积极组织培训讲座，为地方经济发展服务

（1）面向全国高校教师举办了"纳米电子技术课程师资培训班"。

在国家外专局的资助下，大连理工大学先后组织派遣 4 个团共 30 多人分别到美国、欧洲进行半导体技术培训和交流。并邀请十几位国外著名半导体器件专家前来讲学。主要有：邀请了美国普渡大学教授 Mark Lundstrom 和 Muhammad Alam 来访，面向全国高校教师举办了"纳米电子技术课程师资培训班"。Mark Lundstrom 教授就纳米电子器件的模型与理论做了四个专题讲座；Muhammad Alam 教授就纳米电子器件的可靠性相关理论做了四个专题讲座。参加讲座的学员来自国内 20 余所高校相关专业的教师和研究生 50 余人。

（2）为地方政府处级以上干部培训。

2007 年 6 月 12 日，分会与沈阳市直机关工委、沈阳市经济委员会共同组织了"先进装备制造业系列讲座"，首讲由沈阳仪表科学研究院庞士信院长主讲，时任辽宁省委常委、市委书记陈政高，市委常委、秘书长顾春明，市委常委、宣传部长马占春以及来自市直机关 21 个单位的主要领导和 200 多名处级干部参加了讲座。

本次讲座旨在完成振兴老工业基地的历史使命，敏感元件及传感器是先进装备制造业的先行官，发展敏感元件及传感器技术对发展先进装备制造业起着不可低估的重要作用。讲座内容从敏感元件及传感器的基础工艺到仪器仪表，最后引申到先进装备制造业，内容丰富，使市委、市政府重要参谋决策部门和经济部门了解了敏感元件及传感器、仪器仪表及装备制造业的基础知识、国内国际产业发展方向和趋势、沈阳的优势及发展方向，使市直机关广大党员干部做好了承担振兴重任的思想战略储备和知识储备。

（3）"创新理论与方法"培训工作。

承办中国机械工业集团有限公司东北区的"创新理论与方法"培训工作，参加培训人数 40 人。通过 4 个单元系统的"TRIZ 理论和方法"培训学习，从学员每期反馈的情况可以看出，随着培训的深入，学员的思路逐渐清晰和条理化，解决具体问题的能力大大提高。学员中最普遍和深刻的感受就是：TRIZ 理论提供了行之有效的解决问题的思路和方法，为今后具体技术问题的解决提供了方法论，为实际工作奠定良好的基础。为进一步加深对创新理论的认识，丰富培训内容，为学员集体购买了《TRIZ 入门和实践》书籍。一系列的课外推进与保障措施，为培训工作奠定了坚实的基础。"自主创新，方法先行"，该项工作的最终目标是：通过三个阶段创新理论和方法的培训与推广，利用先进的技术创新理论和工具，培养一批掌握创新理论与方法的技术骨干，形成一批以专利技术为重点的创新成果，攻克一批关键技术，进一步提升自主创新能力和综合研发能力。

（4）"公司知识产权的保护和管理"培训。

2010 年 5 月 6 日，邀请沈阳亚泰专利商标代理有限公司郭元艺总经理，对工程技术人员进行《公司知识产权的保护和管理》培训。从"知识产权的概念及范围、专利的概念及客体分类、知识产权保护与企业核心竞争力的提升途径、企业专利申请及运用的整体策略、专利申请及专利经营对策、专利权利的取得及法律保护、专利生产的途径、专利侵权诉讼"等八个方面进行了详细讲解。通过培训，丰富了知识产权方面的知识，了解了专利在企业发展中的重要作用。

9. 为企业的产学研合作牵线搭桥

（1）为落实国务院《关于加快培育和发展战略性新兴产业的决定》，促进科技创新，加快企业经济发展和社会进步，充分利用高等院校的技术、人力等资源以及先进成熟的技术成果，利用企业的生产条件，提高学校的科研能力，将科研成果尽快地转化为生产力，为加强双方的联系与合作，充分发挥大专院校在高端人才聚集、科研实力强等方面的优势，通过分会的牵线搭桥，2010 年 10 月 13日，沈阳仪表科学研究院同大连理工大学电子科学与技术学院签署了战略合作框架协议，建立长期战略合作关系，以提升沈阳仪表院创新能力、促进经济发展。

（2）积极推动会员单位同国外厂商进行战略合作。沈阳汇博光学技术有限公司 2011 年 4 月与美国的国际光学薄膜领先厂商 Omega 形成战略合作，就 3D 投影、生物医学、太阳能等领域开展广泛的中美技术与市场开发合作。

（3）同时还促成了沈阳仪表科学研究院与沈阳市浑南新区人民政府、浙江纽顿流体控制有限公司战略合作框架协议的签署。

7.15.2　存在的问题

分会工作主要存在以下不足：

（1）由于理事所在的单位变化很大，不仅仅是转制的问题，专业方向等也发生了变化，这给学术活动、技术交流的开展造成了一定的困难。加之，分会经费缺乏，分会的工作困难较大，做的工作还不够理想。

（2）近年来，仪表元件行业变化很大，出现了一些新的企业和部门，如合资企业、合作企业、乡镇企业、民营企业，他们是一部分不可忽视的行业力量。他们身居行业学会之外，并愿意向行业学会靠拢，但受到各方面的制约，分会还没有把他们吸收进来、组织起来、没有在行业中发挥作用。

7.15.3　下一届理事会工作建议

这次大会的一项重要任务是民主选举产生新一届理事会，完成分会的换届工作。经过近一年的充分酝酿准备，分会发展了一部分新会员，面貌焕然一新。新一届理事会将是一个强有力的领导集体，理事遍及全国各地，有大专院校、科研院所及企事业单位，并考虑到仪表元件的所有技术领域。为了更好地肩负起社会赋予分会的历史使命，我代表第四届理事会向新一届理事会提出以下建议。

1. 分会工作的指导思想

分会将在总会和新一届理事会的领导下，勤奋务实，开拓创新，成为交流主渠道，科普宣传主力军，国际民间交流的主要代表，科技工作者之家。

2. 遵循分会宗旨，主动搞好双向服务

仪表元件工作的系统性强、范围广，因此，分会除了为政府部门做好助手外，还要主动加强与其他各有关科研院所、高校与学会、协会等方面的广泛交往，发挥仪表元件分会的桥梁与纽带作用，形成合力，共同把仪表元件分会的技术创新、新产品开发与新技术推广活动搞得更加灵活多样，进而把仪表元件工作和技术服务提高到一个新水平。

3. 促进技术交流与技术合作

分会聚集了国内一流的科研机构、大专院校和企业的专家、学者，要充分发挥学会的媒介、咨询作用，构建技术交流与技术合作平台，创造良好学术氛围，共同促进仪表元件技术的发展。要加强跟踪国际先进水平，加强与国外学者的技术交流和与外企的技术合作，缩短与国际水平的差距。充分发挥专家、学者、企业家对分会的指导作用和对行业发展的促进作用。建议分会促进专家、学者、企业家加强联系，站在行业的角度，把会内、会外组织起来，使分会成为促进仪表元件行业发展和提高行业总体水平的活动中心。

4. 抓好自身建设，加强组织建设

加强组织建设是分会发展的根本保证。仪表元件分会是科技工作者的组织，是人才荟萃的团体，加强分会的基础建设，首先要扩大会员队伍。随着我国市场经济体制的不断完善，科技工作者的工作环境也发生了深刻的变化，纯"事业"型的科研体制已不复存在，在国有、民营和"三资"企业中也汇集着相当一批优秀的科技人才。因此，会员发展工作应及时对传统的模式进行调整，聚焦新领域，研究新动向，采用新机制，及时满足科技工作者的学术与科技需求，把更多优秀的科技人才吸引、凝聚到分会中来。

分会在组织发展会员的同时，要充分考虑发挥分布于企业各个层面的仪表元件工作人员的作用。

搞好分会理事会的组织建设，不断加强分会自身发展，建立、健全规章制度，改进工作作风，提高工作水平，实现管理的规范化。不断拓展分会的活动领域，进而扩大服务范围和社会影响。

通过组建新一届的理事会，分会能够加强和促进组织建设，增强凝聚力，为今后工作的开展奠定基础；通过技术与信息的交流，活跃思想，开阔思路，能够为推动行业的发展与技术进步起到积极的作用。

在各项工作中，我们必须甘于奉献，主动服务，加强联系，搞好协调，充分发挥分会的纽带作用，使仪表元件分会真正成为仪器仪表行业的参谋和益友。同时，通过上述工作，最终落实中国科协倡导的"人本战略"，即以人为本，以会员为本。

仪表元件分会是纯学术性组织，涉及学科、领域较多，分会如何有效运作才能发挥最大效能，推动技术进步和发展？如何在市场经济大潮中提高仪表元器件的地位和作用？受大环境和市场经济影响，分会活动难以开展，需要全体理事的共同努力，开创分会工作的新局面。分会的国际性合作如何开展？要加强与独资和合资企业合作，举荐相关理事补充到分会来，把分会办成开放式的学会。

建议每年一次的理事会由理事长单位、副理事长轮流举办，理事单位也可申请举办，以促进仪表元件技术的交流与融合。提请本次理事会讨论，请各位理事提出建议与意见。

我相信这次会议一定能给仪表元件领域带来新的生机。在新一届理事会的带领下，仪表元件分会一定能为加强仪器仪表新工艺、新技术、新材料、新装备的交流和推广，促进"政、产、学、研、金"结合，提高仪器仪表行业的设计技术、制造技术和检测技术等方面的技术水平，为振兴我国的仪器仪表工业作出努力。

仪表元件分会第四届理事会在改革的道路上走过了不平凡的历程，虽然一路艰辛，但也获得了发展，创下了业绩。

仪表元件工作艰巨而又光荣，仪表元件事业任重而道远，让我们在新的理事会的组织下，努力工作、不断创新，为开创仪表元件工作的新局面，作出更大更新的贡献！

7.16　促进仪器仪表事业发展[*]

非常高兴参加中国传感器应用与发展技术大会暨 IMCA2012 第八届国际（深圳）仪器仪表与测控自动化高峰论坛。首先，请允许我代表中国仪器仪表学会仪表元件分会和广东省仪器仪表学会向各位领导和企业家朋友们表示热烈的欢迎，向本次论坛的成功召开表示热烈的祝贺！

国际仪器仪表与测控自动化（IMCA）高峰论坛是一年一度的仪器仪表行业

---

[*] 本节内容是中国传感器应用与发展技术大会暨 IMCA2012 第八届国际（深圳）仪器仪表与测控自动化高峰论坛开幕词，深圳，2012 年 12 月 4 日。

盛会，自创办以来一直得到了中国工程院、中国科学院、中国仪器仪表学会、深圳市科学技术协会、广东省仪器仪表学会等单位的指导，以及行业内著名企业的支持。每年这里都汇聚各方领导和企业家出席论坛作了重要报告，因此这一论坛已经成为行业内具有品牌效应的重要活动。

作为中国仪器仪表领域规模、级别较高的学术会议，阵容强大的院士和演讲嘉宾发表精彩报告，有效促进了企业专题技术交流和热点问题讨论，使产学研相结合，激发产业技术革命。艾姆卡（IMCA）高峰论坛（即"国际仪器仪表与测控自动化"高峰论坛），已经成功地举办了七届，是行业内不容错过的学术盛会，受到了业界的广泛好评。通过此次会议希望为行业和企业之间信息沟通与交流，为传感器技术推动工业物联网的发展，为仪器仪表行业的繁荣发展，发挥其桥梁、纽带作用，并能够充分利用这个平台，携手产业界、学术界、科技界的同仁再接再厉、开拓创新，不断推动中国仪器仪表事业健康、快速、稳健地发展。

智能制造是工业企业在综合集成各类信息系统基础上产生的先进生产方式。近两年，我国推进"两化"深度融合，促进了智能技术在工业中的深入应用和综合集成。2012年，智能制造将在一些集中度较高的工业领域，尤其是在原材料、装备制造和消费品行业得到初步发展。通过召开此次大会，希望能让专家学者、行业专业人士有机会欢聚一堂，通过对智能自动化传感技术的预测与展望，能够为华南地区仪器仪表制造行业趋势进行全面分析和深入探讨。希望在座各位把握机遇，携手同心，共同致力于华南地区仪器仪表制造产业发展。

7.17　汇聚人才为广东发展效力 *

首先，我谨代表广东院士联谊会对自广东院士联谊会发起筹备、成立以来给予关心和帮助的中国科学院、中国工程院和广东省委、省政府，及相关部门表示衷心的感谢，对为首届广东院士高峰年会顺利召开给予大力支持的广州市人民政府、广东省教育厅、共青团广东省委员会等单位表示由衷的谢意。特别要感谢路甬祥副委员长、马兴瑞副书记、徐德龙副院长、陈云贤副省长、陈建华市长、李婷局长等领导莅临大会指导。

广东院士联谊会是由在粤工作院士和粤籍院士自主发起，由院士自愿组成的全省性、联合性、学术性、非营利性社团组织。

1. 广东院士联谊会是应时而生

党的十八大报告中新提出的国家战略就是创新驱动发展战略。在习近平总书记系列讲话精神中，创新驱动发展是高频词和关键词。做创新驱动发展的排头兵，是习近平总书记对广东的殷切期望，也是决定广东未来发展前途命运的关

---

* 本节内容是首届广东院士高峰年会开幕词，广东，2015年3月29日。

键。十八届三中全会之后，广东在全国率先颁布实施了《关于全面深化科技体制改革加快创新驱动发展的决定》。前不久，广东省政府又重磅推出 2015 年 1 号文——《关于加快科技创新的若干政策意见》。人是科技创新最关键的因素，创新驱动实质上是人才驱动。相较于北京、上海，广东的院士较少，但广东籍院士数量并不少，多达 101 名（在外工作 87 名）。更重要的是，在外工作的广东籍院士都有一颗心怀家乡发展的赤子之心，都希望并十分乐见有一个专业的平台更好地为家乡的经济社会发展贡献智慧力量。为顺应政府培育和扶持社会组织发展的大趋势及国家科技体制改革对科技社团发挥作用赋予的新期待，广东院士联谊会应运而生，于 2014 年 6 月在北京成立。目前，广东院士联谊会登记院士会员已达 186 名（含在粤双聘）。

2. 广东院士联谊会将顺势而为

广东省委十一届四次全会明确提出，要把创新驱动发展作为推动经济结构战略性调整和产业转型升级的核心战略、总抓手。为贯彻落实省委加快创新驱动发展的战略部署，广东院士联谊会将致力于团结和凝聚国内外广东籍及在广东工作院士的力量和智慧，并以此平台通过"院士引院士、院士团队"汇聚国内外高端创新要素，更高层次地促进科技与经济结合、更高水平地促进广东科技智库的建设、更高效率地加快本土高端科技人才的培养，为广东创新驱动发展提供有力的科技和人才支撑！这也是广东院士联谊会主力打造广东院士高峰年会这一学术品牌活动的目的和意义所在。

我们相信，在中国科学院、中国工程院和广东省委、省政府的关心指导下，及在院士们的共同努力和大力支持下，按照习近平总书记对广东提出的殷切期望，广东要努力成为发展中国特色社会主义的排头兵，深化改革开放的先行地，探索科学发展的实验区，率先全面建成小康社会，率先基本实现社会主义现代化。广东院士联谊会一定会为广东早日实现"三个定位、两个率先"的总目标作出更多更大的贡献。

7.18　开创科协工作新局面[*]

广东省科技协会六届三次全委会议，经过与会同志的共同努力，已完成了会议的任务。会议听取了卢钟鹤主席代表省科协六届常委会所作的工作报告；审议通过了《关于常务委员会工作报告的决议》和《关于增补和变更委员、常务委员、副主席的决议》；表彰了第七届广东省丁颖科技奖获得者。会议还印发了 6 份典型材料，书面交流有关地方科协和学会开展工作的做法和经验。会上，宋海副省长代表省委省政府做了重要讲话。与会各位委员和同志们结合实际，对做好

---

* 本节内容是广东省科技协会第六届全省委员会第三次会议的总结讲话，广州，2004 年 2 月 20 日。

今年全省科协的工作提出了许多很好的意见和建议。整个会议开得紧凑、务实，时间虽短，但与会同志高度负责，精力集中，使会议取得圆满成功，开成了一次振奋精神、民主团结的大会。

与会同志一致认为，卢钟鹤主席代表省科协六届常委会所作的工作报告，实事求是地全面地总结了我省科协 2003 年的工作。根据新阶段新任务新形势的要求和省委、省政府的工作部署，明确提出了我省科协 2004 年工作的指导思想、工作任务和要求。卢主席所作的工作报告是一个统一思想，振奋精神，增强信心，鼓舞人心的报告。

宋海副省长的讲话，对我省科协 2003 年的工作给予充分的肯定，指出：过去一年来，在省委、省政府的领导下，我省各级科协组织坚持以"三个代表"重要思想为指导，围绕省委、省政府工作大局，以经济建设为中心，积极履行职责，做了大量卓有成效的工作，为我省改革开放和现代化建设作出新贡献。同时要求，我省各级科协组织要紧紧围绕省委、省政府的工作大局，大力推进科技进步与创新；要积极实施人才强国战略，切实加强和改进科技人才服务的工作；要大力加强自身建设，不断增强科协的凝聚力和影响力。狠抓落实，锐意进取，努力开创科协工作新局面。希望各级党委政府进一步加强对科协工作的领导。宋副省长的讲话，给我们极大的鼓舞，为我们进一步做好科协工作指明了方向。

卢钟鹤主席所作的工作报告和宋海副省长的讲话是做好今年和今后一个时期我省科协工作的非常重要的指导性文件。希望与会的各位委员、同志们认真学习，深刻领会，并切实贯彻落实到实际工作中去。

同志们回去以后，要及时做好会议精神的学习传达，把会议精神传达到各级科协组织和广大科技工作者，进一步统一思想，明确任务和要求。要及时向当地党政领导汇报会议精神，争取党委政府对科协工作的理解和支持。

各位委员、同志们，让我们紧密地团结在以胡锦涛同志为总书记的党中央周围，在省委、省政府的领导下，高举邓小平理论和"三个代表"重要思想伟大旗帜，与时俱进，团结奋斗，开拓创新，扎实工作，努力开创我省科协工作新局面，为全面建设小康社会，加快率先基本实现社会主义现代化作出新的贡献。

最后，祝各位委员、同志们在新的一年里，身体健康，工作顺利，生活愉快，家庭幸福。

7.19　切实推进科技进步与创新*

今天，第九届广东省科协学术活动周开幕式在这里隆重举行。首先，我代表省科协对本届学术活动周的隆重举办表示热烈的祝贺！向在座各位并通过你们向

---

* 本节内容是第九届广东省科技协会学术活动周开幕词，广州，2011 年 10 月 10 日。

全省广大科技工作者致以诚挚的问候！

本届学术活动周的主题是"科技支撑转型升级·携手建设幸福广东"，通过在全省范围内广泛开展学术报告、学术论坛、专题研讨、学术沙龙、科技成果展示等科学技术普及和学术交流活动，引导学会开展不同模式、不同类型、不同层次的学术交流，倡导尊重人才、尊重知识、尊重创造的理念，激发创新的积极性和主动性，形成崇尚科学、追求真理、鼓励探索、宽容失败的社会风尚，让创新泉流竞相奔涌，让创造活力竞相迸发，努力促进我省加快经济发展方式的转型升级，加速建设幸福广东的步伐营造更加良好的氛围。

广东省科协积极组织和发挥组织网络、人才智力、科学技术的独特优势，突显科协作为推动科技事业发展的重要力量、党和政府联系科技工作者的桥梁纽带、科普工作的主要社会力量的独特作用，全面推进为经济社会发展服务、为科技工作者服务、为提高全民科学素质服务的各项工作，成为全国科协工作排头兵。在省科协的组织领导和总体策划下，学术活动周作为学术交流和科普的标志性活动，已连续举办 9 年，成为引导学会开展不同模式、不同类型、不同层次的学术交流的重要平台，社会、公众了解科技和科协组织的科普形式，对提高科技创新能力起到积极的作用，已产生广泛的社会影响，得到了广大科技工作者的积极参与和社会各界的普遍赞赏。

今年是我省"十二五"规划的开局之年。广大科技工作者将肩负更加光荣而艰巨的历史使命，同时也将获得更好地发挥才智、贡献力量的广阔平台。希望广大科技工作者不辱使命，抓住机遇，要以科学发展为主题，以转变经济发展方式主线，切实推进科技进步与创新，为建设幸福广东作出新的更大的贡献！

最后，预祝第九届广东省科协学术活动周圆满成功！

7.20　建设幸福广东*

今天，在举世瞩目的党的十八大胜利召开的喜庆时刻，广东省科协第十届学术活动周开幕式在这里隆重举行。首先，我代表省科协对本届学术活动周的隆重举办表示热烈的祝贺！对出席今天开幕式暨论坛的领导、专家及广大科技工作者表示热烈的欢迎，向在座各位并通过你们向全省广大科技工作者致以诚挚的问候！

学术活动周旨在全省范围开展专业性、广泛性、群众性的学术活动，搭建一个多学科、综合性、开放式的学术交流平台，营造浓厚的学术氛围和人才成长环境，树立科协及学会组织鲜明的学术形象。这是推动我省加强社会组织建设，构建社会管理创新体系的重要行动。迄今成功举办了九届，已成为科技工作者学术

---

*　本节内容是第十届广东省科技协会学术活动周开幕词，广州，2012 年 11 月 12 日。

交流的重要盛会。

广东省科协积极发挥新形势下枢纽型组织的作用，动员和组织我省科技社团开展为经济社会可持续发展服务，为科技工作者成长成才服务，为公民科学素质提高服务。其中在省科协的组织领导和总体策划下，学术活动周作为学术交流和科普的标志性活动，成为引导科技社团开展不同模式、不同类型、不同层次的学术交流的重要平台，社会、公众了解科技和科技组织的科普形式，对提高科技创新能力起到积极的作用，已引起广泛的社会影响，得到了广大科技工作者的积极参与和社会各界的普遍赞赏。

本届活动周主题是"科技创新与经济结构调整"，共有学术年会、论坛、研讨会、报告会、讲座、科技学术成果展示展览、会员活动等各种类型的学术活动346项。通过这些活动，既让我省科技工作者参与学术交流、展示良好形象、发挥重要作用，又让社会公众走进科学、了解科学，进而掌握、运用科学技术。这必将有利于在全社会形成尊重人才、尊重知识、尊重创造、尊重劳动的社会氛围，成为崇尚科学、追求真理、鼓励探索、宽容失败的社会风尚，推进我省科技创新体系建设，增强自主创新能力，加快经济增长方式的转变，促进经济转型升级，建设幸福广东。

同志们，党的十八大是在我国改革发展关键阶段召开的一次十分重要的大会，将对党和国家各项事业作出全面部署，进一步明确今后一个时期的发展目标和宏伟蓝图。我们广大科技工作者是先进生产力的开拓者和先进文化的传播者，也是创新文化的主要培育者。广大科技工作者要积极行动起来，认真学习贯彻党的十八大精神，增强责任感、紧迫感和使命感，激发创造活力，勇攀科技高峰，要围绕服务加快转变经济发展方式，大力推进创新驱动发展，加强基础前沿科学研究，突破核心关键瓶颈技术，积极建言献策；要以增强自主创新能力为己任，加强原始创新、集成创新和引进消化吸收再创新，强化协同创新，为加快建设创新型国家多作贡献；要主动开展科学普及，提高全民科学素质，努力成为科学知识的传播者、科学方法的实践者、科学思想的倡导者、科学精神的弘扬者；要大力弘扬创新文化，继承我国科技界的光荣传统，加强科学道德与学风建设，遵循学术诚信，为全社会践行社会主义核心价值体系发挥示范作用；要积极培养举荐更多创新人才，推动完善科技人才培养和评价机制；要全力支持和推动科技体制改革，促进解决制约科技发展的体制机制方面的突出问题，在加快科技创新体系建设，切实推进科技进步与创新，为建设幸福广东作出新的更大的贡献！

最后，预祝第十届广东省科协学术活动周圆满成功！

7.21　认真评选科技奖 *

现在，我向大家报告第七届广东省丁颖科技奖评选和第八届中国青年科技奖候选人推荐的情况。

按照《广东省丁颖科技奖条例》和《广东省丁颖科技奖条例实施细则》的规定，全省性学会、省直有关单位、中央驻粤单位及各市科协共推荐了第七届广东省丁颖科技奖候选人 100 名，其中工科 35 人，理科 22 人，农科 14 人，医科 29 人。

省科协组织联络部拟定了"第七届广东省丁颖科技奖评审工作方案"。省科协常委会学术交流工作委员会提出了第七届丁颖科技奖评审工作委员会、专家评审委员会及其下设的学科专家组成员建议名单。评审工作委员会由 15 人组成，主任由卢钟鹤主席担任；专家评审委员会由 19 人组成，主任由本人担任。专家评审委员会聘请了 29 位专家组成理、工、农、医四个学科专家组，组长分别由许宁生（中山大学理学院院长）、陈克复（华南理工大学造纸学院院长）、廖森泰（省农科院副院长）、徐复霖（省中医药管理局副局长）兼任。"第七届广东省丁颖科技奖评审工作方案"及评审机构设置和人员组成建议名单，均经报请卢钟鹤主席审查同意。

7 月 22 日，学科专家组召开了评审会议。各位专家按理、工、农、医四个学科分别对第七届丁颖科技奖的 100 名候选人的推荐材料进行评审。每位候选人的材料经两位专家评审，并由主审专家向学科组说明推荐理由，专家们按照客观、公平、严格的原则，推选出 39 名第七届广东省丁颖科技奖人选。

7 月 24 日，我主持召开了专家评审委员会会议。各学科专家组组长汇报了评审情况，逐个说明了丁颖科技奖人选的推荐理由。经专家评审委员会委员充分酝酿，然后以无记名投票方式，产生了 28 名（按得票数顺序排名）第七届丁颖科技奖初选名单。同时，专家评审委员会根据《中国青年科技奖条例》规定，在第七届丁颖科技奖初选名单中，初选出 8 名第八届中国青年科技奖候选人推荐名单。

8 月 17 日，卢钟鹤主席主持召开了评审工作委员会会议。本人详细报告了第七届丁颖科技奖初选和第八届中国青年科技奖候选人推荐的情况，评审委员会委员经过充分酝酿和讨论，一致赞同专家评审委员会关于第七届丁颖科技奖初选名单和第八届中国青年科技奖候选人推荐名单。

关于第七届丁颖科技奖评选和第八届中国青年科技奖推荐情况报告完毕，请各位常委予以审议。

---

* 本节内容是广东省科技协会常委会上的汇报，广州，2003 年 8 月 20 日。

参 考 文 献

[1] 邓小平．科学技术是第一生产力，邓小平文选（第三卷）．北京：人民出版社，1993：274-276．

[2] 邓小平．在全国科学大会开幕式上的讲话．邓小平文选（第二卷）．北京：人民出版社，1983：82-97．

[3] 刘人怀，程昌钧，陈庆益，等．高压固定式热交换器管板的应力计算——复变元圆柱函数的应用．数学的实践与认识，1973，（1）：52-64．

[4] 刘人怀．波纹圆板的特征关系式．力学学报，1978，（1）：47-52．

[5] 刘人怀．喜获丰硕成果、笑迎百年华诞．在暨南大学第六届教代会暨第十届工代会第二次会议上的讲话，广州，2006．

[6] 刘人怀，陈山林．椭球封头中心开孔接管的强度问题．科技专刊（兰州大学），1973，（1）：14-28．

[7] 刘人怀，陈山林．尿素合成塔底部球形封头开孔的应力计算，科技专刊（兰州大学）1973，（1）：1-13．

[8] 刘人怀．高压聚乙烯反应器厚壁筒体径向开孔的应力计算．压力容器和压力管道的分析与计算．北京：科学出版社，2014：80-96．

[9] 费奥多谢夫，精密仪器弹性元件理论与计算．卢文达，熊大達译．北京：科学出版社，1963：288-350．

[10] 叶开沅，刘人怀，平庆元，等．在对称线布载荷作用下的圆底扁薄球壳的非线性稳定性．科学通报，1965，（2）：142-145．

[11] 叶开沅，刘人怀，张传智，等．圆底扁薄球壳在边缘力矩作用下的非线性稳定问题．科学通报，1965，（2）：145-147．

[12] 刘人怀．在内边缘均布力矩作用下中心开孔圆底扁球壳的非线性稳定问题．科学通报，1965，（3）：253-255．

[13] 刘人怀．关于改善我国北方水资源缺乏的一个建议．参事建言（2004—2005）．香港：中国评论学术出版社，2006：229．

[14] Liu R H. The effect of the Göttingen school on investigation of flexible plexible plates and shells in China. The Symposium on International Scientific Cooperation for Developing Countries，Bonn，1997．

[15] 美国国家工程院．20世纪最伟大的工程技术成就．常平，白玉良译．广州：暨南大学出版社，2002．

[16] 常平，刘人怀，林玉树，20世纪我国重大工程技术成就．广州：暨南大学出版社，2002．

[17] 中国科学院．2000—2009科学发展报告．北京：科学出版社，2000～2009．

[18] 中国科学院．2000—2009高技术发展报告．北京：科学出版社，2000～2009．

第8章 科普管理

8.1 弘扬科学精神 普及科学知识[*]

两年前，当暨南大学出版社与清华大学出版社将联袂出版一套院士科普丛书策划方案报到我手中时，我就深感这一选题所蕴藏的特殊能量与时代特征。两年来，经中国科学院、中国工程学院的精心组编，清华大学、暨南大学出版社的精诚合作，以及两院院士的大力支持，中国第一部完全由院士撰写的大型科普精品——《院士科普书系》，今天正式面世了。这是中国科普工作的一件大事，它对于传播科学思想，提高国民素质，促进中国社会的现代化有着重要的意义。正因为如此，江泽民总书记[1]在百忙之中，专门为这部科普书系撰写了题为"提高全民族的科学素质"的序言。这是党和国家领导人对我们这部书系的极大肯定，也是对我们工作的极大的鞭策。

近代科学400多年的发展历史，一直是在与形形色色的反科学、伪科学的社会势力的斗争中艰难前行；中国自"五四"运动以来，科学民主就一直是横扫一切封建腐朽势力的旗帜；党的十五大把"科教"提到了"兴国"的高度，"科教兴国"是中华民族越千年、跨世纪的战略，而科普工作正是科教兴国的重要组成部分，是知识传播的主要内容。在我们这个全民科学文化素养亟须提高的国度里，社会对科普的需求十分强烈，即使在社会日益文明的今天，"法轮功"之类的反科学、伪科学的邪教余孽，仍在毒害着一些缺乏科学思想的善良民众。崇尚科学、反对迷信，我们还有一段相当长的路要走。

这次由100多名德高望重的两院院士[1-8]分别撰写的《院士科普书系》本本皆精彩，篇篇高水准。在院士们的笔下，科学原理严谨准确，技术内容通俗易懂；精炼生动的语言，融人文教育于科学教育；重视揭示科学方法，展现科技最新成果和发展前景。读者在领略院士科学家独特思考的同时，更将获得广泛而深层的思想启迪。院士参与科普工作，意义重大，正如江总书记在序中所言："科教兴国，全社会都要参与，科学家和教育家更应奋勇当先，在全社会带头弘扬科学精神，传播科学思想，倡导科学方法，普及科学知识"。我相信，《院士科普书系》必将成为我国当今最高水平的系列科普品牌。感谢两院及院士们对本书的支持，感谢各级领导对本书的关心，也感谢两校出版社同仁们的齐心协力！

---

[*] 本节内容是在《院士科普书系》首发式上的讲话，北京，2000年6月4日。

8.2　做科技创新的鼓手[*]

寒暑易节，从盛夏走到严冬，《科技创新与品牌》杂志已出版了六期。

当我们怀着惴惴不安的心情，把这本新刊奉献给社会和读者时，我们只是本着做好媒体支持与服务的社会责任感——为建设创新型国家，献上一份"鼓与呼"的菲薄之力。杂志以它独特的视角，鲜明的风格，翔实的报道，新颖的版面得到了社会的肯定。在缤纷多彩的期刊市场中显示出蓬勃的生命力，为自己赢得了一席之地。

《科技创新与品牌》杂志的创办得到了新闻出版总署、中国科协等各级领导的关怀及袁隆平、叶叔华、黄量、闵恩泽、王涛、陈文新、匡廷云、王阳元、杨芙清、石学敏等多位中国科学院、中国工程院两院院士与中国品牌大家艾丰的大力支持，得到了专家学者和读者的关心与厚爱。

党的十七大把科学发展观作为我国经济社会发展的重要指导方针。发展呼唤科技，呼唤创新，呼唤品牌。30 年改革开放的风雨洗礼，中国已进入创新型国家行列。崇尚创新，鼓励创新，弘扬创新精神，已经成为时代的最强音。在科学发展观的引导下，《科技创新与品牌》杂志以其强大的生命力推动科技成果向现实生产力转化，推动中国品牌走向世界，推动创新型国家的宏图伟业早日实现！

2008 年承载着历史的重任，将成为中华民族发展史上辉煌的一年。对《科技创新与品牌》来说，也将是不平凡和充满希望的一年。我们将认真贯彻党的十七大精神，在经济建设与文化建设的结合点上开拓耕耘：做科技创新的鼓手，做品牌建设的卫士，做奋斗拼搏的播音。我们将开辟多种渠道，铺设沟通合作的平台，把本刊办出特色：或许可以使您受到启迪；或许为您带来商机；或许可以给您些许帮助；或许可以让您受到激励。我相信《科技创新与品牌》一定会成为您的知音和朋友。

值此辞旧迎新之际，我们谨向各界表示深深的谢意。

8.3　专家学者不妨多点科普和传播意识[**]

程虹教授新著《中国质量怎么了》[9]今年六月甫一面世，七月即和柴静、余华等的著作一道荣登畅销书排行榜。《中国质量怎么了》抓住了备受人们瞩目的"质量"这一话题，写得既深刻又通俗，既严谨又俏皮，该书得以畅销，理所当然。程虹教授是质量领域重要的专家，他在质量研究特别是宏观质量研究方面多有创建。把这些创建以喜闻乐见的形式普及给广大民众，并且作为提升公民素

　　* 本节内容原载《科技创新与品牌》，2008，(1)：1。
　　** 本节内容原载《宏观质量研究》，2013，1 (2)：1-3。

质，我认为，程虹教授做了一件非常有意义的事情，显示了他研究的独到之处和应有的担当。由此我也产生了几点联想。

1. 专家学者要搞点科普

经过一代又一代人的辛勤耕耘，可以说，我国已经阔步迈上了科技大国的快车道；但一个不争的事实是，我国离科普大国还有较大的距离，我把它概括为"三不多"——参与科普的专家不多，有影响力的科普著作不多，公众的科普知识不多。

目前我国科普作品就数量而言，还很不够，特别是好的科普作品更是远远不够；而另一方面，这些为数不多的科普作品往往面临着读者不多，甚至没有读者的局面。为什么科普作品会出现如此尴尬的境地？归根结底还是专业、优秀、有影响力的科普作者太少的缘故。作者少—作品少—读者少，科普正是陷入了恶性循环的"三少"窘境；要走出这一窘境，好的科普作者是关键。

好的科普作者必须是专业的，他（她）应该有深厚的专业学养，又谙熟科普规律，精通科普写作。由于专家学者站在研究的前沿，论述高屋建瓴，剖析问题举重若轻；若他们躬身参与科普工作，其深度和影响力非一般作者可比，创作的作品才可能摆脱低端、拼凑的嫌疑，显示出科普作品应有的高端大气。《中国质量怎么了》就很好体现了这一点。

中国质量问题不仅是我国公众关注的焦点，也成为世界关注的焦点。这是一个纷繁复杂的现象，也是一个庞大丰富的系统。要科学剖析中国质量，厘清其内在规律，拿出令人信服的答案，必须是质量领域造诣深厚的专家，才能游刃有余。

程虹教授是我国颇具影响力的宏观质量科学研究和人才培养机构——武汉大学质量发展战略研究院院长，也是我国宏观质量领域唯一的学术期刊《宏观质量研究》的主编。他是宏观质量领域颇为勤奋的开拓者：出版了第一部专著《宏观质量管理》；带领团队建立了众多质量领域的观测基地；基于消费者感知的角度，发布了《2012 年中国质量发展观测报告——面向"转型质量"的共同治理》；领导团队完成了多个重大质量研究课题。可以说，《中国质量怎么了》是程虹多年来重要研究成果的聚合，是科普化的学术专著。专业的高度奠定了科普的厚度，这也是一部科普著作成功的要素。

科普创作是有一定难度的，弄不好会让人觉得力有不逮，视为畏途；即使是一个卓有成效的专家学者，要写出普及面广、有效性强，受到大众普遍欢迎的科普著作，也不是一件易事。好在程虹教授驾轻就熟，他把笔触深入到复杂而又矛盾的中国质量现象背后，条分缕析地发掘藏而不露的诸多质量影响因素，譬如经济社会发展、法律与政策、公民行为与文化、大数据时代的信息等。由于是专门的质量研究专家，司空见惯的质量现象，在他的笔下常常发人之所未发，所提问题新颖独特，解决问题的方法科学务实，时常让人眼前一亮，受益多多。

从全球化和大数据时代的质量着眼，透过由大国质量、二元质量和转型质量相互叠加而形成的我国独特的质量现象，作者自如地在政府、企业、消费者之间转换角色，从政府的角度探讨质量，从专家的视域解读质量，从公民的角度感知质量，透过纷繁复杂的表象，剖析质量领域深层次的问题。通过层层解剖，隐藏于政府、企业以及消费者背后三方面质量问题的经济命题豁然开朗；而且，通过廓清职责，政府、企业、社会在书中各安其位，各守其责，而又齐心协力致力于中国质量的共同治理。该书特别强调社会、市场、消费者在质量治理中的作用和职责。对于目前我国的质量评价，人们大多倾向于认为这是一个糟糕透顶的时代，而该书基于实证分析得出的结论却是："质量，这是一个最好的时代，也是一个最坏的时代。"每当出现质量问题时，人们总是抱怨政府管得太少，而该书却出语惊人："质量体制中最大的问题不是政府没有尽责，而是管了太多由市场、社会管的事。"在质量建设中，消费者并不是无所作为的旁观者，也不能满足于仅仅作为一个义愤填膺的批评者，该书特别倡导："人人都是中国质量的建设者"，"中国消费者质量自觉之日，就是中国质量全面振兴之时"。一个个来自于质量研究前线的前卫观点，挑战、瓦解着人们固有的观念，让人们感到既是思想的激荡，又是智慧的享受。这种吸引力自然是无法抗拒的。在现实和网络中，读者好评如潮："发人深省的一本好书！爱不释手！""如醍醐灌顶，几句话便解开心中迷雾……""本来是买来写论文参考的。没想到完全着迷，让我对未来有了全新的思考空间，突然就觉得思路豁然开朗，很有启发。""作者用数据说话，观点令人耳目一新，很有冲击力！"

2. 专家学者对学术论文和专著可以有畅销意识

我国每年产出的论文和专著汗牛充栋，但不少都传播有限，昙花一现，最终躺在故纸堆和网络的某个角落默默蒙尘，不为人知。论文和专著传播有限，当然和他们的专业性较强有关，但是，从另一方面来说，我们的专家学者是不是也存在着一个观念的盲区，即多少缺乏点传播意识？对于那些蕴含真知灼见、启人心智、极具现实意义的论文和专著，却没有用科普的形式去进一步去推广和传播，任其湮灭，是非常可惜的。曾经有一位老科学家为了推广科普，提倡应该用科普文章对应解释每一篇论文；当然，在目前的形势下，这不现实，也无需如此苛求。但是，有关经济社会，有关国计民生，有关公民素质和思想解放的课题，值得好好做做科普大文章，以便最大限度发挥其效益。

古语有云："言而无文，行之不远。"对于学术论文和专著的科普工作，我想可以加上这样一句："文而不俗，行之不远。"这里的"俗"当然不是俗气的"俗"，而是通俗的"俗"，要"俗"得深刻，"俗"得有质量和品位。

科学的难点在于把复杂的问题简单化。科普著作创作自有其固有的规律。我想不外乎这么几点：直面生活，贴近现实；深刻其里，通俗其表；形式活泼，语言晓畅。程虹和他的团队一直倡导直面真实问题的研究。作为学术类科普著作，既要站得高，着眼于从科学上进行规律性的解释；又要立得稳，对现实中的各种现象进行饶有兴味的实证分析。《中国质量怎么了》很好地做到了这一点，把深刻的质量命题蕴含在日常生活生动的现象中，把非常专业性的质量问题，化繁为简，化难为易，化深为浅，让专业之外的读者一看就明白。"一个国家三个质量""为何女性的衣橱永远差一件衣服？""为什么互联网再怎么发达，哈佛大学、耶鲁大学这些常春藤学校永远不可能被替代？""中国的质量究竟谁说了算？""'价廉'可以'物美'吗？""技术领先的公司为何会倒闭？"看看书中这些片段，其知识性和趣味性跃然纸上。

在《中国质量怎么了》一书中，作者与其说是一个著名的质量专家，不如说更像一个阅历丰富、可亲可敬的导游。他带领读者徜徉于国内外一处处质量"风景"，用通俗易懂、趣味横生的语言娓娓道出其前生后世，引人入胜，启迪人们遐想和沉思。捧读这部书，既有阅读的快乐，又有漫游的趣味；对于读者而言，有什么理由拒绝双重的快乐呢？

3. 科普工作需要有激励机制和责任意识

在文件中，科普工作的地位已经很高了。1994 年。中共中央、国务院文件《关于加强科学技术普及工作的若干意见》中，把科普工作提到关乎国家兴旺，关乎民族强盛的战略高度。2012 年颁布的《中华人民共和国科学技术普及法》，明确了政府及有关部门在科普方面的职责，指出科普工作是全社会的共同任务。

但现实中，科普工作和它应有的地位之间有着巨大的落差。科普不仅陷入了恶性循环的"三少"窘境，不少专家学者对科普工作也并不关心。一个科研人员，揽到了课题，课题最终验收通过了，任务似乎也就完成了；课题越多，就越容易确立其在业界的地位。在科研的过程中，人们很难想起科普。毫无疑问，科普成了被遗忘的角落，被边缘化了。我记得，几年前中科院的一项调查显示，近八成科技工作者认为：科普和自己关系不大，科普工作有专人做。

为什么会出现这种状况呢？主要是科普工作缺乏激励机制，制约了专家学者参与科普的积极性。科普工作往往很难看得见绩效，既不算成果，职称评定时往往毫无分量，经济上也没有什么效益；因而科技工作者科普动力普遍不足，甚至认为搞科普是上不了台面的低层次的事情，似乎也就不足为怪了。

其实，科技工作应该是一个相辅相成的完整过程，包括科学研究、科学应用和科学普及工作。科技既要创新，又要普及；创新和普及，是科技工作的"一体两翼"，不可分割。科普工作，对公众抛弃成见，引发、点燃其潜藏的创新火花，不可或缺。但现实中，由于种种主客观原因，往往把血肉相连的"一体两翼"活生生割裂开来，重创新，轻普及。

2010 年，第八次中国公民科学素养调查结果表明，我国具备基本科学素养的公民比例为 3.27%。这个数字是不容乐观的。近年来，一些突发公共事件为什么常常引发一个个热点科普话题？例如"非典"与公共卫生、日本核泄露与"盐荒"、食品质量事故与食品安全等，莫不如是。当科普往往只有在突发事故中成为热点，成为人们关注的中心时，只能昭示这样一个事实：公众科普知识贫乏，我们的科普工作头痛医头、脚痛医脚，严重滞后于现实。最近，一个所谓的"气功大师"牵扯的名人之多，让人震惊。提高公民科学素养与人力资源水平，是我国现代化过程中绕不过去的话题。科普工作确实任重而道远。

大力推广科普工作，亟须国家增加激励机制，据悉，国家有关部门正筹划或者已经行动起来。在培养科普专业人才、增加科普经费、把科普课题列入国家科技计划等方面，都有所动作。科普一方面需要激励，另一方面也需要使命感和责任意识。《中国质量怎么了》的作者意识到：科普不仅是社会文化的一部分，也应该是国家科技创新的一部分；搞好科普工作，对推进现代化进程是不言而喻的。为消费者提供有价值和免费的质量数据，重塑公民的质量观念与行为，倡导全社共同参与，做中国质量的建设者——这是《中国质量怎么了》的写作初衷和责任。

科普不是简单普及科学知识，更要普及科学精神、科学品质、科学思维和科学方法。《中国质量怎么了》一书说："质量是科学更是信仰。"对于科普工作，在该书作者看来，不仅是造福公民的公益事业，也是饱含信仰的慈善事业。在搞科普不能获得多少切身利益的现有体制下，程虹教授能够沉下心来，把科普当做一项事业，确实需要有一种信仰。他走遍大江南北，举办了无数场广受欢迎的讲座，只为让科学的质量观念深入人心；可以说，《中国质量怎么了》是他以另一种形式在延续质量科普讲座，撒播科学的质量观念。欣喜的是，他的这一良苦用心，很快获得了读者的回应和认同："质量，突然让我觉得肩上的一份责任。质量之路，既在共同治理；质量之路，也在每一个人脚下。"

在读《中国质量怎么了》的过程中，我既品尝了喜悦，也读到了责任。对于这样一部优秀的学术科普著作，我向读者大力推荐，希望更多的人能够一睹为快。

8.4　为提高全民族科学素质作出新贡献*

今天，我们召开广东省科普志愿者协会成立大会和首届会员代表大会，在各级领导的亲切关怀和全体代表的共同努力下，会议取得了圆满成功。首先，我要感谢各位代表对我的支持和信任，选举我担任协会首届会长。下面，我讲几点

---

* 本节内容是在广东省科普志愿者协会成立大会上的讲话，广州，2009 年 3 月 24 日。

意见。

1. 要充分认识科普志愿工作的重要意义，增强使命感和责任感

2008 年 12 月，胡锦涛总书记在纪念中国科协成立 50 周年的重要讲话中提出，希望我国广大科技工作者大力普及科学技术，积极为提高全民族科学素质作出新贡献。广大科技工作者要把普及科学技术、促进广大人民群众深入了解科技知识作为义不容辞的社会责任，把贯彻落实《科学技术普及法》和《全民科学素质行动计划纲要》作为科技工作的重要方面，努力成为科学知识的传播者、科学方法的实践者、科学思想的倡导者、科学精神的弘扬者。要积极参与科普活动，开展科普创作，充分发挥自身优势和专长，把科研和科普有机结合起来，通过多种渠道、多种方式积极主动地向公众介绍科研最新发现、展示科技创新成果。

在科学技术快速发展的今天，一个国家、地区科学技术的普及程度，从根本上决定这个国家、地区生产和文化的发展水平，决定着这个民族的创造能力。科技创新是国家、地区综合竞争力的关键，而科学普及是科技创新的前提和基础。科技创新是在科技前沿不断取得新的突破，科学普及则是科技创新的一个重要基础。而科技成果只有为全社会所掌握、所应用，才能发挥出推动社会发展进步的最大力量和最大效用。普及科学技术，提高全民科学素质，既是激励科技创新、建设创新型国家的内在要求，也是营造创新环境、培育创新人才的基础工程。

因此，从事科普志愿活动，促进科学技术的普及推广，是一项非常崇高的事业。我们成立广东省科普志愿者协会，就是希望通过这个组织的建立，让更多有着志愿精神和社会责任感的科技工作者参与进来，实施跨地区、跨行业、跨学科的协作与联合，实现人力、物力、智力的共享与发展，建立一支阵容大、素质高、相对稳定的科普工作队伍，为提高公民科学素质，为我省全面建设小康社会、建设创新型广东贡献应有的力量。我希望理事会全体成员和全体会员充分认识科普志愿工作的重要意义，进一步增强使命感和责任感，勇挑重担，团结协作，共同努力，把科普志愿者协会建设成为一个充满生机活力，健康发展的科技团体。

我们的协会刚刚成立，工作千头万绪。我们要在省科协的领导下，紧紧围绕我省科普工作的部署，重点抓好以下几方面的工作。

2. 关于今年协会的主要工作意见

一是要认真学习宣传贯彻落实《科普法》和《全民科学素质行动计划纲要》。

2002 年 6 月，我国颁布实施了《科普法》，标志着我国的科普事业进入了一个崭新的历史阶段。《科普法》明确了科普工作的目标是提高公民的科学文化素养。2006 年 2 月，国务院颁布了《全民科学素质行动计划纲要》，明确了我国公民科学素质建设的指导思想、工作方针和目标任务。目前，深入贯彻落实《科普法》和《科学素质纲要》，是开展科普工作的首要任务。协会的工作要紧紧围绕这一主线，积极主动地配合我省贯彻实施工作的部署和要求，创造性地开展各项工作。

二是要面向公众开展各项科普志愿活动，积极打造协会的科普品牌。

开展科普志愿活动是我们协会生存与发展的基础，只有通过开展科普活动，才能取得更多的社会支持，一方面，我们需要积极承担省科协交办的大型科普活动，策划贴近群众、贴近生活、贴近时事的经常性科普活动。如组织科普专家志愿者进社区开展专题科普讲座，围绕"节能减排，生态文明，安全健康、新农村建设"以及当前发生的热点事件和突发事件，联合各地市、县（区）科协，依托科研院所、高等院校专家及大学生科普志愿者的专业知识和力量，举办"科普大讲堂"等活动，为群众关心的问题提供咨询服务。另一方面，我们要充分利用协会团体会员和会员所在单位的力量，积极开拓协会活动空间。同时，利用互联网技术和渠道，组织科普志愿者在线访谈，打造科普活动品牌。

三是要突出会员的主体地位，认真做好为会员的服务工作，大力发展科普志愿者队伍。

会员是协会的根本，是协会生存与发展的重要基础。突出会员的主体地位，做好各项服务工作，是协会的一项根本任务。目前全省注册登记的各类科普志愿者已达 10 万多人，这批有着志愿精神和社会责任感的科技工作者和参与科普工作的社会活动力量正活跃在科普工作的各条战线，推动科普事业发展。我们要加强与这些科普志愿者的联系，主动开展各项服务工作，加强对会员的培训，维护他们的合法权益。同时，进一步发展会员，动员更多的科技工作者和社会热心人士加入科普志愿者队伍，指导地方发展科普志愿者组织。

四是要加强协会自身建设，坚持民主办会。

协会章程是我们开展科普志愿服务的指引，我们一定要依法依章办会，充分发挥理事会成员的作用，加强横向联系与沟通，广泛发动各成员所在单位开展科普志愿服务，提高公民科学素质。同时，要加强制度建设，不断完善协会的各项规章制度，建立科普志愿者个人服务档案，保持队伍稳定性，加强与外界的公共沟通，树立良好的公众形象，增强协会的公信力、凝聚力和影响力。

同志们，科普是旨在提高公民科学文化素质的一项基础性、长久性、公益性的事业，是实施科教兴国和走可持续发展之路的重要基础。作为一个科普志愿者是光荣的；作为科普志愿者协会，我们的任务是艰巨的。相信科普志愿者协会在今后的工作中一定能作出可喜的成绩，一定会为广东省科普事业的发展作出重要的贡献。

8.5 开拓创新 做好科普工作*

今天 6 月 29 日，是《中华人民共和国科学技术普及法》（以下简称《科普法》）颁布实施 10 周年的纪念日。《科普法》是我国科普事业发展的一个新的里程碑，对加强科学技术普及，提高公民的科学文化素质，推动经济发展和社会进步，产生了重要而深远的影响。在《科普法》颁布实施 10 周年之际，我们一同回顾贯彻落实《科普法》的历程并展望科普事业的美好未来。

1. 《科普法》实施的回顾与展望

十年前，《科普法》于 2002 年 6 月 29 日由九届全国人大常委会第 28 次会议通过，中华人民共和国第 71 号主席令发布自即日起施行。这标志着我国科普工作进入了法制化、规范化的新阶段。《科普法》分"总则""组织管理"、"社会责任""保障措施"、"法律责任"和"附则"共六章 34 条，明确提出了"实施科教兴国战略和可持续发展战略，加强科学普及工作，提高公民科学文化素质，推动经济发展和社会进步"的总体目标，指出"科普是公益事业，是社会主义物质文明和精神文明建设的重要内容""发展科普事业是国家的长期任务""国家保护科普组织和科普工作者的合法权益""国家支持社会力量兴办科普事业""科普工作应当坚持群众性、社会性和经常性，结合实际，因地制宜，采取多种形式来普及科学技术知识、倡导科学方法、传播科学思想、弘扬科学精神"，并强调"科普工作应当坚持科学精神，反对和抵制伪科学""任何单位和个人不得以科普为名从事有损社会公共利益的活动"。

应该说，《科普法》是一个创造，一种创新，是针对中国国情所采取的一个具有中国特色的重大举措。其目的就是提高公众的科学文化素质，实现全面建设小康社会、和谐社会和创新型国家的宏伟目标，充分体现了以人为本的科学发展观和社会主义核心价值体系。

胡锦涛总书记早在 2004 年 6 月 2 日于中国科学院、中国工程院"两院"院士大会上的讲话中就明确指出："科技创新和科学普及，是科技工作的两个重要方面。"在 2006 年 1 月 9 日全国科学技术大会上的讲话中又进一步指出："把科技创新与提高人民生活水平和质量紧密结合起来，与提高人民科学文化素质和健康素质紧密结合起来，使科技创新的成果惠及广大人民群众。""要在全社会广为传播科学知识、科学方法、科学思想、科学精神，使广大人民群众更好地接受科学技术的武装，进一步形成讲科学、爱科学、学科学、用科学的社会风尚。"

---

* 本节内容是纪念《中华人民共和国科学技术普及法》颁布十周年高端论坛的主题演讲，广州，2012 年 6 月 29 日。

2. 《科学素质纲要》颁布实施，全面推进公民科学素质建设

经过国家层面的深入调研论证，2006 年 2 月 6 日，国务院颁发了《全民科学素质行动计划纲要》，要求"各省、自治区、直辖市人民政府，国务院各部委、各直属机构""结合本地区、本部门实际，认真贯彻实施"。

从《科普法》到《全民科学素质行动计划纲要》，从依法科普到科学素质建设，我国的科学教育、传播和普及工作又跨上了一个新的台阶。

近年来，广东省委、省政府一直高度重视全民科学素质工作。"十一五"期间，按照国务院的有关工作要求，我省认真贯彻实施《全民科学素质行动计划纲要》，坚持"政府推动、全民参与、提升素质、促进和谐"的工作方针，采取"大联合、大协作"的工作方式，广泛开展主题科普活动，认真组织实施重点人群众科学素质行动，扎实推进科学素质基础工程建设，建立完善纲要实施工作机制，取得了显著成绩。科学素质工作的公共服务能力明显增强，公众学习科学的机会与途径明显增多，公民科学素质明显提高，2010 年我省公民基本具备科学素质的比例为 3.3%，高于全国平均水平 3.27%，比 2005 年提高了 1.6 个百分点，较好地实现了我省"十一五"全民科学素质工作的目标任务，为我省加快建设创新型广东、促进经济发展方式转变作出了积极贡献。

在看到成绩的同时，我们也要清醒地认识到：我省公民具备基本科学素质的比例还不高，与发达国家和国内先进地区相比有一定的差距，与我省经济社会发展水平不协调。同时，公民自觉运用科学知识处理日常工作、生活问题的习惯尚未形成，科学应对各种自然灾害和重大突发事件的能力还不强，社会上不科学、不文明的现象和行为时有发生。科普为公众服务的能力还不强，公众接受科学传播、教育、普及的渠道和机会有待增加等。这些都需要引起我们足够的重视，加强公民科学素质建设任重而道远。

3. 整合资源，创新思路，为提升公民科学素质服务

我是一名科研工作者，也是一名科普工作者。2009 年 5 月 13 日，广东省科普志愿者协会正式成立，作为广东省科普志愿者协会会长，我有责任和义务带领我省广大科普志愿者深入贯彻实施《科普法》和《全民科学素质行动计划纲要》，积极动员和组织更多有着志愿精神和社会责任感的科技工作者参与进来，实施跨地区、跨行业、跨学科的协作与联合，实现人力、物力、智力的共享与发展，建立一支阵容大、素质高、相对稳定的科普工作队伍，为提高公民科学素质，为我省全面建设小康社会、建设创新型广东贡献应有的力量。

近年来，广东省科普志愿者协会围绕省委、省政府的中心工作，认真履行职责，开拓创新，整合资源，加强自身建设，提升服务能力，积极开展多项与社会管理、公共服务等有关科普服务，稳步推进科普志愿服务事业和公益科普服务项目发展，着力打造协会科普品牌项目，初步形成了凝聚科普志愿者的知识和力

量、以科普资源开发和科普活动开展为依托、面向重点人群深入社区、学校、基层开展科普志愿服务模式。

近两年来，协会牵头实施了"垃圾分类，从我做起"公益科普宣讲行动、"万座爱心科普漂流书屋"工程与快乐阅读行动、"创新人才培养与校外实践"公益行动、"关爱青少年视觉健康"行动和"幼儿护苗素质传播"行动等五大行动，得到中国科协、省委省政府有关领导的高度评价及社会媒体的广泛关注。

为贯彻落实国家、省、市有关城市生活垃圾分类文件精神，促进生活垃圾分类减量及再资源化，在广大科普志愿者开展生活垃圾分类调研的基础上，2011年 7 月，我专门向时任广州市委书记张广宁提交了"以科普资源为抓手，推进'垃圾分类，从我做起'进校园、进社区科普宣传公益活动的建议"，广宁同志批示，同意协会有关工作；9 月，我又向时任广东省政府省长黄华华同志提交了"关于支持省科普志愿者协会开展'垃圾分类，从我做起'科普资源包研发及公益科普宣讲活动的建议"，华华同志、小丹同志、宋海同志都先后做重要批示，同意拨专款支持协会开展"垃圾分类，从我做起"科普资源包研发及公益科普宣讲活动。目前，协会已研发了"垃圾分类，从我做起"科普挂图、图书、动漫游戏、动漫宣传片、益智玩具等 25 种，先后在广州空军机关幼儿园、荔湾康有为小学、穗园小区等地开展了 100 多场"垃圾分类，从我做起"公益科普宣讲活动，宣传善待地球的环保意识，着力提高公众对生活垃圾分类的认识与参与度。

2011 年 9 月 17 日，在广东省"全国科普日"启动仪式上，省科普志愿者协会正式启动了"科普漂流书屋"工程。"十二五"期间，拟在全省主要城乡、社区、中小学校建立 10 000 座科普漂流书屋，推动社区居民、青少年参与图书漂流和读书活动，促进科学知识传播、交流与分享。2011 年 12 月，省政府办公厅印发《广东省全民科学素质行动计划纲要实施方案（2011～2015 年）》（粤府办[2011] 88 号），明确把"科普漂流书屋"工程建设，作为科普基础设施建设的重要任务。2012 年 2 月 9 日广东省副省长陈云贤到省科协视察调研时，听取"科普漂流书屋"工程实施情况，并给予高度评价。

2011 年 9 月 27 日，省科普志愿者协会与深圳市慈善总会青少年素质教育公益基金联合，正式启动"青少年国际创新人才培养与校外实践"公益行动项目，通过青少年的国际视野拓展、科技创新、艺术展演、社会公益、未来商业科学体验 5 大方向，培养未成年人综合素质能力。

当然，这些活动、项目的有效开展，成绩、经验的不断积累，与广大科普志愿者能够充分认识《科普法》、《全民科学素质行动计划纲要》的重要意义是分不开的。科普是旨在提高公民科学文化素质的一项基础性、长久性、公益性的事业，是实施科教兴国和走可持续发展之路的重要基础。在《科普法》颁布实施10 周年这个值得纪念的日子里，作为一个科普志愿者是光荣的，但我们的任务是艰巨的。让我们携起手来，勇挑重担，团结协作，共同努力，为我省科普事业的蓬勃发展、为全民科学素质的稳步提高贡献自己的力量，用我们的实际行动向党的十八大献礼。

8.6　开展健康教育[*]

慢性病已经成为当今世界的"头号杀手"，每年造成近 3600 万人死亡，占全球死亡总人数的 60％以上。经体检发现，导致我国成年人的疾病或异常排在前10 位的均为慢性病及其风险因素。当前，我国慢性病防控形势也非常严峻，慢性病已经成为危害我国人民健康、社会和经济可持续发展的严重公共卫生问题和社会问题。慢性病不断的蔓延已经给国家带来沉重的经济负担，慢性病在疾病负担中所占的比重已达 69％，远超传染病和其他伤害所造成的疾病负担。实践证明，慢性病是可防可控的，遏制慢性病继续蔓延，最有效的方法是面向大众开展健康教育。

今天，我们在这里举行第 51 期广东科协论坛专题报告会。我们非常荣幸地邀请到国家卫生部原副部长、中华预防医学会会长、中国工程院工程管理学部王陇德院士作"慢性病防控与国际保健新观念"专题报告。首先，让我代表本次论坛主办单位、承办和协办单位对王院士的光临表示热烈的欢迎和衷心的感谢！

8.7　保障用药安全^{**}

很高兴今天有幸见证广东医药集团公司全球首创的"家庭过期药品回收机制"获得"全球规模最大的家庭过期药品回收公益活动"吉尼斯世界纪录认证，并和大家一起为保障群众用药安全，防止过期药品流入非法渠道出一份力。首先，我谨代表广东省科学技术普及志愿者协会向广东医药集团公司表示热烈的祝贺！

过期药品处理现在已经成为社会难题之一。据调查显示，我国约有 78.6％的家庭存有备用药品，其中 30％～40％的药品超过有效期 3 年以上，82.8％的家庭没有定期清理的习惯。有统计表明，我国目前药品不良反应案例中，有近 1/3是由过期药品或药品保存不当引起的。更让人担忧的是，数量巨大的家庭过期药品，由于没有合法的出路，经常成为不法药贩收购的对象。这些过期药品经改头换面后再次流入市场，对群众用药安全构成威胁。药品过期后，其有效成分含量降低，有些药品的化学成分还会改变，甚至分解出一些有害物质，误服后会对身体造成伤害。过期失效的药品被随意丢弃，药品中某些成分在自然环境中发生化

---

　　*　本节内容是第 51 期广东科协论坛开幕词，广州，2012 年 9 月 17 日。
　　**　本节内容是在广东医药集团公司"家庭过期药品回收"10 周年公益活动暨吉尼斯世界纪录认证仪式上的讲话，广州，2014 年 3 月 13 日。

学反应，产生有害物质，对环境造成污染，还有可能落到药贩子手中继续流通，后果很严重。

让我们倍感欣慰的是，像广东医药集团公司这样一个大企业集团很早就开始关注这一现象，并身体力行地开展过期药品回收。广东医药集团公司是全国第一家建立家庭过期药品回收机制的企业，从 2004 年开始，他们每年均投入数千万元开展"家庭过期药品回收"活动，并将每年 3 月 13 日定为"家庭过期药品回收日"，倡导安全用药，为群众提供"永不过期"的关爱。对民众进行过期药品危害和过期药品处理等方面的科普教育，对于医药企业来讲是一种义务，但是对我们科普志愿者协会来讲就是一种责任，因此这些年来，我们省科普志愿者协会也多次参与广东医药集团公司的过期药品回收活动，一起倡导安全用药。据我了解，十年来，广东医药集团公司在全国范围内回收药品总计超过 1600 吨，惠及上亿家庭。这是非常了不起的成就，也是对社会和对消费者的关爱和回馈。今天广东医药集团公司家庭过期药回收机制获吉尼斯世界纪录，我认为是一个历史性的时刻，因为全国乃至全世界还从来没有一家医药企业敢承诺收回过期药，而且还坚持了十年之久，这是值得载入史册的善举！

俗语说，一人难挑千斤担，众人能移万座山。回收过期药任重道远，需要社会更多力量参与。希望在广东医药集团公司的带动下有更多有能力的企业、团体能够加入回收药品的行列。省科普志愿者协会也会不遗余力，与社会各界一起推动过期药品回收长效机制的建立，为倡导安全用药，守护百姓健康，建设生态中国贡献我们的力量！

8.8   推进科普漂流书屋进校园 *

今天，我很高兴来到这里参加广东省 2012 年科普漂流书屋进校园活动，这是我省加强校园科学文化设施建设、提高公民科学素质的重要举措。借此机会，我向本次活动的顺利举办表示热烈的祝贺！向参加活动的老师和同学们致以诚挚的问候！

作为老一辈科学工作者，能为我省青少年科技教育活动和青少年的健康成长出一份力，我感到非常荣幸。回想当年，我们的成长进步离不开阅读大量的科学书籍。今天，我们非常高兴地看到，省科协、省纲要实施办公室采取"大联合、大协作"方式，动员社会力量，整合科普资源，大力推进全民科学素质建设，通过"科普图书漂流"的创新形式，推进科普漂流书屋进校园，有利于形成爱读书、读好书的浓厚氛围，促进科学文化知识的传播与分享，不断提高青少年科学文化素质。这是建设文化强省、幸福广东的实际行动。我们作为一名科技工作

---

* 本节内容是在广东省 2012 年科普漂流书屋进校园活动启动仪式的致辞，广州，2012 年 2 月 24 日。

者，有责任有义务支持科普漂流书屋工程建设，通过捐赠科普图书、分享成长经历，为提高青少年科学素质贡献一份力量。

青少年是祖国的未来，思想最活跃，最容易接受新生事物，具有旺盛的精力和强大的创造力，对科学探索求知充满了良好愿望。鼓励支持青少年学生从小多读科普图书，对他们的科学兴趣和爱好加以引导、培养和保护，将对他们的成长成才产生不可估量的影响。我们衷心希望广大青少年学生把兴趣作为开启科学之门的钥匙，把想象作为科技创新的翅膀，把勤奋作为持续探索的动力，学会求知，学会做人，学会创造，学会合作，力争成为未来的科学家，成为中国特色社会主义事业的合格建设者和可靠接班人，为中华民族的伟大复兴和人类社会的繁荣进步做出贡献。我们期望，全社会要进一步重视和支持青少年的科技教育工作，为青少年学习科学、探索科学创造更好的条件和环境，为培养社会主义一代新人贡献力量。

祝活动取得圆满成功！

8.9　开展千乡万村科普惠农行动[*]

为贯彻落实党的十八大精神和《全民科学素质行动计划纲要》，今天，省科协在这里举办广东省大学生科普志愿者科普服务队"千乡万村科普惠农行动"启动仪式。首先，请允许我代表省科普志愿者协会对支持、参与本次活动的省科协、省财政厅及各高校的广大师生表示衷心的感谢和崇高敬意。

党的十八大提出深入推进新农村建设和扶贫开发、全面改善农村生产生活条件的战略部署，广大大学生利用暑假深入农村开展"千乡万村科普惠农行动"社会公益科普惠民行动，为我省广大农民依靠科技走致富道路、改变生产生活方式和建设美丽幸福农村，既是落实党十八大精神的一项举措，也是一项功德无量的民生工程。据 2012 年暑假广东省科普志愿者协会组织大学生科普志愿者下乡调查，目前我省山区农村普遍存在生态环境恶化、健康生活意识淡薄等突出问题，直接制约着我省社会主义新农村的建设步伐。为此，我们需要更多有知识、有朝气、有理想的大学生投入到农村科普惠农行动中，面向农民朋友宣传科学、传播生态环境保护意识、提倡安全健康生活行为，为我省和谐社会建设、建设幸福广东作出积极贡献。

我相信，通过大学生科普志愿者服务队下乡开展社会公共科普服务活动，一定能进一步促进农村农民科学素质的有效提高，践行低碳环保生活理念，助力"美丽广东梦"。

---

* 本节内容是在广东省"千乡万村科普惠农行动"启动仪式暨科普惠农服务培训班上的致辞，广州，2013 年 7 月 10 日。

8.10　提高农民科学素质[*]

为贯彻落实党的十八届三中、四中全会和习近平总书记系列重要讲话精神，省委十一届三次全会精神和《广东省全民科学素质行动计划纲要实施方案（2011～2015）》，今天，广东省科技协会在这里举办 2013～2014 年广东省大学生科普志愿者服务队"千乡万村科普惠农行动"总结与表彰工作会议。首先，请允许我代表广东省科普志愿者协会对支持、参与"千乡万村科普惠农行动"工作的省科协、各高校团委及广大师生表示衷心的感谢和崇高敬意。

党的十八大提出要"深入推进新农村建设和扶贫开发、全面改善农村生产生活条件"的战略部署，为我省广大大学生走进农村广阔天地，下乡普及科学知识，开展科普惠农行动指明了方向。

目前，我省山区农村仍普遍存在"生态环境恶化、健康生活意识淡薄"等突出问题，直接制约着我省社会主义新农村的建设步伐，也是制约我省公民具备基本科学素质比例的软肋。省科协牵头实施"千乡万村科普惠农行动"，既着眼于农村农民科学素质建设，又着眼于促进农村农民增收创效，这是功德无量的好事。

两年来，省科普志愿者协会动员组织 115 支大学生科普志愿者服务队、近 1200 多名大学师生，利用暑假深入农村开展了"环境保护、食品安全、疾病预防、健康生活"等社会公共科普宣传教育与调研活动，为我省广大农民依靠科技走致富道路、改变生产生活方式和建设美丽幸福农村贡献个人的智慧和时间，这是广大学子们践行社会主义核心价值观，实现美丽中国梦，利用所学知识回报社会的一项伟大事业。各高校涌现出一批有知识、有朝气、有理想的大学生投入到农村科普惠农行动中去，根据各自的专业特长，积极面向农村农民普及科学知识，传播科学精神，倡导生态环境保护、安全健康生活方式，为我省建设美丽幸福乡村作出了新的贡献。

在这里，我也呼吁广大师生、媒体朋友们继续关注关心、参与"千乡万村科普惠农行动"，为我省促进农村农民科学素质的建设，提高全民科学素质，实现美丽中国梦贡献一份力量。

8.11　稳步推进科普志愿服务事业

8.11.1　2010 年的主要工作情况^{**}

2010 年，在省科协、省民政厅的正确领导下，认真学习贯彻党的十七届三

---

　*　本节内容是在 2013～2014 年广东省"千乡万村科普惠民行动"总结与表彰工作会议上的致辞，广州，2014 年 12 月 27 日。

　**　本节内容是广东省科普志愿者协会第一届理事会工作报告，广州，2011 年 3 月 20 日。

中、四中全会精神和胡锦涛总书记在纪念中国科协成立 50 周年大会上的重要讲话精神及省委十届五次、六次全会精神，按照省科协七届四次全委会议的工作部署和要求，紧扣我省实施《科学素质纲要》的各项工作，充分利用会员力量，积极开拓协会活动空间，面向公众开展各项科普志愿活动，打造协会的科普品牌；加强协会自身建设，坚持民主办会，认真做好为会员的服务工作，大力发展专业的科普志愿者队伍及专业委员会。

1. 加强协会自身建设

1）稳步推进协会各层次组织的自身建设

据 2009 年协会牵头开展全省科普志愿者登记注册反馈情况，广州、深圳、东莞、中山等市已拥有较完善的科普志愿者服务队伍。2010 年，协会把加强科普志愿者组织建设作为深化科普志愿服务工作的重要抓手，加强引导与服务，进一步提高科普志愿者的凝集力。如广州市科普志愿者协会举办以"科普志愿者在社会活动中的作用"为主题的培训班，提升科普志愿者的综合素质。

同时，协会本部以重点吸纳各类基金会、企业领导入会为推手，积极筹措协会组织建设及发展所需的人力、物力、财力，推进协会可持续发展。如 2010 年，新发展常务副会长 1 名，常务理事 3 名。

2）成立光动媒专业委员会

2010 年 10 月，光动媒技术专业委员会正式获省民政厅批准成立。"光动媒"科技是秦兆年副教授和刘达莲老师十几年的研究成果，该成果获得三项国家专利，对于促进国家科教发展，特别是贫困地区的科教发展具有重大意义。成立光动媒技术专业委员会，应用"光动媒"科技，能让投影、幻灯片等设备得到充分利用，缩小城乡教育水平差距，促进优质科普教育资源的开发与普及。

3）筹建低碳生活委员会

哥本哈根会议后，低碳生活成为全球新共识，但在日常生活、工作、学习中还普遍存在认识不到位等问题。为进一步推进节能减排、低碳生活与构建节约型社会，促进资源再生利用，由广州岭南教育集团发展研究所刘丹青所长、中山大学龚隽教授等发起组建，基本架构已经完成，待省民政厅审核批准。

4）编印《科普志愿者》会刊

会刊主要反映科普志愿服务的情况，包括重大活动、协会动态、项目研究、人物专访、会员园地、它山之石等栏目，会刊已于 2010 年 11 月创刊发行，主要发送给协会会员、全国科协系统、省（市）纲要办成员单位、社区及大学生科普志愿者服务团队。

5）建设科普志愿者服务网站及开通 QQ 群服务

科普志愿者网站（http://www.kpzyz.com）及时发布科普志愿服务信息、会员动态信息，宣传会员典型做法和经验，为科普志愿者招募、报名、注册、交流、博客以及寻找高层次科普专家提供一站式服务。同时，开通 QQ 群服务号"13252491"，及时传递为会员服务信息。

6）申报 2010 年省科技厅科技攻关项目

协会组织专家申报省科技厅科技项目"一站式科普人才及资源库服务平台建设"，并获省科技厅立项支持。建立一站式科普人才及资源库服务平台，是以科普资源开发为主线，紧密结合传统科普工作，运用互联网络信息技术，整合广大科普志愿者，为公众提供一站式科普人力和资源服务。公众通过该平台，既能获取科普资源，又能与科普志愿者建立互动，并获得个性化的科普服务。

7）积极申报省科协开展第三批社团创新试点项目

根据省科协有关工作安排，协会积极组织申报省科协第三批创新试点，并获省科协批准。协会将重点围绕自身组织建设，完善社团法人治理机制，完善以会员为主体的组织体制，制定会员发展规划，强化为会员服务，落实会籍管理，建立会员数据库和信息管理系统，探索科学的会员制度。

2. 贯彻落实《全民科学素质行动纲要》

1）组织开展"5·12 防灾减灾日"等重大科普活动

受省科协、省全民科学素质纲要实施工作办公室、省地震局、南方电监局等单位委托，组织开展"5·12 防灾减灾日"、科技进步活动月、百人千场安全用电社区行活动、全国科普日等重大科普活动，积极与媒体合作，扩大活动的影响力，多次活动都在广东电视台、广州电视台及羊城晚报等省（市）媒体宣传报道，取得较好的社会影响。

2）组织编写系列科普图书

围绕"节约资源能源、保护生态环境、保障安全健康、促进创新创造"主题，协会联合省科普信息中心开展科普挂图、科普图书、科普动漫等科普资源的开发、集成工作，宣传与人民群众工作、生活密切相关的科学常识、科学思想和科学方法。截至 12 月底，协会已组织开发"春夏养生食疗法""侵害防范应急自救""意外伤害应急自救""野外逃生自救"等科普挂图 100 多种。

同时，为发挥协会人才智力优势，组织协会专家编写针对领导干部公务员科普图书 2 种、社区居民科普图书 10 种和青少年科普图书 6 种。如根据《中共中央国务院关于加强青少年体育增强青少年体质的意见》（中发［2007］7 号）及教育部《中小学学生近视眼防控工作方案》，切实加强学生视力保护工作，实现中央 7 号文件提出的通过 5 年左右的时间，使我国青少年近视的发生率明显下降的工作目标。根据省教育厅、省科协工作安排，协会组织专家编印《珍爱眼睛预防近视》科普图书 30 万册、标准对数视力表 5 万张及《珍爱眼睛 预防近视》科普动漫。

3）承办全国社区科普工作会议等活动

受中国科协科普部、省科协委托，承担全国部分省（市、区）社区科普工作座谈会，研讨"十二五"开展社区益民计划的试点工作。同时，为推进我省社区科普"五个一"创建活动，根据省科协工作安排，承担省级科普示范社区创建及评比活动。先后评出 50 个省级科普示范社区，创建了 500 多支社区科普志愿者服务队。

4）举办科普大讲堂

一是承办神农健康大讲堂，由协会会员单位广州白云山和记黄埔中药有限公司赞助，每月举办一场面向城镇居民的有关健康养生知识科普讲座，深受群众喜爱与欢迎。二是发动地市基层科普组织，联合承办科普大讲堂。

5）组织承担第 25 届全国青少年科技创新大赛宣传联络工作

第 25 届全国青少年创新大赛于 2010 年 8 月 7～13 日在广东省广州市举行，本届创新大赛由中国科协、教育部、科学技术部、国家发展改革委、环境保护部、国家体育总局、共青团中央、全国妇联、国家自然科学基金委员会、广东省人民政府共同主办。广东省科协、广东科学中心承办。

按照省科协的工作部署，协会承担大赛筹备工作执委会宣传联络部工作，成立物料组及新闻中心工作组，完成大赛会徽吉祥物的征集及会徽的设计任务。做好赛前、赛中、赛后的新闻宣传工作。建立大赛专题网站（25.1kepu.com），利用广东电视台、南方电视台、广州电视台等主要新闻栏目频道播出大赛专题节目，在南方日报、广州日报、羊城晚报等省内主要报纸媒体的头版及主要版面刊登我省青少年科技创新成就的报道。同时，发动新华网、中新网、网易、新浪等著名网站对大赛进行了报道和转载。

此外，协会还参与了大赛科普志愿者的培训工作，并组织人员积极参与大赛后勤保障部工作，保障大赛每日 1500 人的用餐，得到与会领导和参赛嘉宾选手的一致好评。

3. 组织协会会员交流与合作

为加强海峡两岸社会志工发展的交流，受台北市服务教育协会的邀请，协会组织部分常务理事组成赴台考察团，由协会副会长郑文丰带队，共 9 人，于 2011年 1 月 7～14 日应邀前往台湾考察志愿（志工）服务状况和科普工作。

8.11.2　2011 年主要工作安排

2011 年是我国深化改革开放、加快转变经济发展方式、实施"十二五"规划的开局之年；是我省加快转型升级、建设幸福广东的关键年；是中国共产党建党 90 周年，也是省科协成立 50 周年。按照省科协七届五次全委会的工作部署和要求，坚持围绕中心、服务大局、深入基层，团结动员广大科普志愿者，积极开展科普志愿服务，为提高我省公民科学素质，加快转型升级、建设幸福广东，促进社会和谐发展作出新的贡献。

1. 进一步加强协会自身建设

（1）加强科普志愿服务信息管理系统开发与推广。

以协会申请省科协社团创新试点为契机，开发完善科普志愿服务信息管理，强化协会信息化应用，提高为会员服务能力。

（2）发展高层次科普志愿者。

一是协会本部继续以重点吸纳各类基金会、企业领导入会为推手，积极筹措协会组织建设及发展所需的人力、物力、财力，推进协会可持续发展。二是发展高层次科普专家，组建专业科普志愿者服务队，为基层科普组织提供智力支撑。

（3）继续筹建低碳生活委员会。

（4）试点联合部分地市科协组建协会办事处（或地方科普志愿者协会）。

（5）推进协会自身服务体系建设。

会刊将在已有内容基础上，增设"健康养生"及"科普漫画"栏目；网站将以完善会员管理及信息内容共建为突破口，开展会员信息共建评优活动，及时发布会员动态信息；QQ群"13252491"将及时传递为会员服务信息。

2. 进一步贯彻落实《全民科学素质行动纲要》

1）继续做好防灾减灾日等品牌主题科普活动

围绕"节约能源资源，保护生态环境，保障安全健康，促进创新创造"主题，整合社会力量，采取大联合大协作方式，深入开展各种主题性科普活动。组织科普专家讲师团、科普志愿者服务队深入参与防灾减灾日、科技进步活动月、科技下乡、全国科普日、低碳生活及全民健康科技行动等活动，推动公民科学素质稳步提高。

2）继续实施农民和居民等重点人群科学素质工作

按照中国科协和省科协的要求，探索实施"社区科普益民计划"，广泛开展各类有针对性的技能培训，倡导和普及节约资源、健康生活、防灾减灾、低碳环保等观念和知识，提升社区居民科学素质，促进形成科学文明健康生活方式。深入开展科教进社区、全民健康科技行动、社区科普大讲堂等社区科普活动，依托社区公共服务设施，拓展和发挥科普功能。通过社区居民科学素质行动和科普人才建设工程，加强社区科普志愿者服务队、科普宣传员建设，深入开展省级科普示范社区创建评选活动，培养造就一支专兼结合、高水平的科普人才队伍，为全民科学素质工作提供人才支撑。

围绕省委省政府建设"幸福广东"的要求，推进城乡科技教育服务均等化，开展"绿色电脑扶贫，送科普信息下乡"活动，通过回收城市闲置的电脑设备，经过整修调试、外观处理、消毒等专业的绿色环保处理环节后赠送给贫困落后地区建立电脑室。配备农民生产生活息息相关的科普信息，帮助贫困地区农民掌握生产知识脱贫致富；普及环保、饮水、饮食、疾病防治等科普信息，帮助农村改善生活环境，提高农民身体素质。同时，组织大学生科普志愿者服务队利用节假日及寒暑假时间，深入农村开展科普志愿服务，宣传普及环保、饮水安全及疾病防治等知识。

3）继续开展科普资源开发工作

配合省科普信息中心继续做好科普图书、科普挂图、科普动漫及岭南科普网等科普资源开发与共享服务工作。充分利用现代技术手段，不断丰富科普资源的表现形式。如开发针对学前儿童有声科普图书，在欠发达地区普及推广，实现农村与城市学前儿童科普教育的均等化；继续开展光动媒科普资源的开发和普及推广工作。

4）开展低碳、生态科普旅游及健康科普服务

探索借助绿道，构建科普志愿服务驿站。

8.12　培养青少年的创新精神*

在这生机勃勃、百花争艳的大好春光里，第二十一届广东省青少年科技创新大赛隆重开幕了，首先，我对本届青少年科技创新大赛的举行表示最热烈的祝贺！向参加大赛的老师、同学们和大赛评委会的同行们致以诚挚的问候！向为本次大赛付出辛勤劳动的广东省青少年科技中心、惠州市科协、惠州市科技局、惠州市教育局表示衷心的感谢！

青少年科技创新大赛是广东省科学普及活动的一次盛会，也是广大青少年展现科技才能的一次盛会，能够有幸参加此次大赛的活动，为推动青少年科技创新教育作出贡献，我感到非常高兴。因为青少年强则国家强，青少年兴则民族兴，在同学们朝气蓬勃的精神风貌和创造发明的良好志趣中，我看到了科学的明天和希望，看到了中华民族的未来和希望。

英国科学家培根在几百年前提出了"知识就是力量"的口号，这就像一盏黑夜中的明灯，驱散愚昧和无知的浓雾，引导着无数有志青年追求真理、献身科学。特别是在知识经济时代来临的 21 世纪，科学技术飞速发展，科技创新日新月异。知识更新的速度越来越快。创造性思维和科技创新在人类社会和生产力发展中的原动力作用日益凸现。有关资料表明，现在每年的技术淘汰率是 20%，也就是说一项技术的寿命周期平均只有 5 年，在一定意义上讲，当前国家之间综合实力的竞争，关键在创新，核心在人才；"科技是第一生产力""人力资源是第一资源"是提升国家核心竞争力和综合实力的一项战略举措。中华民族的伟大复兴，不但需要当代人

---

* 本节内容是第 21 届广东省青少年科技创新大赛开幕式上的讲话，惠州，2006 年 4 月 7 日。

的努力，更决定于未来一代人的素质，青少年的综合素质特别是科学素质如何，将直接关系到我们能否巍然屹立于世界民族之林，能否实现中华民族的伟大复兴，培养和提高青少年的科学素质比任何一个时期都显得更为迫切。

也许有些青少年认为，创新是很高深的事情，是科学家和专业人士才能从事的特殊工作，中小学生在创新方面哪能有什么作为？其实不然，创新能力并非少数科学家和专业人士所独有，也不是到了成年后才形成，古时候的曹冲称象、司马光破缸救同伴就是青少年创新能力的良好体现。中小学生在学习中找到解决问题的新方法，写出具有新意的作文，也是创造性的一种表现。而且青少年时期是人的原创力发展的重要阶段，好奇心重、求知欲强，正是培育创新意识和创新能力的大好时机。同学们在学习和生活中应形成尊重科学、崇尚创新的科学思想，向老师学习、向一切有知识的人学习，培养深入探究、勇于实践的科学素质，积极投身科技创新活动，为将来的提高和发展打下良好基础。

第二十一届广东省青少年科技创新大赛的举行，不但为同学们学科学、用科学良好学风的形成提供了社会环境，而且为同学们创新精神和实践能力的培养提供了锻炼机会。我希望广大青少年朋友珍惜科技创新大赛的交流和学习机会，相互切磋，取长补短，提高自身的科技创新素质。我更热切的希望青少年朋友们在今后的时间里，勤奋学习，积极探索，大胆实践，勇于创新，努力使自己成为振兴广东、振兴中华的栋梁之才！

最后，预祝第二十一届广东省青少年科技创新大赛取得圆满成功！

祝参加本次大赛的选手们取得优异成绩！

8.13 认真做好青少年科技创新作品的评审工作[*]

今天，第 25 届广东省青少年科技创新大赛在这里隆重开幕了，这是我省青少年展示科技创新成果的重要平台。我代表大赛评委会，向本届大赛表示热烈的祝贺！向参加大赛的老师和同学们致以诚挚的问候！

作为老一辈科学工作者和本届大赛评审委员会主任，能为我省青少年科技教育和青少年的健康成长出一份力，我感到非常荣幸。我们非常高兴地看到，通过全省的层层选拔，今年参加竞赛的学生人数和作品数量比去年都有所提高。这充分说明了科技创新活动深受广大青少年欢迎，具有强大的吸引力和生命力。通过对作品的评审，我们也深深地感到，我省青少年学生的科技素质近年来不断提高，他们的作品闪现出科技的智慧，充满了对科学探索求知的良好愿望，具有扎实的科学基础知识和较强的动手实践能力，这是我省多年来实施素质教育、倡导和开展青少年科技教育的丰硕成果，我们应该为他们感到自豪和高兴。

---

[*] 本节内容是第 25 届广东省青少年科技创新大赛开幕式讲话，广州，2010 年 4 月 10 日。

　　为保证大赛顺利举行，我代表大赛评委会庄重承诺：我们将本着认真负责、坚持标准、严格把关、公平公正的原则，认真做好参赛作品的评审工作。

　　天高任鸟飞，海阔凭鱼跃。青少年是祖国的未来，思想最活跃，最容易接受新生事物，具有旺盛的精力和强大的创造力。从小对青少年的科学兴趣和爱好加以引导、培养和保护，将对他们的成长成才产生不可估量的影响。我们衷心希望广大青少年学生把兴趣作为开启科学之门的钥匙，把想象作为科技创新的翅膀，把勤奋作为持续探索的动力，学会求知、学会做人、学会创造、学会合作，力争成为未来的科学家，成为中国特色社会主义事业的合格建设者和可靠接班人，为中华民族的伟大复兴和人类社会的繁荣进步作出贡献。我们期望，全社会要进一步重视和支持青少年的科技教育工作，为青少年学习科学、探索科学创造更好的条件和环境，为培养社会主义一代新人贡献力量。

　　预祝大赛取得圆满成功！

8.14　让优秀青少年脱颖而出 *

　　上午好！今天，第 30 届广东省青少年科技创新大赛在河源中学隆重开幕了，这是我省青少年展示和交流科技创新成果的重大盛会。我代表大赛评委会，向大赛隆重开幕表示热烈的祝贺！向参加大赛的同学们和老师们致以诚挚的问候！

　　全省青少年科技创新大赛是一项面向全省在校中小学生开展的具有导向性、示范性和群众性的竞赛活动，至今已成功举办了 29 届。作为老科学家的一员，我欣喜地看到，这些年来在社会各界的共同努力下，我省青少年科技创新活动蓬勃发展，广大青少年的科学素质和综合能力显著提高，我省青少年学子在全国性、国际性的科技竞赛中崭露头角，多次取得优异的成绩，一批具有科学潜能的优秀学生脱颖而出，科技事业后继有人！同时，让我特别高兴的是，河源市积极主动、全力以赴承办本届大赛，为欠发达地区的青少年科技教育树立了榜样。

　　少年强，则国强。青少年是民族的希望，祖国的未来！我衷心希望同学们珍惜大赛的学习交流机会，相互切磋，取长补短，奋发进取，把参加创新大赛作为实现科学梦想道路上一个新的起点，敢于有梦、勇于追梦、勤于圆梦，用美丽中国梦、科技梦点亮青春梦。同时，衷心希望社会各界更加积极关心和支持青少年科技教育工作，为青少年学习科学、探索科学创造更好的条件和环境，为培养更多的自主创新型人才和社会主义接班人贡献力量。

　　为保证大赛顺利举行，我代表大赛评委会庄重承诺：我们将本着认真负责、坚持标准、严格把关、公平公正的原则，认真做好本届大赛的评审工作。

　　预祝大赛取得圆满成功！

---

　　* 本节内容是第 30 届广东省青少年科技创新大赛开幕式讲话，河源，2015 年 3 月 28 日。

参 考 文 献

[1] 江泽民. 提高全民族的科学素质//李政道，朱允伦，柳怀祖. 对称与不对称. 北京：清华大学出版社；广州：暨南大学出版社，2000：3-5.

[2] 李政道，朱允伦，柳怀祖. 对称与不对称. 北京：清华大学出版社；广州：暨南大学出版社，2000.

[3] 白春礼. 来自微观世界的新概念——单分子科学与技术. 北京：清华大学出版社；广州：暨南大学出版社，2000.

[4] 潘家铮. 千秋功罪话水坝. 北京：清华大学出版社；广州：暨南大学出版社，2000.

[5] 张宗祜. 九曲黄河万里沙——黄河与黄土高原. 北京：清华大学出版社；广州：暨南大学出版社，2000.

[6] 汤钊猷. 征战癌王. 北京：清华大学出版社；广州：暨南大学出版社，2000.

[7] 王淦昌. 人造小太阳——受控惯性约束聚变. 北京：清华大学出版社；广州：暨南大学出版社，2000.

[8] 马宗晋，康平，高庆华，等. 面对大自然的报复——防灾与减灾. 北京：清华大学出版社；广州：暨南大学出版社，2000.

[9] 程虹. 中国质量怎么了. 武汉：湖北科学技术出版社，2013.